수능특강

사회탐구영역 사회·문화

기획 및 개발

김은미(EBS 교과위원)
박　민(EBS 교과위원)
박빛나리(EBS 교과위원)

감수

한국교육과정평가원

책임 편집

박명희

정답과 해설은 EBS*i* 사이트(www.ebs*i*.co.kr)에서 다운로드 받으실 수 있습니다.

교재 내용 문의
교재 및 강의 내용 문의는
EBS*i* 사이트(www.ebs*i*.co.kr)의 학습 Q&A 서비스를
활용하시기 바랍니다.

교재 정오표 공지
발행 이후 발견된 정오 사항을
EBS*i* 사이트 정오표 코너에서 알려 드립니다.
교재 → 교재 자료실 → 교재 정오표

교재 정정 신청
공지된 정오 내용 외에 발견된 정오 사항이 있다면
EBS*i* 사이트를 통해 알려 주세요.
교재 → 교재 정정 신청

수능특강

사회탐구영역 **사회·문화**

이 책의 **차례** Contents

Ⅰ 사회·문화 현상의 탐구

Ⅱ 개인과 사회 구조

Ⅲ 문화와 일상생활

사회 계층과 불평등

현대의 사회 변동

이 책의 **구성과 특징** Structure

핵심 내용 정리

교과서의 핵심 내용을 쉽게 이해할 수 있도록 체계적이고 일목요연하게 정리하였습니다.

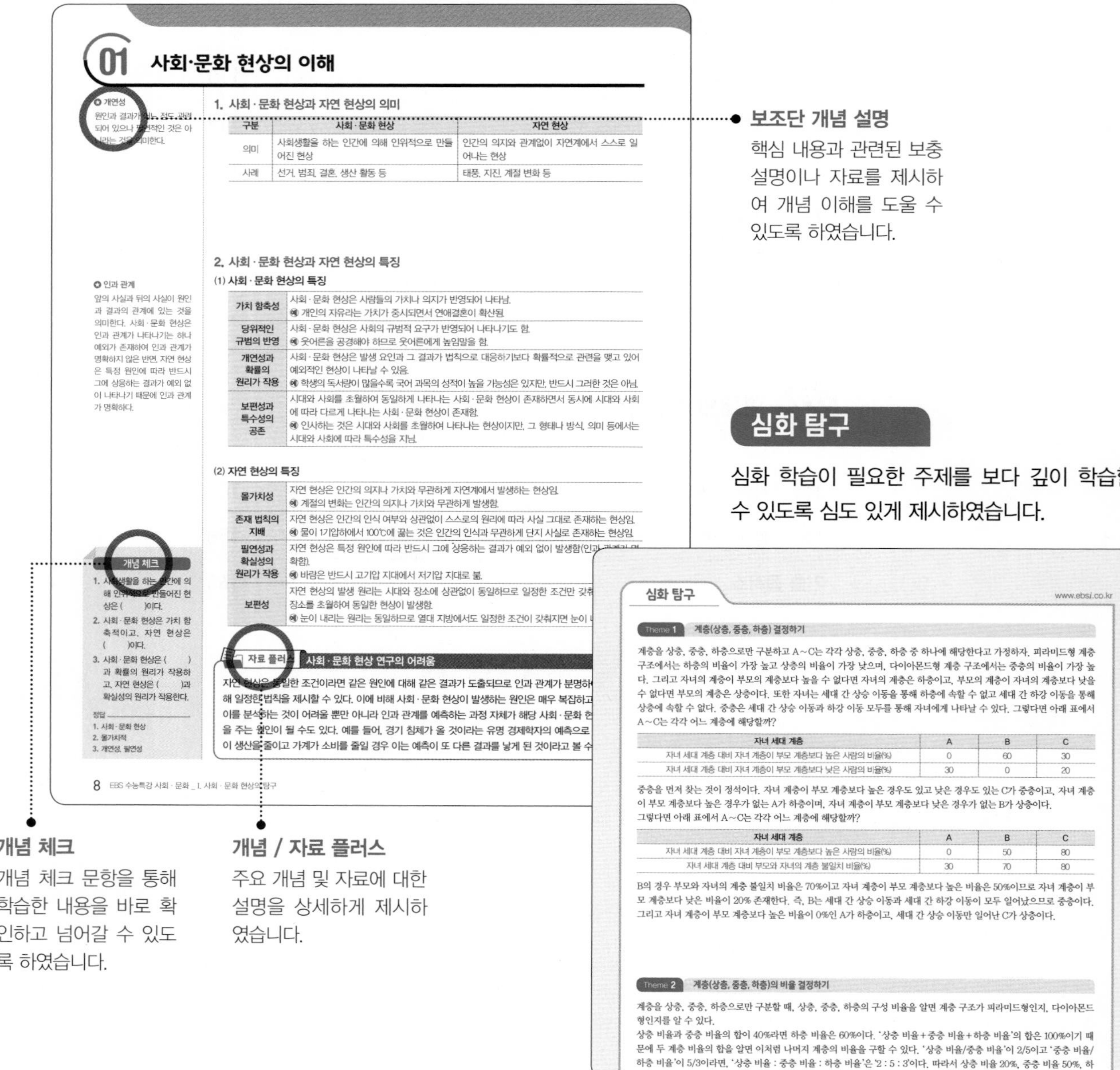

01 사회·문화 현상의 이해

○ 개연성
원인과 결과가 어느 정도 관련되어 있으나 필연적인 것은 아니라는 것을 의미한다.

1. 사회·문화 현상과 자연 현상의 의미

구분	사회·문화 현상	자연 현상
의미	사회생활을 하는 인간에 의해 인위적으로 만들어진 현상	인간의 의지와 관계없이 자연계에서 스스로 일어나는 현상
사례	선거, 범죄, 결혼, 생산 활동 등	태풍, 지진, 계절 변화 등

○ 인과 관계
앞의 사실과 뒤의 사실이 원인과 결과의 관계에 있는 것을 의미한다. 사회·문화 현상은 인과 관계가 나타나기는 하나 예외가 존재하여 인과 관계가 명확하지 않은 반면, 자연 현상은 특정 원인에 따라 반드시 그에 상응하는 결과가 예외 없이 나타나기 때문에 인과 관계가 명확하다.

2. 사회·문화 현상과 자연 현상의 특징

(1) 사회·문화 현상의 특징

가치 함축성	사회·문화 현상은 사람들의 가치나 의지가 반영되어 나타남. 예 개인의 자유라는 가치가 중시되면서 연애결혼이 확산됨.
당위적인 규범의 반영	사회·문화 현상은 사회의 규범적 요구가 반영되어 나타나기도 함. 예 웃어른을 공경해야 하므로 웃어른에게 높임말을 함.
개연성과 확률의 원리가 작용	사회·문화 현상은 발생 요인과 그 결과가 법칙으로 대응하기보다 확률적으로 관련을 맺고 있어 예외적인 현상이 나타날 수 있음. 예 학생의 독서량이 많을수록 국어 과목의 성적이 높을 가능성은 있지만, 반드시 그러한 것은 아님.
보편성과 특수성의 공존	시대와 사회를 초월하여 동일하게 나타나는 사회·문화 현상이 존재하면서 동시에 시대와 사회에 따라 다르게 나타나는 사회·문화 현상이 존재함. 예 인사하는 것은 시대와 사회를 초월하여 나타나는 현상이지만, 그 형태나 방식, 의미 등에서는 시대와 사회에 따라 특수성을 지님.

(2) 자연 현상의 특징

몰가치성	자연 현상은 인간의 의지나 가치와 무관하게 자연계에서 발생하는 현상임. 예 계절의 변화는 인간의 의지나 가치와 무관하게 발생함.
존재 법칙의 지배	자연 현상은 인간의 인식 여부와 상관없이 스스로의 원리에 따라 사실 그대로 존재하는 현상임. 예 물이 1기압하에서 100℃에 끓는 것은 인간의 인식과 무관하게 단지 사실로 존재하는 현상임.
필연성과 확실성의 원리가 작용	자연 현상은 특정 원인에 따라 반드시 그에 상응하는 결과가 예외 없이 발생함(인과 관계가 명확함). 예 바람은 반드시 고기압 지대에서 저기압 지대로 붊.
보편성	자연 현상의 발생 원리는 시대와 장소에 상관없이 동일하므로 일정한 조건만 갖춰 … 장소를 초월하여 동일한 현상이 발생함. 예 눈이 내리는 원리는 동일하므로 열대 지방에서도 일정한 조건이 갖춰지면 눈이 …

개념 체크

1. 사회생활을 하는 인간에 의해 인위적으로 만들어진 현상은 (   )이다.
2. 사회·문화 현상은 가치 함축적이고, 자연 현상은 (   )이다.
3. 사회·문화 현상은 (   )과 확률의 원리가 작용하고, 자연 현상은 (   )과 확실성의 원리가 작용한다.

정답
1. 사회·문화 현상
2. 몰가치적
3. 개연성, 필연성

자료 플러스 사회·문화 현상 연구의 어려움

자연 현상은 동일한 조건이라면 같은 원인에 대해 같은 결과가 도출되므로 인과 관계가 분명하… 해 일정한 법칙을 제시할 수 있다. 이에 비해 사회·문화 현상이 발생하는 원인은 매우 복잡하고 … 이를 분석하는 것이 어려울 뿐만 아니라 인과 관계를 예측하는 과정 자체가 해당 사회·문화 현… 을 주는 원인이 될 수도 있다. 예를 들어, 경기 침체가 올 것이라는 유명 경제학자의 예측으로 … 이 생산을 줄이고 가계가 소비를 줄일 경우 이는 예측이 또 다른 결과를 낳게 된 것이라고 볼 수 …

8 EBS 수능특강 사회·문화 _ I. 사회·문화 현상의 탐구

보조단 개념 설명
핵심 내용과 관련된 보충 설명이나 자료를 제시하여 개념 이해를 도울 수 있도록 하였습니다.

개념 체크
개념 체크 문항을 통해 학습한 내용을 바로 확인하고 넘어갈 수 있도록 하였습니다.

개념 / 자료 플러스
주요 개념 및 자료에 대한 설명을 상세하게 제시하였습니다.

심화 탐구

심화 학습이 필요한 주제를 보다 깊이 학습할 수 있도록 심도 있게 제시하였습니다.

심화 탐구

www.ebsi.co.kr

Theme 1 계층(상층, 중층, 하층) 결정하기

계층을 상층, 중층, 하층으로만 구분하고 A~C는 각각 상층, 중층, 하층 중 하나에 해당한다고 가정하자. 피라미드형 계층 구조에서는 하층의 비율이 가장 높고 상층의 비율이 가장 낮으며, 다이아몬드형 계층 구조에서는 중층의 비율이 가장 높다. 그리고 자녀의 계층이 부모의 계층보다 높을 수 없다면 자녀의 계층은 하층이고, 부모의 계층이 자녀의 계층보다 낮을 수 없다면 부모의 계층은 상층이다. 또한 자녀는 세대 간 상승 이동을 통해 하층에 속할 수 없고 세대 간 하강 이동을 통해 상층에 속할 수 없다. 중층은 세대 간 상승 이동과 하강 이동 모두를 통해 자녀에게 나타날 수 있다. 그렇다면 아래 표에서 A~C는 각각 어느 계층에 해당할까?

자녀 세대 계층	A	B	C
자녀 세대 계층 대비 자녀 계층이 부모 계층보다 높은 사람의 비율(%)	0	60	30
자녀 세대 계층 대비 자녀 계층이 부모 계층보다 낮은 사람의 비율(%)	30	0	20

중층을 먼저 찾는 것이 정석이다. 자녀 계층이 부모 계층보다 높은 경우도 있고 낮은 경우도 있는 C가 중층이고, 자녀 계층이 부모 계층보다 높은 경우가 없는 A가 하층이며, 자녀 계층이 부모 계층보다 낮은 경우가 없는 B가 상층이다.
그렇다면 아래 표에서 A~C는 각각 어느 계층에 해당할까?

자녀 세대 계층	A	B	C
자녀 세대 계층 대비 자녀 계층이 부모 계층보다 높은 사람의 비율(%)	0	50	80
자녀 세대 계층 대비 부모와 자녀의 계층 불일치 비율(%)	30	70	80

B의 경우 부모와 자녀의 계층 불일치 비율은 70%이고 자녀 계층이 부모 계층보다 높은 비율은 50%이므로 자녀 계층이 부모 계층보다 낮은 비율이 20% 존재한다. 즉, B는 세대 간 상승 이동과 세대 간 하강 이동이 모두 일어났으므로 중층이다. 그리고 자녀 계층이 부모 계층보다 높은 비율이 0%인 A가 하층이고, 세대 간 상승 이동만 일어난 C가 상층이다.

Theme 2 계층(상층, 중층, 하층)의 비율 결정하기

계층을 상층, 중층, 하층으로만 구분할 때, 상층, 중층, 하층의 구성 비율을 알면 계층 구조가 피라미드형인지, 다이아몬드형인지를 알 수 있다.
상층 비율과 중층 비율의 합이 40%라면 하층 비율은 60%이다. '상층 비율+중층 비율+하층 비율'의 합은 100%이기 때문에 두 계층 비율의 합을 알면 이처럼 나머지 계층의 비율을 구할 수 있다. '상층 비율/중층 비율'이 2/5이고 '중층 비율/하층 비율'이 5/3이라면, '상층 비율 : 중층 비율 : 하층 비율'은 '2 : 5 : 3'이다. 따라서 상층 비율 20%, 중층 비율 50%, 하층 비율 30%이다. 갑국과 을국의 계층 비율 간 관계를 나타낸 아래 표를 분석해 보자.

수능 기본 문제

기본 개념과 원리 및 간단한 분석 수준의 문항들로 구성하여 교과 내용에 대한 기본 이해 능력을 향상시킬 수 있도록 하였습니다.

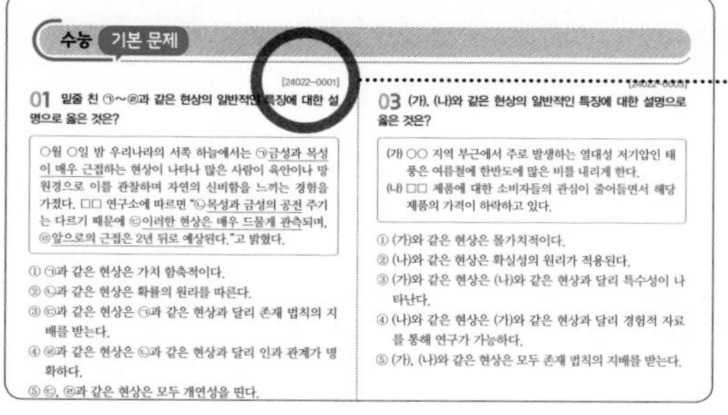

문항코드

문항코드로 문제를 검색하면 해설 영상이 바로 재생될 수 있도록 하였습니다.

수능 실전 문제

보다 세밀한 분석 및 해석을 요구하는 다양한 유형의 문항들을 수록하여 응용과 탐구 및 문제 해결 능력을 향상시킬 수 있도록 하였습니다.

기출 플러스

대단원별 대표 기출 문제를 수록하여 출제 경향과 유형을 파악할 수 있도록 하였습니다.

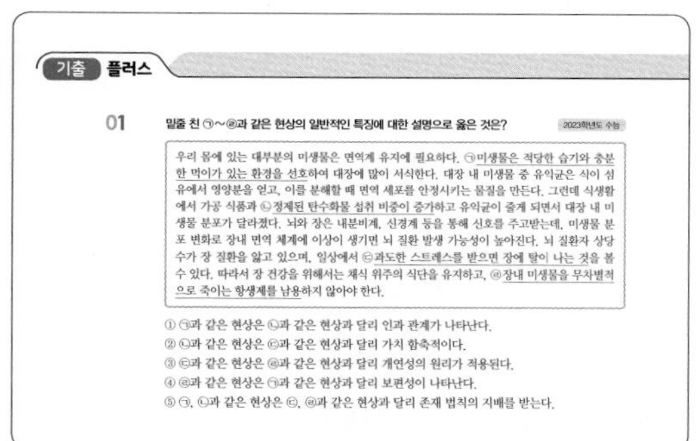

정답과 해설

정답과 오답에 대한 자세한 설명을 통해 문제에 대한 이해를 높이고, 유사 문제 및 응용 문제에 대한 대비가 가능하도록 하였습니다.

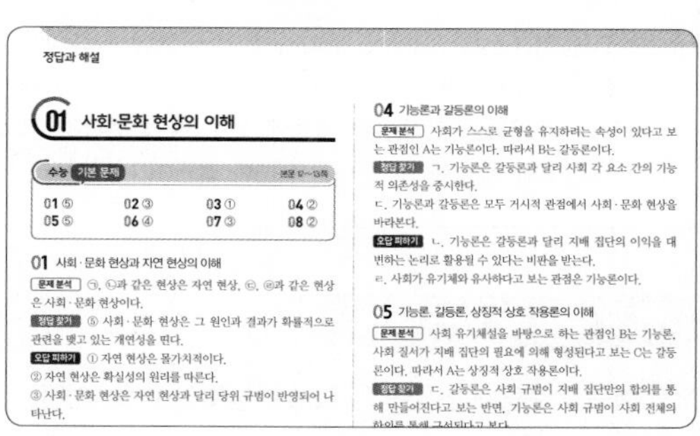

EBS 교재 **연계 사례**

2024학년도 수능 문항 14번

14 다음 자료에 대한 설명으로 옳은 것은?

○○국의 음식 문화 변동 양상에 대한 모둠 과제 우수 사례

〈1모둠〉
○○국 내에 갑국 이주민 거주 지역에서나 볼 수 있던 갑국의 전통 음식 A가 전국적으로 유행함. 특히 ○○국 젊은 세대 사이에서 자극적인 맛으로 A가 인기임.

〈2모둠〉
○○국 음료 회사는 다이어트 열풍으로 을국의 무설탕 음료 B의 제조법에 자극받아 새로운 무열량 음료를 개발함. 젊은층의 선호로 ○○국에서 전통 음료와 B의 판매량을 추월함.

〈3모둠〉
○○국 제과 회사가 만든 과자 C는 병국의 과자에 ○○국의 식재료인 황태 가루를 넣은 새로운 과자임. 병국의 유명 연예인이 C가 병국 과자를 대체할 수 있을 만큼 맛있다고 하자 ○○국보다 병국에서 많이 판매됨.

〈4모둠〉
막대기에 과일 사탕을 꽂은 정국의 디저트 D가 SNS를 통해 ○○국에 알려짐. 이후 ○○국 젊은이들이 인터넷에서 배운 조리법대로 D를 만들어 먹기 시작하며 D가 젊은 세대 문화로 스며듦.

① 1모둠과 2모둠이 작성한 내용에 모두 문화 공존이 나타난다.
② 3모둠과 4모둠이 작성한 내용에 모두 문화 융합이 나타난다.
③ 1모둠이 작성한 내용에 발명이, 2모둠이 작성한 내용에 직접 전파가 나타난다.
④ 3모둠이 작성한 내용에 문화 동화가, 4모둠이 작성한 내용에 간접 전파가 나타난다.
⑤ 1모둠과 2모둠이 작성한 내용에 모두 자극 전파가, 3모둠과 4모둠이 작성한 내용에 모두 자발적 문화 접변이 나타난다.

2024학년도 EBS 수능특강 111쪽 8번

08 다음 갑국~정국의 문화 변동에 대한 설명으로 옳은 것은?

갑국에서는 전통적으로 내려오던 다양한 음식 재료와 조리 기법을 결합하여 A 음식이 만들어졌고, 그 음식이 널리 확산되었다. A 음식은 인터넷을 통해 을국에도 소개되었는데, 을국 사람들은 A 음식을 받아들이는 대신 A 음식의 조리 기법에 착안하여 B 음식을 만들어 냈다. 한편, 갑국의 A 음식은 갑국의 외교관들을 통해 병국에도 퍼졌는데, 그 과정에서 병국의 고유한 향신료 등이 추가됨으로써 병국에서 인기 음식인 C 음식이 만들어졌다. 갑국 사람들은 지리적으로 가까운 정국으로 이민 가는 경우가 많았는데, 정국에서는 갑국으로부터 온 이민자들을 통해 A 음식이 확산한 결과 정국의 전통 음식이 A 음식으로 대체되었다.

① 을국에서는 외부 문화 요소의 간접 전파가 나타났다.
② 병국에서는 외부 문화 요소의 직접 전파로 인해 새로운 문화 요소가 창조되었다.
③ 정국에서는 병국과 달리 문화 변동 결과 전통문화 요소의 정체성이 유지되었다.
④ 갑국과 병국에서는 모두 문화 융합이 나타났다.
⑤ 갑국~병국은 정국과 달리 문화 변동 결과 새로운 문화 요소를 향유하게 되었다.

연계 분석 및 학습 대책

2024학년도 수능 14번 문항은 EBS 수능특강 111쪽 8번 문항과 연계되어 출제되었다. 두 문항 모두 음식 문화 변동과 관련한 사례를 제시하고 이를 문화 변동 관련 개념과 연결할 수 있는지를 묻고 있다. 사례 제시 방식이 다르다는 의견이 있을 수 있으나 수능 문항은 4개의 모둠별로, EBS 수능특강 문항은 4개의 국가별로 음식 문화 변동에 관한 서로 다른 사례를 제시하였다는 점에서 그 내용이 유사하다. 또한 공통적으로 직접 전파, 간접 전파, 문화 융합 등의 개념을 사용하여 선택지를 구성하였으며, 수능 문항은 정답지로서 문화 공존을 사용하였다는 점에서 차이가 있다.

수능에서 EBS 교재와 연계된 문항은 다양한 방식으로 구성된다. 개념이나 원리를 활용하기도 하고, EBS 교재에 사용된 자료를 거의 그대로 인용하거나 변형하기도 하며 이를 토대로 새롭게 자료를 구성하기도 하고, 선택지의 내용을 활용하기도 한다. 이 문항의 경우 자료의 내용이 매우 유사하고 선택지에 사용된 개념이 중복되었다는 점에서 수험생들의 연계 체감도는 매우 높았을 것으로 추정된다.

수능 14번 문항에서도 확인할 수 있듯이, 수능에서는 다양한 사례를 제시하고 이를 사회·문화 과목의 주요 개념과 원리를 적용하여 사례가 갖는 의미를 옳게 파악하고 있는지를 묻는 형식의 문항이 자주 출제된다. 특히, 문화의 속성과 문화 이해 태도 및 문화 변동 등 문화를 주제로 한 수능 문항의 경우 이와 같은 형식을 갖춘 문항이 많다.

EBS 수능 교재는 다양한 사례를 제시하고 선택지에서 그 의미를 제대로 파악하고 있는지를 묻는 문항을 만들고 있을 뿐만 아니라, 심화 탐구에서는 다양한 자료를 제시하고 이에 대한 분석을 싣고 있다. 따라서 수험생들은 EBS 수능 교재에 실린 다양한 사례를 읽고 이를 주요 개념과 원리를 적용하여 그 의미를 파악하는 훈련을 할 필요가 있다. 문항의 선택지에서도 정답지만 찾는 것에 그치지 말고 오답지의 경우도 '왜 이것이 틀린 거지?'라고 의문을 제기하면서 공부하는 습관을 기르면, 수능 14번과 같은 유형의 문항에 충분히 대비할 수 있다.

EBS 교재 **연계 사례**

2024학년도 수능 문항 20번

20 다음 자료에 대한 분석으로 옳은 것은?

표는 갑국과 을국의 인구 구조 변화를 비교한 것이다. t년 대비 t+50년에 갑국의 전체 인구는 10% 감소하였고, 을국의 전체 인구는 20% 감소하였다. 단, t년에 갑국과 을국의 전체 인구는 동일하다.

구분	갑국		을국	
	t년	t+50년	t년	t+50년
합계 출산율(명)	4.2	1.8	1.5	0.9
전체 인구 대비 15~64세 인구 비율(%)	50	60	50	55
노령화 지수	25	100	150	200

* 합계 출산율: 여성 1명이 가임 기간(15~49세) 동안 낳을 것으로 예상되는 평균 출생아 수

** 노령화 지수 $= \frac{\text{노년 인구(65세 이상 인구)}}{\text{유소년 인구(0~14세 인구)}} \times 100$

*** 전체 인구 중 65세 이상 인구가 차지하는 비율이 20% 이상인 사회를 초고령 사회라고 함.

① t년과 t+50년 모두 갑국은 을국에 비해 저출산 현상이 강하게 나타난다.
② t년과 t+50년에 갑국과 을국은 모두 초고령 사회이다.
③ t년 대비 t+50년의 노령화 지수 증가율은 을국이 갑국보다 크다.
④ t년에 을국의 유소년 인구는 t+50년에 갑국의 유소년 인구보다 많다.
⑤ t년에 노년 인구는 을국이 갑국의 3배이고, t+50년에 노년 인구는 을국이 갑국의 1.5배이다.

2024학년도 EBS 수능완성 126쪽 20번

20 다음 자료에 대한 분석으로 옳은 것은?

표는 갑국과 을국의 인구 지표의 변동 양상을 나타낸 것이다. 단, 갑국과 을국 모두에서 1990년 대비 2020년에 15~64세 인구는 30% 증가하였다.

구분	갑국		을국	
	1990년	2020년	1990년	2020년
노령화 지수	40	75	50	140
총인구 중 15~64세 인구 비율(%)	65	65	64	64

* 노령화 지수=(65세 이상 인구/0~14세 인구)×100

** 총인구 중 65세 이상 인구 비율이 7% 이상인 사회를 고령화 사회, 14% 이상인 사회를 고령 사회, 20% 이상인 사회를 초고령 사회라고 함.

① 1990년에 총인구 중 0~14세 인구 비율은 을국이 갑국보다 높다.
② 1990년 대비 2020년에 갑국, 을국 모두에서 0~14세 인구가 감소하였다.
③ 갑국에서 15~64세 인구 1명당 65세 이상 인구는 2020년이 1990년의 1.5배이다.
④ 을국에서 2020년 총인구 중 0~14세 인구 비율은 1990년 총인구 중 65세 이상 인구 비율보다 낮다.
⑤ 1990년과 2020년을 비교할 때, 갑국은 고령화 사회에서 고령 사회로, 을국은 고령 사회에서 초고령 사회로 변동하였다.

연계 분석 및 학습 대책

2024학년도 수능 20번 문항은 EBS 수능완성 126쪽 20번 문항과 연계되어 출제되었다. 두 문항 모두 인구 구조 변화를 비교한 표를 제시하고 이를 옳게 분석할 수 있는지를 묻고 있다. 수능 문항과 EBS 수능완성 문항 모두 공통적으로 전체 인구 대비 15~64세 인구 비율, 노령화 지수에 관한 두 국가의 연도별 변화를 표로 제시하였으며, 수능 문항의 경우 합계 출산율을 추가하였다는 점에서 차이가 있다. 또한 유소년 인구, 노년 인구, 초고령 사회 등의 개념을 공통적으로 사용하여 답지를 구성하였다는 점에서 선택지 또한 유사한 부분이 많다. 자료의 내용이 많이 유사하고 선택지 또한 공통적으로 사용된 개념이 많다는 점에서 이 문항에 대한 수험생들의 연계 체감도는 높았을 것으로 추정된다.

표를 분석하는 수능 문항의 경우 지나치게 수학적인 접근을 요구하지 않고 있으며 그 개수가 줄고 있다. 다만 인구 구조 변화와 관련한 표 분석 문항의 경우, 모의평가는 물론 이번 수능에서도 쉽지 않은 문항으로 출제되었으며 이러한 경향은 지속될 것으로 보인다. 특히, 앞에서 지적하였듯이 합계 출산율, 고령 사회 등을 사용하여 자료를 구성하고 선택지를 만드는 등 단순한 수학적 접근을 피하고 사회 · 문화 과목의 주요 개념을 사용하여 문항을 구성하고 있다.

EBS 수능 교재에는 다양한 형태의 표 자료를 제시하고 이에 대한 분석 능력이 있는지를 묻는 문항이 다수 있다. 교재 제작 시 출제자들은 토의를 통해 최근 수능의 출제 경향을 반영하고 있으며, 표 분석을 토대로 다양한 내용의 선택지를 구성하기 위해 노력하고 있다. 수험생들은 EBS 수능 교재에 실린 표 분석 문항을 꼼꼼하게 풀 필요가 있다. 특히, 해설에 표 분석 문항에 대한 접근 방법이 일정 부분 제시되어 있다는 점에서 정답 찾기는 물론 오답 피하기의 내용에 주의를 기울여야 한다. 인구 구조 변화와 관련한 표 분석 문항에서는 특정 인구를 100명으로 놓고 다른 인구의 상대값을 구해야 하는데, 이번 수능 문항의 경우 '전체 인구 대비 15~64세 인구 비율'이 주어져 있어 t년의 전체 인구를 100명으로 놓고 다른 인구의 상댓값을 구해야 했다.

사회·문화 현상의 이해

✪ 개연성
원인과 결과가 어느 정도 관련되어 있으나 필연적인 것은 아니라는 것을 의미한다.

1. 사회 · 문화 현상과 자연 현상의 의미

구분	사회 · 문화 현상	자연 현상
의미	사회생활을 하는 인간에 의해 인위적으로 만들어진 현상	인간의 의지와 관계없이 자연계에서 스스로 일어나는 현상
사례	선거, 범죄, 결혼, 생산 활동 등	태풍, 지진, 계절 변화 등

✪ 인과 관계
앞의 사실과 뒤의 사실이 원인과 결과의 관계에 있는 것을 의미한다. 사회 · 문화 현상은 인과 관계가 나타나기는 하나 예외가 존재하여 인과 관계가 명확하지 않은 반면, 자연 현상은 특정 원인에 따라 반드시 그에 상응하는 결과가 예외 없이 나타나기 때문에 인과 관계가 명확하다.

2. 사회 · 문화 현상과 자연 현상의 특징

(1) 사회 · 문화 현상의 특징

가치 함축성	사회 · 문화 현상은 사람들의 가치나 의지가 반영되어 나타남. ㉮ 개인의 자유라는 가치가 중시되면서 연애결혼이 확산됨.
당위적인 규범의 반영	사회 · 문화 현상은 사회의 규범적 요구가 반영되어 나타나기도 함. ㉮ 웃어른을 공경해야 하므로 웃어른에게 높임말을 함.
개연성과 확률의 원리가 작용	사회 · 문화 현상은 발생 요인과 그 결과가 법칙으로 대응하기보다 확률적으로 관련을 맺고 있어 예외적인 현상이 나타날 수 있음. ㉮ 학생의 독서량이 많을수록 국어 과목의 성적이 높을 가능성은 있지만, 반드시 그러한 것은 아님.
보편성과 특수성의 공존	시대와 사회를 초월하여 동일하게 나타나는 사회 · 문화 현상이 존재하면서 동시에 시대와 사회에 따라 다르게 나타나는 사회 · 문화 현상이 존재함. ㉮ 인사하는 것은 시대와 사회를 초월하여 나타나는 현상이지만, 그 형태나 방식, 의미 등은 시대와 사회에 따라 특수성을 지님.

(2) 자연 현상의 특징

몰가치성	자연 현상은 인간의 의지나 가치와 무관하게 자연계에서 발생하는 현상임. ㉮ 계절의 변화는 인간의 의지나 가치와 무관하게 발생함.
존재 법칙의 지배	자연 현상은 인간의 인식 여부와 상관없이 스스로의 원리에 따라 사실 그대로 존재하는 현상임. ㉮ 물이 1기압하에서 100℃에 끓는 것은 인간의 인식과 무관하게 단지 사실로 존재하는 현상임.
필연성과 확실성의 원리가 작용	자연 현상은 특정 원인에 따라 반드시 그에 상응하는 결과가 예외 없이 발생함(인과 관계가 명확함). ㉮ 바람은 반드시 고기압 지대에서 저기압 지대로 붊.
보편성	자연 현상의 발생 원리는 시대와 장소에 상관없이 동일하므로 일정한 조건만 갖춰지면 시대와 장소를 초월하여 동일한 현상이 발생함. ㉮ 눈이 내리는 원리는 동일하므로 열대 지방에서도 일정한 조건이 갖춰지면 눈이 내림.

개념 체크

1. 사회생활을 하는 인간에 의해 인위적으로 만들어진 현상은 (　　　)이다.
2. 사회 · 문화 현상은 가치 함축적이고, 자연 현상은 (　　　)이다.
3. 사회 · 문화 현상은 (　　　)과 확률의 원리가 작용하고, 자연 현상은 (　　　)과 확실성의 원리가 작용한다.

정답
1. 사회 · 문화 현상
2. 몰가치적
3. 개연성, 필연성

자료 플러스 | 사회 · 문화 현상 연구의 어려움

자연 현상은 동일한 조건이라면 같은 원인에 대해 같은 결과가 도출되므로 인과 관계가 분명하여 이를 통해 일정한 법칙을 제시할 수 있다. 이에 비해 사회 · 문화 현상이 발생하는 원인은 매우 복잡하고 다양하여 이를 분석하는 것이 어려울 뿐만 아니라 인과 관계를 예측하는 과정 자체가 해당 사회 · 문화 현상에 영향을 주는 원인이 될 수도 있다. 예를 들어, 경기 침체가 올 것이라는 유명 경제학자의 예측으로 인해 기업이 생산을 줄이고 가계가 소비를 줄일 경우 이는 예측이 또 다른 결과를 낳게 된 것이라고 볼 수 있다.

3. 사회 · 문화 현상을 바라보는 관점

(1) 거시적 관점과 미시적 관점

① 거시적 관점: 사회 · 문화 현상을 이해할 때 사회 구조나 제도 등 개개인의 행위를 초월한 사회 체계에 초점을 맞추는 관점으로, 기능론과 갈등론이 이에 해당함.

② 미시적 관점: 사회 · 문화 현상을 이해할 때 일상생활에서 이루어지는 개인 간의 상호 작용이나 개개인의 주관적인 세계에 초점을 맞추는 관점으로, 상징적 상호 작용론이 이에 해당함.

개념 플러스 | 거시적 관점과 미시적 관점

거시적 관점은 사회 구성원의 행위가 그들이 속한 사회로부터 강한 영향을 받는다고 본다. 따라서 사회 · 문화 현상을 분석할 때, 분석의 대상을 사회 구조나 사회 제도 등 개개인의 행위를 초월한 사회 체계에 둔다. 이혼이라는 사회 · 문화 현상을 분석하면서 혼인 제도나 가족 제도에 문제는 없는지, 경기 침체라는 상황이 영향을 주고 있지 않은지 등과 같이 접근하는 것을 예로 들 수 있다. 이에 반해 미시적 관점은 인간이 자율성을 갖고 사회 · 문화 현상을 구성해 가는 주체라고 본다. 따라서 사회 · 문화 현상을 분석할 때, 분석의 대상을 구성원인 개인 간의 상호 작용이나 개개인의 주관적인 세계에 둔다. 이혼이라는 사회 · 문화 현상을 분석하면서 이혼한 사람들의 의사소통은 원활했는지, 상황에 대한 인식의 공유에 문제가 없었는지 등 상호 작용 측면에서 접근하는 것을 예로 들 수 있다.

(2) 기능론

전제	사회는 유기체처럼 다양한 부분들이 상호 의존적인 관계를 이루며 하나의 체계를 형성하고 있음(사회 유기체설).
핵심 주장	• 사회는 본질적으로 조화와 균형을 이루고 있으며, 일시적으로 불안정한 상태가 발생하더라도 스스로 조화와 균형을 회복할 수 있는 힘을 지니고 있음. • 사회를 이루는 구성 요소들은 사회 속의 한 부분으로서 각기 서로 다른 기능을 담당하고 그러한 기능을 수행함으로써 사회의 안정과 질서가 유지됨. • 사회 규범이나 사회 제도 등이 수행하는 역할은 사회 전체의 합의가 반영된 것으로, 전체 사회의 통합과 존속, 질서 유지에 기여함.
의의	사회 안정이 유지되고 통합이 이루어지는 현상을 이해하는 데 유용함.
한계	• 사회 안정과 합의를 지나치게 강조함으로써 사회 갈등을 간과함. • 현존하는 사회를 이상적으로 보기 때문에 기존의 질서나 권력관계의 유지에 기여하는 보수적 관점임.

(3) 갈등론

전제	사회는 사회적 희소가치를 둘러싼 집단 간의 갈등과 대립의 장(場)임.
핵심 주장	• 사회에는 지배 계급과 피지배 계급이 존재하고 사회 질서나 안정은 지배 계급의 강요나 억압에 의해 나타난 결과임. • 지배 계급과 피지배 계급의 이익은 양립할 수 없기 때문에 갈등은 필연적이며, 그 갈등이 사회 변동의 원동력이 됨. • 사회 규범이나 사회 제도 등은 지배 계급이 자신의 기득권을 보호하고, 계급을 재생산하기 위해 만들어 낸 수단에 불과함.
의의	사회 구조 속에 존재하는 지배와 피지배의 관계 및 갈등의 측면을 이해하는 데 유용함.
한계	• 사회 각 부분 간의 복잡한 관계를 지배와 피지배의 관계로 단순화함. • 사회에서 나타나는 협동과 합의 및 조화를 설명하기 어렵고 사회 질서와 안정의 중요성을 경시함.

개념 플러스 | 사회를 보는 기능론과 갈등론의 차이점

기능론은 사회가 유기체처럼 항상 균형을 유지하려는 방향으로 움직이려고 하며 사회는 상호 의존적인 각 부분들이 통합되어 있는 것으로 보는 반면, 갈등론은 모든 사회에는 갈등이 항상 존재하고 있으며 각 사회의 부분들은 강제적인 요인에 의해 통합되어 있다고 본다.

✪ 사회 유기체설

사회를 생물 유기체에 비유하여 사회의 작동 원리를 설명하는 이론이다. 사회 유기체설은 유기체 내의 각 부위가 각각의 기능을 가지고 상호 의존하면서 유기체의 생존에 기여하듯이 사회 또한 각 부분이 각각의 기능을 수행하면서 사회 전체의 존속과 유지에 기여한다고 본다.

✪ 사회적 희소가치

부, 명예, 권력처럼 사회 구성원 대부분이 가지고 싶어 하지만 이를 모두 충족시켜 줄 만큼 많지 않은 자원을 의미한다.

개념 체크

1. 기능론과 (　　　)은 거시적 관점, 상징적 상호 작용론은 (　　　) 관점으로 분류된다.
2. 기능론은 사회가 (　　　)처럼 다양한 부분들이 상호 의존적인 관계를 이루며 하나의 체계를 형성하고 있다고 본다.
3. 갈등론은 사회가 (　　　)를 둘러싼 사회 구성원들 간의 갈등과 대립의 장(場)이라고 본다.

정답

1. 갈등론, 미시적
2. 유기체
3. 사회적 희소가치

✪ 상징
추상적인 의미를 구체적으로 드러내기 위해 사용되는 매개물이나 기호로서 사회 구성원 간에 공유되어 의미 전달의 수단이 된다.

(4) 상징적 상호 작용론

전제	인간은 자율성을 지닌 능동적인 존재이며, 사물이나 행위에 주관적인 의미를 부여하는 행위의 주체임.
핵심 주장	• 인간은 자신이 처한 상황에 대한 주관적인 정의(상황 정의)에 기초하여 행동함. • 인간은 상징을 활용하여 다른 사람들과 상호 작용을 하며, 인간의 일상생활은 상호 작용이 연속적으로 나타나는 과정임. • 사회 · 문화 현상의 의미는 그것이 발생하는 상황과 행위 주체에 따라 달라짐.
의의	인간의 능동적인 사고와 행위의 측면을 잘 설명할 수 있음.
한계	개인의 행위가 사회 구조나 제도의 영향에 의해 나타날 수 있음을 경시함.

≡ 개념 플러스 | 상황 정의

대학 수학 능력 시험을 앞둔 갑에게 을이 두루마리 휴지를, 병이 포크를 선물했다고 하자. 두루마리 휴지와 포크를 받은 갑이 이를 '시험 문제를 잘 풀어라.', '모르는 문제를 잘 찍어라.'라는 의미로 해석하고 을과 병에게 '고마워.'라고 말했다면, 그는 시험을 앞둔 당시에 두루마리 휴지와 포크라는 상징이 갖는 의미를 이해하고 반응하는 것이다. 이렇게 사람들은 어떤 주어진 상황에 대하여 단순히 반응하는 것이 아니라 그러한 상황을 해석하거나 규정하고 거기에 부여된 의미에 기초하여 반응을 한다. 이와 같이 구성원 사이에 공유하는 상징을 통해 자신이 접한 상황을 규정하고 해석하는 것을 '상황 정의'라고 하는데, 사람들 간에 상황 정의를 공유할 때 상호 작용이 원활하게 이루어질 수 있다. 만약 두루마리 휴지와 포크를 받은 갑이 을과 병에게 '시험을 앞둔 나에게 장난 그만해.'라고 하면서 화를 낸다면, 을과 병은 당황스러울 것이며, 그들 간의 관계에 문제가 발생할 수도 있을 것이다.

(5) 사회 · 문화 현상을 바라보는 관점들의 조화와 균형

① 사회 · 문화 현상을 바라보는 관점이 다른 이유: 사회 · 문화 현상은 발생 원인과 양상이 복합적인 경우가 많음. → 동일 현상에 대해 사람들이 이해하는 방식이나 초점이 다를 수 있음.

② 다양한 관점의 조화와 균형: 하나의 관점만으로는 사회 · 문화 현상을 정확하게 이해할 수 없는 경우가 발생함. → 다양한 관점에 기초하여 균형적이고 종합적으로 사회 · 문화 현상을 바라볼 필요가 있음.

자료 플러스 | 사회 · 문화 현상에 대한 다양한 관점에서의 접근

우리가 지하철이나 엘리베이터와 같은 공간에서 처음 보는 사람과 눈을 마주치게 되는 경우가 있다. 이러한 상황에서 대부분의 사람들은 상대방의 눈을 정면으로 응시하는 것을 피하고 그 사람이 하는 행동에 대해 무관심하게 대하려고 한다. 사람들은 왜 이렇게 행동하게 되는 것일까?

일상생활 속에서 처음 보는 사람들을 마주치게 될 때 위와 같은 상황을 흔히 겪게 되는데, 이것을 미국의 사회학자 어빙 고프만(Goffman, E.)은 '정중한 무관심'이라는 개념을 통해 설명하였다. '정중한 무관심'이란 표면적으로는 상대방에게 무관심하다는 표현을 하는 행위로 보이지만, 심층적으로는 상대방을 불편하게 하지 않으려는 의도가 숨어 있는 행위를 의미한다. 즉, 상대방에 대한 적대적인 행위가 아닌 배려의 의미가 담긴 행위로 볼 수 있는 것이다. 사회 · 문화 현상을 이해하기 위해서는 개인과 개인들이 만나 이루어지는 생활 세계에 초점을 맞추어 미시적으로 접근할 수 있지만, 개인의 사회화를 담당하는 교육 제도, 물에 빠진 사람과 같이 다른 사람들의 도움이 필요한 경우 그 사람들에게 도움을 강제하는 '착한 사마리아인의 법'과 같은 법 제도 등에 초점을 맞추어 거시적으로 접근해 볼 수도 있다.

개념 체크

1. (　　)은 인간이 자율성을 가진 능동적 존재이며, 사물이나 행위에 주관적인 의미를 부여하는 행위의 주체라고 본다.
2. 상징적 상호 작용론은 인간이 자신이 처한 상황에 대하여 내린 주관적 정의인 (　　)에 기초하여 행동한다고 본다.
3. 상징적 상호 작용론은 개인의 행위가 (　　)나 제도의 영향에 의해 나타날 수 있음을 경시한다.

정답
1. 상징적 상호 작용론
2. 상황 정의
3. 사회 구조

Theme 1 사회·문화 현상과 자연 현상

인간의 화석 연료 사용 증가로 대기 중 온실가스의 양이 늘어나면서 지구 온난화 현상은 점차 심화하였다. 심화한 지구 온난화 현상으로 인해 기상 이변이 잦아지면서 홍수나 가뭄에 의한 농작물 파괴 등 인간들의 삶은 큰 피해를 입게 되었다. 이러한 지구 온난화 현상을 해결하기 위해 각국 정부는 프레온 가스를 제외한 모든 온실가스의 인위적 방출을 규제하는 '기후 변화에 관한 유엔 협약(기후 변화 협약)'을 체결하게 되었다.

사회·문화 현상은 인간의 의지에 의해 인위적으로 만들어지는 현상으로, 그 현상 속에는 인간의 의지나 가치, 신념 등이 개입되어 있다. 위의 사례에서 인간이 화석 연료를 사용하는 것, 기후 변화 협약을 체결하는 것 등은 사회·문화 현상의 사례로 볼 수 있다. 반면, 자연 현상은 인간의 의지와는 무관하게 자연 스스로의 원리에 의해 나타나는 현상으로, 인간의 행위가 원인이 되어 발생하는 현상이라도 그 현상 자체가 자연의 인과 법칙에 의해 발생하는 것이라면 자연 현상으로 볼 수 있다. 위의 사례에서 지구 온난화 현상으로 인해 발생하는 기상 이변의 경우 비록 지구 온난화 현상이 인간의 화석 연료 사용으로 나타나기는 하였으나, 기상 이변 자체는 자연 스스로의 원리에 의한 자연 현상으로 볼 수 있다.

Theme 2 상징적 상호 작용론의 의의

상징적 상호 작용론에서는 거대한 사회 구조나 제도에 초점을 맞추는 것이 아니라, 사회 구성원들이 대면하여 상호 작용을 할 때 일어나는 일상적 의사소통에 초점을 맞춘다. 즉, 상징적 상호 작용론은 각 개인들이 자신이 행하는 사회적 행위들을 어떻게 해석하고 있는지에 관심을 가지고 있는 것이다. 기능론과 갈등론에서는 사회 구조나 제도에 초점을 두어 사회·문화 현상을 이해함으로써 개인의 능동성을 경시하는 경향이 있지만 상징적 상호 작용론에서는 개인을 사회 구조나 제도에 의해 만들어진 규범을 따르기만 하는 존재가 아니라고 본다. 요컨대, 자신의 주관에 따라 상황을 정의하여 의미를 부여하고 자신의 세계를 능동적으로 구분하는 주체로 본다는 점이 상징적 상호 작용론의 의의라고 볼 수 있다.

[24022-0001]

01 밑줄 친 ㉠~㉣과 같은 현상의 일반적인 특징에 대한 설명으로 옳은 것은?

> ○월 ○일 밤 우리나라의 서쪽 하늘에서는 ㉠금성과 목성이 매우 근접하는 현상이 나타나 많은 사람이 육안이나 망원경으로 이를 관찰하며 자연의 신비함을 느끼는 경험을 가졌다. □□ 연구소에 따르면 "㉡목성과 금성의 공전 주기는 다르기 때문에 ㉢이러한 현상은 매우 드물게 관측되며, ㉣앞으로의 근접은 2년 뒤로 예상된다."고 밝혔다.

① ㉠과 같은 현상은 가치 함축적이다.
② ㉡과 같은 현상은 확률의 원리를 따른다.
③ ㉢과 같은 현상은 ㉠과 같은 현상과 달리 존재 법칙의 지배를 받는다.
④ ㉣과 같은 현상은 ㉡과 같은 현상과 달리 인과 관계가 명확하다.
⑤ ㉢, ㉣과 같은 현상은 모두 개연성을 띤다.

[24022-0002]

02 밑줄 친 ㉠, ㉡과 같은 현상의 일반적인 특징을 구분하기 위해 (가)~(다)에 들어갈 수 있는 질문으로 옳은 것은?

> 지난달 ○○ 지역에서는 ㉠진도 6.4의 지진이 발생하여 수많은 건물이 파괴되었다. 이에 각국에서는 ㉡지진 피해를 돕기 위해 기부 물품과 기부금을 모아 이 지역에 전달하기 위한 캠페인을 진행하고 있다.

질문	답변	
	㉠과 같은 현상	㉡과 같은 현상
(가)	예	아니요
(나)	아니요	예
(다)	예	예

① (가) – 당위 규범을 따르는가?
② (가) – 확률의 원리가 적용되는가?
③ (나) – 보편성과 특수성이 공존하는가?
④ (나) – 경험적 자료를 통해 연구가 가능한가?
⑤ (다) – 인간의 가치가 개입되어 나타나는가?

[24022-0003]

03 (가), (나)와 같은 현상의 일반적인 특징에 대한 설명으로 옳은 것은?

> (가) ○○ 지역 부근에서 주로 발생하는 열대성 저기압인 태풍은 여름철에 한반도에 많은 비를 내리게 한다.
> (나) □□ 제품에 대한 소비자들의 관심이 줄어들면서 해당 제품의 가격이 하락하고 있다.

① (가)와 같은 현상은 몰가치적이다.
② (나)와 같은 현상은 확실성의 원리가 적용된다.
③ (가)와 같은 현상은 (나)와 같은 현상과 달리 특수성이 나타난다.
④ (나)와 같은 현상은 (가)와 같은 현상과 달리 경험적 자료를 통해 연구가 가능하다.
⑤ (가), (나)와 같은 현상은 모두 존재 법칙의 지배를 받는다.

[24022-0004]

04 그림은 사회·문화 현상을 바라보는 관점 A, B의 공통점과 차이점을 연결한 것이다. 이에 대한 옳은 설명만을 <보기>에서 고른 것은? (단, A, B는 각각 기능론, 갈등론 중 하나임.)

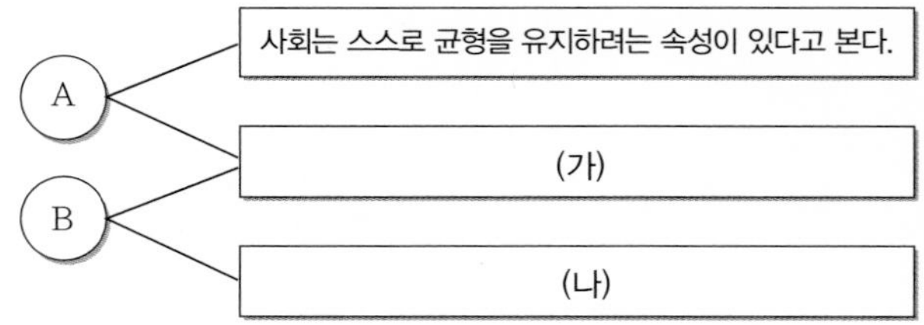

보기

ㄱ. A는 B와 달리 사회 각 요소 간의 기능적 의존성을 중시한다.
ㄴ. B는 A와 달리 지배 집단의 이익을 대변하는 논리로 활용될 수 있다는 비판을 받는다.
ㄷ. (가)에는 '거시적 관점에서 사회·문화 현상을 바라본다.'가 들어갈 수 있다.
ㄹ. (나)에는 '사회가 유기체와 유사하다고 본다.'가 들어갈 수 있다.

① ㄱ, ㄴ　② ㄱ, ㄷ　③ ㄴ, ㄷ　④ ㄴ, ㄹ　⑤ ㄷ, ㄹ

[24022-0005]

05 **표는 질문에 따라 사회 · 문화 현상을 바라보는 관점 A~C를 구분한 것이다. 이에 대한 옳은 설명만을 〈보기〉에서 고른 것은? (단, A~C는 각각 기능론, 갈등론, 상징적 상호 작용론 중 하나임.)**

질문 \ 관점	A	B	C
사회 유기체설을 바탕으로 하는가?	아니요	예	아니요
사회 질서가 지배 집단의 필요에 의해 형성된다고 보는가?	아니요	아니요	예

보기

ㄱ. A는 거시적 관점에서 사회 · 문화 현상을 바라본다.
ㄴ. B는 사회 · 문화 현상에 대한 개인의 능동성을 강조한다.
ㄷ. B는 C와 달리 사회 규범이 사회 전체의 합의를 통해 구성된다고 본다.
ㄹ. C는 B와 달리 사회 제도를 계급 재생산의 수단으로 본다.

① ㄱ, ㄴ ② ㄱ, ㄷ ③ ㄴ, ㄷ
④ ㄴ, ㄹ ⑤ ㄷ, ㄹ

[24022-0006]

06 **표는 사회 · 문화 현상을 바라보는 관점 A를 정리한 것이다. 이에 대한 옳은 설명만을 〈보기〉에서 고른 것은?**

구분	내용
핵심 주장	사회를 이루는 구성 요소들은 각각의 기능을 담당하고 그러한 기능을 수행함으로써 사회의 안정과 질서가 유지됨.
의의	(가)
한계	(나)

보기

ㄱ. A는 개인이 능동성을 지닌 자율적인 존재임을 강조한다.
ㄴ. A는 사회 구조적 관점에서 사회 · 문화 현상을 분석한다.
ㄷ. (가)에는 '사회 구조 속에 존재하는 지배와 피지배 관계에 따른 갈등을 이해하는 데 유용함.'이 들어갈 수 있다.
ㄹ. (나)에는 '기득권층의 이익을 대변하는 논리로 이용된다는 비판을 받음.'이 들어갈 수 있다.

① ㄱ, ㄴ ② ㄱ, ㄷ ③ ㄴ, ㄷ
④ ㄴ, ㄹ ⑤ ㄷ, ㄹ

[24022-0007]

07 **사회 · 문화 현상을 바라보는 관점 A, B에 대한 설명으로 옳은 것은? (단, A, B는 각각 기능론, 갈등론 중 하나임.)**

교사: 사회 · 문화 현상을 바라보는 관점 A, B에 대해 설명해 볼까요?
갑: A는 지배 집단의 강제에 의해 사회 질서가 유지된다고 봅니다.
을: B는 사회 구성 요소의 기능과 역할은 사회적으로 합의된 것이라고 봅니다.
교사: 두 사람 모두 옳게 설명하였군요.

① A는 상황에 대한 개인의 주관적 의미 부여를 강조한다.
② B는 행위자의 주체적 능동성을 중시한다.
③ A는 B와 달리 사회 통합을 경시한다는 비판을 받는다.
④ B는 A와 달리 집단 간 갈등이 사회 발전의 원동력이라고 본다.
⑤ A, B는 모두 상징을 매개로 한 개인 간의 상호 작용에 초점을 맞춘다.

[24022-0008]

08 **사회 · 문화 현상을 바라보는 필자의 관점에 대한 옳은 설명만을 〈보기〉에서 고른 것은?**

학교는 사회가 존속되고 유지되기 위해 필요한 인재를 양성하는 역할을 담당한다. 이러한 학교의 역할이 원활하게 수행되도록 하기 위해서는 교육과 관련한 정부 기관이 적절한 지원을 해야 하며, 학생들의 가정에서도 긴밀한 협조가 이루어져야 한다. 이러한 과정을 통해 교육이라는 사회의 고유한 기능은 적절히 수행될 수 있다.

보기

ㄱ. 사회가 유기체와 유사하다고 본다.
ㄴ. 사회 안정보다 사회 변동을 중시한다.
ㄷ. 사회 각 요소 간의 기능적 의존 관계를 중시한다.
ㄹ. 개인의 행위에 미치는 사회의 영향력을 간과한다는 비판을 받는다.

① ㄱ, ㄴ ② ㄱ, ㄷ ③ ㄴ, ㄷ
④ ㄴ, ㄹ ⑤ ㄷ, ㄹ

[24022-0009]

1 **밑줄 친 ㉠~㉣과 같은 현상의 일반적인 특징에 대한 설명으로 옳은 것은?**

○○ 지역의 ㉠미세먼지 농도가 지난 10년간 2배 이상 상승했다고 하더군요. 이웃해 있는 △△ 지역에 공단이 들어서면서 ㉡공장들이 대기 중에 많은 매연을 배출하는 것이 원인일 것 같습니다.

그 외에 □□국의 ㉢사막화가 지난 10년 동안 급격히 진행되어 황사 현상이 심화된 것도 주요한 원인으로 들 수 있습니다. ㉣장기간 미세먼지에 노출되는 사람들의 경우 면역력이 급격히 저하되어 감기나 기관지염과 같은 호흡기 질환뿐만 아니라 심혈관 질환, 안구 질환 등에 걸릴 수 있습니다.

① ㉠과 같은 현상은 ㉡과 같은 현상과 달리 몰가치적이다.
② ㉡과 같은 현상은 ㉢과 같은 현상과 달리 보편성이 나타난다.
③ ㉢과 같은 현상은 ㉣과 같은 현상과 달리 확률의 원리를 따른다.
④ ㉡과 같은 현상은 ㉠, ㉣과 같은 현상에 비해 인과 관계가 분명하다.
⑤ ㉢과 같은 현상은 ㉠, ㉣과 같은 현상과 달리 사회의 규범적 요구가 반영된다.

[24022-0010]

2 **교사의 질문에 대한 학생의 옳은 답변만을 〈보기〉에서 고른 것은?**

㉠~㉣과 같은 현상의 일반적인 특징에 대해 이야기해 볼까요?

봄이 되었지만 ㉠예년의 동일한 시기에 비해 이례적으로 기온이 낮아 결빙이 많음에도 ㉡안전 운전을 하지 않아 자동차 교통사고가 자주 발생하고 있다. 기상청에서는 이러한 현상이 ㉢지구 온난화에 따른 이상 기후의 발생으로 나타난 것으로 분석하고 있으며, ㉣다음 주부터는 예년과 같은 날씨로 돌아갈 것으로 예측하고 있다.

교사

보기

ㄱ. ㉠과 같은 현상은 가치 함축적입니다.
ㄴ. ㉡과 같은 현상은 확률의 원리를 따릅니다.
ㄷ. ㉢과 같은 현상은 ㉣과 같은 현상과 달리 경험적 자료를 통해 연구가 가능합니다.
ㄹ. ㉠, ㉢과 같은 현상은 ㉡과 같은 현상과 달리 존재 법칙의 지배를 받습니다.

① ㄱ, ㄴ ② ㄱ, ㄷ ③ ㄴ, ㄷ ④ ㄴ, ㄹ ⑤ ㄷ, ㄹ

[24022-0011]

3 **다음 자료에 대한 옳은 설명만을 〈보기〉에서 있는 대로 고른 것은?**

> ○○ 지역에서는 ㉠산지를 개간한 무분별한 농경지 개발이 진행되어 최근 ㉡집중 호우의 발생으로 농경지가 침수되었다. 이에 ㉢수해 대책을 수립하기 위한 민·관 합동 대책 본부가 구성되었다.

표는 사회·문화 현상과 자연 현상의 일반적인 특징을 구분하기 위한 질문에 따라 밑줄 친 ㉠~㉢과 같은 현상을 분류한 것이다.

질문	해당하는 현상
보편성을 가지고 있는가?	(가)
확실성의 원리를 따르는가?	(나)
(다)	㉠, ㉢

보기

ㄱ. ㉠과 같은 현상은 ㉡과 같은 현상과 달리 몰가치적이다.
ㄴ. ㉡과 같은 현상은 ㉢과 같은 현상과 달리 존재 법칙의 지배를 받는다.
ㄷ. (가)에는 '㉠, ㉡, ㉢', (나)에는 '㉡'이 들어갈 수 있다.
ㄹ. (다)에는 '사회의 규범적 요구가 반영되는 현상인가?'가 들어갈 수 있다.

① ㄱ, ㄷ ② ㄱ, ㄹ ③ ㄴ, ㄷ ④ ㄱ, ㄴ, ㄹ ⑤ ㄴ, ㄷ, ㄹ

[24022-0012]

4 **그림은 수행 평가 내용 중 일부를 나타낸다. 이에 대한 옳은 설명만을 〈보기〉에서 있는 대로 고른 것은?**

〈수행 평가〉

※ (가)~(라)는 각각 사회·문화 현상과 자연 현상 중 하나에 해당하는 현상입니다.

(가) 지구가 태양의 주변을 공전하는 것
(나) 폭우로 인해 하천의 제방이 붕괴되는 것
(다) 의회에서 환경 보호 관련 법안이 의결되는 것
(라) 퇴근 시간에 주요 도로에 차량 정체가 발생하는 것

보기

ㄱ. (가)와 같은 현상은 (다)와 같은 현상과 달리 존재 법칙의 지배를 받는다.
ㄴ. (나)와 같은 현상은 (라)와 같은 현상과 달리 보편성과 특수성이 모두 나타난다.
ㄷ. (나), (다)와 같은 현상은 (가)와 같은 현상과 달리 개연성과 확률의 원리를 따른다.
ㄹ. (가), (나), (다), (라)와 같은 현상은 모두 경험적 자료를 통해 연구할 수 있다.

① ㄱ, ㄷ ② ㄱ, ㄹ ③ ㄴ, ㄷ ④ ㄱ, ㄴ, ㄹ ⑤ ㄴ, ㄷ, ㄹ

[24022-0013]

5 **교사의 진술을 바탕으로 구분한 A, B에 대한 질문에 모두 옳게 응답한 학생은? (단, A, B는 각각 사회·문화 현상, 자연 현상 중 하나임.)**

벼가 여름을 거치면서 자라 가을에 익는 것은 A로, 벼를 심고 기르며 수확하는 것은 B로 볼 수 있습니다.

질문 \ 학생	갑	을	병	정	무
A는 개연성의 원리로 설명됩니까?	○	○	×	○	×
B는 경험적 자료로 연구가 가능합니까?	○	○	○	○	○
A는 B와 달리 존재 법칙의 지배를 받습니까?	○	○	○	×	×
B는 A와 달리 가치 함축적입니까?	○	×	○	×	×

(○: 예, ×: 아니요)

① 갑 ② 을 ③ 병 ④ 정 ⑤ 무

[24022-0014]

6 **사회·문화 현상을 바라보는 갑~병의 관점에 대한 설명으로 옳은 것은?**

① 갑의 관점은 인간의 자율적 행위의 측면을 강조한다.
② 을의 관점은 개인의 행위에 미치는 사회 구조의 영향력을 간과한다.
③ 갑의 관점은 을의 관점과 달리 사회 각 부분 간의 균형과 조화를 강조한다.
④ 을의 관점은 병의 관점과 달리 인간은 상징을 활용한 상호 작용을 통해 사회·문화 현상을 구성한다고 본다.
⑤ 갑, 을의 관점은 병의 관점과 달리 거시적 측면에서 사회·문화 현상을 바라본다.

[24022-0015]

7 **사회 · 문화 현상을 바라보는 관점 A, B에 대한 옳은 설명만을 〈보기〉에서 고른 것은? (단, A, B는 각각 기능론, 갈등론 중 하나임.)**

> 교사: 사회 · 문화 현상을 바라보는 관점 A, B에 대해 설명해 볼까요?
> 갑: A는 사회가 본질적으로 조화와 균형을 이루고 있다고 봅니다.
> 을: B는 사회에서 발생하는 갈등이 사회 변동의 원동력이 된다고 봅니다.
> 병: A는 B와 달리 사회 규범이나 사회 제도 등은 계급을 재생산하기 위해 만들어 낸 수단에 불과하다고 봅니다.
> 교사: 갑~병 중 (가) 이 옳게 설명했습니다.

● 보기 ●

ㄱ. (가)가 '병'이라면, A는 사회가 유기체와 같은 특성을 가진다고 본다.
ㄴ. (가)가 '병'이라면, B는 기득권층의 이익을 대변하는 논리로 이용된다는 비판을 받는다.
ㄷ. (가)가 '갑과 을'이라면, A는 B와 달리 사회 각 부분 간의 상호 의존성을 강조한다.
ㄹ. (가)가 '갑과 을'이라면, B는 A와 달리 사회 규범이 사회 구성원 전체의 합의에 의해 성립된다고 본다.

① ㄱ, ㄴ ② ㄱ, ㄷ ③ ㄴ, ㄷ ④ ㄴ, ㄹ ⑤ ㄷ, ㄹ

[24022-0016]

8 **그림은 질문에 따라 사회 · 문화 현상을 바라보는 관점 A~C를 구분한 것이다. 이에 대한 옳은 설명만을 〈보기〉에서 고른 것은? (단, A~C는 각각 기능론, 갈등론, 상징적 상호 작용론 중 하나임.)**

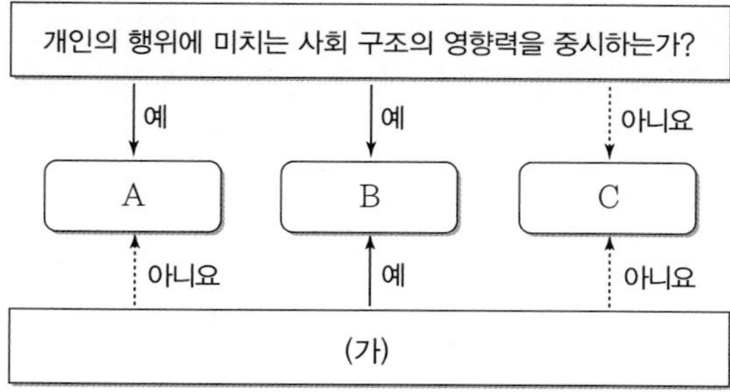

● 보기 ●

ㄱ. C는 사회가 사회적 희소가치를 둘러싼 구성원 간의 대립의 장이라고 본다.
ㄴ. (가)에는 '사회 · 문화 현상을 미시적 관점에서 바라보는가?'가 들어갈 수 없다.
ㄷ. A가 갈등론이라면, (가)에는 '사회가 유기체와 유사한 특성을 가지고 있다고 보는가?'가 들어갈 수 있다.
ㄹ. (가)가 '기득권층의 이익을 대변하는 논리로 이용될 우려가 있다는 비판을 받는가?'라면, B는 A와 달리 집단 간의 갈등을 사회 발전의 원동력으로 본다.

① ㄱ, ㄴ ② ㄱ, ㄷ ③ ㄴ, ㄷ ④ ㄴ, ㄹ ⑤ ㄷ, ㄹ

02 사회·문화 현상의 연구 방법

1. 양적 연구

(1) **의미:** 계량화된 자료 수집과 통계 분석을 통해 결론을 도출하는 방법

(2) **연구 목적:** 사회 · 문화 현상에 대한 연구를 통해 변인 간의 관계를 파악하여 일반화나 법칙을 찾아내고자 함.

(3) **전제:** 자연 현상과 사회 · 문화 현상은 본질적으로 같은 특성을 지니고 있기 때문에 자연 과학의 연구 방법을 사회 · 문화 현상에도 동일하게 적용할 수 있음(방법론적 일원론).

(4) **기본 입장**

① 자연 현상과 마찬가지로 사회 · 문화 현상에 대한 측정과 계량화, 통계적 분석이 가능함.

② 자연 현상과 마찬가지로 사회 · 문화 현상에도 일정한 규칙성이 존재함.

③ 자연 현상에 대한 연구를 통해 법칙을 발견하듯이 사회 · 문화 현상에 대한 과학적 연구를 통해 법칙 발견이나 일반화의 정립이 가능함.

(5) **일반적인 연구 과정**

① 문제 인식 및 연구 주제의 선정: 기존의 이론이나 가설, 새롭게 나타난 사회 · 문화 현상 등에 대한 연구자의 관심으로부터 연구 주제가 선정됨.

② 가설 설정: 연구 주제에 대한 잠정적인 결론을 제시하는 단계로, 변인과 변인 간의 관계를 논리적으로 설정함.

개념 플러스 가설

가설은 독립 변인이 종속 변인에 미치는 영향이나 둘의 관계를 파악하는 진술로 구성된다. 독립 변인과 종속 변인은 원래 자연 과학의 실험에서 사용하는 개념으로, 독립 변인은 다른 변인에 영향을 주는 변인이고, 종속 변인은 독립 변인의 영향을 받아 변하는 변인을 말한다. 예를 들어, '부모와의 대화 시간이 많은 학생일수록 학업 성취도 수준이 높을 것이다.'라는 가설에서 '부모와의 대화 시간'은 독립 변인, '학업 성취도 수준'은 종속 변인이다.

③ 연구의 설계

- 개념의 조작적 정의: 추상적 개념을 측정 가능하도록 구체화하는 것으로, 추상적 개념의 속성을 보여 주는 대표적인 지표를 선정함.
- 세부 실행 계획 구상: 연구 대상, 자료 수집 방법, 자료 분석 방법, 연구 기간 등 연구의 진행에 필요한 세부적인 계획을 설계하는 과정임.

개념 플러스 개념의 조작적 정의

양적 연구에서는 경험적으로 증명될 수 있는 것만이 객관적 사실이 될 수 있다고 본다. 이를 위해 사회 · 문화 현상을 객관적으로 관찰할 수 있도록 개념을 조작적으로 정의하는 과정을 거치게 된다. 예를 들어 '교우 간의 친밀감 정도'라는 사회 · 문화 현상은 '학교생활 중 교우 간의 대화 시간' 등으로 조작적으로 정의할 수 있다.

계량화
어떤 사실이나 현상을 수치로 나타내는 것을 의미한다.

일반화
개별적이거나 특수한 사실로부터 일반적이고 보편적인 법칙을 이끌어 내는 것을 의미한다.

방법론적 일원론
사회 · 문화 현상에도 자연 현상과 마찬가지로 일정한 법칙이 존재하므로 자연 과학적 연구 방법으로 사회 · 문화 현상에 내재한 법칙을 발견해야 한다는 입장을 의미한다.

개념 체크

1. (　　)는 계량화된 자료 수집과 통계 분석을 통해 결론을 도출하는 방법을 의미한다.
2. (　　) 설정 단계는 연구 주제에 대한 잠정적인 결론을 제시하는 단계이다.
3. (　　)는 추상적 개념을 측정 가능하도록 구체화하는 것을 의미한다.

정답
1. 양적 연구
2. 가설
3. 개념의 조작적 정의

④ 자료 수집: 가설을 검증하기 위한 경험적인 자료를 수집하는 과정으로, 주로 질문지법이나 실험법 등을 활용함.
⑤ 자료 분석: 수집된 자료를 정리하여 분석하는 과정으로, 주로 통계 분석 기법을 활용해 변인 간의 관계를 분석함.
⑥ 가설 검증: 수집된 자료의 분석 결과에 따라 가설의 수용 여부를 결정하는 과정으로, 이 과정에서 가설은 수용될 수도 있고 기각될 수도 있음.
⑦ 결론 도출 및 일반화: 연구 주제에 대한 결론을 도출하고, 다른 상황에 적용 가능한 일반화를 정립함.

(6) 장점과 단점

① 장점(유용성): 사회 · 문화 현상에 대한 측정과 계량화, 통계 분석을 통해 정밀하고 정확한 연구 결과를 얻을 수 있고, 법칙 발견이나 일반화의 정립에 유리함.
② 단점(비판): 계량화하여 분석하기 곤란한 사회 · 문화 현상의 연구에는 적합하지 않으며, 행위 주체인 인간의 주관적 의도나 동기를 배제한 연구를 함으로써 사회 · 문화 현상에 대한 피상적인 연구에 그칠 우려가 있음.

2. 질적 연구

(1) **의미**: 연구 대상자의 생활 세계에 대한 관찰이나 면담 등으로 자료를 수집하여 연구자의 해석을 통해 결론을 도출하는 방법

(2) **연구 목적**: 현상에 대한 행위자의 주관적 의미 및 행위 동기 등에 대하여 심층적으로 이해하고자 함.

(3) **전제**: 사회 · 문화 현상은 자연 현상과 본질적으로 다른 특성을 지니고 있기 때문에 자연 현상의 연구 방법과는 다른 방법으로 연구해야 함(방법론적 이원론).

(4) 기본 입장

① 자연 현상과 달리 사회 · 문화 현상은 주관적 의도나 동기를 지닌 인간이 주체가 되어 만들어 내는 현상임.
② 사회 · 문화 현상에 대한 측정과 계량화, 통계적 분석으로는 인간에 의해 주관적으로 의미가 부여되고 구성되는 사회 · 문화 현상을 이해하기 곤란함.
③ 자연 현상과 달리 사회 · 문화 현상은 상황 맥락 속에서 규정되는 사회 · 문화 현상의 주관적 의미를 이해하는 것이 중요함.

≡ 개념 플러스 | 질적 연구에서의 상황 맥락

질적 연구에서는 어떤 사회 · 문화 현상의 드러난 면만 보기보다는 그 현상에 담긴 행위자들의 의도와 목적을 살펴보고 그것과 관련된 개인이나 집단이 가지는 의미를 감정 이입 등을 통해 심층적으로 이해하는 것이 중요하다고 본다. 질적 연구에서는 상황 맥락을 깊이 있게 이해하고자 일기, 관찰 일지, 비공식적 문서 등의 자료를 연구에 중요하게 이용한다.

✪ 방법론적 이원론
자연 현상과 달리 사회 · 문화 현상에는 인간의 의도나 동기가 담겨 있으므로 자연 과학의 연구 방법과 본질적으로 다른 사회 과학의 고유한 방법으로 연구해야 한다는 입장을 의미한다.

개념 체크

1. (　　　)는 연구 대상자의 생활 세계에 대한 관찰이나 면담 등으로 자료를 수집하여 연구자의 해석을 통해 결론을 도출하는 방법을 의미한다.
2. 사회 · 문화 현상의 연구에서 방법론적 (　　　)은 사회 · 문화 현상이 자연 현상과 본질적으로 다른 특성을 지니고 있기 때문에 자연 현상의 연구 방법과는 다른 방법으로 연구해야 한다고 본다.

정답
1. 질적 연구
2. 이원론

✪ 직관적 통찰
통계적 분석이나 논리적 계산 등을 통한 것이 아니라, 주의 깊게 관찰하고 경험하는 과정에서 현상의 본질적인 측면을 꿰뚫어 보는 것을 의미한다.

(5) 일반적인 연구 과정

① 문제 인식 및 연구 주제의 선정: 주관적 세계에 대한 심층적인 이해의 필요성을 느끼는 사회·문화 현상을 연구 주제로 선정하는 단계임.

② 연구의 설계: 연구 대상, 자료 수집 방법, 자료 해석 방법, 연구 기간 등 연구의 진행에 필요한 세부적인 계획을 설계하는 과정임.

≡ 개념 플러스 | 질적 연구에 적합한 사례

남성 노동자와 여성 노동자, 정규직 노동자와 비정규직 노동자의 월평균 임금 수준을 비교하는 것은 계량화된 분석이 요구되므로 양적 연구 방법을 통해 연구할 수 있다. 반면 빈곤층 노인들이 가지는 고독감의 의미 등을 연구하는 데에는 연구 대상자가 부여하는 의미를 해석하는 과정이 중요하므로 질적 연구 방법을 통해 연구하는 것이 적합하다.

③ 자료 수집 및 해석: 주로 참여 관찰이나 면접 등을 통해 자료를 수집하고, 비공식적 자료의 수집도 중시하며, 직관적 통찰과 감정 이입적 이해 기법을 통해 자료를 수집하고 해석함. 질적 연구에서는 자료 수집과 해석이 동시에 이루어지기도 함.

④ 결론 도출: 개별적인 자료로부터 해석된 행위자의 주관적 세계가 갖는 의미를 종합하여 결론을 도출함.

(6) 장점과 단점

① 장점(유용성): 통계 자료와 같은 양적 분석 자료나 인과 법칙과 같은 단순화된 진술로는 파악하기 어려운 사회·문화 현상의 이면에 담긴 의미를 심층적으로 이해하는 데 유리함.

② 단점(비판): 연구 결과의 일반화나 법칙 발견이 어려우며, 연구자의 주관이 개입될 우려가 크다는 비판을 받음.

3. 양적 연구와 질적 연구의 상호 보완 관계

(1) 사회·문화 현상에 존재하는 규칙성의 발견에는 양적 연구가 유용하고, 주관적 동기나 상황적 맥락에 대한 이해에는 질적 연구가 유용함.

(2) 양적 연구를 통해 파악하기 어려운 행위자의 주관적 세계에 대해서는 질적 연구를 통해 보완할 수 있으며, 질적 연구가 안고 있는 객관성 확보나 일반화의 어려움을 양적 연구를 통해 보완할 수 있어 두 연구 방법을 함께 사용하는 연구도 나타나고 있음.

≡ 개념 플러스 | 연구 주제와 연구 방법 간의 관계

연구 주제가 반드시 연구 방법을 결정하는 것은 아니다. 예를 들어, '한국 사회에서의 사교육 실태와 영향'이라는 연구 주제에 대해 양적 연구를 할 수도 있고 질적 연구를 할 수도 있다. 이때 연구 주제를 '사교육의 정도가 학업 성취도 수준에 미치는 영향'이라고 할 경우 양적 연구가 더 유용할 수 있으며, '사교육을 받는 학생들의 심리와 일상생활'이라고 할 경우에는 질적 연구가 더 유용할 수도 있다. 그리고 이러한 두 가지 연구 모두 사교육에 대한 실태와 영향을 파악하고 관련 정책을 개발하는 데 중요한 정보를 제공할 수 있다.

개념 체크

1. 질적 연구는 (　　) 통찰과 (　　)적 이해 기법을 통해 자료를 수집하고 해석한다.
2. 질적 연구는 사회·문화 현상의 이면에 담긴 의미를 심층적으로 이해하는 데 유리하지만, 연구자의 (　　)이 개입될 우려가 크다는 비판을 받는다.
3. 양적 연구와 (　　) 연구는 상호 보완적으로 활용할 수 있다.

정답
1. 직관적, 감정 이입
2. 주관
3. 질적

Theme 1 양적 연구와 질적 연구의 등장

오귀스트 콩트(Comte, A.)는 1840년대 '사회학'이라는 용어를 처음으로 사용하기 시작하여 일반적으로 사회학의 창시자로 여겨지고 있다. 콩트는 자연 과학이 물리적 세계의 법칙을 발견하는 것처럼 자연 과학적 방법을 통해 사회 · 문화 현상이 일어나는 사회적 세계의 법칙을 발견할 수 있다고 보았다. 즉, 콩트는 사회학을 연구할 때 물리학이나 화학과 같은 분야에서 연구할 때 사용하는 엄격한 과학적 방법을 적용해야 한다고 본 것이다. 이러한 콩트의 관점은 경험을 통해 자료를 얻을 수 있는, 관찰 가능한 실체를 연구해야 한다는 실증주의적 사회학의 토대가 되었다. 콩트를 비롯한 실증주의 학자들은 다음과 같은 주장을 하였다.

1. 과학의 대상은 현상들 간의 일반적인 관계를 탐색하는 것이다.
2. 지식을 구성하는 진술은 보편적인 법칙에 의하여 서술되어야 한다.
3. 가치 중립적이어야 한다.

이와 같은 실증주의 학자들의 주장을 토대로 객관적인 관찰을 통하여 증명 가능한 원리의 연구가 활발해지게 되었는데 이것이 사회 · 문화 현상의 연구 방법 중 양적 연구가 등장하게 된 배경이다. 한편, 양적 자료에 의존하는 연구가 계속적으로 발전하자 기계적이라는 비판이 제기되면서 사회 · 문화 현상의 주체인 인간의 속성과 본성은 객관적 실재로 일반화할 수 없으며 사회 · 문화 현상에 대한 이해가 중요하다는 입장을 가진 연구 방법이 등장하게 되었는데, 이것이 사회 · 문화 현상의 연구 방법 중 질적 연구이다. 양적 연구는 사회 · 문화 현상에 대한 계량적인 접근 방법을 통해 수량화된 자료의 분석을 중시하는 데 반해, 질적 연구는 사회 · 문화 현상을 있는 그대로 기술하면서 이에 대한 이해와 해석을 중시한다.

Theme 2 감정 이입적 이해

사회 · 문화 현상은 자연 현상과는 달리 인간인 행위 당사자의 가치나 목적이 개입되어 나타나는데, 이러한 의미에서 주관적인 성격을 가지게 된다. 특히, 질적 연구에서는 이러한 부분이 강조되어 사회 · 문화 현상을 연구할 때 자연 과학과 같은 법칙 발견이 중요한 것이 아니라 그 현상에 내재되어 있는 의미를 이해하고 해석하는 것이 중요하다고 본다. 질적 연구 과정에서 가설을 미리 설정하지 않는 것도 그러한 연구의 특성이 반영된 것이라고 볼 수 있다.

질적 연구 과정 중 자료를 수집하고 이를 해석 · 이해하는 과정에서는 연구자가 연구 대상자의 입장이 되어 왜 그러한 행위를 하게 되었는지 들어가 보는 과정도 필요한데, 이것을 '감정 이입적 이해'라고 한다. 직접적으로 당사자가 되는 것은 아니지만 감정 이입을 통해 연구 대상자의 행동이나 사고를 이해할 수 있게 되는 것이다. 감정 이입을 위해 연구자는 연구 대상자와 생활 세계를 함께 하거나 그 생활 세계를 온전히 이해하려고 하는데, 자료를 수집하고 해석하는 과정 모두에서 감정 이입적 이해가 나타날 수 있다. 다만 이러한 과정에서 감정 이입적 이해가 아닌 연구자의 주관적 이해가 나타날 수 있는데, 연구자의 주관적 이해는 연구 대상자가 아닌 연구자의 가치가 개입된 것이라는 점에 유의하여야 한다.

수능 기본 문제

[24022-0017]

01 학생의 질문에 대한 교사의 옳은 답변만을 〈보기〉에서 고른 것은?

보기

ㄱ. 연구자의 감정 이입에 의한 이해를 중시합니다.
ㄴ. 계량화된 자료에 대한 통계적 분석을 중시합니다.
ㄷ. 연구 대상자가 만들어 내는 생활 세계에 연구의 초점을 맞춥니다.
ㄹ. 객관적인 관찰이 가능한 사실에 초점을 두고 정확한 측정을 중시합니다.

① ㄱ, ㄴ ② ㄱ, ㄷ ③ ㄴ, ㄷ
④ ㄴ, ㄹ ⑤ ㄷ, ㄹ

[24022-0018]

02 사회·문화 현상의 연구 방법 A, B에 대한 옳은 설명만을 〈보기〉에서 고른 것은?

- A는 자연 현상의 연구 방법을 사회·문화 현상에도 동일하게 적용할 수 있다고 본다.
- B는 사회·문화 현상이 자연 현상과 본질적으로 다르므로 자연 과학의 연구 방법과는 다른 방법으로 연구해야 한다고 본다.

보기

ㄱ. A는 방법론적 일원론을 전제로 한다.
ㄴ. B는 연구자의 감정 이입적 이해를 중시한다.
ㄷ. A는 B와 달리 경험적 자료를 수집하여 사회·문화 현상을 탐구한다.
ㄹ. B는 A와 달리 계량화된 통계적 분석을 중시한다.

① ㄱ, ㄴ ② ㄱ, ㄷ ③ ㄴ, ㄷ
④ ㄴ, ㄹ ⑤ ㄷ, ㄹ

[24022-0019]

03 사회·문화 현상의 연구 방법 A, B에 대한 옳은 설명만을 〈보기〉에서 있는 대로 고른 것은?

- A의 사례: 연구자 갑은 '고등학생의 자아 존중감이 높을수록 학교생활 적응도가 높을 것이다.'라는 가설을 설정하고, 이를 검증하기 위해 구조화된 질문지로 ○○ 고등학교 학생 1,000명에게 설문 조사를 실시하여 그 결과를 분석하였다.
- B의 사례: 연구자 을은 고령화된 농촌 사회에서 노인들이 겪는 어려움과 사회적 관계의 문제점을 이해하기 위해 노인들의 생활 세계에 참여하여 그들을 관찰하고 대화를 나누기도 하였다.

보기

ㄱ. A는 방법론적 이원론에 기초한다.
ㄴ. B는 연구 과정에서 연구자의 주관적 가치가 개입될 우려가 있다.
ㄷ. A는 B에 비해 법칙 발견에 유리하다.
ㄹ. B는 A와 달리 연구 대상자가 가지는 주관적 의미 해석을 중시한다.

① ㄱ, ㄷ ② ㄱ, ㄹ ③ ㄴ, ㄷ
④ ㄱ, ㄴ, ㄹ ⑤ ㄴ, ㄷ, ㄹ

[24022-0020]

04 표는 질문에 따라 사회·문화 현상의 연구 방법 A, B의 특징을 비교한 것이다. 이에 대한 설명으로 옳은 것은?

질문 \ 연구 방법	A	B
방법론적 일원론을 기초로 하는가?	예	아니요
(가)	아니요	예

① A는 자료의 계량화를 중시한다.
② B는 변인 간의 관계를 파악하고자 하는 연구이다.
③ A는 B와 달리 사회·문화 현상이 자연 현상과 다른 특성을 지니고 있다고 본다.
④ B는 A와 달리 경험적 자료를 토대로 연구를 수행한다.
⑤ A, B는 모두 인간의 주관적 인식에 대한 연구를 수행할 수 없다고 본다.

[24022-0021]

05 다음 자료에 나타난 갑의 연구 방법에 대한 옳은 설명만을 〈보기〉에서 고른 것은?

연구자 갑은 정부 기관의 의뢰를 받아 외국인 이주 노동자의 한국 적응 프로그램이 한국에서의 삶의 만족도에 미치는 영향에 대한 연구를 수행하였다. 갑은 연구를 위해 구조화된 질문지를 제작하였는데, 질문 문항에는 외국인 이주 노동자의 한국 적응 프로그램 참여 빈도, 경제, 사회, 문화 측면에서 지수화된 한국에서의 삶의 만족도 등이 포함되었다. 갑은 각 문항의 응답 결과를 통계 처리하였다.

보기

ㄱ. 변인 간의 관계를 파악하고자 하였다.
ㄴ. 연구 과정에서 자료의 계량화를 수행하였다.
ㄷ. 방법론적 이원론을 전제로 한 연구를 수행하였다.
ㄹ. 연구 대상자가 가지는 주관적 의미를 해석하는 데 중점을 두었다.

① ㄱ, ㄴ ② ㄱ, ㄷ ③ ㄴ, ㄷ
④ ㄴ, ㄹ ⑤ ㄷ, ㄹ

[24022-0022]

06 사회·문화 현상의 연구 방법 A, B에 대한 옳은 설명만을 〈보기〉에서 고른 것은?

갑: 저는 A를 통해 학교 폭력 피해 학생이 가지는 심리적 문제를 심층적으로 이해하고자 합니다.
을: 저는 B를 통해 거주 지역의 주택 가격에 따른 학업 성취도 수준을 비교 및 분석하고자 합니다.
교사: 두 사람 모두 연구 주제에 적절한 연구 방법을 선택했습니다.

보기

ㄱ. A는 방법론적 일원론에 기초하여 사회·문화 현상을 탐구한다.
ㄴ. B는 사회·문화 현상에 내재된 법칙을 발견하고자 한다.
ㄷ. A는 B에 비해 연구 대상자의 주관적 가치를 파악하는 데 유리하다.
ㄹ. B는 A와 달리 비공식적 자료를 연구 자료로 활용한다.

① ㄱ, ㄴ ② ㄱ, ㄷ ③ ㄴ, ㄷ
④ ㄴ, ㄹ ⑤ ㄷ, ㄹ

[24022-0023]

07 빈칸 (가)~(다)에 들어갈 내용으로 가장 적절한 것은?

양적 연구의 [(가)] 단계는 연구 주제에 대한 잠정적인 결론을 제시하는 단계로서 변인과 변인 간의 관계를 논리적으로 진술한다. 이때 [(나)]은 다른 변인에 영향을 주는 요인이고, [(다)]은 다른 변인의 영향을 받아 변하는 변인을 의미한다.

	(가)	(나)	(다)
①	가설 설정	독립 변인	종속 변인
②	가설 설정	종속 변인	독립 변인
③	연구 설계	독립 변인	종속 변인
④	연구 설계	종속 변인	독립 변인
⑤	자료 수집	독립 변인	종속 변인

[24022-0024]

08 표는 사회·문화 현상의 연구 방법 A, B의 일반적인 연구 절차를 나타낸 것이다. 이에 대한 옳은 설명만을 〈보기〉에서 고른 것은?

구분	연구 절차
A	연구 주제 선정 → 가설 설정 → ㉠연구 설계 → 자료 수집 → 자료 분석 → 가설 검증 → 결론 도출
B	연구 주제 선정 → 연구 설계 → 자료 수집 → 자료 해석 → 결론 도출

보기

ㄱ. ㉠에서는 연구에 이용되는 자료 수집 방법 선택이 이루어진다.
ㄴ. A는 B에 비해 연구 과정에서 연구자의 주관적 가치가 개입될 가능성이 높다.
ㄷ. B는 A에 비해 연구 대상자의 주관적 세계를 심층적으로 이해하는 데 적합하다.
ㄹ. A는 B와 달리 자료 수집 과정에서 비공식적 자료의 수집도 중시한다.

① ㄱ, ㄴ ② ㄱ, ㄷ ③ ㄴ, ㄷ
④ ㄴ, ㄹ ⑤ ㄷ, ㄹ

[24022-0025]

1 **다음 자료에 대한 설명으로 옳은 것은?**

〈자료 1〉은 질문 (가), (나)에 따라 사회 · 문화 현상의 연구 방법 A, B를 구분한 것이고, 〈자료 2〉는 연구 방법 A, B의 적절한 연구 사례를 제시한 것이다.

〈자료 1〉

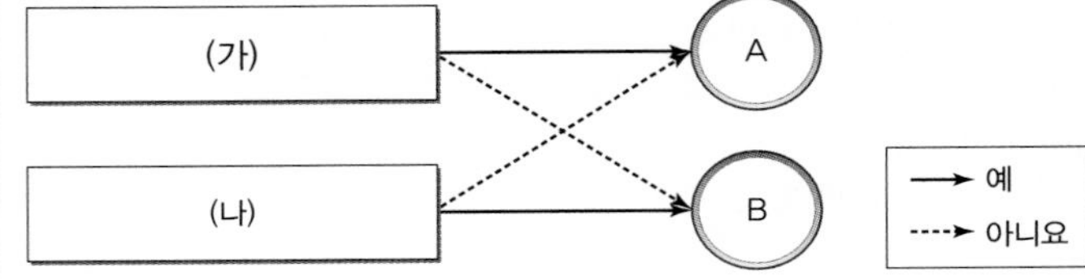

〈자료 2〉

구분	사례
A	고등학생의 학업 성취도 수준과 삶의 만족도 간의 관계에 관한 연구
B	다른 고등학교로 전학을 간 학생의 학교생활 적응과 교우 관계 형성 과정에 관한 심층 연구

① A는 B에 비해 연구 대상자의 행위 동기를 심층적으로 이해하는 데 유리하다.
② B는 A에 비해 사회 · 문화 현상에 대한 피상적인 연구에 그칠 우려가 크다.
③ B는 A와 달리 계량화된 자료 분석을 통해 결론을 도출하는 연구 방법이다.
④ (가)에는 '상황 맥락 속에서 규정되는 사회 · 문화 현상의 주관적 의미의 발견을 중시하는가?'가 들어갈 수 있다.
⑤ (나)에는 '사회 · 문화 현상을 자연 현상과 다른 연구 방법으로 연구해야 한다고 보는가?'가 들어갈 수 있다.

[24022-0026]

2 **다음 자료에 대한 옳은 설명만을 〈보기〉에서 고른 것은?**

- A, B는 각각 사회 · 문화 현상의 연구 방법 중 하나이다.
- A와 구분되는 B의 특징으로는 '자연 과학의 연구 방법을 사회 · 문화 현상에도 동일하게 적용할 수 있다고 본다.'를 들 수 있다.
- B와 구분되는 A의 특징으로는 (가) 를 들 수 있다.
- A와 B의 공통적인 특징으로는 (나) 를 들 수 있다.

보기

ㄱ. A는 사회 · 문화 현상을 일반화하여 현상을 예측하는 데 유용하다.
ㄴ. B는 사회 · 문화 현상이 발생하는 원인과 결과의 관계 파악을 중시한다.
ㄷ. (가)에는 '연구 대상자가 가지는 주관적 인식의 파악이 어렵다고 본다.'가 들어갈 수 있다.
ㄹ. (나)에는 '개념의 조작적 정의를 통한 계량화된 자료의 분석을 중시한다.'가 들어갈 수 없다.

① ㄱ, ㄴ ② ㄱ, ㄷ ③ ㄴ, ㄷ ④ ㄴ, ㄹ ⑤ ㄷ, ㄹ

[24022-0027]

3 **다음은 연구자 갑이 수행한 연구의 일부이다. 이에 대한 옳은 설명만을 〈보기〉에서 고른 것은?**

• 연구 주제: 우리나라 고등학교의 학급 내 학생들 간의 교우 관계 증진을 위해 개발된 ㉠프로그램 A가 ㉡학급 응집력에 미치는 영향
• 연구 대상: ㉢○○ 고등학교 1학년 8개 학급 200명(각 학급의 학생 수는 25명으로 동일함.)
• 자료 수집 방법: ○○ 고등학교 1학년 8개 학급 전체에 대해 ㉣학급 분위기, 상호 신뢰 등을 지수화한 학급 응집력 검사를 사전적으로 실시하였고, 그 가운데 ㉤4개 학급에 대해서만 프로그램 A를 12차례에 걸쳐 실시함.

보기

ㄱ. 갑이 사용한 연구 방법은 연구자의 직관적 통찰을 중시한다.
ㄴ. ㉠은 독립 변인, ㉡은 종속 변인에 해당한다.
ㄷ. ㉢은 모집단, ㉤은 표본에 해당한다.
ㄹ. ㉣은 ㉡을 측정하기 위한 개념의 조작적 정의에 해당한다.

① ㄱ, ㄴ ② ㄱ, ㄷ ③ ㄴ, ㄷ ④ ㄴ, ㄹ ⑤ ㄷ, ㄹ

[24022-0028]

4 **다음 갑, 을의 연구 방법에 대한 옳은 설명만을 〈보기〉에서 고른 것은?**

사회자: 일자리나 결혼 등을 사유로 우리나라에 거주하는 외국인이 매우 많아졌습니다. 우리나라에 거주하고 있는 외국인들의 현황과 그들이 일상생활에서 느끼고 있는 우리 사회의 모습들을 연구하는 것이 중요한 과제로 여겨지는데, 이에 대해 어떤 연구를 진행하고 계십니까?

갑: 우리나라 ○○ 지역에 거주하고 있는 외국인 전체를 대상으로 설문 조사를 실시하여 연령이나 직업과 같은 기본 정보에서부터 생활 환경 만족도와 같은 정주 여건에 관한 정보 등을 수집하고, 수집한 자료에 대한 통계 작성 및 분석을 진행 중입니다.

을: 우리나라 □□ 지역 외국인 지원 센터를 이용하고 있는 외국인 10명을 대상으로 우리나라에서 생활하게 되면서 정체성, 신념, 가치관 등의 측면에서 겪었던 갈등 경험에 대해 깊이 있는 질문을 하고 이를 기술하여 연구를 진행하였으며, 이를 통해 각 대상자가 우리나라의 문화에 대해 가지고 있는 감정을 이해하고자 하였습니다.

보기

ㄱ. 갑의 연구 방법은 을의 연구 방법에 비해 조사 대상자와의 정서적 유대 관계가 중시된다.
ㄴ. 갑의 연구 방법은 을의 연구 방법과 달리 방법론적 일원론을 전제로 한다.
ㄷ. 을의 연구 방법은 갑의 연구 방법에 비해 연구 결과의 일반화가 용이하다.
ㄹ. 을의 연구 방법은 갑의 연구 방법과 달리 사회·문화 현상에 대해 연구 대상자가 가진 주관적 인식의 해석을 중시한다.

① ㄱ, ㄴ ② ㄱ, ㄷ ③ ㄴ, ㄷ ④ ㄴ, ㄹ ⑤ ㄷ, ㄹ

[24022-0029]

5 **표는 질문에 따라 사회 · 문화 현상의 연구 방법 A, B의 일반적인 특징을 비교한 것이다. 이에 대한 옳은 설명만을 〈보기〉에서 고른 것은?**

질문	답변	
	A	B
사회 · 문화 현상의 이면에 담긴 인간 행위의 동기 파악을 중시하는가?	예	아니요
(가)	아니요	예
(나)	예	예
(다)	㉠	㉡

보기

ㄱ. A는 B와 달리 방법론적 이원론을 전제로 하는 연구 방법이다.
ㄴ. (가)에는 '연구자의 감정 이입적 이해보다 통계적 분석을 중시하는가?'가 들어갈 수 있다.
ㄷ. (나)에는 '연구자와 연구 대상자 간 정서적 교감을 중시하는가?'가 들어갈 수 있다.
ㄹ. (다)가 '경험적 자료를 통하여 사회 · 문화 현상을 연구하는가?'라면, ㉠은 '예', ㉡은 '아니요'가 적절하다.

① ㄱ, ㄴ ② ㄱ, ㄷ ③ ㄴ, ㄷ ④ ㄴ, ㄹ ⑤ ㄷ, ㄹ

[24022-0030]

6 **그림은 사회 · 문화 현상의 연구 방법 A, B에 대한 학생 갑~병의 수행 평가 답안 내용과 교사의 채점 결과이다. 이에 대한 설명으로 옳은 것은?**

〈과제〉 A가 B와 구분되거나 A가 B보다 강한 특징 2가지 서술하기

구분	갑	을	병
수행 평가 답안 내용	• 연구 결과를 통해 법칙을 발견하려고 한다. • (가)	• 방법론적 이원론을 전제로 한다. • (나)	• (다) • 연구 대상이 가진 주관적 의미 해석을 중시한다.
교사의 채점 결과	2점	1점	1점

* 교사는 각 학생의 답안 내용별로 채점하여, 답안 내용 하나가 맞을 때마다 1점씩 부여함.

① A는 B와 달리 인간 행위의 의미를 심층적으로 탐구하는 데 적합하다.
② B는 A와 달리 개념의 조작적 정의를 통한 계량화된 자료의 분석을 중시한다.
③ (가)에는 '경험적 자료의 수집을 통해 사회 · 문화 현상을 연구한다.'가 들어갈 수 있다.
④ (나)에는 '연구 결과를 일반화하여 현상을 예측하는 데 유용하다.'가 들어갈 수 있다.
⑤ (다)에는 '자료의 수집과 해석이 동시에 이루어지기도 한다.'가 들어갈 수 있다.

[24022-0031]

7 **교사의 질문에 대한 학생의 옳은 답변만을 〈보기〉에서 고른 것은?**

보기

ㄱ. (나)에는 '경험적 자료를 통해 사회 · 문화 현상을 연구한다.'가 들어갈 수 있습니다.
ㄴ. (가)에 '사회 · 문화 현상에 내재된 법칙의 발견을 목적으로 한다.'가 들어간다면, (다)에는 '계량화하여 분석하기 어려운 사회 · 문화 현상의 연구가 어렵다고 본다.'가 들어갈 수 있습니다.
ㄷ. (다)에 '사회 · 문화 현상은 자연 현상과 본질적으로 다른 특성을 지닌다고 본다.'가 들어간다면, (가)에는 '연구자 스스로 연구 대상자와 엄격하게 분리되어야 한다는 점을 강조한다.'가 들어갈 수 있습니다.
ㄹ. A가 '질적 연구'라면, (다)에는 '연구자가 연구 대상의 주관적 인식을 파악하는 것이 가능하다고 본다.'가 들어갈 수 있습니다.

① ㄱ, ㄴ ② ㄱ, ㄷ ③ ㄴ, ㄷ ④ ㄴ, ㄹ ⑤ ㄷ, ㄹ

[24022-0032]

8 **다음 자료에 대한 옳은 설명만을 〈보기〉에서 고른 것은?**

연구자 갑은 ㉠ 전체 근무 시간 중 재택근무 시간의 비중이 ㉡ 직장인의 직장 만족 정도에 미치는 영향을 알아보기 위한 연구를 진행하였다. 이를 위해 갑은 ○○ IT 기업 직원 500명을 대상으로 구조화된 질문지를 통한 설문 조사를 실시하였는데, 질문 내용에는 전체 근무 시간 중 재택근무 시간의 비중뿐만 아니라 ㉢ 직장인의 직장 만족 정도를 측정하기 위한 업무 처리 과정의 만족도, 직장 동료와의 친밀도 등에 관한 내용이 포함되었다. 업무 처리 과정의 만족도와 직장 동료와의 친밀도는 5점 만점으로, 점수가 높을수록 그 정도가 높음을 나타내도록 질문이 구성되었다. 설문 조사 자료를 분석한 결과, 갑은 ㉣ 재택근무 시간의 비중이 높을수록 업무 처리 과정의 만족도는 높아지지만 직장 동료와의 친밀도는 하락한다는 통계적으로 유의미한 결과를 얻었다.

보기

ㄱ. 갑은 방법론적 이원론에 기초한 연구를 진행하였다.
ㄴ. ㉠은 독립 변인, ㉡은 종속 변인이다.
ㄷ. ㉢을 통해 개념의 조작적 정의가 이루어졌음을 알 수 있다.
ㄹ. ㉣을 통해 직장 동료와의 친밀도를 높이기 위해서 전체 근무 시간 중 재택근무 시간의 비중을 높여야 함을 알 수 있다.

① ㄱ, ㄴ ② ㄱ, ㄷ ③ ㄴ, ㄷ ④ ㄴ, ㄹ ⑤ ㄷ, ㄹ

03 자료 수집 방법

1. 질문지법

(1) 의미: 조사하고자 하는 것을 파악하기 위한 문항들로 구성된 질문지를 미리 제작한 후 조사 대상자에게 배부하여 자료를 수집하는 방법

(2) 특징

① 일반적으로 양적 자료를 수집하여 통계 분석할 목적으로 활용됨.

② 조사 대상자에게 동일한 형식과 내용의 질문지가 제시되는 구조화·표준화된 자료 수집 방법임.

③ 관심을 두고 있는 대상 모두를 조사하는 전수 조사를 수행하는 경우도 있지만, 모집단에서 표본을 추출하여 표본 조사를 수행하는 경우가 일반적임.

④ 문서화된 질문지를 조사 대상에게 직접 배부하여 작성하도록 하는 방법이 일반적이지만, 최근에는 인터넷이나 전화 설문 조사와 같이 다양한 방법을 통해 수행하는 경우가 많아지고 있음.

(3) 장점과 단점

장점	• 다수를 대상으로 대량의 자료를 수집하는 데 유리함. • 시간과 비용 측면에서 비교적 효율적임. • 분석 기준이 명확하고 통계 처리가 용이하여 비교 분석 연구에 적합함.
단점	• 문자 언어를 통해 조사할 경우 문맹자에게 활용하기 곤란함. • 회수율, 응답률이 낮게 나타나는 경우가 많음. • 무성의한 응답, 악의적인 응답 가능성을 배제할 수 없음. • 표본의 대표성이 확보되지 않을 경우 조사 결과를 일반화하기 곤란함.

✪ 모집단과 표본
사회 조사에서 조사 대상이 되는 집단 전체를 모집단이라고 하고, 모집단 중에서 실제 조사를 위해 선택된 집단을 표본이라고 한다.

✪ 표본의 대표성
표본 조사를 할 때에는 표본의 대표성이 중요하다. 표본이 모집단의 특성을 고스란히 가지고 있는 정도를 대표성이라고 하며, 이는 표본 조사 결과를 모집단으로 일반화하기 위해 표본이 필수적으로 갖춰야 할 조건이다.

자료 플러스 질문지 작성 시 유의점

유의점	잘못된 질문의 사례
1. 응답 선택지에 중복된 내용이 없어야 한다.(선택지는 상호 배타적이어야 한다.)	당신의 하루 수면 시간은 얼마나 됩니까? ① 6시간 미만 ② 6시간 이상 8시간 이하 ③ 8시간 이상
2. 응답 가능한 모든 선택지를 제시해야 한다.(선택지는 포괄성이 있어야 한다.)	당신의 하루 수면 시간은 얼마나 됩니까? ① 6시간 ② 7시간 ③ 8시간 이상
3. 질문의 의미가 명확해야 한다.	최근 당신의 수면 시간은 얼마나 됩니까? ① 6시간 미만 ② 6시간 이상 8시간 미만 ③ 8시간 이상
4. 한 질문에는 한 가지 정보만을 물어야 한다.	당신은 당신이 하루에 충분한 휴식과 수면을 취한다고 생각하십니까? ① 그렇다 ② 아니다 ③ 모르겠다
5. 특정 응답을 유도하는 질문을 해서는 안 된다.	수면은 건강의 가장 중요한 척도라고 합니다. 청소년의 야간 게임 금지 정책에 대해 어떻게 생각하십니까? ① 찬성한다 ② 반대한다 ③ 모르겠다

2. 실험법

(1) 의미: 실험 상황을 만들어 인위적인 조작을 가한 후, 그에 따라 나타난 변화를 관찰하여 자료를 수집하는 방법

(2) 특징

① 일반적으로 양적 연구에서 활용됨.

② 가장 엄격한 통제가 가해지는 자료 수집 방법임.

③ 자연 현상 연구에서는 많이 사용되나 사회·문화 현상 연구에서는 인간을 실험 대상으로 한다는 윤리적 문제로 인해 제한적으로 사용됨.

개념 체크

1. 질문지법은 일반적으로 (   ) 자료를 수집하여 통계 분석할 목적으로 활용된다.
2. 질문지법은 조사 대상자에게 동일한 형식과 내용의 질문지가 제시되는 (   )되고 표준화된 자료 수집 방법이다.
3. 질문지법에서 표본 조사를 할 경우에는 (   )의 특성이 잘 반영된 (   )을 갖춘 표본을 선정하는 것이 중요하다.

정답
1. 양적
2. 구조화
3. 모집단, 대표성

(3) **장점과 단점**

장점	• 인과 관계의 파악을 통해 법칙을 발견하는 데 유리함. • 정확성, 정밀성, 객관성이 높은 결론을 도출할 수 있음. • 수집된 양적 자료를 활용하여 집단 간 비교 분석이 용이함.
단점	• 자연 과학에서와 달리 사회 과학에서는 완전한 통제가 이루어지는 실험은 어려움. • 실험 대상이 인간이라는 점에서 윤리적 문제가 발생하기 쉬움. • 통제된 상황에서의 실험 결과를 실제 사회에 적용하는 데 한계가 있음.

자료 플러스 **실험법의 일반적 모형과 사례**

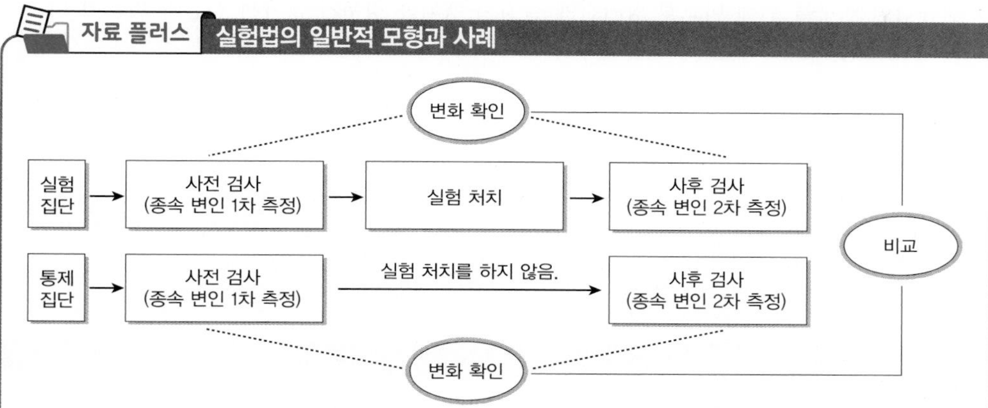

게임 중독자에게 치료 프로그램 'X(독립 변인)'가 효과가 있는지 알아보기 위해 연구자가 게임 중독자 20명 중 10명(통제 집단)에게는 평소대로 생활하게 하고, 10명(실험 집단)에게는 치료 프로그램 'X'를 이수하게(실험 처치) 한다면, 연구자는 치료 프로그램 'X'를 처치하기 전에 20명 모두에게 게임 중독의 정도에 대해 사전 검사를 해야 하며, 치료 프로그램 'X'의 이수가 끝난 뒤에 20명 모두에게 또다시 게임 중독의 정도(종속 변인)를 사후 검사하고 그 수치를 사전 검사 수치와 비교하여 통계적으로 유의미한 차이가 있는지 확인해야 한다.

3. 면접법

(1) **의미**: 조사 대상자와 대면하면서 조사 주제에 대한 질문을 하여 필요한 자료를 수집하는 방법

(2) **특징**

① 일반적으로 질적 자료를 수집할 목적으로 활용됨.

② 조사 대상자, 진행 상황, 응답 내용 등에 따라 질문의 내용이나 형식 등을 유연하게 제시하는 비구조화·비표준화된 자료 수집 방법임.

③ 일반적으로 심층적 조사를 위해 소수를 연구 대상자로 하며, 필요 시 추가 면접을 진행하기도 함.

④ 라포르(rapport), 즉 신뢰 관계를 기반으로 한 허용적인 분위기의 형성이 조사 목적 달성에 중요한 역할을 함.

(3) **장점과 단점**

장점	• 조사 대상자의 행위 동기나 가치 등 주관적인 세계를 심층적으로 이해하는 데 유리함. • 신뢰 관계 형성을 통해 응답 거부나 회피, 무성의한 응답, 조사 의도를 훼손하는 악의적인 응답의 문제를 방지할 수 있음. • 대화를 통해 자료를 수집하므로 문맹자에게도 실시할 수 있음. • 자료 수집 과정에서 조사자가 유연성이나 융통성을 발휘할 수 있음.
단점	• 다수를 대상으로 면접을 할 경우 시간과 비용이 많이 듦. • 조사 주제에 부합하는 전형적인 조사 대상자를 선정하는 것이 쉽지 않음. • 조사자의 편견이나 주관적 가치가 자료 해석 과정에 개입할 우려가 큼.

✪ 구조화된 자료 수집 방법과 비구조화된 자료 수집 방법

질문지법은 정형화되어 있는 질문지를 통해서 자료 수집이 이루어지고, 실험법은 인위적으로 상황을 만들어 놓고 독립 변인을 인위적으로 처치하면서 자료 수집이 이루어지므로 두 자료 수집 방법 모두 구조화된 자료 수집 방법이다. 이에 비해 면접법은 구조화 정도가 약하며, 참여 관찰법은 면접법보다 구조화 정도가 더 약하다고 할 수 있다.

✪ 독립 변인과 종속 변인

독립 변인은 가설에서 원인이 되는 변인을 말하며, 종속 변인은 원인에 의해 발생하는 결과에 해당하는 변인을 말한다.

개념 체크

1. 변인 간의 관계에 있어서 영향을 미치는 변인을 ( )이라고 하고, 영향을 받는 변인을 ( )이라고 한다.
2. 실험법을 사용하는 연구를 할 때 독립 변인을 처치하는 집단을 ( )이라고 하고, 독립 변인을 처치하지 않는 집단을 ( )이라고 한다.
3. 면접법은 신뢰 관계, 즉 ( )를 기반으로 한 허용적인 분위기 형성이 조사 목적 달성에 중요한 역할을 한다.

정답
1. 독립 변인, 종속 변인
2. 실험 집단, 통제 집단
3. 라포르

✪ 참여 관찰법과 자료의 실제성
참여 관찰법은 조사 대상자와 일상생활을 함께하며 연구자가 직접 관찰하여 자료를 수집하기 때문에 있는 그대로의 생생한 정보를 얻을 수 있다.

✪ 1차 자료와 2차 자료
연구자가 현재 수행 중인 연구의 목적에 맞게 직접 수집하고 관찰한 결과들을 기록한 자료를 1차 자료라고 하고, 기존의 자료를 활용하여 연구자가 현재 수행 중인 연구의 목적에 맞게 구성한 자료를 2차 자료라고 한다.

4. 참여 관찰법

(1) **의미**: 조사 대상자의 일상생활 세계에 참여하여 필요한 자료를 수집하는 방법

(2) **특징**

① 일반적으로 질적 연구에서 활용됨.

② 가장 전형적인 비구조화·비표준화된 자료 수집 방법으로서 연구 대상자의 생활에 조작을 가하지 않고 있는 그대로 관찰하는 방식으로 이루어짐.

③ 심층적인 연구를 위해 비교적 장기간에 걸쳐 수행되는 경우가 많아서 시간과 비용이 비교적 많이 소요됨.

(3) **장점과 단점**

장점	• 자료의 실제성을 확보할 수 있음. • 조사 대상자의 일상생활 세계를 심층적으로 이해하는 데 유리함. • 이민족, 문맹자 등 의사소통이 곤란한 대상에게도 적용할 수 있음.
단점	• 관찰하고자 하는 현상이 나타날 때까지 기다려야 하므로 시간과 비용 측면에서 비효율적임. • 연구 대상이 관찰자의 연구 의도를 알게 될 경우 정확한 자료 수집이 어려울 수 있음. • 관찰자의 편견이나 주관적 가치가 자료 해석 과정에 개입할 우려가 큼.

≡ 개념 플러스 | 참여 관찰법

참여 관찰이란 관찰자가 관찰하고자 하는 상황 속에 직접 들어가 피관찰자와 같이 생활하면서 관찰하는 것을 말한다. 이와 같은 참여 관찰법은 심층적이고 포괄적인 연구를 할 수 있으며, 평소에 관찰할 수 없는 특수한 행동에 대한 자료를 수집할 수 있다는 장점이 있지만, 관찰자에게 많은 인내와 용기를 필요로 하며, 경우에 따라서는 피관찰자가 관찰자를 의식한 나머지 일상적인 행동과 다른 독특한 행동을 할 우려가 있다는 단점이 있다.

5. 문헌 연구법

(1) **의미**: 이미 존재하는 자료를 활용하여 필요한 정보를 수집하는 방법

(2) **특징**

① 양적 연구와 질적 연구에서 모두 활용됨.

② 신문 기사, 인터넷 문서, 논문, 도서, 그림, 동영상 등 문헌의 형태는 다양함.

③ 2차 자료의 수집용으로 활용되는 경우가 많음.

≡ 개념 플러스 | 문헌 연구법에서의 문헌의 의미

일반적으로 문헌이라고 하면 서적이나 문서를 떠올리기 쉽다. 그러나 문헌 연구법에서 말하는 문헌은 참고 자료가 되는 모든 기록이나 자료를 포함하는 말이라는 점에 유의해야 한다. 즉, 서적이나 문서뿐만 아니라 기존의 그림, 동영상, 통계 자료 등을 수집하고 분석하는 것도 문헌 연구법에 해당한다.

(3) **장점과 단점**

장점	• 시간과 비용 측면에서 효율적임. • 시간과 장소의 제약으로부터 비교적 자유로움. • 기존 연구 동향이나 성과 파악을 통한 참고 자료 수집에 적합함.
단점	• 문헌의 정확성과 신뢰성을 확보하기 곤란한 경우가 많음. • 문헌 해석 시 연구자의 주관적 가치가 개입할 우려가 있음.

개념 체크

1. 조사 대상자의 일상생활 세계에 참여하여 필요한 자료를 수집하는 방법인 (　　)은 자료의 실제성을 확보할 수 있다.
2. 양적 연구와 질적 연구에서 모두 활용되는 자료 수집 방법은 (　　)이다.
3. 문헌 연구법은 이미 존재하는 자료에 해당하는 (　　)의 수집용으로 활용되는 경우가 많다.

정답
1. 참여 관찰법
2. 문헌 연구법
3. 2차 자료

Theme 1 인터넷을 통한 설문 조사

인터넷을 통한 설문 조사는 조사하고자 하는 것을 파악하기 위한 문항들로 구성된 질문지를 인터넷을 통해 응답하게 하는 것으로, 최근에 질문지법에서 자주 쓰이고 있는 방법이다. 인터넷을 통한 설문 조사에는 전자 메일을 통해 조사하는 방법, 인터넷 조사 사이트를 활용하는 방법이 주로 쓰인다.

먼저, 전자 메일을 통해 조사하는 방법은 전자 메일을 통해 연구 대상자에게 질문지를 보내어 응답하게 하는 것이다. 이는 연구 대상자가 전자 메일을 열어 질문지를 클릭하면 바로 응답할 수 있도록 하는 방식으로 많이 이루어진다.

다음으로, 인터넷 조사 사이트를 활용하는 방법은 전문적인 조사 사이트에 가입하고 질문과 응답지를 입력하여 문항을 구성한 후에 해당 사이트 URL이나 QR코드를 연구 대상자에게 안내하여 응답하도록 하는 방법이다.

인터넷을 통한 설문 조사의 경우 다음과 같은 장점이 있다.

첫째, 인터넷을 이용하기 때문에 조사 기간과 비용이 단축된다.

둘째, 조사 과정에서 바로 자료가 입력되어 자료의 관리가 편리하다.

셋째, 전자 메일을 통해 조사하는 경우 응답에 대한 요청이나 회수에 대해 자세하게 안내할 수 있다.

반면, 인터넷을 통한 설문 조사의 경우 다음과 같은 단점이 있다.

첫째, 인터넷이라는 환경을 사용할 수 있는 사람만을 대상으로 조사할 수 있기 때문에 조사 대상의 대표성에 문제가 있다.

둘째, 응답률이 낮다는 문제가 생길 수 있다.

셋째, 다른 사람이 대신 응답하거나 중복 응답을 하는 등 응답 내용의 신뢰도에 문제가 생길 수 있다.

Theme 2 1차 자료와 2차 자료

사회·문화 현상의 연구 과정에서는 연구 주제와 그에 적절한 연구 방법을 선택한 후 연구에 사용할 자료를 수집·분석하여 연구 결과를 도출한다. 자료란 연구 과정에서 얻어지고 활용되는 모든 정보를 말하며, 연구자가 자료를 직접 구했는지 여부에 따라 1차 자료와 2차 자료로 구분할 수 있다.

1차 자료는 연구자가 현재 수행 중인 연구의 목적에 맞게 직접 수집하고 관찰한 결과들을 기록한 자료이다. 1차 자료를 활용하여 자료 수집을 할 경우에는 연구 목적에 부합하는 자료를 구하기 쉬우며, 연구자가 연구하고자 하는 현상을 관찰하기에 가장 적합한 시기를 조절하여 자료를 수집할 수 있다는 장점이 있다. 반면, 연구자가 자신의 연구 목적을 고려하여 직접 도구를 구성하고 적합한 연구 대상을 선택하여 자료를 수집해야 하므로 시간과 비용이 많이 소요된다는 단점이 있다.

2차 자료는 기존의 자료를 활용하여 연구자가 현재 수행 중인 연구의 목적에 맞게 구성한 자료이다. 2차 자료를 활용하여 자료 수집을 할 경우, 2차 자료가 연구 목적과 일치한다면 1차 자료를 활용하여 자료를 수집하는 것에 비해 시간과 비용을 절약할 수 있으며, 신뢰성이 높은 자료를 확보한다면 연구의 수준을 높이는 데 도움을 줄 수 있다는 장점이 있다. 반면, 연구 목적에 적합한 자료를 수집하기 어려울 수 있으며, 상대적으로 자료가 일정 시기가 지난 후에 공개되기 때문에 시기적인 측면에서 적합성의 문제가 생길 수 있다는 단점이 있다.

[24022-0033]

01 다음 글에서 갑이 활용한 자료 수집 방법의 일반적인 특징에 대한 설명으로 옳지 않은 것은?

> 갑은 청소년의 스마트폰 과의존 고위험군 비율이 지속적으로 높아졌을 것이라고 생각하였다. 갑은 이를 검증하기 위해 통계청 누리집에서 최근 5년간의 스마트폰 과의존 실태 조사 결과를 수집하여 스마트폰 과의존 고위험군 현황을 파악하였다.

① 주로 2차 자료를 수집하는 데 활용된다.
② 양적 연구와 질적 연구 모두에 활용된다.
③ 기존의 연구 동향을 파악하는 데 유용하다.
④ 시간과 장소의 제약으로부터 비교적 자유롭다.
⑤ 연구 대상자와의 언어적 상호 작용이 필수적이다.

[24022-0034]

02 다음 연구에서 활용한 자료 수집 방법의 일반적인 특징에 대한 옳은 설명만을 〈보기〉에서 고른 것은?

> 본 연구는 만 3세 학급 담당 유치원 교사가 유아들에게 규칙 지도를 어떻게 하는지 살펴보고자 하였다. 이를 위해 연구자는 ○○ 유치원에서 6개월간 총 60회에 걸쳐 교사와 만 3세 유아들의 상호 작용이 활발하게 이루어지는 자유 선택 활동 시간, 정리정돈 시간을 함께 보내면서 교사와 유아의 말과 행동을 관찰하고 일지를 상세히 기록하였다.

보기

ㄱ. 수집한 자료를 통계적으로 처리하기가 용이하다.
ㄴ. 실제성이 높은 생생한 자료를 수집하기가 용이하다.
ㄷ. 자료 수집 과정에서 연구자의 주관이 개입될 우려가 있다.
ㄹ. 언어적 의사소통이 곤란한 대상으로부터 자료를 수집하는 데 적합하지 않다.

① ㄱ, ㄴ ② ㄱ, ㄷ ③ ㄴ, ㄷ
④ ㄴ, ㄹ ⑤ ㄷ, ㄹ

[24022-0035]

03 다음 글에서 갑, 을이 활용한 자료 수집 방법의 일반적인 특징에 대한 설명으로 옳은 것은?

> A국 결혼 이주 여성이 한국으로 이주하는 동기를 알아보기 위해 갑과 을은 서로 다른 자료 수집 방법을 활용하였다. 갑은 A국 결혼 이주 여성 500명을 무작위로 선정하여 구조화된 설문 문항에 응답하게 하였다. 을은 20대부터 60대까지 연령대별로 A국 결혼 이주 여성 1명씩 총 5명을 대상으로 깊이 있는 대화를 나누고 그 내용을 기록하였다.

① 갑의 자료 수집 방법은 인위적으로 통제된 상황에서 변인의 효과를 관찰하기에 용이하다.
② 을의 자료 수집 방법은 연구 대상자와의 정서적 교감을 중시한다.
③ 갑과 달리 을의 자료 수집 방법은 연구 대상자의 주관적 인식을 파악할 수 있다.
④ 을과 달리 갑의 자료 수집 방법은 질적 자료 수집에 적합하다.
⑤ 갑, 을의 자료 수집 방법은 모두 문맹자를 대상으로 사용하기 어렵다.

[24022-0036]

04 그림은 질문을 통해 자료 수집 방법의 일반적인 특징을 구분한 것이다. (가), (나)에 들어갈 수 있는 질문으로 옳은 것은?

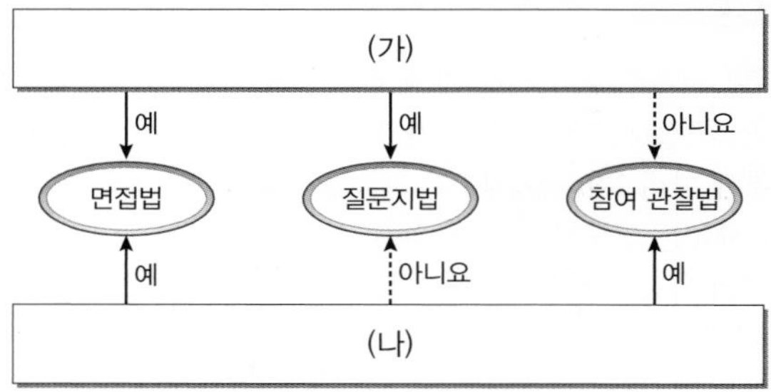

① (가) – 연구 대상자와의 언어적 상호 작용이 필수적인가?
② (가) – 방법론적 이원론에 기초한 연구에 주로 활용되는가?
③ (나) – 연구 대상자의 주관적 인식을 파악할 수 있는가?
④ (나) – 변인 간의 관계를 파악하는 데 주로 활용되는가?
⑤ (나) – 다수를 대상으로 구조화된 자료를 수집하는 데 적합한가?

[24022-0037]

05 (가)에 들어갈 내용으로 옳은 것은?

교사: 질문지법과 구분되는 면접법의 일반적인 특징을 발표해 볼까요?
갑: 질적 연구에서 주로 활용됩니다.
을: 다수를 대상으로 대량의 자료를 수집하기에 용이합니다.
병: (가)
교사: 옳게 대답한 학생은 두 명이네요.

① 1차 자료 수집에 적합합니다.
② 표준화·구조화된 도구의 사용이 필수적입니다.
③ 수집한 자료를 통계적으로 처리하기에 용이합니다.
④ 연구 대상자와의 언어적 상호 작용이 필수적입니다.
⑤ 연구자와 연구 대상자 간의 정서적 교감이 중시됩니다.

[24022-0038]

06 밑줄 친 ㉠~㉤에 대한 옳은 설명만을 〈보기〉에서 고른 것은?

연구자 갑은 자신이 개발한 학습 기술 향상 프로그램이 고등학생의 학습 효능감에 긍정적 영향을 미칠 것이라는 가설을 검증하고자 하였다. 갑은 ㉠○○광역시 소재 △△ 고등학교 1학년 학생 50명을 무작위로 선정하여 A, B 두 집단에 각각 25명씩 임의로 배정하였다. 두 집단의 학습 효능감 점수가 동일함을 확인한 후, ㉡A 집단은 ㉢학습 기술 향상 프로그램을 실시하고 ㉣B 집단은 학습 기술 향상 프로그램을 실시하지 않았다. 이후 두 집단을 대상으로 ㉤학습 효능감 검사를 실시한 결과, B 집단과 달리 A 집단의 학습 효능감 검사 점수가 크게 상승하였고, 이는 통계적으로 유의미하여 가설은 수용되었다. 단, 학습 효능감 검사 점수가 높을수록 학습 효능감이 높다.

보기
ㄱ. ㉠은 모집단이다.
ㄴ. ㉢은 종속 변인에 대한 조작적 정의를 통한 실험 처치이다.
ㄷ. ㉤은 독립 변인이 종속 변인에 미치는 영향을 확인하기 위한 사후 검사이다.
ㄹ. ㉡은 실험 집단, ㉣은 통제 집단이다.

① ㄱ, ㄴ ② ㄱ, ㄷ ③ ㄴ, ㄷ
④ ㄴ, ㄹ ⑤ ㄷ, ㄹ

[24022-0039]

07 표에 대한 옳은 설명만을 〈보기〉에서 고른 것은? (단, A~C는 각각 면접법, 실험법, 질문지법 중 하나임.)

질문	응답		
	A	B	C
주로 질적 연구에서 활용되는가?	㉠	㉠	㉡
인위적 처치를 가하고 그로 인해 나타나는 변화를 파악하는가?	㉡	㉠	㉠

* ㉠, ㉡은 각각 '예', '아니요' 중 하나임.

보기
ㄱ. ㉠은 '아니요', ㉡은 '예'이다.
ㄴ. A는 B와 달리 변인 간의 관계를 파악하는 데 주로 활용된다.
ㄷ. B는 C에 비해 시간과 비용 측면에서 효율적이다.
ㄹ. C는 A에 비해 자료 수집 과정에서 연구자의 주관적 가치가 개입될 가능성이 낮다.

① ㄱ, ㄴ ② ㄱ, ㄷ ③ ㄴ, ㄷ
④ ㄴ, ㄹ ⑤ ㄷ, ㄹ

[24022-0040]

08 자료 수집 방법 A, B의 일반적인 특징에 대한 옳은 설명만을 〈보기〉에서 고른 것은?

갑: 가출 청소년의 경험에서 나타난 가출 동기, 가출 시 겪는 어려움에 대해 연구하려고 합니다. 어떤 자료 수집 방법을 활용하면 좋을까요?
을: 먼저 가출 청소년들과의 대화를 통해 그들이 생각하는 바를 깊이 있게 조사할 수 있는 자료 수집 방법인 A를 활용할 수 있어요. 그리고 가출 청소년과 함께 생활하면서 그들의 모습을 직접 관찰하며 자료를 수집하는 방법인 B를 활용할 수도 있어요.

보기
ㄱ. A는 조사 대상자의 반응에 유연한 대처가 용이하다.
ㄴ. B는 언어적 의사소통이 곤란한 대상으로부터 자료를 수집할 수 있다.
ㄷ. A는 B와 달리 질적 자료를 수집하는 데 활용된다.
ㄹ. B는 A와 달리 자료 수집 과정에서 연구자의 주관적 가치가 개입될 우려가 있다.

① ㄱ, ㄴ ② ㄱ, ㄷ ③ ㄴ, ㄷ
④ ㄴ, ㄹ ⑤ ㄷ, ㄹ

수능 실전 문제

[24022-0041]

1 **다음은 고등학생이 작성한 질문지 초안이다. 각 문항에 대한 검토 질문에 모두 옳게 응답한 학생은?**

〈○○광역시 시민 대상 버스 이용 관련 설문 조사〉

1 귀하가 버스를 이용하는 목적은 무엇입니까?
① 출퇴근 ② 쇼핑 ③ 여행 ④ 여가 생활 ⑤ 친교 활동

2 귀하는 버스 이용 횟수가 얼마나 됩니까?
① 5회 이하 ② 10회 이하 ③ 20회 이하 ④ 20회 초과

3 귀하는 버스 이용이 환경 보호와 건강 증진에 도움이 된다고 생각하십니까?
① 예 ② 아니요 ③ 모름

4 귀하는 교통 약자의 이동권 보장에 기여하는 저상 버스 도입 노선을 확대하는 것에 대해 어떻게 생각하십니까?
① 매우 찬성 ② 찬성 ③ 보통 ④ 반대 ⑤ 매우 반대

각 문항에 대한 검토 질문	갑	을	병	정	무
1에서 선택지가 포괄적인가?	○	×	○	×	×
2에서 질문의 의미가 명확한가?	○	×	×	×	○
3에서 질문이 두 가지 내용을 묻고 있는가?	×	○	○	○	○
4에서 질문이 특정 응답을 유도하고 있는가?	×	○	×	○	○
1, 2 모두에서 선택지에 중복된 내용이 있는가?	×	×	○	○	×

(○: 예, ×: 아니요)

① 갑 ② 을 ③ 병 ④ 정 ⑤ 무

[24022-0042]

2 **다음 자료는 서술형 평가 문항 및 답안에 대한 채점 결과이다. 이에 대한 설명으로 옳은 것은? (단, A, B는 각각 실험법, 질문지법 중 하나임.)**

〈서술형 평가〉

※ 문제: A와 구분되는 B의 일반적인 특징을 3가지만 서술하시오. (각 서술별로 채점하며, 옳은 서술은 1개당 1점, 틀린 서술은 0점임.)

〈학생 갑의 서술 내용 및 교사의 채점 결과〉

답란	점수/배점
• 양적 자료 수집에 적합하다. • 인위적인 처치를 가하고 그로 인해 나타나는 변화를 파악한다. • (가)	2점/3점

① A는 비구조화·비표준화된 자료 수집 방법이다.
② B는 주로 변인 간의 인과 관계를 파악하기 위해 활용된다.
③ A는 B와 달리 1차 자료 수집에 적합하다.
④ B는 A와 달리 방법론적 일원론에 기초한 연구에 주로 활용된다.
⑤ (가)에는 '연구 대상자와의 언어적 상호 작용이 필수적이다.'가 들어갈 수 있다.

[24022-0043]

3 **자료 수집 방법 A～C의 일반적인 특징에 대한 설명으로 옳은 것은? (단, A～C는 각각 문헌 연구법, 실험법, 질문지법 중 하나임.)**

연구 사례	자료 수집 방법
서술형 평가에 대한 중학교 교사의 인식을 파악하기 위해 20개의 구조화된 문항을 통해 △△ 지역 소재 중학교 교사 1,000명을 대상으로 서술형 평가의 효과, 문제점, 개선 방안 등에 대해 조사하였다.	A
우리나라 사회과 서·논술형 평가의 개선 방향을 모색하기 위해 우리나라와 미국의 교육 연구 기관이 각각 개발한 사회과 서·논술형 문항 자료집에서 학년 및 학습 주제를 고려하여 서·논술형 문항 및 채점 기준을 추출 및 선정하였다.	B
서술형 수학 쓰기 수업이 초등학생의 수학 학업 성취도에 미치는 영향을 알아보기 위해 ○○ 초등학교 6학년 2개의 학급을 대상으로 수학 학업 성취도 검사를 실시하였다. 이후 한 학급에서는 서술형 수학 쓰기 활동을 적용한 수업을, 다른 학급에서는 평소에 실시하던 교과서 기반의 수업을 한 후 수학 학업 성취도 검사를 실시하였다.	C

① A는 연구 대상자의 주관적 인식을 파악할 수 없다.
② B는 자료 수집 과정에서 시·공간적 제약이 크다.
③ C는 실제성이 높은 생생한 자료를 수집하기 용이하다.
④ A는 C와 달리 변인 간의 관계를 파악하고자 하는 연구에 적합하다.
⑤ B는 A, C와 달리 주로 2차 자료를 수집하는 데 활용된다.

[24022-0044]

4 **다음은 질문에 따라 자료 수집 방법 A～C를 구분한 것이다. 이에 대한 설명으로 옳은 것은? (단, A～C는 각각 면접법, 실험법, 질문지법 중 하나임.)**

- A와 B는 '방법론적 일원론에 기초한 연구에서 주로 활용되는가?'라는 질문으로 구분할 수 있지만, (가) 라는 질문으로는 구분할 수 없다.
- B와 C는 '연구자와 연구 대상자 간 언어적 상호 작용이 필수적인가?'라는 질문으로 구분할 수 없지만, (나) 라는 질문으로는 구분할 수 있다.

① A는 B에 비해 자료 수집 상황에 대한 통제 수준이 높다.
② B는 C에 비해 대량의 구조화된 자료를 수집하는 데 용이하다.
③ C는 A와 달리 양적 자료를 수집하는 데 활용된다.
④ (가)에는 '인과 관계의 파악을 통해 법칙을 발견하는 데 유리한가?'가 들어갈 수 있다.
⑤ (나)에는 '연구자가 인위적으로 통제한 상황에서 독립 변인의 효과를 측정하는가?'가 들어갈 수 있다.

[24022-0045]

5 **다음 자료에 대한 옳은 설명만을 〈보기〉에서 고른 것은?**

○○ 고등학교 학생회장 갑은 학교 급식의 채식 식단 비율을 확대하는 것에 대해 ○○ 고등학교 전교생의 의견을 수렴하고자 하였다. 이를 위해 ○○ 고등학교 3학년 학생 전체를 대상으로 아래와 같은 내용의 설문 조사를 실시하였다.

〈○○ 고등학교 급식의 채식 식단 비율 확대에 대한 설문 조사〉

Q. 과도한 육식은 비만을 촉진하고 암을 유발할 수 있습니다. 당신은 학교 급식의 채식 식단 비율을 확대하는 것에 대해 어떻게 생각하십니까?

① 찬성 ② 반대 ③ 현행대로 ④ 모름 ⑤ 기타( )

보기

ㄱ. 응답 선택지에 중복된 내용이 있다.
ㄴ. 특정 응답을 유도하는 질문을 하고 있다.
ㄷ. 모집단에 대하여 대표성을 갖춘 표본을 선정하였다.
ㄹ. 연구 대상자와의 정서적 교감을 중시하는 자료 수집 방법을 사용하였다.

① ㄱ, ㄴ ② ㄱ, ㄷ ③ ㄴ, ㄷ ④ ㄴ, ㄹ ⑤ ㄷ, ㄹ

[24022-0046]

6 **다음 자료에 대한 옳은 설명만을 〈보기〉에서 있는 대로 고른 것은? (단, A～C는 각각 문헌 연구법, 질문지법, 참여 관찰법 중 하나임.)**

※ 문제: 다음 각 진술에 해당하는 자료 수집 방법을 쓰시오. (옳은 답은 1점, 틀린 답은 0점임.)

자료 수집 방법에 대한 진술	답란	점수
1. 연구 대상자와의 언어적 상호 작용이 필수적이다.	A	1점
2. 2차 자료를 수집하는 데 활용되는 경우가 많다.	B	0점
3. 양적 자료가 아닌 질적 자료 수집에 활용된다.	C	㉠
4. (가)	B	1점

보기

ㄱ. C는 선행 연구를 검토할 때 사용되는 경우가 많다.
ㄴ. A는 B와 달리 대량의 구조화된 자료를 수집하는 데 용이하다.
ㄷ. ㉠은 1점이다.
ㄹ. (가)에는 '실제성이 높은 생생한 자료를 수집하기에 용이하다.'가 들어갈 수 있다.

① ㄱ, ㄴ ② ㄱ, ㄷ ③ ㄷ, ㄹ ④ ㄱ, ㄴ, ㄹ ⑤ ㄴ, ㄷ, ㄹ

[24022-0047]

7 **밑줄 친 ㉠~㉧에 대한 옳은 설명만을 〈보기〉에서 있는 대로 고른 것은?**

다음은 '중학생의 ㉠사회성에 ㉡원예 활동 프로그램이 미치는 영향'이라는 주제로 연구자 갑이 작성한 ㉢연구 보고서 내용의 일부이다.

> Ⅲ. 연구 방법
> 1. 연구 가설: 원예 활동 프로그램은 중학생의 사회성을 향상시킬 것이다.
> 2. 연구 대상: ㉣○○ 중학교 1학년 학생 중 원예 활동 프로그램에 참여한 경험이 없는 학생 100명
> 3. 연구 절차
> 가. ㉤사전 검사: 을의 연구 보고서를 검토한 후, 을이 사용한 사회성 측정 도구를 활용하여 사회성 척도 검사 실시
> 나. 프로그램 적용: 연구 대상 100명을 ㉥A 집단과 ㉦B 집단에 각각 50명씩 배정한 후 A 집단에게만 원예 활동 프로그램 적용
> 다. ㉧사후 검사: 사전 검사에서 활용한 사회성 측정 도구로 사회성 척도 검사 실시

● 보기 ●

ㄱ. ㉠은 종속 변인, ㉡은 독립 변인이다.
ㄴ. ㉢은 방법론적 일원론을 전제로 한 연구이다.
ㄷ. ㉣은 모집단, ㉥은 실험 집단이다.
ㄹ. ㉥과 ㉦의 ㉤ 결과는 유의미한 차이를 보이지 않았지만, ㉦과 달리 ㉥의 ㉧ 결과가 ㉤ 결과에 비해 유의미하게 향상되었다면, 연구 가설은 수용된다.

① ㄱ, ㄴ ② ㄱ, ㄷ ③ ㄷ, ㄹ ④ ㄱ, ㄴ, ㄹ ⑤ ㄴ, ㄷ, ㄹ

[24022-0048]

8 **다음 자료의 A~C에 대한 옳은 설명만을 〈보기〉에서 고른 것은? (단, A~C는 각각 면접법, 질문지법, 참여 관찰법 중 하나임.)**

다음은 [질문 1], [질문 2]에 대해 '예', '아니요' 중 같은 대답을 할 수 있는 것끼리 점선으로 묶은 것이다.

[질문 1] 주로 계량화된 자료를 수집하는 데 활용되는가?	[질문 2] 연구자와 연구 대상자 간 언어적 상호 작용이 필수적으로 요구되는가?
(A B) C	A (B C)

● 보기 ●

ㄱ. A는 B에 비해 실제성이 높은 생생한 자료를 수집하기에 용이하다.
ㄴ. B는 C에 비해 자료 수집 과정에서 연구자의 주관이 개입될 가능성이 낮다.
ㄷ. C는 B에 비해 수집된 자료를 통계적으로 처리하기에 용이하다.
ㄹ. B는 A, C와 달리 연구 대상자의 주관적 인식을 파악할 수 있다.

① ㄱ, ㄴ ② ㄱ, ㄷ ③ ㄴ, ㄷ ④ ㄴ, ㄹ ⑤ ㄷ, ㄹ

04 사회·문화 현상의 탐구 태도와 연구 윤리

1. 사회 · 문화 현상의 탐구에 필요한 태도

(1) 성찰적 태도

① 의미

- 사회 · 문화 현상을 보이는 대로만 받아들이기보다 현상의 이면에 담겨 있는 발생 원인이나 원리, 그것이 초래할 결과 등에 대하여 적극적 · 능동적으로 살펴보려는 태도
- 연구자가 연구 절차나 방법, 연구 윤리 등을 제대로 지키며 탐구하고 있는지 되짚어 보는 태도

② 필요성

- 사회의 문제점을 파악하여 연구할 가치가 있는 주제를 선택할 수 있는 바탕이 됨.
- 사회 · 문화 현상의 발생 과정과 원인은 단순하지 않고 복잡하기 때문에 성찰적으로 접근하지 않으면 겉으로 드러나는 현상만을 보게 됨.

✪ 성찰적 태도
'성찰'은 반성하고 살핀다는 것으로, 성찰적 태도는 당연하게 여기고 넘길 수 있는 것을 그냥 지나치지 않는 자세를 의미한다.

(2) 객관적 태도

① 의미: 탐구 과정에서 연구자가 자신의 주관적 가치나 편견, 이해관계 등을 배제하고 사회 · 문화 현상이 가진 사실로서의 특성만을 파악하는 태도

② 필요성

- 주관적 가치를 가진 연구자가 가치 함축적인 사회 · 문화 현상으로부터 스스로를 완전하게 분리하기 어려움. → 연구자가 속한 사회나 시대의 지배적인 가치가 연구자도 모르는 사이에 연구에 개입될 수 있기 때문에 객관적 태도가 더욱 요구됨.
- 자료 수집이나 분석 과정 등에서 연구자의 가치나 편견이 개입될 경우 연구 결과가 왜곡될 수 있음.

✪ 객관적 태도
연구자가 연구 과정에서 자신의 주관적인 가치나 이해관계를 배제하고 연구를 수행하려는 태도를 의미하는 가치 중립적 태도와 동일한 용어로, 제3자의 입장에서 경험적 증거에 입각하여 현상을 보려는 태도를 의미한다.

자료 플러스 객관적 태도의 중요성

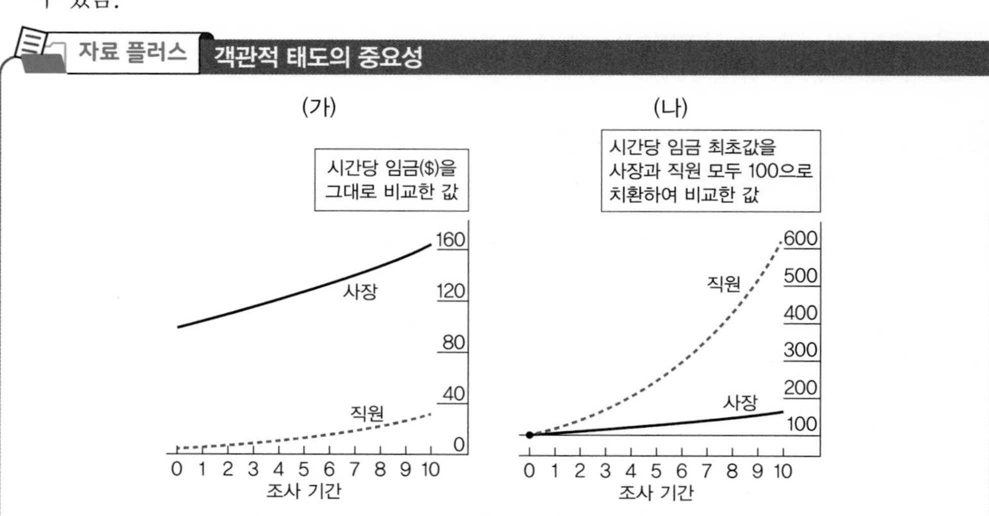

위의 그림은 1998년에 모 외국 경제 잡지에 수록된 자료 중 일부로서, 매해 직원과 사장이 받는 시간당 임금의 증가를 비교한 것이다. (가)는 직원과 사장의 조사 기간 동안 시간당 임금액을 그대로 비교한 것이고, (나)는 직원과 사장 모두 조사 최초 시기의 시간당 임금액을 100으로 치환하여 그 수치의 변화를 비교한 것이다. 만약 연구자가 노동자의 임금 인상 요구에 대해 부정적인 입장을 가지고 자신의 주관적 가치를 반영한다면, (가)는 숨긴 채 (나)만 발표할 수도 있을 것이다.

개념 체크

1. (　　　)는 사회 · 문화 현상을 보이는 대로만 받아들이기보다 현상의 이면에 담겨 있는 발생 원인이나 원리 등에 대하여 적극적 · 능동적으로 살펴보려는 태도이다.
2. 주관적 가치를 가진 연구자가 가치 함축적인 사회 · 문화 현상으로부터 스스로를 완전하게 분리하기 어려우므로 연구자에게는 (　　　) 태도가 더욱 요구된다.

정답
1. 성찰적 태도
2. 객관적

(3) 개방적 태도

① 의미

- 사회 · 문화 현상의 연구 방법이나 연구 관점이 다양할 수 있으므로 자신의 주장과 다른 주장이 존재할 수 있음을 인정하고, 자신의 주장에 대한 비판을 허용하는 태도
- 다른 연구자의 주장이나 다른 연구의 결론을 무조건 수용하는 것이 아니라 경험적인 근거를 통해 검증하기 전에는 하나의 가설로 받아들이는 태도

② 필요성: 과학적 연구의 결론이라고 하더라도 반증에 의해 얼마든지 진리가 아님이 밝혀질 가능성이 있는 잠정적인 진리이므로 새로운 주장의 가능성을 허용해야 함.

(4) 상대주의적 태도

① 의미: 사회 · 문화 현상을 탐구할 때 연구자 자신의 문화적 맥락이나 배경을 떠나 사회 · 문화 현상이 발생한 맥락이나 배경을 고려하여 연구하려는 태도

② 필요성

- 사회 · 문화 현상은 그것이 발생한 맥락이나 배경 속에서 의미를 갖는다는 사실을 인식해야 함.
- 동일한 사회 · 문화 현상이라도 시대와 사회에 따라 다른 의미를 지닐 수 있음을 고려해야 함.
- 특정 맥락이나 배경 속에서 의미를 갖는 사회 · 문화 현상에 대한 연구 결론을 맥락이나 배경이 다른 사회에 맹목적으로 적용하려는 태도를 지양해야 함.

✪ 반증
기존의 주장이 활용한 근거에 반대되는 근거를 통해 기존의 주장이 참이 아님을 증명하는 것을 말한다.

✪ 사실과 가치
사실은 경험적인 자료에 의해 참과 거짓을 판단할 수 있으나, 가치는 경험적인 자료에 의해 참과 거짓을 판단할 수 없다. 사실 진술이란 인간의 주관적인 가치 및 평가와 무관하게 존재하는 현상에 대한 진술을 의미하고, 가치 진술이란 현상에 대한 인간의 주관적인 평가나 주장이 반영된 진술을 의미한다.

2. 가치 중립과 가치 개입

(1) 가치 중립

① 의미: 연구자가 특정 가치에 치우치지 않고 존재하는 사실에만 의존하여 연구하려는 자세

② 사회 · 문화 현상을 과학적으로 탐구한다는 것은 연구자의 주관적 가치를 배제하고 객관적인 증거에 입각하여 가치 중립적으로 탐구하는 것을 의미함. → 연구자도 인간이기 때문에 완벽하게 가치 중립적인 태도를 유지하기는 어려움.

(2) 사실과 가치 구분의 필요성

① 사실과 가치는 서로 다른 특성을 갖기 때문에 사회 과학자는 연구를 할 때 그 두 가지를 구분하여야 함. → 사실과 가치를 구분하지 못할 경우 논쟁의 초점을 흐리게 하거나 불필요한 논쟁을 유발하여 문제 해결을 저해함.

② 사회 · 문화 현상에서의 사실문제와 가치문제는 관련성을 가지고 있음(우리나라의 출산율이 낮다는 사실로 인해 이에 대한 평가나 해결 방안 등의 가치문제를 중심으로 한 논쟁이 발생할 수 있음.).

(3) 과학적 탐구 과정에서의 가치 중립과 가치 개입

단계	내용
• 연구 주제 선정 • 가설 설정 • 연구 설계	연구자의 연구 의도가 반영될 수밖에 없는 과정으로, 가치 중립적인 자료 수집 및 분석 과정 등을 통해 그 적절성이 평가되어야 함.
• 자료 수집 및 분석 • 가설 검증 • 결론 도출	연구자의 가치가 개입되면 연구하고자 하는 사회 · 문화 현상이 지닌 의미가 왜곡될 수 있으므로 엄격한 가치 중립이 요구됨.
• 연구 결과의 활용	연구 결과의 활용은 사회 구성원 다수에게 영향을 미치므로 연구 결과에 따른 대책 등을 마련할 때 사회적 가치나 인류 보편적 가치를 존중하는 가치 판단이 요구됨.

개념 체크

1. 개방적 태도는 다른 연구자의 주장이나 다른 연구의 결론을 무조건 수용하는 것이 아니라 경험적인 근거를 통해 검증하기 전에는 하나의 (　　)로 받아들이는 태도이다.
2. (　　)는 사회 · 문화 현상을 탐구할 때 연구자 자신의 문화적 맥락이나 배경을 떠나 사회 · 문화 현상이 발생한 맥락이나 배경을 고려하여 연구하려는 태도이다.
3. 가설 검증 및 결론 도출 단계에서는 연구자에게 엄격한 (　　)이 요구된다.

정답
1. 가설
2. 상대주의적 태도
3. 가치 중립

3. 사회 · 문화 현상의 탐구와 연구 윤리

(1) 사회 · 문화 현상의 탐구에서 연구 윤리의 필요성

① 사회 · 문화 현상의 탐구는 인간을 대상으로 하기 때문에 자연 현상을 대상으로 하는 연구보다 엄격한 윤리성이 요구됨.

② 사회 · 문화 현상의 탐구 결과가 사회에 유익할지라도 연구 과정에서 연구 대상자들에 대한 인권 침해 등이 발생할 수 있음. → 연구 결과가 연구 과정을 정당화할 수 없음.

✪ 사회 · 문화 현상의 연구와 연구 윤리
사회 · 문화 현상의 연구에서는 인간이 주된 연구 대상이 된다. 인간은 존엄성을 가진 존재로서 수단화되어서는 안 되기 때문에 인간을 대상으로 한 연구에는 연구자에게 많은 제약이 따른다.

(2) 연구 대상자와 관련된 윤리 원칙

① 연구자는 연구 대상자에게 연구 목적이나 연구 과정 등에 대해 알리고 동의를 얻어야 함.
→ 연구 목적이나 연구 과정을 연구 대상자에게 알려 주는 것이 연구 결과에 크게 영향을 미치는 경우에는, 불가피하게 연구가 끝난 후 연구 결과를 발표하기 전에 연구 대상자에게 알리고 연구 결과의 공표에 대한 동의를 구해야 함.

② 연구자는 연구에 참여하는 것이 연구 대상자에게 어떤 영향을 미치는지, 특히 예상되는 피해가 무엇인지 정확하고 자세하게 설명해 주어야 함.

③ 연구자는 연구를 진행하면서 예상하지 못한 문제가 발생할 경우 연구 대상자의 안전과 이익을 우선적으로 고려해야 함.

④ 연구자는 연구 대상자의 익명성을 보장해야 하며, 사생활 관련 정보 및 개인 정보를 연구 목적 이외의 용도로 활용해서는 안 됨.

✪ 연구 대상자의 자발적 참여와 연구 윤리
연구자는 연구 대상자에게 연구에 대한 자세한 정보를 제공하여 연구 대상자가 참여할지 여부를 자유롭게 결정할 수 있도록 해야 한다. 연구 대상자를 자신의 연구에 참여하도록 하기 위하여 거짓 정보를 제공하거나 강압적으로 하는 것은 연구 윤리에 위배된다.

(3) 연구 과정과 관련된 윤리 원칙

① 연구자는 정직한 방법으로 자료를 수집해야 하며, 자료 분석 과정에서 의도한 결론을 이끌어내기 위해 자료를 조작(위조, 변조)해서는 안 됨.

② 수집한 자료 및 분석 내용과 일치하지 않는 해석, 즉 왜곡을 해서는 안 됨.

(4) 연구 결과의 공표와 관련된 윤리 원칙

① 연구 결과의 공표가 자신에게 미칠 악영향을 고려하거나 공표를 통해 이익을 얻을 목적으로 연구 결과를 은폐하거나 왜곡, 축소, 과장해서는 안 됨.

② 다른 연구자의 연구물을 활용하는 경우 그 출처를 정확하게 밝혀야 함.

③ 연구 성과가 사회적으로 악용되지 않도록 결과에 대하여 책임 있는 자세를 보여야 함.

자료 플러스 | 연구에 대한 고지 의무와 그 예외

사회 과학자는 연구에 앞서 연구 대상자들에게 연구의 목적과 과정, 연구가 연구 대상자들에게 미칠 영향을 충분히 설명해 주어야 한다. 그런데 그러한 과정을 거칠 경우 연구 목적을 달성하기 힘든 문제가 발생하기도 한다. 연구 대상자들이 연구 목적을 알게 되는 경우 평소와 다른 행동을 보일 수 있기 때문이다. 이 경우 연구자는 연구 목적의 달성을 위해 연구와 관련된 정보를 연구 대상자들에게 제공하지 않을 수도 있다. 하지만 연구가 끝난 다음에 연구자는 연구 결과의 공표에 앞서 연구 대상자들에게 연구 관련 정보를 숨김없이 공개하고 결과의 공표에 대한 동의를 구할 필요가 있으며, 연구로 인해 연구 대상자들에게 발생한 결과에 대해서 끝까지 책임지는 자세를 가져야 한다.

개념 체크

1. 연구자는 연구 대상자의 (　　)을 보장해야 하며, 사생활 관련 정보 및 개인 정보를 (　　) 이외의 용도로 활용해서는 안 된다.
2. 연구자는 수집한 자료 및 분석 내용과 일치하지 않는 해석, 즉 (　　)을 해서는 안 된다.
3. 연구자는 다른 연구자의 연구물을 활용하는 경우 그 (　　)를 정확하게 밝혀야 한다.

정답
1. 익명성, 연구 목적
2. 왜곡
3. 출처

Theme 1 사회·문화 현상의 탐구 과정에서의 가치 문제

사회 · 문화 현상을 과학적으로 탐구한다는 것은 연구자가 주관적 가치를 배제하고 객관적인 증거에 입각하여 가치 중립적으로 탐구하는 것을 말한다. 가치 중립은 다양하거나 대립하는 가치 중 특정 가치를 선호하거나 선택하지 않고 가치로부터 자유로운 자세를 갖는 것이다. 사회 과학에서는 탐구 행위와 사회 · 문화 현상의 가치 함축성으로 인해 가치 중립적 태도를 갖추기가 쉽지 않지만, 사회 · 문화 현상을 탐구할 때 가치 중립적 태도는 매우 중요하다. 그런데 사회 · 문화 현상의 탐구와 가치의 관계는 탐구 과정에 따라 합리적으로 정립될 필요가 있다. 연구 주제의 선정이나 가설 설정, 연구 설계, 연구 결과의 활용 과정에서는 연구자의 학문적 관심에 따라 가치가 개입될 수밖에 없다. 하지만 자료 수집 및 분석, 가설 검증 및 결론 도출 과정에서는 연구 결과가 왜곡되지 않도록 연구자의 가치 중립적 태도가 필수적이다.

Theme 2 연구 부정행위

대부분의 국가들은 위조, 변조, 표절을 중대한 연구 부정행위로 간주하고 있다. 우리나라의 경우 교육부 훈령 「연구 윤리 확보를 위한 지침」의 제3장 제12조에서 제시한 연구 부정행위의 범위는 다음과 같다.

제12조(연구 부정행위의 범위) ① 연구 부정행위는 연구 개발 과제의 제안, 수행, 결과 보고 및 발표 등에서 이루어진 다음 각 호를 말한다.

1. "위조"는 존재하지 않는 연구 원자료 또는 연구 자료, 연구 결과 등을 허위로 만들거나 기록 또는 보고하는 행위
2. "변조"는 연구 재료 · 장비 · 과정 등을 인위적으로 조작하거나 연구 원자료 또는 연구 자료를 임의로 변형 · 삭제함으로써 연구 내용 또는 결과를 왜곡하는 행위
3. "표절"은 다음 각 목과 같이 일반적 지식이 아닌 타인의 독창적인 아이디어 또는 창작물을 적절한 출처 표시 없이 활용함으로써, 제3자에게 자신의 창작물인 것처럼 인식하게 하는 행위
   가. 타인의 연구 내용 전부 또는 일부를 출처를 표시하지 않고 그대로 활용하는 경우
   나. 타인의 저작물의 단어 · 문장 구조를 일부 변형하여 사용하면서 출처 표시를 하지 않는 경우
   다. 타인의 독창적인 생각 등을 활용하면서 출처를 표시하지 않은 경우
   라. 타인의 저작물을 번역하여 활용하면서 출처를 표시하지 않은 경우
4. "부당한 저자 표시"는 다음 각 목과 같이 연구 내용 또는 결과에 대하여 공헌 또는 기여를 한 사람에게 정당한 이유 없이 저자 자격을 부여하지 않거나, 공헌 또는 기여를 하지 않은 사람에게 감사의 표시 또는 예우 등을 이유로 저자 자격을 부여하는 행위
   가. 연구 내용 또는 결과에 대한 공헌 또는 기여가 없음에도 저자 자격을 부여하는 경우
   나. 연구 내용 또는 결과에 대한 공헌 또는 기여가 있음에도 저자 자격을 부여하지 않는 경우
   다. 지도 학생의 학위 논문을 학술지 등에 지도 교수의 단독 명의로 게재 · 발표하는 경우
5. "부당한 중복 게재"는 연구자가 자신의 이전 연구 결과와 동일 또는 실질적으로 유사한 저작물을 출처 표시 없이 게재한 후, 연구비를 수령하거나 별도의 연구 업적으로 인정받는 경우 등 부당한 이익을 얻는 행위
6. "연구 부정행위에 대한 조사 방해 행위"는 본인 또는 타인의 부정행위에 대한 조사를 고의로 방해하거나 제보자에게 위해를 가하는 행위
7. 그 밖에 각 학문 분야에서 통상적으로 용인되는 범위를 심각하게 벗어나는 행위

[24022-0049]

01 다음 글에서 강조하고 있는 사회·문화 현상의 탐구 태도에 대한 진술로 가장 적절한 것은?

> 사회·문화 현상은 다양한 측면이 존재하기 때문에 보는 사람의 시각에 따라 다르게 인식될 수 있다. 또한 사회·문화 현상은 끊임없이 변화하며, 상황에 따라 달라질 수 있으므로 참이라고 믿었던 주장이 거짓으로 판명될 수도 있다. 그러므로 연구자는 자신의 연구 결과가 절대적인 진리가 아닐 수 있다는 것을 전제로 새로운 이론에 의해 비판받을 수 있음을 인정해야 한다.

① 사회·문화 현상이 발생한 맥락과 배경을 고려해야 한다.
② 연구자는 자신과 연구 대상을 철저히 분리해서 연구해야 한다.
③ 연구자의 주관적 가치나 선입견을 배제한 제3자의 관점으로 연구해야 한다.
④ 어떤 주장이라도 경험적 증거에 의해 검증될 때까지는 하나의 가설로 받아들여야 한다.
⑤ 사회·문화 현상을 보이는 대로만 받아들이기보다 현상의 이면에 담긴 의미를 이해해야 한다.

[24022-0050]

02 다음 글에서 공통적으로 강조하는 사회·문화 현상의 탐구 태도로 가장 적절한 것은?

> • 연구자는 관찰을 통해 경험적으로 얻어진 증거에 입각하여 사회·문화 현상을 탐구해야 한다.
> • 연구자는 자신의 선입견, 주관적 가치, 이해관계 등을 배제하고 제3자의 눈으로 냉정하게 사회·문화 현상을 바라보아야 한다.

① 현상을 사실 그대로 관찰하는 태도
② 타인의 비판을 편견 없이 받아들이는 태도
③ 동일한 현상이라도 개별 사회의 특수성을 고려하는 태도
④ 특정 주장이나 이론을 무조건 추종하거나 배격하지 않는 태도
⑤ 현상의 이면에 담긴 원인이나 결과를 능동적으로 살펴보는 태도

[24022-0051]

03 표는 연구 윤리 점검표의 일부이다. (가), (나)에 들어갈 내용으로 옳은 것은?

항목	점검 질문	응답
(가)	다른 사람의 아이디어나 연구의 일부 또는 전부를 부당하게 사용하지 않았는가?	□ 예 □ 아니요
(나)	연구 과정에서 자료를 임의로 변경, 누락하거나 수집하지 않은 자료를 허위로 만들어 내지 않았는가?	□ 예 □ 아니요

	(가)	(나)
①	자료의 표절 여부	자료의 위조·변조 여부
②	자료의 표절 여부	연구 대상자의 자발적 참여 보장 여부
③	자료의 위조·변조 여부	자료의 표절 여부
④	연구 대상자의 자발적 참여 보장 여부	자료의 위조·변조 여부
⑤	연구 대상자의 자발적 참여 보장 여부	자료의 표절 여부

[24022-0052]

04 양적 연구의 과정 (가)~(바)에 대한 옳은 설명만을 <보기>에서 고른 것은?

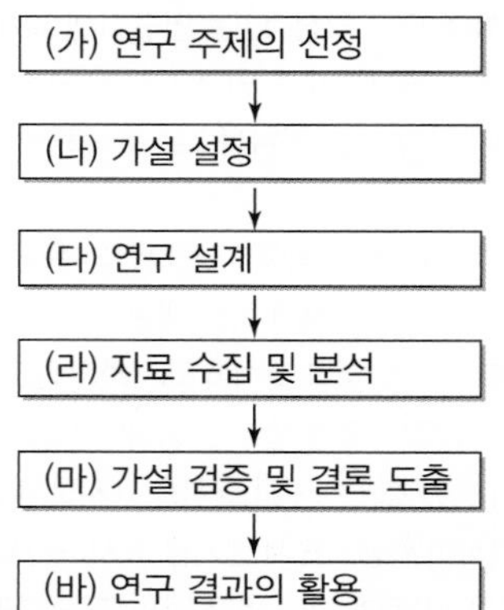

보기

ㄱ. (가)에서는 연구자의 관심과 호기심이 반영되어서는 안 된다.
ㄴ. (나)에서는 2차 자료가 활용될 수 있다.
ㄷ. (마)에서는 가설의 수용 여부를 결정하므로 연구자의 가치가 개입될 수밖에 없다.
ㄹ. (라)에서는 (다), (바)와 달리 연구자의 엄격한 가치 중립이 요구된다.

① ㄱ, ㄴ ② ㄱ, ㄷ ③ ㄴ, ㄷ
④ ㄴ, ㄹ ⑤ ㄷ, ㄹ

[24022-0053]

1 **(가)~(마)는 갑의 연구 과정을 순서 없이 나열한 것이다. 이에 대한 옳은 설명만을 〈보기〉에서 있는 대로 고른 것은?**

(가) 청소년의 인성 형성에 지속적인 봉사 활동 참여가 미치는 영향을 알아보기로 하였다.
(나) 지속적인 봉사 활동 참여는 청소년의 인성 형성에 긍정적 영향을 미칠 것이라는 잠정적 결론을 내렸다.
(다) 청소년을 대상으로 한 봉사 활동 프로그램을 청소년 인성 교육 프로그램에 포함할 것을 ○○광역시 교육청에 제안하였다.
(라) 수집한 자료를 통계 분석하여 지속적인 봉사 활동 참여는 청소년의 대인 관계 능력, 자율성, 자아 존중감을 높인다는 유의미한 결과를 얻었다.
(마) ○○광역시에서 한 달에 한 번 주기적으로 봉사 활동을 한 고등학생 300명과 그렇지 않은 학생 300명을 대상으로 30개의 구조화된 문항을 통해 대인 관계 능력, 자율성, 자아 존중감 정도를 조사하였다.

보기

ㄱ. (가)-(나)-(마)-(라)-(다) 순으로 연구가 진행되었을 것이다.
ㄴ. (마)에서 표본의 대표성이 확보되었음을 알 수 있다.
ㄷ. (라)에서는 (가), (나)와 달리 연구자에게 엄격한 가치 중립이 요구된다.
ㄹ. 인위적으로 통제된 상황에서 변수의 효과를 관찰하는 자료 수집 방법을 사용하였다.

① ㄱ, ㄴ ② ㄱ, ㄷ ③ ㄴ, ㄹ ④ ㄱ, ㄷ, ㄹ ⑤ ㄴ, ㄷ, ㄹ

[24022-0054]

2 **다음 연구 사례에 나타난 연구 윤리상의 문제점으로 가장 적절한 것은?**

갑은 이혼 가족 자녀들이 부모 이혼에 부여하는 의미와 부모 이혼 후 적응 과정을 이해하고자 연구를 수행하였다. 갑은 심리 상담 연구소로부터 소개를 받은 부모 이혼을 경험한 20~30세의 성인 20명 중에서 연구 목적과 방법에 대한 설명을 듣고 연구에 참여하기로 한 12명을 대상으로 깊이 있는 대화를 나누고 이를 녹음하였다. 이후 갑은 녹음한 대화 내용 중에서 자신의 예상과 다른 답변들을 제외하고 자료를 분석하여 연구 보고서를 작성하였다. 갑은 연구 대상자들이 부모 이혼에 부여하는 의미와 부모 이혼 후 적응 과정에 대해 심도 있게 다루기 위해 각 연구 대상자들의 이름을 가명으로 처리하고 각 연구 대상자들이 부모 이혼 당시 느꼈던 감정과 부모 이혼 후 적응 과정에 대해 이야기했던 내용 모두를 보고서 부록에 수록하였다.

① 연구 대상자의 익명성을 보장하지 않았다.
② 연구 대상자의 자발적 참여를 보장하지 않았다.
③ 수집한 자료를 연구 외의 목적으로 사용하였다.
④ 연구 목적 달성을 위해 존재하지 않는 자료를 위조하였다.
⑤ 자료 분석 과정에서 의도한 결론을 얻기 위해 자료를 변조하였다.

[24022-0055]

3 다음 연구 사례에 나타난 연구 윤리상의 문제점만을 〈보기〉에서 있는 대로 고른 것은?

○○ 대학교 사회학과 교수로 재직 중인 갑은 정부 기관으로부터 의뢰를 받아 대학생들이 인식한 취업 장벽이 행복감에 미치는 영향에 대해 연구하였다. 갑은 ○○ 대학교 취업 지원 센터에서 일하는 을과 취업 상담 프로그램에 참여하고 있는 대학생들의 동의를 얻어, 취업 상담 프로그램에 참여하고 있는 대학생 200명을 대상으로 취업 장벽과 행복감을 조사하는 설문 조사를 실시하였다. 갑은 응답자 중 불성실하게 답변한 10명의 자료를 제외한 나머지 자료를 분석하였다. 이후 갑은 별도의 안내 없이 설문에 응답한 대학생 중 일부를 무작위로 선정하여 심층 면접을 실시하였다. 갑은 자신의 예상에 부합하는 연구 결과가 나오자, 수집한 자료의 신뢰성을 높이기 위해 연구에 참여한 대학생들의 이름, 나이, 주소를 포함한 연구 결과를 정부 기관에 제출하였다.

보기

ㄱ. 연구 대상자의 익명성을 보장하지 않았다.
ㄴ. 연구 결과를 연구 외의 목적으로 사용하였다.
ㄷ. 자료 분석 과정에서 의도적으로 자료를 조작하였다.
ㄹ. 연구 대상자에게 연구에 대한 충분한 정보를 제공하지 않았다.

① ㄱ, ㄷ ② ㄱ, ㄹ ③ ㄴ, ㄷ ④ ㄱ, ㄴ, ㄹ ⑤ ㄴ, ㄷ, ㄹ

[24022-0056]

4 (가)~(다)에서 강조하고 있는 사회·문화 현상의 탐구 태도에 대한 옳은 설명만을 〈보기〉에서 있는 대로 고른 것은?

(가) 연구자는 특정 사회나 시대의 가치와 규범을 내면화하기 때문에 사회·문화 현상을 연구할 때에는 현상이 가진 사실에만 근거해서 파악해야 한다.
(나) 연구자는 동일한 사회·문화 현상이라도 시대와 사회에 따라 다른 의미를 지닐 수 있음을 인식하고, 특정 사회에서 얻은 연구 결과를 다른 사회에 무조건 적용해서는 안 된다.
(다) 연구자는 사회·문화 현상의 연구에서 얻은 결과를 확정하려 고집하기보다는 반증에 의해 얼마든지 진리가 아님이 밝혀질 가능성이 있는 잠정적인 진리임을 인정함으로써 새로운 주장의 가능성을 인정해야 한다.

보기

ㄱ. (가)가 지켜지지 않을 경우 연구 결과가 왜곡되어 사회·문화 현상을 정확하게 인식할 수 없게 된다.
ㄴ. (나)는 사회·문화 현상의 특수성보다 보편성을 중시한다.
ㄷ. (나)는 연구자가 다른 사회의 사회·문화 현상을 연구할 때 연구자 자신이 속한 사회의 문화적 맥락이나 배경을 고려하는 태도가 필요함을 강조한다.
ㄹ. (다)는 어떤 특정 이론을 무비판적으로 추종하거나 다른 사람의 주장을 무조건 배격하는 일을 피해야 함을 강조한다.

① ㄱ, ㄹ ② ㄴ, ㄷ ③ ㄴ, ㄹ ④ ㄱ, ㄴ, ㄷ ⑤ ㄱ, ㄷ, ㄹ

[24022-0057]

5 **다음 자료에서 강조하고 있는 사회 · 문화 현상의 탐구 태도에 대한 진술로 가장 적절한 것은?**

> 1800년대 말 영국에서 시작된 우생학 연구는 인류를 유전적으로 개량하는 것을 목적으로 진행되었다. 우생학 연구에서는 인류 사회에 우월한 유전자와 열등한 유전자가 있다고 보았으며, 인류 사회의 발전을 위해서 열등한 인류를 단종시켜야 한다고 주장하였다. 이러한 주장은 이후에 유대인 대량 학살과 같은 정책의 근거로 활용되어 사회적 문제가 되었다. 이처럼 연구 결과가 그 자체로 인간에게 부정적 영향을 미치는 경우가 있을 수 있다. 따라서 연구 주제를 선정할 때 연구자의 자율성이 보장된다고 할지라도 자신이 선정한 연구 주제가 반사회적이거나 사회적 문제를 유발할 가능성은 없는지 끊임없이 숙고해야 한다.

① 자신의 연구 과정이나 결과에 대해 다른 연구자들의 비판을 허용해야 한다.
② 연구 결과가 사회에 끼칠 영향을 적극적이고 능동적으로 살펴보려고 노력해야 한다.
③ 연구자는 자신이 가지고 있는 주관적 가치가 연구에 개입되는 것을 방지해야 한다.
④ 동일한 사회 · 문화 현상이라도 시대와 사회에 따라 다른 의미를 지닐 수 있음을 고려해야 한다.
⑤ 다른 연구의 결론을 무조건 수용하는 것이 아니라 경험적 증거로 확인되기 전까지는 하나의 가설로 받아들여야 한다.

[24022-0058]

6 **다음 갑의 여론 조사 과정 및 결과 공표에서 나타난 문제점에 대한 설명으로 가장 적절한 것은?**

> 〈자료 1〉은 정치학자 갑이 제○회 지방 선거를 앞두고 발표한 △△도지사 선거에 출마한 후보자에 대한 지지율 여론 조사 결과이다. 평소 A당 후보자를 지지해 왔던 갑은 A당 후보자의 지지율을 끌어올리기 위해 〈자료 1〉을 근거로 A당 후보자와 B당 후보자에 대한 지지율 차이가 매우 많이 난다고 밝혔다. 실제로는 두 후보자의 지지율이 불과 1.3%p밖에 차이가 나지 않는 접전의 상황이었으나, 여론 조사 결과를 보여 주는 막대그래프의 눈금 기준을 달리 하여 특정 정당의 후보자가 실제 지지율보다 높은 지지율을 얻은 것처럼 보이도록 했다는 논란에 휩싸였다. 실제 갑의 여론 조사 결과는 〈자료 2〉와 같이 나타낼 수 있었다.

〈자료 1〉

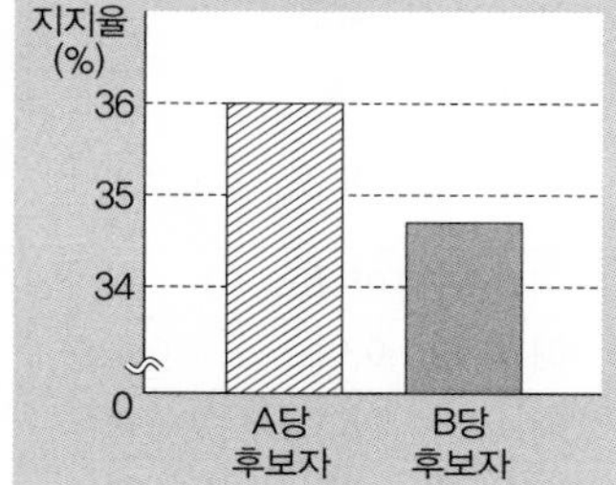

〈자료 2〉

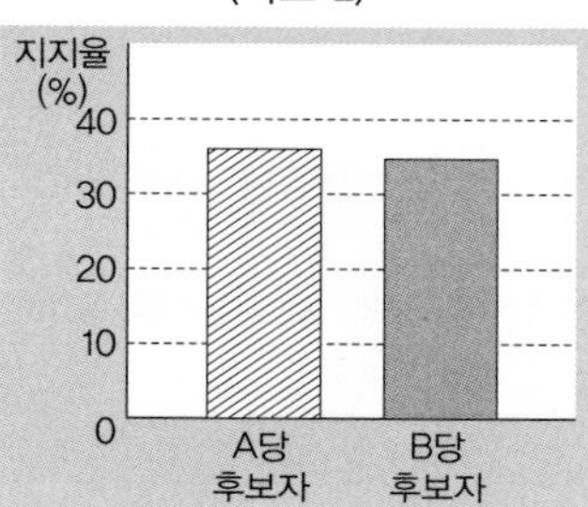

＊ %p: 백분율 간의 차이를 나타냄.

① 조사 대상자의 개인 정보를 보호하지 않았다.
② 수집한 자료를 조사 외의 목적으로 사용하였다.
③ 의도한 조사 결과에 부합하는 자료만 수집하였다.
④ 수집하지 않은 자료를 근거로 결론을 도출하였다.
⑤ 조사 결과를 활용하는 과정에서 주관적 가치를 개입시켰다.

기출 플러스

01 **밑줄 친 ㉠~㉣과 같은 현상의 일반적인 특징에 대한 설명으로 옳은 것은?** 2023학년도 수능

> 우리 몸에 있는 대부분의 미생물은 면역계 유지에 필요하다. ㉠미생물은 적당한 습기와 충분한 먹이가 있는 환경을 선호하여 대장에 많이 서식한다. 대장 내 미생물 중 유익균은 식이 섬유에서 영양분을 얻고, 이를 분해할 때 면역 세포를 안정시키는 물질을 만든다. 그런데 식생활에서 가공 식품과 ㉡정제된 탄수화물 섭취 비중이 증가하고 유익균이 줄게 되면서 대장 내 미생물 분포가 달라졌다. 뇌와 장은 내분비계, 신경계 등을 통해 신호를 주고받는데, 미생물 분포 변화로 장내 면역 체계에 이상이 생기면 뇌 질환 발생 가능성이 높아진다. 뇌 질환자 상당수가 장 질환을 앓고 있으며, 일상에서 ㉢과도한 스트레스를 받으면 장에 탈이 나는 것을 볼 수 있다. 따라서 장 건강을 위해서는 채식 위주의 식단을 유지하고, ㉣장내 미생물을 무차별적으로 죽이는 항생제를 남용하지 않아야 한다.

① ㉠과 같은 현상은 ㉡과 같은 현상과 달리 인과 관계가 나타난다.
② ㉡과 같은 현상은 ㉢과 같은 현상과 달리 가치 함축적이다.
③ ㉢과 같은 현상은 ㉣과 같은 현상과 달리 개연성의 원리가 적용된다.
④ ㉣과 같은 현상은 ㉠과 같은 현상과 달리 보편성이 나타난다.
⑤ ㉠, ㉡과 같은 현상은 ㉢, ㉣과 같은 현상과 달리 존재 법칙의 지배를 받는다.

02 **다음은 사회·문화 현상을 바라보는 관점 A~C를 구분하는 질문에 대한 학생의 답변과 교사의 채점 결과이다. 이에 대한 설명으로 옳은 것은? (단, A~C는 각각 기능론, 갈등론, 상징적 상호 작용론 중 하나임.)** 2024학년도 9월 모의평가

질문	답변		
	갑	을	병
A는 B와 달리 지배 집단과 피지배 집단 간 갈등이 사회 발전의 원동력이라고 보는가?	아니요	아니요	예
A, C는 B와 달리 개인의 행위를 강제하는 사회 구조를 중시하는가?	예	아니요	예
(가)	예	아니요	아니요
(나)	예	아니요	예
채점 결과	3점	2점	3점

* 교사는 질문별로 채점하고, 질문당 옳은 답변을 쓴 경우는 1점, 틀린 답변을 쓴 경우는 0점을 부여함.

① A는 C와 달리 사회가 본질적으로 변동을 지향한다고 본다.
② B는 A와 달리 다양한 사회 제도의 상호 의존 관계에 주목한다.
③ C는 B와 달리 인간이 상황 정의에 기초하여 행동한다고 본다.
④ (가)에는 'B는 A와 달리 행위자의 능동성을 중시하는가?'가 들어갈 수 있다.
⑤ (나)에는 'A는 C와 달리 기득권층의 이익을 대변한다는 비판을 받는가?'가 들어갈 수 있다.

03 **다음 자료에 대한 설명으로 옳은 것은?** 2024학년도 9월 모의평가

> (가) 는 자료 수집 방법 A, B, C의 공통점과 차이점을 알아보기 위한 질문이다. (가) 에 대한 '예', '아니요'의 응답을 통해 A와 B를 구분할 수 있지만, B와 C를 구분할 수 없다. 단, A~C는 각각 질문지법, 면접법, 참여 관찰법 중 하나이다.

① A가 질문지법이라면, (가)에는 '주로 질적 자료를 수집할 때 활용합니까?'가 들어갈 수 없다.
② A가 면접법이라면, (가)에는 '언어나 문자로 의사소통할 수 없는 대상으로부터 자료 수집이 가능합니까?'가 들어갈 수 있다.
③ C가 참여 관찰법이라면, (가)에는 '자료 수집 과정에서 연구 대상자의 응답이 필수적입니까?'가 들어갈 수 없다.
④ C가 질문지법이라면, (가)에는 '자료 수집 과정에서 표준화·구조화된 도구의 사용이 필수적입니까?'가 들어갈 수 있다.
⑤ (가)에 '문맹자에게 사용하기 어렵습니까?'가 들어간다면, B는 주로 방법론적 일원론을 전제로 한 연구에 활용된다.

04 **다음 자료에 대한 설명으로 옳은 것은?** 2024학년도 수능

> 연구자 갑은 정부 정책 도입에 대한 여론 조사 연구에서 '정보 제공이 응답자의 ㉠응답 반응에 영향을 미칠 것이다.'라는 가설을 설정하였다. 이를 검증하기 위해 질문 방식을 정부 정책에 대한 정보 제시 없이 정부 정책 도입에 대한 동의 여부를 묻는 것(유형 A), 정부 정책에 대한 중립적인 정보를 제시한 후 정부 정책 도입에 대한 동의 여부를 묻는 것(유형 B), ㉡정부 정책에 대한 긍정적인 정보를 제시한 후 정부 정책 도입에 대한 동의 여부를 묻는 것(유형 C)으로 구분한 후, 다음과 같이 두 단계에 걸쳐 연구를 진행하였다.
>
> • 1단계: 동일한 정부 정책 도입에 대해 비슷한 시기에 수행된 여론 조사 결과를 수집하였다. 자료 분석을 통해 여론 조사에서 ㉢정보 제공 여부가 응답자의 의사 결정에 영향을 미칠 수 있음을 확인하였다.
>
> • 2단계: 1단계에서 확인한 결과를 경험적으로 검증하기 위해 성인 200명을 무작위로 선정한 후 실험을 실시하였다. 유형 A를 배부하여 ㉣정부 정책 도입에 대한 찬반 여부를 측정한 결과 응답자의 60%가 제안된 정책에 반대하였다. 반대한 사람을 40명씩 무작위로 세 집단으로 나눈 뒤, 첫째 집단에는 유형 A에, 둘째 집단에는 유형 B에, 셋째 집단에는 유형 C에 각각 응답하도록 하였다. 세 집단의 응답을 분석한 결과, 첫째 집단과 둘째 집단 간, 첫째 집단과 셋째 집단 간에는 제안된 정책에 반대하는 비율이 유의미하게 차이가 났지만, 둘째 집단과 셋째 집단 간에는 유의미한 차이가 없었다.

① 2단계에서 갑은 사전 검사를 실시하지 않았다.
② 유형 B에 응답한 사람들은 통제 집단, 유형 C에 응답한 사람들은 실험 집단이다.
③ ㉠은 ㉣에 대한 조작적 정의이다.
④ ㉡은 질문지 작성 시 특정 응답을 유도한 것이므로 갑의 연구 결과를 일반화할 수 없다.
⑤ 2단계에서 도출한 분석 결과는 ㉢을 지지한다.

05 사회적 존재로서의 인간

✪ 보상과 제재
개인의 역할 행동이 사회적 기대에 부합될 때 주어지는 상이나 칭찬 등을 '보상'이라고 하고, 반대로 개인의 역할 행동이 사회적 기대에 어긋날 때 주어지는 비난이나 처벌 등을 '제재'라고 한다. 보상과 제재는 특정한 행동을 하거나 하지 않도록 하기 위한 수단이다.

✪ 비공식적 사회화 기관
대중 매체, 회사와 같은 비공식적 사회화 기관은 학교와 같은 공식적 사회화 기관과 달리 사회화를 위해 설립한 기관이 아니다. 그러나 대중 매체는 대중에게 정보를 전달하는 과정에서, 회사는 고유한 업무나 조직 생활을 통해서 사회 구성원으로 하여금 규범이나 행동 양식들을 내면화하게 함으로써 부수적으로 사회화를 수행한다.

개념 체크

1. 인간이 사회생활에 필요한 지식과 기능, 가치 및 규범 등을 습득해 가는 과정을 (　　)라고 한다.
2. 사회화 기관은 (　　)에 따라 공식적 사회화 기관과 비공식적 사회화 기관으로 구분한다.
3. 사회화 기관은 사회화의 내용에 따라 기초적인 수준의 사회화를 담당하는 (　　) 사회화 기관과 전문적 지식과 기능의 사회화를 담당하는 (　　) 사회화 기관으로 구분한다.

정답
1. 사회화
2. 설립 목적
3. 1차적, 2차적

1. 사회화

(1) **의미**: 인간이 사회생활에 필요한 지식과 기능, 가치 및 규범 등을 습득하여 사회 구성원으로 성장해 가는 과정

(2) **특징**

① 전 생애에 걸쳐 진행되며, 시대와 사회에 따라 사회화의 내용과 방식이 다양하게 나타남.

② 주로 모방과 동일시, 보상과 제재, 언어적 상호 작용 등을 통해 이루어짐.

(3) **기능**

개인적 차원	사회적 차원
• 개인이 사회생활에 대한 적응을 가능하게 함. • 개인의 자아 정체성 및 사회적 소속감 형성에 기여함.	• 문화의 공유 및 세대 간 전승을 가능하게 함. • 사회 구성원 간에 동질성(동질감)을 형성함으로써 사회의 유지와 통합, 존속에 기여함.

≡ 개념 플러스 | 사회화 시기

사회화는 주로 유년기와 아동기에 일어나며 해당 시기의 사회화가 인성의 형성에 가장 큰 영향을 미치는 것이 사실이다. 그렇다고 해서 사회화가 성인기에 일어나지 않는 것이라고 생각해서는 안 된다. 성인이 되고 난 후에도 사회 성원들은 끊임없이 새로운 사회적 가치와 규범을 학습하지 않으면 안 되며 그런 의미에서 사회화는 평생의 과정(life-long process)이다.

(4) **사회화 기관**

① 의미: 사회화 과정에서 지식과 기능, 가치 및 규범 등을 전수해 주는 역할을 수행하는 단체나 집단 등

② 유형

기준	사회화 기관의 유형	역할	해당 기관
설립 목적	공식적 사회화 기관	사회화를 목적으로 설립되어 공식적이고 체계적인 사회화를 담당함.	학교, 직업 훈련소 등
	비공식적 사회화 기관	사회화를 목적으로 설립되지는 않았으나 사회화의 역할도 수행함.	가족, 또래 집단, 직장, 대중 매체 등
사회화 내용	1차적 사회화 기관	기초적인 수준의 사회화 담당 → 기본적인 가치 및 규범, 언어 등을 습득하게 함으로써 개인의 인성과 자아 정체성 형성에 큰 영향을 미침.	가족, 유아기나 아동기의 또래 집단 등
	2차적 사회화 기관	전문적이고 심화된 수준의 사회화를 담당함.	고등학교, 대학교, 직장, 대중 매체 등

(5) 주요 사회화 기관과 역할

구분	역할
가족	• 기본적인 기능 및 규범, 언어 등 사회생활에 있어서 가장 기초적·원초적 사회화를 담당함. • 평생에 걸쳐 영향을 미치는 인성의 기본 틀을 형성함.
또래 집단	• 집단 구성원으로서의 역할, 규범의식 등을 습득하게 함. • 청소년기의 또래 집단은 그들만의 세대 문화를 형성하고, 개인의 자아 정체성 형성에 큰 영향을 미침.
학교	대표적인 공식적 사회화 기관으로서 체계적이고 전문적으로 사회화를 수행함.
직장	• 주로 성인기의 사회화를 담당함. • 개인이 업무 수행에 필요한 전문적인 지식과 기능 등을 습득하는 장(場)임.
대중 매체	• 개인이 필요로 하는 다양하고 새로운 정보를 제공함. • 개인의 사회화 과정에 미치는 영향력이 점차 커지고 있음.

✪ 원초적 사회화
유아기에 본능적 특성이 강한 인간을 사회적·문화적 존재로 변화시키기 위해 놀이와 모방 등을 통해 이루어지는 가장 기본적인 규범이나 기능, 언어 전수 과정을 말하며, 1차적 사회화라고도 한다.

(6) 인간의 성장 과정과 사회화

구분	주요 사회화 내용	주요 사회화 기관
유아기	기본적인 욕구 충족 및 정서적 반응 방식 습득	가족
아동기	타인들과의 상호 작용을 위한 언어와 규범, 기초적인 지식과 기능 습득	가족, 또래 집단
청소년기	사회생활에 필요한 전문적인 지식과 기능 습득, 사회 구성원으로서의 정체성 형성	학교, 또래 집단, 대중 매체
성년기	직장, 시민 단체, 정당 등 소속 집단에서 요구되는 지식과 기능, 변화하는 사회에 적응하기 위한 새로운 지식과 기능 습득	직장, 대중 매체, 평생 교육 기관

✪ 평생 교육 기관
학교의 정규 교육 과정을 제외한, 학력을 보완하거나 지식을 습득할 수 있는 교육 기관이다. 문자 해득 교육, 직업 능력 향상 교육, 인문 교양 교육, 문화 예술 교육, 시민 참여 교육 등을 포함하는 모든 형태의 조직적인 교육 활동을 한다.

≡ 개념 플러스 | 대중 매체와 사회화

대중 매체는 사회 구성원들에게 해당 사회의 전통과 규범을 전달하고 그 사회의 지배적인 문화와 가치를 내면화하게 하여 사회 통합에 기여하기도 한다. 그러나 사람들이 대중 매체에 노출된 일탈 행동을 모방하는 등 역기능이 나타나기도 한다.

(7) 사회화의 유형

① 예기 사회화: 미래에 속하기를 기대하거나 속하게 될 집단에서 요구되는 지식이나 기능, 가치 및 규범을 미리 학습하는 과정

② 재사회화: 개인이 처한 환경이나 상황, 소속 집단 등의 변동에 적응하기 위해 새로운 지식이나 기능, 가치 및 규범을 학습하는 과정

≡ 개념 플러스 | 예기 사회화와 재사회화

예기 사회화는 개인이 현재 속해 있지 않지만 미래에 속하기를 바라거나 속하게 될 집단, 현재는 갖고 있지 않으나 미래에 갖기를 바라거나 갖게 될 직업 및 지위를 전제로 한다. 이러한 예기 사회화는 미래의 집단이나 직업, 지위에서 요구되는 행동 방식을 미리 경험함으로써 개인이 새로운 집단이나 직업, 지위에 순조롭게 적응하는 데 기여한다.
재사회화는 이미 습득한 사회화의 내용이 개인의 새로운 집단이나 직업, 지위, 변화한 상황에 부적합하거나 개인의 적응을 저해할 우려가 있는 상황을 전제로 한다. 이러한 재사회화는 이미 습득한 사회화의 내용을 새로운 내용으로 대체함으로써 개인이 새로운 집단이나 직업, 지위, 변화한 상황에 순조롭게 적응하는 데 기여한다.

개념 체크

1. 인간의 성장 과정에서 가장 기초적이고 원초적인 사회화를 주로 담당하는 사회화 기관은 (　　)이다.
2. (　　)는 미래에 속하기를 기대하거나 속하게 될 집단에서 요구되는 지식이나 기능, 규범을 학습하는 과정을 의미한다.
3. (　　)는 사회 변화에 적응하기 위해 새로운 가치관, 지식, 정보 등을 학습하는 과정을 의미한다.

정답
1. 가족
2. 예기 사회화
3. 재사회화

2. 지위와 역할

(1) 지위

① 의미: 개인이 소속 집단이나 사회에서 차지하고 있는 위치

② 종류

구분	의미	예
귀속 지위	개인의 노력이나 업적과 상관없이 선천적 · 자연적으로 갖게 되는 지위	아들, 세습 신분
성취 지위	개인의 노력이나 의지, 업적 등을 통해 후천적으로 획득하는 지위	학급 회장, 사장

개념 플러스 귀속 지위와 성취 지위

귀속 지위란 개인이 태어날 때부터 주어지거나 자연적으로 갖게 되는 지위이다. 개인이 선택할 수 없고, 자기의 힘으로 얻는 것도 아니며 쉽사리 버릴 수 있는 것도 아니다. 가장 대표적인 것으로 성(性), 신분제 사회에서의 신분(노예제 사회에서의 귀족이나 노예 등) 등을 들 수 있다. 그러나 현대 사회에서는 직업 이동과 함께 계층 이동이 개인의 업적, 노력 등에 따라 매우 활발하게 일어나므로 일반적으로 귀속 지위보다 성취 지위의 중요성이 커지게 되었다.

③ 특징

- 개인이 동시에 여러 가지 지위를 가질 수 있으며, 시간이 흐르면서 개인이 갖는 지위는 달라질 수 있음.
- 일반적으로 현대 사회로 오면서 귀속 지위보다 성취 지위의 중요성이 커지고 있으며, 개인이 갖는 지위의 수도 많아지고 있음.
- 개인의 사회적 정체성을 형성하고, 다른 사람과의 상호 작용에 영향을 미침.

(2) 역할과 역할 행동

① 역할: 개인이 가진 지위에 대하여 소속 집단이나 사회가 기대하는 행동 방식

② 역할 행동(역할 수행)

- 개인이 자신에게 기대되는 역할을 실제로 수행하는 구체적인 방식
- 동일한 지위와 역할을 가진 개인들 간에도 역할 행동은 다양하게 나타날 수 있음.
- 개인의 역할 행동에 따라 보상과 제재가 주어짐.

(3) 역할 갈등

① 의미: 개인에게 요구되는 서로 다른 역할들을 수행하는 과정에서 역할들 간 충돌이 발생하여 나타나는 갈등

② 특징

- 사회 다원화로 인해 개인이 갖는 지위와 역할이 다양해짐에 따라 역할 갈등을 겪는 경우가 많아지고 있음.
- 개인에게 심리적 압박감을 주고, 심한 경우 소속 집단이나 사회에 대한 부적응을 초래할 수 있음.

(4) 역할 갈등의 해결

① 개인적 해결 방안: 소속 집단이나 사회의 기대를 고려하여 자신의 신념과 가치관을 명확히 정립하고, 이를 바탕으로 다양한 역할들 중 우선순위를 결정함.

② 사회적 해결 방안: 구성원 다수가 심각하게 직면하는 역할 갈등을 해결할 수 있는 제도적 지원 방안을 마련함.

개념 체크

1. (　　)는 한 개인의 노력이나 업적 등을 통해 (　　)으로 획득하는 지위이다.
2. (　　)은 일정한 지위에 대하여 사회적으로 기대되는 행동 방식이다.
3. (　　)은 개인이 역할을 수행하는 구체적인 실천 방식이다.
4. 개인에게 요구되는 서로 다른 역할들이 충돌하여 나타나는 심리적 갈등을 (　　)이라고 한다.

정답

1. 성취 지위, 후천적
2. 역할
3. 역할 행동
4. 역할 갈등

Theme 1 사회화를 바라보는 관점-기능론과 갈등론

(가) 사회는 사회화를 통해 개인에게 자아를 발전시키고 인성을 형성하게 한다. 또한 사회화는 자신이 속한 사회의 생활 양식에 적응하도록 하여 문화의 연속성과 사회 통합을 유지하는 과정이다.

(나) 한 사회의 지배 집단은 사회화를 통해 자신에게 유리한 규칙, 규범, 가치 등을 보편화한다. 즉, 사회화는 기존의 불평등한 질서의 재생산을 정당화하는 과정이다.

(가)는 사회화를 바라보는 기능론의 관점이다. 기능론자들에 따르면, 사회가 유지되고 존속되기 위해서는 사회를 구성하는 요소들이 제 기능을 수행해야 한다. 사회화 또한 사회 전체를 위해서는 필수적인 과정이다. 특히 사회가 복잡해지고 분화되면서 현대 사회에는 다양하고 전문화된 업무를 수행하는 데 필요한 능력을 갖춘 사람들이 요구된다. 학교에서는 학생들에게 사회생활을 하는 데 필요한 지식과 기술, 사회적으로 공유되는 규범과 가치 등을 가르침으로써 학생들을 사회에 적응시켜 나간다.

(나)는 사회화를 바라보는 갈등론의 관점이다. 갈등론자들은 사회화를 기득권을 누리는 지배층이 피지배층으로 하여금 자신들의 지배를 당연하게 받아들이게 만드는 과정으로 인식한다. 예를 들어, 공식적 사회화 기관인 학교에서의 교육 내용은 현 사회 체제의 정당성을 강조하는 내용으로 구성되어 있어 현 사회 체제의 유지와 안정에 기여한다는 것이다. 즉, 학교의 교육은 현재의 사회 구조를 다음 세대로 그대로 전달하는 것이 바람직하다는 것을 학생들에게 의식적으로 혹은 무의식적으로 심어 주는 역할을 한다고 본다.

Theme 2 역할 갈등인가? 아닌가?

(가) 갑은 회사로부터 중요한 업무 수행을 위해 해외 지사 파견을 요청받고 고민에 빠졌다. 아내가 임신 중이라 국내에 남아서 임신한 아내를 돌보아야 하지만, 직장인으로서 회사의 요청 또한 거절하기가 쉽지 않기 때문이다.

(나) 부모가 교사인 중학생 을은 부모의 영향을 받아 자신도 교사가 되어야겠다고 생각해 왔다. 그런데 대부분의 청소년들이 연예인을 미래 직업으로 선호한다는 기사를 읽고 자신의 미래 직업에 대해 고민하다가 진로 문제로 부모와 말다툼을 하였다.

(가)는 역할 갈등의 사례로 볼 수 있으나, (나)는 역할 갈등의 사례로 볼 수 없다. 역할 갈등이란 한 개인에게 요구되는 역할들이 충돌하여 나타나는 심리적 갈등이다. 따라서 역할 갈등이라고 말하기 위해서는 2개 이상의 역할이 나타나야 하고 그 역할들이 충돌을 빚어야 한다. (가)에서 갑은 회사원으로서의 역할과 남편으로서의 역할 사이에서 고민하고 있으므로 (가)에는 역할 갈등이 나타난다. 그러나 (나)에서는 을에게 두 가지 이상의 역할이 나타나지 않으며, 을의 심리적 갈등 상태만 나타난다.

수능 기본 문제

[24022-0059]

01 다음 글의 A에 해당하는 사회화 기관에 대한 설명으로 옳은 것은?

> A는 같은 지역이나 공동체 속에서 생활하는 비슷한 나이의 구성원들이 주로 놀이를 중심으로 형성한다. A의 형태는 연령이나 심리적 성숙도 등에 따라 다양하지만, A의 형성이 자발적이고 주로 대면적인 방식으로 접촉이 이루어진다는 공통점이 있다. 유아기와 아동기, 사춘기를 지나면서 사회화에 미치는 가족의 영향력은 점차 감소하는 반면 A의 영향력은 커지는데, A에서 개인들은 비슷한 취미를 가지고 자연스럽게 어울리며 필요한 정보를 교환하고, 서로 유사한 사고와 행동 양식을 습득한다.

① 2차적 사회화 기관에 해당한다.
② 비공식적 사회화 기관에 해당한다.
③ 일반적으로 재사회화 과정을 담당한다.
④ 전문적이고 심화된 수준의 사회화를 담당한다.
⑤ 주로 성인들을 대상으로 체계적인 사회화를 담당한다.

[24022-0060]

02 다음 사례에서 갑이 경험하고 있는 사회화 유형에 대한 설명으로 옳은 것은?

> 은행원으로 20년째 근무하는 갑은 은행에 취업했을 때 가졌던 열정과 패기는 사라지고 지금은 은행 일에 흥미를 잃고 하루하루를 멍하니 보내는 경우가 많아졌다. 이를 본 갑의 아내는 갑에게 취미 생활을 해 보라고 권유하였다. 이에 갑은 외국인들을 위한 고궁 문화 해설사가 되어서 근무를 하지 않는 주말에 고궁에 나가 고궁 안내를 해 보기로 하였다. 갑은 고궁 문화 해설사가 되기 위해 필요한 지식과 경험을 쌓고자 ○○시에서 운영하는 고궁 문화 해설사 양성 프로그램을 수강하고 있다.

① 주로 유소년기에 이루어진다.
② '군인으로 입대하여 경험한 사회화'를 포함한다.
③ 일반적으로 비공식적 사회화 기관을 통해 이루어진다.
④ 미래에 갖게 될 직업이나 지위가 있는 경우에 나타난다.
⑤ 개인이 처한 환경 변화에 대응하기 위해 새로운 지식, 기능 등을 습득하는 과정이다.

[24022-0061]

03 밑줄 친 ㉡보다 ㉠에서 중시되는 사회화의 기능으로 가장 적절한 것은?

> 한 개인이 경험하는 사회화는 크게 다음 두 가지로 구분할 수 있다. 먼저, 우리나라에서 초등학교부터 고등학교 1학년까지 '국민 공통 교과'를 통해 지역이나 학교 유형에 관계없이 해당 학년의 모든 학생이 공통된 내용을 수업 받는 것처럼 ㉠ 현재 속하여 살고 있는 사회의 가치와 신념, 집합 의식을 새로운 세대에 내면화시키는 사회화이다. 다른 하나는 ㉡ 각 개인이 속해서 살아가게 될 집단의 규범과 전문 지식을 습득하는 것을 의미하는 사회화인데, 직업 교육이나 전문 교육 등이 이에 해당한다.

① 자아 정체성 확립
② 기초적 욕구의 해소
③ 사회의 유지와 통합
④ 정서적 반응 양식의 습득
⑤ 생존을 위해 필요한 기능의 습득

[24022-0062]

04 표의 사회화 유형 (가), (나)에 대한 설명으로 옳은 것은? (단, (가), (나)는 각각 예기 사회화, 재사회화 중 하나임.)

사회화 유형	사례
(가)	고등학교 3년 동안 열심히 공부했던 갑은 원하는 대학교에 합격하였다. 갑은 3월에 있을 입학식 전인 2월에 대학교에서 주최한 신입생 오리엔테이션에 참여하여 대학 생활에 필요한 것들을 습득하였다.
(나)	인건비 절감을 위해 확산되고 있는 키오스크로 인해 많은 노인들이 어려움을 호소하자, ○○시는 노인들을 대상으로 키오스크를 포함한 다양한 스마트 기기 사용법 안내 교육을 실시하고 있다.

① (가)는 성인기에만 이루어진다.
② (나)는 주로 유소년기에 이루어진다.
③ (가)는 (나)와 달리 2차적 사회화 기관에서 담당한다.
④ (나)는 (가)와 달리 공식적 사회화 기관을 통해 이루어진다.
⑤ (가), (나)는 모두 사회화의 대상이 환경 변화에 적응할 수 있도록 돕는다.

[24022-0063]

05 표의 (가)~(라)에 대한 옳은 설명만을 〈보기〉에서 있는 대로 고른 것은?

구분	1차적 사회화 기관	2차적 사회화 기관
공식적 사회화 기관	(가)	(나)
비공식적 사회화 기관	(다)	(라)

보기

ㄱ. 학교에서의 지식 습득은 (나)를 통한 사회화 과정에 해당한다.
ㄴ. '직업 훈련소'는 (나)에, '대중 매체'는 (라)에 해당한다.
ㄷ. 유아기에 비해 성인기에는 주로 (다)보다 (라)를 통해 사회화가 이루어진다.
ㄹ. (가)~(라) 중 개인의 인성 형성 과정에 영향을 미치는 비중은 (나)가 가장 높다.

① ㄱ, ㄷ ② ㄱ, ㄹ ③ ㄴ, ㄹ
④ ㄱ, ㄴ, ㄷ ⑤ ㄴ, ㄷ, ㄹ

[24022-0064]

06 다음 사례에 나타난 사회학적 개념만을 〈보기〉에서 있는 대로 고른 것은?

갑은 ○○ 대학교 건축학과에 진학하였고, 대학 진학 후 □□ 건축 회사에 입사하였다. 입사 후 맡은 업무에서 높은 성과를 거둬 우수 사원 표창까지 받았지만, 위계질서만을 강조하고 자율성과 창의성을 억압하는 회사에 염증을 느꼈다. 갑은 창업을 고민한 끝에 아내와 의논하여 회사를 퇴사하고 작은 건축 회사를 설립하였다.

보기

ㄱ. 귀속 지위 ㄴ. 성취 지위
ㄷ. 역할 행동 ㄹ. 역할 갈등

① ㄱ, ㄴ ② ㄴ, ㄷ ③ ㄷ, ㄹ
④ ㄱ, ㄴ, ㄹ ⑤ ㄱ, ㄷ, ㄹ

[24022-0065]

07 밑줄 친 ㉠이 자녀를 둔 직장인에게 미치는 긍정적 영향으로 가장 적절한 것은?

정부와 여당은 ㉠육아 휴직 기간을 12개월에서 18개월로 늘리고, 사업장 내 공동 육아 시설의 설치를 확대·강화하는 정책을 논의 중이다. 이는 자녀를 둔 직장인들의 과반수가 자녀 양육과 직장 생활의 양립이 어려워 극심한 스트레스를 겪고 있으며, 심지어 직장 생활을 포기하려 한 경험이 있다는 방송사의 뉴스 보도 내용이 사회적으로 논란을 일으킨 것에 대한 대응 방안으로 보인다.

① 소득 수준의 상승
② 역할 갈등의 완화
③ 가정 내 지위의 상승
④ 예기 사회화 과정의 단축
⑤ 재사회화로 인한 업무 경쟁력 강화

[24022-0066]

08 다음 (가), (나)에 대한 설명으로 옳은 것은?

(가) ○○ 회사에서 과장으로 근무하고 있는 갑은 야간에 대학원에서 석사 과정을 밟고 있으며, 주말에는 환경 보호 시민 단체에서 활동하고 있다.
(나) 을은 대학교를 졸업한 후 유학을 가고 싶었으나, 장남인 을이 가업인 축산업을 물려받아야 한다는 가족의 압력을 이기지 못하고 축산업에 종사하게 되었다. 그 후 마음을 잡고 열심히 노력한 결과 지금은 □□ 축산 회사를 설립하여 사장이 되었다.

① (가)에는 (나)보다 더 많은 2차적 사회화 기관이 나타나 있다.
② (가)에는 (나)와 달리 성취 지위와 귀속 지위가 모두 나타나 있다.
③ (나)에는 (가)와 달리 공식적 사회화 기관이 나타나 있다.
④ (나)에는 (가)보다 더 많은 비공식적 사회화 기관이 나타나 있다.
⑤ (가), (나) 모두에 1차적 사회화 기관이 나타나 있다.

[24022-0067]

1 **다음 자료에 대한 설명으로 옳은 것은?**

사회화 과정은 사회화가 이루어지는 시기 및 개인의 인성 형성에 미치는 영향력의 정도에 따라 A와 B로 구분된다. A를 통해 개인은 자아와 인성의 기본 틀을 형성하고 사회생활의 기초적인 행동 양식을 습득하게 된다. B는 전문적인 지식과 기능을 습득하는 사회화가 이루어지는 것으로 ㉠ 은/는 B를 담당하는 사회화 기관으로 분류된다.

① '또래 집단'은 ㉠에 해당한다.
② A에서는 주로 재사회화와 예기 사회화가 이루어진다.
③ B를 통해 의식주를 해결하는 기초적 욕구를 충족하게 된다.
④ B는 A와 달리 비공식적 사회화 기관에 의해 주도된다.
⑤ B보다 A에서 대면 접촉을 통한 언어적 상호 작용이 일반적으로 나타난다.

[24022-0068]

2 **다음 자료에 대한 설명으로 옳은 것은?**

표는 질문에 따라 사회화 기관 A～C를 구분한 것이다. 단, A～C는 각각 가족, 대학교, 회사 중 하나이다.

질문	사회화 기관		
	A	B	C
사회화를 목적으로 설립되었는가?	㉠	㉡	㉠
전문적인 지식과 기능의 사회화를 담당하는가?	㉠	㉡	㉡

* ㉠, ㉡은 각각 '예', '아니요' 중 하나임.

① ㉠은 '예', ㉡은 '아니요'이다.
② 재사회화는 주로 C보다 A에서 이루어진다.
③ A는 C와 달리 비공식적 사회화 기관에 해당한다.
④ C가 A보다 개인의 인성 형성에 더 중요한 역할을 담당한다.
⑤ B가 A, C보다 사회화 과정 및 내용의 체계성 정도가 강하다.

[24022-0069]

3 **다음은 사회 · 문화 수업 시간의 한 장면이다. 이에 대한 옳은 설명만을 〈보기〉에서 있는 대로 고른 것은? (단, A∼C는 각각 가족, 직업 훈련소, 회사 중 하나임.)**

> 교사: 사회화 기관 A∼C를 비교해서 발표해 보세요.
> 갑: '전문적인 지식과 기능의 사회화를 담당하는가?'라는 질문을 통해 A와 B를 구분할 수 없습니다.
> 을: '공식적이고 체계적으로 사회화가 이루어지는가?'라는 질문을 통해 A와 C를 구분할 수 있습니다.
> 교사: 모두 옳게 발표했습니다. 그러면 ㉠A와 B를 구분할 수 있는 질문과 ㉡A와 C를 구분할 수 없는 질문에는 무엇이 있을까요?

보기

ㄱ. '공식적 사회화 기관에 해당하는가?'는 ㉠에 해당한다.
ㄴ. '2차적 사회화 기관에 해당하는가?'는 ㉡에 해당한다.
ㄷ. B는 C보다 기본적 인성과 자아 정체성 형성에 더 큰 영향을 미친다.
ㄹ. C보다 A에서 재사회화 과정을 주로 담당한다.

① ㄱ, ㄴ ② ㄱ, ㄹ ③ ㄴ, ㄷ ④ ㄱ, ㄷ, ㄹ ⑤ ㄴ, ㄷ, ㄹ

[24022-0070]

4 **다음 사례에 대한 옳은 분석만을 〈보기〉에서 고른 것은?**

> • ○○대학교에 교직원으로 입사한 갑은 뛰어난 업무 처리로 ㉠우수 직원 표창을 받았다. 하지만 낮은 급여와 인사 적체 때문에 이직을 고민하고 있다.
> • 회사원인 을은 최근 회사로부터 해외 근무 발령을 받았다. 하지만 출산을 앞둔 아내를 홀로 두고 해외 근무를 하는 것이 마음에 걸려 고민 중이다.

보기

ㄱ. ㉠은 갑의 역할 행동에 대한 사회적 보상이다.
ㄴ. 을은 귀속 지위와 성취 지위에 따른 역할들 사이에서 고민하고 있다.
ㄷ. 갑은 을과 달리 공식적 사회화 기관에 속해 있다.
ㄹ. 갑, 을은 모두 역할 갈등을 경험하였다.

① ㄱ, ㄴ ② ㄱ, ㄷ ③ ㄴ, ㄷ ④ ㄴ, ㄹ ⑤ ㄷ, ㄹ

[24022-0071]

5 밑줄 친 ㉠~㉦에 대한 옳은 설명만을 〈보기〉에서 있는 대로 고른 것은?

㉠기업에서 ㉡운전기사로 20년을 근무하던 갑은 금융 위기로 회사가 어려워지자 해고를 당하였다. 하지만 주변 사람들에게 ㉢낙관주의자라고 평가를 받던 갑은 좌절하지 않고 이 기회를 활용하여 평소 원하던 농부가 되기 위해 귀농을 결심하였다. 하지만 귀농에 부정적이었던 아내와의 ㉣갈등으로 끝내 혼자 귀농하기로 하였다. 농촌으로의 이주를 앞두고 농사짓는 방법을 알기 위해 먼저 ㉤□□군 귀농인 농업 교육 센터에서 농사에 필요한 기술과 지식을 배웠다. 귀농 후 농사를 지었고, 몇 년이 흐른 지금은 ㉥아내와 ㉦딸도 함께 농사를 짓고 있다.

보기

ㄱ. ㉣은 역할 갈등에 해당한다.
ㄴ. 갑은 ㉤에서 예기 사회화를 경험하였다.
ㄷ. ㉤은 ㉠과 달리 공식적 사회화 기관이다.
ㄹ. ㉡, ㉢, ㉥은 모두 성취 지위이고, ㉦은 귀속 지위이다.

① ㄱ, ㄴ ② ㄴ, ㄷ ③ ㄷ, ㄹ ④ ㄱ, ㄴ, ㄹ ⑤ ㄱ, ㄷ, ㄹ

[24022-0072]

6 그림은 질문을 통해 A~C를 구분한 것이다. 이에 대한 설명으로 옳은 것은? (단, A~C는 각각 가족, 군대, 대학교 중 하나임.)

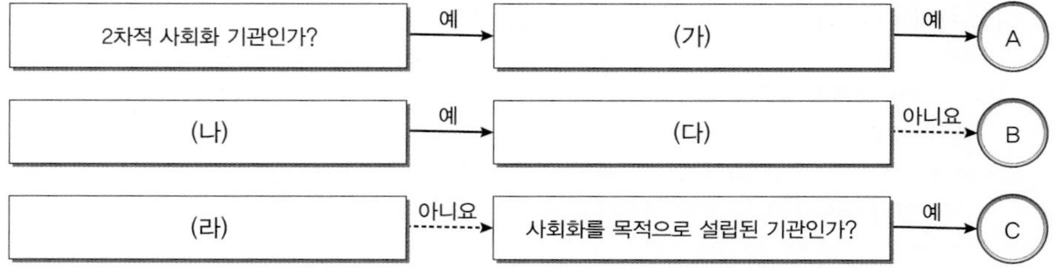

① B는 '군대'이다.
② A는 C와 달리 전문적인 지식과 기능의 사회화를 담당한다.
③ (가)에는 '공식적 사회화 기관인가?'가 들어갈 수 있다.
④ (라)에는 '기초적인 수준의 사회화 과정을 담당하는가?'가 들어갈 수 없다.
⑤ (나)가 '비공식적 사회화 기관인가?'라면, (다)에는 '2차적 사회화 기관인가?'가 들어갈 수 있다.

[24022-0073]

7 **다음 사례에 대한 옳은 설명만을 〈보기〉에서 있는 대로 고른 것은?**

○○ 중공업은 A국으로부터 1조 원 상당의 유전 개발 해양 플랜트 공사를 수주하였다. ○○ 중공업 사장은 해외 영업 팀장인 갑이 몇 년 동안 A국 정부를 대상으로 펼친 수주 노력 덕분이라며 공로를 치하하고, 포상금과 함께 갑을 특별 승진시켰다. 또한 □□ 대학교와 기술 협약을 맺고 개발한 획기적인 기술로 인해 기존보다 짧은 기간에 유전 개발 해양 플랜트 공사를 완료할 수 있게 한 ○○ 중공업 기술 연구소 연구원 모두에게 포상금을 지급하였다. 시상식장에서 ○○ 중공업 기술 연구소장은 "시간이 촉박하고 연구 인력이 모자라 많은 고민을 하였는데, 연구원들이 밤낮으로 노력해서 기술 개발이 가능했다."라며 공을 연구원들에게 돌렸다.

보기

ㄱ. ○○ 중공업 사장과 갑은 같은 비공식적 사회화 기관에 속해 있다.
ㄴ. ○○ 중공업 기술 연구소장은 기술 개발 과정에서 역할 갈등을 경험하였다.
ㄷ. 갑과 ○○ 중공업 기술 연구소 연구원들은 모두 역할 행동에 대한 보상을 받았다.
ㄹ. ○○ 중공업 기술 연구소는 기술 개발 과정에서 공식적 사회화 기관의 도움을 받았다.

① ㄱ, ㄴ ② ㄴ, ㄷ ③ ㄷ, ㄹ ④ ㄱ, ㄴ, ㄹ ⑤ ㄱ, ㄷ, ㄹ

[24022-0074]

8 **밑줄 친 ㉠~㉥에 대한 옳은 설명만을 〈보기〉에서 있는 대로 고른 것은?**

갑은 ㉠대학교에서 간호학을 전공했지만, 간호사라는 직업을 선택하지 않고 평소 관심이 많았던 헤어 디자이너가 되기로 결심하였다. 이에 대학교를 졸업한 후 ㉡미용 학원에 등록을 하여 남다른 열정과 노력으로 미용 기술을 익혔다. ㉢헤어 디자이너로 취업한 이후에도 ㉣동영상 플랫폼을 통해 다양한 미용 기술을 익히고, 미용 기술을 소개하는 자신의 동영상 사이트를 운영하면서 점차 ㉤사람들에게 인기를 얻게 되었다. 현재는 ㉥어머니와 함께 자신의 이름을 상호명으로 한 미용실을 운영하고 있다.

보기

ㄱ. ㉣은 2차적 사회화 기관이면서 비공식적 사회화 기관이다.
ㄴ. ㉤은 갑의 역할 행동에 대한 사회적 보상이다.
ㄷ. ㉠, ㉡은 설립 목적으로 분류할 때 동일 유형에 속하는 사회화 기관이다.
ㄹ. ㉥은 ㉢과 달리 귀속 지위이다.

① ㄱ, ㄴ ② ㄱ, ㄹ ③ ㄷ, ㄹ ④ ㄱ, ㄴ, ㄷ ⑤ ㄴ, ㄷ, ㄹ

06 사회 집단과 사회 조직

✪ 전인격적 관계와 수단적 관계

전인격적 관계는 다른 사람과의 인간관계가 인격의 전체와 연관된 것이라는 의미로 자신의 모든 부분을 서로 나눌 수 있을 정도로 친밀한 관계를 말한다. 이와 달리 수단적 관계는 직장에서 상사와 부하 직원 간의 관계에서와 같이 인격 전체를 나누는 것이 아니라 공식적으로 업무와 관련된 부분만을 나누는 것을 말한다.

✪ 본질 의지와 선택 의지

본질 의지는 인간의 자연적이고 본능적인 욕구에 기초한 의지로서 타인과의 공감 욕구, 소속 및 애정 욕구 등을 말한다. 이와 달리 선택 의지는 인간이 특정 목적 달성을 위해 적절한 수단을 활용하고자 하는 의지로서 경제적 이익이나 정치적 이익, 자아실현 등을 효과적으로 달성하고자 하는 의지를 말한다.

개념 체크

1. 2명 이상의 구성원들이 소속감을 느끼며 지속적으로 상호 작용하는 집합체를 (　　)이라고 한다.
2. 사회 집단은 결합 의지에 따라 (　　)와 이익 사회로 분류될 수 있다.
3. 내집단과 외집단은 개인의 집단에 대한 (　　)을 기준으로 구분할 수 있다.

정답
1. 사회 집단
2. 공동 사회
3. 소속감

1. 사회 집단

(1) 의미: 2명 이상의 구성원들이 모여 소속감이나 공통의 관심사를 갖고 비교적 지속적으로 상호 작용하는 사회적 집합체

(2) 종류

① 구성원 간의 접촉 방식에 따른 분류(쿨리)

구분	1차 집단(원초 집단)	2차 집단
특징	• 직접적인 대면 접촉, 전인격적인 접촉, 인간관계 자체를 목적으로 하는 포괄적인 접촉이 중심이 됨. • 도덕, 윤리, 관습 등 비공식적 규범을 통한 통제 방식이 일반적임. • 개인의 인성 및 정체성 형성에 강한 영향을 미침.	• 간접적인 접촉, 과업 지향적인 접촉, 특정 목적 달성을 위한 수단적이고 단편적인 접촉이 중심이 됨. • 법률이나 규칙 등 공식적인 규범을 통한 통제 방식이 일반적임. • 근대 이후 점차 그 수가 증가하고, 영향력이 커지고 있음.
사례	가족, 또래 집단 등	회사, 시민 단체, 정당 등

② 결합 의지에 따른 분류(퇴니에스)

구분	공동 사회(공동체)	이익 사회(결사체)
특징	• 구성원들의 본질 의지에 의해 자연 발생적으로 형성된 집단 • 결합 자체가 목적으로서 구성원 간 친밀하고 전인격적인 관계가 중심이 됨.	• 구성원들의 선택 의지에 의해 인위적으로 형성된 집단 • 이해타산적이고 수단적인 관계가 중심이 되는 사회 집단이 많지만 친목 도모와 같은 전인격적인 관계를 지향하는 사회 집단도 있음.
사례	가족, 친족 등	회사, 시민 단체, 동호회 등

③ 소속감에 따른 분류(섬너)

구분	내집단(우리 집단)	외집단(그들 집단)
특징	• 개인이 속해 있을 뿐만 아니라 강한 소속감, 일체감, 애착심 등 내집단 의식을 갖는 사회 집단 • 내집단 의식은 개인의 자아 정체성이나 집단에 대한 헌신적인 태도 등에 강한 영향을 미침.	• 개인이 속해 있지 않고, 이질감, 배타적 감정, 경쟁의식이나 적대감 등을 갖는 사회 집단 • 외집단에 대한 경쟁의식이나 적대감은 내집단 의식 강화에 기여할 수 있음.
사례	우리 가족, 우리 학교 등	그들 가족, 그들 학교 등

≡ 개념 플러스 내집단과 상징

사람들은 내집단을 외집단과 구별하며 '우리'라는 느낌, 일체감 등을 고취하고 표현하기 위해 여러 가지 상징을 이용한다. 올림픽 등 국가 간 경기가 열릴 때마다 각 국가의 국민과 선수들이 해당 국가의 국기를 흔들고 국가를 부르는 것을 볼 수 있다. 이는 내집단을 상징하는 이미지를 통해 내집단 의식을 강화하는 것이다.

(3) 준거 집단

① 의미: 개인이 자신의 가치관 및 신념을 형성할 때 기준으로 삼거나 행동이나 입장 선택의 근거로 삼는 집단

② 준거 집단과 소속 집단의 관계

- 준거 집단과 소속 집단이 일치하는 경우: 소속 집단에 대해 만족감이 높고, 적극적으로 참여하는 태도를 갖게 됨.
- 준거 집단과 소속 집단이 불일치하는 경우: 소속 집단에 대해 불만이나 상실감, 상대적 박탈감 등을 느끼게 되고, 일탈 행동을 하거나 소속 집단에서 이탈하고자 하는 욕구를 가질 수 있음.

내집단과 준거 집단
일반적으로 개인에게 내집단이 준거 집단이 되는 경향이 있다. 하지만 내집단과 준거 집단이 항상 일치하는 것은 아니다. 개인은 애착심을 갖는 소속 집단, 즉 내집단의 발전을 위해 외부 집단을 준거 집단으로 설정할 수도 있기 때문이다.

2. 사회 조직

(1) 의미: 회사나 시민 단체, 정당과 같이 그 목표와 경계가 명확하고, 과업 수행을 위한 구성원들의 지위와 역할 구분, 규범과 절차가 체계화되어 있는 사회 집단

(2) 특징

① 지위와 역할 구분이 명확하며, 과업 지향적이고 수단적인 인간관계가 지배적임.

② 공식적인 규범에 의해 구성원들의 행동을 통제함.

③ 조직의 목표 달성을 기준으로 구성원들을 평가하는 경향이 강함.

(3) 공식 조직과 비공식 조직

① 공식 조직: 일반적으로 사회 조직이라고 부르는 사회 집단을 가리킴.

② 비공식 조직

- 의미: 사내 동호회와 같이 하나의 공식 조직 구성원들이 자아실현, 친밀한 인간관계 형성과 같은 공통의 관심사를 실현하기 위해 자발적으로 결성한 사회 집단
- 순기능: 공식 조직 구성원의 사기를 증진시키고, 공식 조직 내에서의 긴장감과 소외감을 완화함으로써 공식 조직의 효율성을 높이는 데 기여할 수 있음.
- 역기능: 구성원들이 비공식 조직의 목표와 비공식 조직 내에서의 사적인 인간관계를 우선시하거나 비공식 조직이 파벌을 형성할 경우 공식 조직의 효율성이 낮아질 수 있음.

이익 집단
하나 이상의 공통된 관심에 기반하여 전체 집단이나 사회에 대해 자신의 특수한 목적을 증진시키기 위해 모인 개인들의 결집체를 말한다.

(4) 자발적 결사체

① 의미: 공통의 관심사나 목표를 가진 사람들이 자발적으로 결성하는 사회 집단

② 등장 배경

- 현대 사회에서 2차 집단의 비중 확대로 인간 소외 증가
- 사회 분화로 이해관계의 다양화 및 복잡화
- 사회 전체의 보편적 이익 실현을 위한 시민 참여의 증가

③ 종류: 친목 집단, 이익 집단, 시민 단체 등

④ 특징

- 집단 목표에 대한 구성원들의 신념이 뚜렷하고 참여도가 높음.
- 가입과 탈퇴가 자유로우며, 의사 결정에 있어서 유연성과 민주성이 중시됨.
- 1차 집단의 특성이 강한 집단(친목 집단)과 2차 집단의 특성이 강한 집단(이익 집단, 시민 단체)으로 구분됨.

개념 플러스 | 이익 사회와 이익 집단

이익 사회는 의도적이고 선택적 의지로 인위적으로 결성한 집단이다. 이러한 이익 사회 중 소속 구성원들만의 이익을 증진시키기 위해 만들어진 결사체를 이익 집단이라고 한다. 따라서 모든 이익 집단은 이익 사회에 해당하지만 모든 이익 사회가 이익 집단인 것은 아니다.

개념 체크

1. 개인이 자신의 행동이나 입장을 선택할 때 기준이나 근거로 삼는 집단을 (　　) 이라고 한다.
2. 공식 조직 구성원들이 자아실현, 친밀한 인간관계 형성과 같은 공통의 관심사를 실현하기 위해 자발적으로 결성한 집단을 (　　)이라고 한다.
3. (　　)는 공통의 관심사나 목표를 가진 사람들이 자발적으로 결성하는 사회 집단으로, 친목 집단, 이익 집단, 시민 단체 등이 있다.

정답
1. 준거 집단
2. 비공식 조직
3. 자발적 결사체

✪ 위계 서열화
위계(位階)란 사회적 위치(지위)의 단계를 의미하며, 서열(序列)이란 일정한 기준에 따라 순서대로 늘어선 것이다. 따라서 위계 서열화란 사회적 위치(지위)가 순서대로 늘어선 것이다.

✪ 목적 전치
목적과 수단의 가치가 바뀌어 목적보다 수단이 더 중시되는 현상을 의미한다.

개념 체크

1. 근대 산업화 이후 대규모화된 조직을 효율적으로 관리하기 위해 확산된 조직 형태를 (　　)라고 한다.
2. 관료제는 구성원의 업무 경험 및 숙련도를 중시하여 (　　)에 따라 보상하고 신분을 보장한다.
3. 관료제는 목적보다 수단을 지나치게 우선시하는 (　　) 현상이 발생할 수 있다.
4. 탈관료제의 사례로 업무 목표 달성을 위해 신속하게 구성되고 해체되는 신축적인 조직인 (　　)을 들 수 있다.

정답
1. 관료제
2. 연공서열
3. 목적 전치
4. 팀제 조직

3. 관료제

(1) **의미**: 수직적인 위계 서열 구조와 수평적인 분업 체계 등에 기초하여 업무를 효율적으로 수행하기 위한 조직 형태

(2) **등장 배경**: 근대 산업화 이후 조직이 대규모화되면서 효율적이고 안정적으로 업무를 수행하기 위한 조직 체계의 필요성이 커짐.

(3) **특징**

① 권한과 책임에 따른 위계 서열화: 구성원의 지위에 따른 권한과 책임을 서열화함으로써 의사 결정의 혼란을 피하고 일사불란한 업무 수행을 지향함.

② 업무의 전문화 및 세분화: 구성원들이 수행해야 할 업무를 세분화함으로써 구성원 간 업무의 중복을 피하고자 함.

③ 규약과 절차에 따른 업무 수행: 문서화된 규약과 절차에 따라 업무를 수행함으로써 구성원의 자의적인 판단이나 사적인 이해관계를 배제하고자 함.

④ 경력에 따른 보상과 신분 보장: 구성원의 업무 경험 및 숙련도를 중시하여 연공서열에 따라 보상하고 신분을 보장함.

⑤ 지위 획득의 공평한 기회 보장: 공개적인 경쟁 방식에 따라 일정한 자격을 갖춘 사람들을 구성원으로 선발함.

(4) **순기능과 역기능**

순기능	• 대규모의 업무를 효율적으로 수행할 수 있음. • 업무 담당자의 개인적 특성, 구성원의 변동과 상관없이 업무 수행의 안정성 및 지속성, 예측 가능성을 확보할 수 있음. • 업무에 대한 책임 소재의 명확성이 높음.
역기능	• 규약과 절차를 지나치게 강조할 경우 목적 전치 현상이 발생할 수 있음. • 구성원들이 각자의 단편적인 업무만을 반복적으로 수행하고 자율성과 창의성을 발휘할 수 없어 인간 소외가 발생할 수 있음. • 경직된 조직 구조가 형성될 경우 외부 환경의 변화에 유연하게 대처하기 곤란함. • 연공서열에 따른 보상과 신분 보장이 지나치게 강조될 경우 무사안일주의가 발생할 수 있음.

4. 탈관료제

(1) **의미**: 관료제의 한계를 극복하기 위한 새로운 조직 형태

(2) **등장 배경**

① 정보화 등으로 사회 변동 속도가 빨라짐에 따라 경직성을 지닌 관료제의 역기능이 심화됨.

② 과학 기술의 발달로 새로운 의사 결정 구조를 갖는 조직 형태의 등장이 가능해짐.

(3) **특징**

① 수평적 조직 체계: 의사 결정 권한의 분산, 의사 결정 과정에서 구성원의 참여 확대

② 유연한 조직 구조: 중간 관리층 감소 및 의사 결정 단계의 축소, 구성원의 재량권 및 자율성 확대를 통해 신속한 의사 결정 및 환경 변화에 대한 유연한 대처가 가능함.

③ 능력, 업적 및 성과에 따른 보상 체계: 연공서열보다 구성원의 능력, 업적 및 성과에 따른 보상이 중시됨.

(4) **사례**

팀제 조직	업무 목표 달성을 위해 신속하게 구성되고 해체되는 신축적인 조직
네트워크형 조직	네트워크로 연결된 각각의 업무 조직들이 핵심적인 의사 결정은 공유하되, 그 외의 의사 결정에 대해서는 각각의 업무 조직이 자율성을 갖는 분권화된 조직

Theme 1 준거 집단

자신의 미래 직업을 생각해 보는 것은 청소년 시기의 중요한 과제 중 하나이다. 자신이 어떤 직업을 가지고 살아갈 것인지를 정하게 되면, 그 집단과 직업에 속한 사람들은 자신의 중요한 준거 집단이 된다. 그 분야에서 높은 지위에 오른 사람을 본받아 행동하고 싶은 것은 이 때문이다.
청소년기에는 준거 집단으로 삼고 있는 희망 직업을 가지기 위해 다양한 노력을 하게 된다. 방송 기자가 되고 싶은 사람은 학교 방송국에 들어가 학생 기자로 활동할 수 있으며, 이를 통해 준거 집단에 가까워지고 있다는 긍정적인 감정을 느끼게 된다. 반면, 자신의 준거 집단은 프로 게이머인데 부모님께서 인터넷 게임을 허락하지 않는다면 부모님과 갈등 관계가 형성될 수도 있다. 이처럼 준거 집단은 자신의 미래 직업관을 형성하는 데 영향을 미칠 뿐만 아니라 현재의 학교생활 및 주변 사람들과의 인간관계에도 영향을 미친다.

준거 집단이란, 한 개인이 자신의 신념, 태도, 가치 등을 정하는 기준으로 삼거나 행동이나 판단의 지침으로 여기는 집단을 의미한다. 준거 집단은 대체로 자신이 속해 있는 집단인 경우가 많다. 왜냐하면 어떤 집단에 소속되어 있으면 상대적으로 그 집단 구성원들과의 상호 작용이 활발할 것이며, 그 과정을 통해 집단 구성원들의 생각이나 가치를 자연스럽게 받아들이게 되기 때문이다. 한편, 준거 집단이 자신이 속해 있지 않은 집단일 때도 있다. 이 경우, 개인은 준거 집단에 소속되기 위해 그 집단의 기준에 맞춰 행동하려는 욕구를 가지게 되며 그 집단이 원하는 특성에 맞는 행동을 하려고 노력하게 되는데, 이것은 일종의 예기 사회화라 할 수 있다. 또한 한 개인에게 준거 집단은 여러 개일 수 있다. 예컨대 어떤 학생이 자신이 속한 학교를 준거 집단으로 삼아 학교의 교칙을 잘 지키고 교훈에 맞게 살아가려 노력하면서 동시에 경찰 집단을 준거 집단으로 삼아 경찰관이 되기 위해 체력 훈련을 하는 등 경찰관이 갖춰야 할 자질을 익히려 노력할 수도 있다.
어떤 개인이 자신의 소속 집단을 준거 집단으로 삼지 않는 경우, 이 개인은 자신이 속한 집단에 불만을 가지기 쉬우며, 만족스러운 생활을 하기 어렵고 주변인으로 전락하기 쉽다. 또한 준거 집단은 한 사람의 신념이나 태도, 가치와 관련되어 있으므로 어떤 개인을 이해하기 위해서는 그 사람이 어떤 집단을 준거 집단으로 삼고 있느냐를 파악하는 것이 도움이 될 수 있다.

Theme 2 관료제의 역기능

1. 레드 테이프 현상

   레드 테이프는 방대한 양의 공문을 저장할 때 빨간 테이프를 썼던 것에서 유래한 말이다. 레드 테이프 현상은 관료제가 문서화된 규칙과 절차를 중시한 나머지 개인의 융통성이 발휘되지 못하여 창의적인 해결책이 모색되지 못하고, 지나치게 형식에 얽매여 의례주의를 낳으며 다른 해결책이 더 나을 수 있는 상황에서조차 문서화된 규칙과 형식이 고수되는 비능률적인 상황을 뜻한다.

2. 파킨슨의 법칙

   경제학자 파킨슨이 주장한 것으로, 조직의 관리자층은 그들이 상급자로 출세하기 위해 부하를 늘리려 하므로 조직원의 수는 일의 유무나 경중에 관계없이 일정한 비율로 증가한다는 것이다. 또한 지출은 수입에 맞춰 증가하며, 업무 시간을 많이 준다고 긍정적 효과가 나타나지 않고 대신 업무를 미루거나 불필요한 업무를 만들어 내는 경향이 나타난다고 주장한다.

3. 피터의 원리

   로렌스 피터가 주장한 데서 나온 용어이다. 조직 내에서 일하는 사람들은 자신의 무능력이 드러날 때까지 승진하는 경향이 있다. 조직에서 사람들은 승진된 직책에서 능력을 발휘하면 다시 상위 직급으로 승진할 기회를 잡게 된다. 이렇게 승진을 거듭하다 보면 자신의 능력을 넘어서는 직책까지 맡게 된다. 즉, 자신의 무능력이 드러나는 단계까지 승진하게 되고, 시간이 지남에 따라 대부분의 직위는 그 업무를 수행하는 데 필요한 능력을 가지고 있지 않은 구성원들에 의해 채워지는 경향을 갖는다는 것이다. 특히 이러한 경향은 연공서열을 중시하고 폐쇄성이 강한 관료제와 같은 조직에서 더 두드러진다.

수능 기본 문제

[24022-0075]

01 다음 글에 나타난 사회 집단에 대한 설명으로 옳은 것은?

> 구성원 간의 접촉 방식에 의해 분류되는 집단의 유형 중 하나로, 구성원들이 비교적 장기간 직접 접촉하며 친밀한 관계를 형성하는 집단이다. 대체로 소규모 형태를 띠며 개인의 자아 및 정체성 형성에 핵심적인 역할을 하는데, 구성원 간의 인간관계는 대부분 전인격적이다. 집단의 목적이 구성원 간의 인간관계 자체이므로 집단은 관계 지향적이며, 내부 구성원들은 서로 강한 연대감과 친밀감을 공유한다.

① 정당과 시민 단체를 포함한다.
② 비공식적 규범을 통한 통제가 일반적이다.
③ 개인이 자신의 판단과 행동의 기준으로 삼는 집단이다.
④ 자신이 소속되어 있으면서 강한 일체감을 갖는 집단이다.
⑤ 구성원들의 선택 의지에 의해 인위적으로 형성된 집단이다.

[24022-0076]

02 사회 집단 A, B에 대한 설명으로 옳은 것은? (단, A, B는 각각 비공식 조직, 자발적 결사체 중 하나임.)

> 모든 A는 B에 해당한다. 예를 들어, 등산 동호회는 B이며, 등산 동호회 중 직장 내에서 만들어진 것은 A에 해당한다. 마찬가지로 고등학교 동창회는 B이며, 직장 내에서 만들어진 고등학교 동창회는 A에 해당한다.

① '가족'은 A에 해당한다.
② A는 공식 조직의 효율성을 높이는 데 기여할 수 있다.
③ '회사'는 B에 해당한다.
④ A는 B와 달리 공식적 통제 수단에 의해 운영된다.
⑤ B는 A와 달리 집단의 목표에 대한 구성원의 신념이 뚜렷하다.

[24022-0077]

03 밑줄 친 ㉠~㉢에 대한 옳은 설명만을 〈보기〉에서 있는 대로 고른 것은?

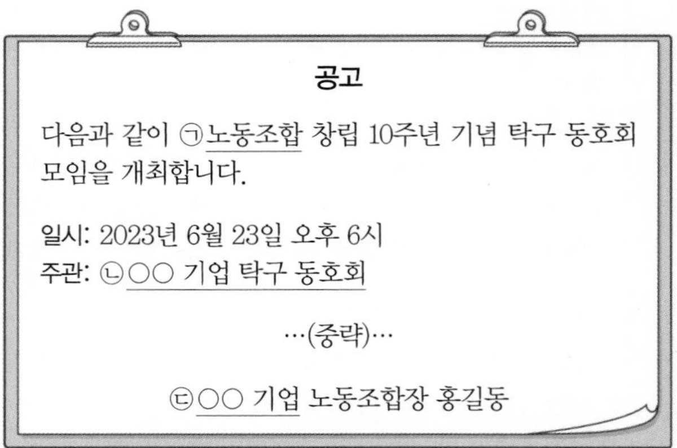
공고

다음과 같이 ㉠노동조합 창립 10주년 기념 탁구 동호회 모임을 개최합니다.

일시: 2023년 6월 23일 오후 6시
주관: ㉡○○ 기업 탁구 동호회

…(중략)…

㉢○○ 기업 노동조합장 홍길동

보기
ㄱ. ㉡은 공식 조직 내에 존재하는 자발적 결사체이다.
ㄴ. ㉢은 ㉠과 달리 공식 조직이다.
ㄷ. ㉠~㉢은 모두 이익 사회이다.
ㄹ. ㉠~㉢ 중 자발적 결사체는 2개이다.

① ㄱ, ㄴ ② ㄱ, ㄷ ③ ㄴ, ㄹ
④ ㄱ, ㄷ, ㄹ ⑤ ㄴ, ㄷ, ㄹ

[24022-0078]

04 다음은 어느 사회 집단 A의 회칙 중 일부이다. A에 대한 설명으로 옳은 것은?

> • 2조(자격): ○○ 회사에 근무하는 직원이면 누구나 A에 회원으로 가입할 수 있다.
> • 6조(목적): A는 회원 상호 간의 친목을 도모하고, 활동을 통해 업무 스트레스를 해소하여 회사에 긍정적 영향을 미치는 것 등을 목적으로 한다.
> • 7조(모임): 정기적으로 수요일에 퇴근 후 볼링장에서 친목 게임 및 뒤풀이를 한다.

① 공식적 사회화 기관이다.
② 본질 의지로 결합된 집단이다.
③ 공식적인 규범을 통해 구성원을 통제한다.
④ 공식 조직의 효율성을 높이는 데 기여할 수 있다.
⑤ 구성원 간에 형식적·수단적 인간관계가 지배적인 집단이다.

[24022-0079]

05 다음 대화의 A~D에 대한 설명으로 옳은 것은? (단, A~D는 각각 공식 조직, 비공식 조직, 이익 사회, 자발적 결사체 중 하나임.)

> 교사: A~D에 대해 설명해 보세요.
> 갑: A~C는 모두 D에 속합니다.
> 을: 모든 A는 C에 속합니다.
> 병: B의 구성원만이 A의 구성원이 될 수 있습니다.
> 교사: 모두 옳게 발표했습니다.

① 일반적으로 D는 1차 집단의 성격을 강하게 띤다.
② A는 B에 비해 공식적 규범에 대한 의존도가 높다.
③ A는 C와 달리 가입과 탈퇴가 자유롭다.
④ 동네 조기 축구회는 A, C 모두에 해당한다.
⑤ 시민 단체는 B, C에 모두 해당하지만 A에는 해당하지 않는다.

[24022-0080]

06 다음 자료의 (가)~(다)는 A, B의 공통점과 차이점을 나타낸 것이다. (가)~(다)에 들어갈 수 있는 내용으로 옳은 것은? (단, A, B는 각각 관료제, 탈관료제 중 하나임.)

> A는 구성원들의 근속 연수를 기준으로 평가와 보상이 이루어지기 때문에 무능한 사람이 능력 이상의 자리를 차지하게 되는 경우가 B보다 많다는 비판을 받는다.

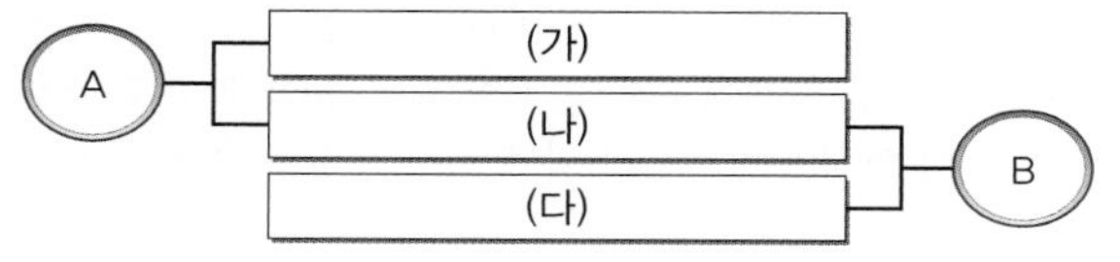

① (가) – 상향식 의사 결정 방식이 지배적이다.
② (가) – 산업 사회보다 정보 사회에 더 적합하다.
③ (나) – 업무 수행의 효율성을 중시한다.
④ (다) – 업무의 전문화와 세분화를 중시한다.
⑤ (다) – 공식적 수단에 의해 조직이 통제된다.

[24022-0081]

07 빈칸 (가), (나)에 들어갈 내용으로 가장 적절한 것은?

> 교사: 관료제의 특징과 그 특징이 강조될 경우 발생할 수 있는 역기능에 대해 발표해 보세요.
> 갑: 관료제의 특징인 [(가)](으)로 인해 목적 전치 현상이 발생할 수 있어요.
> 을: 관료제의 특징인 [(나)](으)로 인해 무사안일주의가 팽배할 수 있어요.
> 교사: 두 사람 모두 옳게 발표했습니다.

	(가)	(나)
①	수직적 위계질서	업무의 세분화와 전문화
②	규약과 절차에 따른 업무 수행	수직적 위계질서
③	연공서열에 따른 보상	규약과 절차에 따른 업무 수행
④	업무의 세분화와 전문화	책임 소재의 불명확성
⑤	규약과 절차에 따른 업무 수행	연공서열에 따른 보상

[24022-0082]

08 표는 사회 집단 ㉠~㉣을 분류한 것이다. 이에 대한 설명으로 옳은 것은?

> 갑은 이번 토요일 오전에 ㉠가족과 함께 영화 관람을 한 후, 저녁에는 부회장을 맡고 있는 ㉡고등학교 총동문회에 참석할 예정이다. 일요일 아침에는 ㉢아파트 조기 축구회에서 축구 경기를 한 후, ㉣회사에 들러 월요일에 있을 회의 자료를 준비할 계획이다.

질문 \ 사회 집단	㉠	㉡	㉢	㉣
(가)	아니요	예	아니요	예
(나)	아니요	예	예	아니요

① (가)에는 '이익 사회인가?'가 들어갈 수 있다.
② (가)에는 '공식 조직인가?'가 들어갈 수 있다.
③ (나)에는 '2차 집단인가?'가 들어갈 수 있다.
④ (나)에는 '비공식 조직인가?'가 들어갈 수 있다.
⑤ (나)에는 '자발적 결사체인가?'가 들어갈 수 없다.

[24022-0083]

1 **다음 글의 A에 대한 옳은 설명만을 〈보기〉에서 고른 것은?**

개인은 A에 속할 수도 있고 속하지 않을 수도 있다. 개인의 소속 집단과 A가 일치하지 않을 경우 A에 속하기를 열망하여 이미 A에 소속된 사람들의 기준에 맞춰 행동하려는 성향을 가지게 된다. 그래서 사람들은 A에서 원하는 방향으로 행동하려 하고, A에서 선호하는 특성을 갖추려고 노력한다.

보기

ㄱ. 내집단에 해당한다.
ㄴ. 일반적으로 1차 집단의 성격을 갖는다.
ㄷ. 개인이 행동할 때 비교나 판단의 기준이 된다.
ㄹ. 소속 집단과 일치하지 않을 경우 상대적 박탈감이 나타날 수 있다.

① ㄱ, ㄴ ② ㄱ, ㄷ ③ ㄴ, ㄷ ④ ㄴ, ㄹ ⑤ ㄷ, ㄹ

[24022-0084]

2 **다음 사례에 나타나 있는 갑에 대한 분석으로 옳지 않은 것은?**

○○ 고등학교에 근무하는 갑은 학교 업무 외에 다양한 활동을 하고 있다. 수요일 퇴근 후에는 ○○ 고등학교 내 교사들로 구성된 △△ 볼링 동호회에서 운동을 하고, 금요일 오후에는 학생들을 인솔하여 회원으로 활동하고 있는 □□ 시민 단체에서 환경 정화 활동을 한다. 토요일에는 동네 조기 축구회에서 축구를 하고, 일요일 아침에는 가족과 함께 식사를 하고 오후에는 학교에 나가 다음 주 수업 준비를 한다.

① 2개의 공식 조직에 속해 있다.
② 수요일에는 비공식 조직에서 활동하고 있다.
③ 금요일에는 공동 사회와 이익 사회에서 활동하고 있다.
④ 금요일과 토요일에는 자발적 결사체에서 활동하고 있다.
⑤ 일요일에는 1차 집단과 2차 집단에 관련된 활동을 하고 있다.

[24022-0085]

3 **표는 사회 집단과 사회 조직의 유형 A~C에 해당하는 사례 (가)~(다)를 나타낸 것이다. 이에 대한 옳은 설명만을 〈보기〉에서 고른 것은? (단, A~C는 각각 공식 조직, 비공식 조직, 자발적 결사체 중 하나임.)**

사회 집단	A	B	C
사례	(가)		해당 사례 없음.
	(나)	(다)	

● 보기 ●

ㄱ. A는 비공식 조직, B는 자발적 결사체이다.
ㄴ. C에 해당하는 집단은 모두 B에 해당한다.
ㄷ. '△△ 시민 단체'는 (나)에 해당한다.
ㄹ. '○○ 은행 내 축구 동호회'는 (가)가 아닌 (다)에 해당한다.

① ㄱ, ㄴ ② ㄱ, ㄷ ③ ㄴ, ㄷ ④ ㄴ, ㄹ ⑤ ㄷ, ㄹ

[24022-0086]

4 **사회 집단 A~D에 대한 옳은 설명만을 〈보기〉에서 고른 것은?**

A~D는 각각 군대, 시민 단체, ○○ 기업 축구 동호회, ◇◇ 마을 배드민턴 동호회 중 하나인데, A와 C는 '구성원의 지위와 책임이 명확하게 규정되어 있는 집단인가?'라는 질문을 통해 구분할 수 있다. 그리고 C와 D는 '형식적 · 수단적 인간관계가 지배적으로 나타나는가?'라는 질문을 통해 구분할 수 있다. 한편, '가입과 탈퇴가 자유로운 집단인가?'라는 질문을 통해 A~C를 구분할 수 없다.

● 보기 ●

ㄱ. A, D는 모두 공식적인 목표와 과업을 효율적으로 달성하기 위해 형성된 조직이다.
ㄴ. B가 '○○ 기업 축구 동호회'라면, C는 '◇◇ 마을 배드민턴 동호회'이다.
ㄷ. '비공식 조직에 해당하는가?'라는 질문을 통해 B와 C를 구분할 수 없다.
ㄹ. '구성원의 선택 의지에 따라 형성된 집단인가?'라는 질문을 통해 B와 D를 구분할 수 있다.

① ㄱ, ㄴ ② ㄱ, ㄷ ③ ㄴ, ㄷ ④ ㄴ, ㄹ ⑤ ㄷ, ㄹ

[24022-0087]

5 **표는 A~C를 분류한 것이다. 이에 대한 설명으로 옳은 것은? (단, A~C는 각각 ○○ 기업, ○○ 기업 노동조합, ○○ 기업 등산 동호회 중 하나임.)**

질문 \ 사회 집단	A	B	C
공식 조직에 해당하는가?	㉠	㉡	㉢
(가)	예	아니요	예

* ㉠~㉢은 각각 '예' 또는 '아니요'임.

① (가)에는 '이익 사회에 해당하는가?'가 들어갈 수 있다.
② ㉠이 '예'라면, B, C는 모두 2차 집단이다.
③ ㉡이 '예'라면, A, C는 모두 자발적 결사체이다.
④ ㉢이 '예'라면, A, B는 모두 공식적 규범에 의해 조직이 통제된다.
⑤ ㉢이 '예'이고 (가)가 '자발적 결사체에 해당하는가?'라면, A는 비공식 조직이다.

[24022-0088]

6 **다음은 사회·문화 수업의 한 장면이다. 이에 대한 설명으로 옳은 것은? (단, A, B는 각각 관료제, 탈관료제 중 하나임.)**

> 교사: A, B의 특징에 대해 발표해 보세요.
> 갑: A는 B에 비해 외부 환경 변화에 신속하게 대응할 수 있습니다.
> 을: (가)
> 병: B는 A에 비해 업무의 전문화와 세분화 정도가 높습니다.
> 정: (나)
> 교사: ㉠한 사람을 제외하고 모두 옳게 발표했습니다.

① A는 B에 비해 중간 관리층의 비중이 높다.
② A는 B와 달리 공식적 규약과 절차에 의해 구성원을 통제한다.
③ B는 A에 비해 조직 운영의 유연성을 발휘하기 용이하다.
④ (가)가 'A는 B에 비해 경력보다 업적에 따른 보상을 중시합니다.'라면, ㉠은 '을'이다.
⑤ (가)가 'A는 B와 달리 조직 운영의 효율성을 중시합니다.'라면, (나)에는 'A는 B보다 업무 담당자의 재량권이 많습니다.'가 들어갈 수 있다.

[24022-0089]

7 **다음 자료에 대한 옳은 설명만을 〈보기〉에서 고른 것은? (단, A, B는 각각 관료제, 탈관료제 중 하나임.)**

표는 학생 갑~병이 각 진술에 해당하는 사회 조직 운영 원리 A, B를 적고, 교사가 이를 채점한 것이다. (단, 각 진술에 옳은 답을 적으면 1점, 틀린 답을 적으면 0점이며, 각 진술에 해당하는 사회 조직 운영 원리만 있는 대로 모두 적어야 옳은 답이 됨.)

진술 \ 학생	갑	을	병
경력에 따른 보상과 신분 보장을 중시한다.	B	A	A
효율적인 조직 운영을 목표로 등장하였다.	A, B	B	A, B
(가)	㉠	㉡	㉢
점수	2점	2점	2점

보기

ㄱ. A는 B에 비해 중간 관리층의 비중이 낮다.
ㄴ. A는 B에 비해 조직 구성원의 재량권 및 자율성이 높다.
ㄷ. B는 A에 비해 수평적 의사 결정 비중이 높다.
ㄹ. (가)가 '외부 환경 변화에 유연하게 대처하기 용이하다.'라면, ㉢과 달리 ㉠, ㉡은 모두 'B'이다.

① ㄱ, ㄴ ② ㄱ, ㄷ ③ ㄴ, ㄷ ④ ㄴ, ㄹ ⑤ ㄷ, ㄹ

[24022-0090]

8 **다음 글에 나타나 있는 사회 집단 및 사회 조직에 대한 설명으로 옳은 것은?**

갑~병은 모두 봉사 활동에 적극적으로 참여하고 있다. ○○ 회사에서 근무하는 갑은 ○○ 회사 내 봉사 동아리에서 매주 수요일마다 독거노인 돌봄 활동을 하고 있다. 갑과 같은 ○○ 회사 내 봉사 동아리 회원인 을 역시 봉사 활동을 하고 있으며, □□ 시민 단체 회원인 을은 주말마다 노숙자 돌봄 활동을 열심히 하고 있다. 한편, 을과 △△ 대학교 총동문회에서 함께 활동하고 있는 병은 을의 권유로 □□ 시민 단체에 가입하여 봉사 활동을 하고 있고, 주중에는 동네 주민들과 만든 ◇◇ 마을 봉사 동호회에서 봉사 활동을 하고 있다.

① 갑은 을과 달리 2차 집단에 속해 있다.
② 을이 병보다 한 개 더 많은 공식 조직에 속해 있다.
③ 을, 병은 모두 같은 공동 사회에 속해 있다.
④ 병이 을보다 더 많은 자발적 결사체에 속해 있다.
⑤ 을, 병은 갑과 달리 비공식 조직에 속해 있다.

07 사회 구조와 일탈 행동

✪ 외재성
어떤 사물이나 범위의 밖에 존재함을 말한다. 사회가 구성원들에게 외재성을 지닌다는 것은 사회가 구성원들과는 구분되는 독립적인 존재임을 말한다.

✪ 전체주의
개인의 자유를 억압하고 극단적으로 집단의 이익만을 강조하는 정치사상 또는 체제이다.

1. 개인과 사회의 관계를 바라보는 관점

(1) 사회 실재론

① 전제

- 사회는 실제로 존재하며 구성원들에게 외재성을 지님.
- 사회는 구성원들의 합 이상의 존재로서 개개인의 특성을 초월한 고유한 특성을 지님.

② 개인과 사회의 관계에 대한 입장

- 사회는 개인보다 우월한 존재로서 구성원들의 의식과 행동을 구속함.
- 사회는 구성원들의 교체에도 불구하고 고유한 특성을 유지하며 지속됨.
- 사회 전체의 이익(공익)은 구성원 개개인의 이익을 초월한 의미를 지님.
- 사회 · 문화 현상을 이해하기 위해서는 개인의 특성보다는 사회의 특성을 탐구해야 한다고 봄.
- 사회 구조나 제도의 문제가 구성원 개개인의 잘못된 의식이나 행위를 초래하므로 사회 문제 해결에 있어서 개인의 의식 개선보다 사회 구조나 제도의 개선이 우선되어야 함.

③ 관련 사상: 사회 유기체설

④ 의의와 한계

의의	개개인의 의식이 갖는 특성만으로 설명하기 힘든 사람들의 사회적 행위를 설명하는 데 유용함.
한계	인간의 주체적이고 능동적인 행위를 설명하기 곤란함.

개념 플러스 | 사회 유기체설

사회 유기체설은 생물학의 발전에 영향을 받아 사회를 생물 유기체(생명체)에 비유하는 것으로 사회 구조에 대한 과학적 분석의 시도로 등장하였다. 사회 유기체설에서 개인은 사회를 구성하는 하나의 기관(organ) 또는 세포로 비유된다. 즉, 사회는 생성, 발전하는 유기적인 통합체이고, 개인은 사회를 구성하는 요소로 전체 속에서 일정한 기능을 담당하기 때문에 사회를 떠나서는 존재할 수 없다는 입장이다. 이러한 사회 유기체설을 확대 해석할 경우 자칫 전체주의로 변질될 우려가 있다.

개념 체크

1. (　　)은 사회는 개인의 외부에 실제로 존재하며 독자적인 특성을 지니고 있다고 보며 개인에 대한 (　　)의 우월성을 강조한다.
2. (　　)은 사회가 개개인의 집합체를 가리키기 위해 붙여진 이름에 불과하다고 본다.
3. 사회 명목론은 사회 문제의 해결책으로 개인의 (　　) 개선을 강조한다.

정답
1. 사회 실재론, 사회
2. 사회 명목론
3. 의식

(2) 사회 명목론

① 전제

- 사회는 실제로 존재하지 않으며 단지 개개인의 집합체를 가리키기 위해 붙여진 이름에 불과함.
- 실제로 존재하는 것은 사람들이 상호 작용을 통해 만들어 내는 다양한 사회적 관계임.

② 개인과 사회의 관계에 대한 입장

- 개인은 능동적인 상호 작용을 통해 사회의 모습을 만들어 감.
- 사회 구성원이 바뀌거나 사람들의 의식이 변화하면 사회의 특성도 변화하기 마련임.
- 개인의 권리와 이익을 보장하는 것이 중요함.
- 사회의 특성은 개개인의 특성이 모여 나타나는 것에 불과하므로 개인의 의식이나 심리 등을 통해 사회 현상을 설명해야 함.
- 개개인의 잘못된 의식이나 행위로 인해 사회 문제가 발생하므로 사회 문제 해결에 있어서 사회 구조나 제도 개선보다 개인의 의식 개선이 우선되어야 함.

③ 관련 사상: 사회 계약설, 개인주의, 자유주의

④ 의의와 한계

의의	사람들의 자율적이고 능동적인 노력을 통해 사회 문제를 해결하고 사회 변화를 만들어 가는 현상을 설명하는 데 유용함.
한계	개인의 행위에 미치는 사회 구조의 영향력을 간과하고 있음.

2. 사회 구조

(1) **의미**: 사회 구성원 간 상호 관계를 맺는 방식과 관련된 안정적이고 정형화된 상호 작용의 틀

(2) **형성 과정**: 사회 구성원 간 상호 작용 발생 → 동일한 유형의 상호 작용 방식 반복 → 안정적이고 정형화된 상호 작용의 틀 형성

(3) **특성**

지속성	사회 구조는 구성원들이 바뀔 때마다 변동하는 것이 아니라 비교적 오랜 기간 유지됨.
강제성	사회 구조는 구성원들이 구조에 부합하는 행동을 하도록 강한 영향력을 행사함.
안정성	사회 구조는 구성원들이 구조화된 행동을 하도록 유도함으로써 구성원 간 상호 예측 가능성을 높여 안정적인 사회적 관계가 형성될 수 있게 함.
변동 가능성	사회 구조는 장기적으로 구성원들의 가치관 변화나 외부 사회와의 접촉 등으로 인해 변동할 수 있음.

≡ 개념 플러스 | 사회 구조의 양면성

사회 구조는 개인이 행동할 수 있는 범위나 행동 양식(사회적 상호 작용의 틀)을 제시함으로써 개인의 자유를 구속하거나 강제한다는 점에서 부정적인 면이 있다. 그러나 이러한 사회 구조는 구성원들이 구조화된 행동을 하도록 함으로써 구성원들의 행동을 예측할 수 있게 하여 안정되고 규칙적인 인간관계의 존속을 가능하게 한다는 점에서 긍정적인 면이 있다.

(4) **사회 구조와 개인**

① 개인에 대한 사회 구조의 영향력

- 사회 구성원으로서 개인은 사회적으로 구조화된 행동을 함으로써 다른 구성원들과 안정적인 상호 작용을 할 수 있음. → 사회 질서와 통합의 바탕이 됨.
- 사회 구조는 개인의 자유를 제한할 수 있음. → 사회 구조에 어긋나는 행동에 대해서는 사회적 제재가 가해질 수 있음.

② 사회 구조에 대한 개인의 영향력: 개인은 구조화된 행동을 거부하고 기존 사회 구조의 문제점을 개선하여 새로운 사회 구조를 만들어 내는 주체가 될 수 있음.

≡ 개념 플러스 | 사회 구조를 보는 관점－기능론과 갈등론

기능론은 사회 구조가 사회 체계의 원활한 작동을 위한 목적으로 사회 전체의 합의를 반영하여 형성된다고 본다. 반면, 갈등론은 사회 구조가 지배 집단이 자신들의 기득권을 보호하고 계급을 재생산하기 위해 지배 집단에 의해 형성된다고 본다.

✪ 개인주의

국가나 사회보다는 그것을 구성하는 개인의 의의와 존재에 더 큰 가치를 부여하고, 개인의 권리와 자유를 존중하는 사상이다.

✪ 사회적 제재

사회 집단의 구성원이 하는 다양한 행위를 질서 안에서 통제하기 위해 집단 규범에 따라 제한하는 것이다.

개념 체크

1. 사회 명목론은 개인의 행동이 자신의 (　　)적인 의지에 따라 이루어진다고 본다.
2. 사회 구조는 사회를 구성하는 구성원이 바뀌어도 계속 유지되는데, 이를 사회 구조의 (　　)이라고 한다.
3. 사회 구조는 구성원들이 구조에 부합하는 행동을 하도록 강한 영향력을 행사하는데, 이를 사회 구조의 (　　)이라고 한다.

정답
1. 자율
2. 지속성
3. 강제성

✪ 규범
규범은 사회 구성원들의 생활 속에서 체계화된 행동 기준이나 규칙으로 관습, 종교, 도덕, 법 등을 포함한다.

✪ 제도적 수단
한 사회 내에서 법이나 관습에 의하여 세워진 모든 사회적 규약 내에서 허용된 방법, 절차를 말한다.

✪ 낙인
낙인이란 개인 또는 집단의 행동이나 특성을 관찰한 결과로 붙여진 씻기 어려운 부끄럽고 욕된 평판을 비유적으로 이르는 말이다.

개념 체크

1. 사회적으로 널리 수용되고 있는 규범이나 기대에 어긋나는 행동을 (　　)이라고 한다.
2. 뒤르켐은 급속한 사회 변동 과정에서 발생하는 규범의 혼란 상태, 즉 (　　)로 인해 일탈 행동이 증가한다고 보았다.
3. 머튼은 사회 구성원이 추구하는 문화적 (　　)와 이를 달성하기 위한 제도적 (　　)이 일치하지 않은 상태에서 일탈 행동이 발생한다고 본다.
4. (　　)은 일탈을 규정하는 객관적인 기준이 없고, 개인이나 집단이 일탈자로 규정되는 과정과 사회의 반응에 주목한다.

정답
1. 일탈 행동
2. 아노미
3. 목표, 수단
4. 낙인 이론

3. 일탈 행동

(1) 일탈 행동의 의미와 특성

① 의미: 한 사회에서 일반적으로 받아들여지고 있는 사회 규범이나 사회적 기대에 어긋나는 행동

② 특성: 시대와 사회, 상황에 따라 일탈 행동에 대한 판단 기준은 상대적임.

(2) 일탈 행동의 영향

① 긍정적 영향: 사회 문제에 대한 인식 및 사회 변동의 계기 제공

② 부정적 영향: 사회 혼란 초래 및 사회 통합 저해

(3) 일탈 행동의 원인을 설명하는 이론

① 아노미 이론

뒤르켐의 아노미 이론	• 급속한 사회 변동으로 인해 발생하는 아노미가 일탈 행동을 초래함. • 아노미는 기존 사회 규범의 구성원에 대한 통제력이 약화되고 새로운 사회 규범이 미처 정립되지 못한 상태, 기존 사회 규범과 새로운 사회 규범의 혼재에 따른 혼란 상태 등을 의미함. • 일탈 행동을 줄이기 위해서는 새로운 규범 정립이나 규범 교육 강화 등을 통해 사회 규범의 통제력이 회복되어야 함.
머튼의 아노미 이론	• 문화적 목표와 제도적 수단 간의 괴리 상태로 인해 발생하는 아노미가 일탈 행동을 초래함. • 문화적 목표를 달성하는 데 필요한 제도적 수단을 갖지 못한 사회 구성원이 일탈 행동을 저지르게 됨. • 일탈 행동을 줄이기 위해서는 문화적 목표 달성을 위한 제도적 수단의 확대가 필요함.

② 차별 교제 이론
- 일탈 행동은 타인과의 상호 작용 과정을 통해 일탈 행동의 기술을 습득하고, 일탈 행동을 정당화하는 동기나 가치관을 내면화함으로써 학습됨.
- 일탈 행동을 일삼는 사람이나 집단과 자주 접촉하는 개인이 일탈 행위자가 될 가능성이 높음.
- 일탈 행동을 줄이려면 일탈자와의 접촉을 차단하고, 정상적인 행동을 학습할 수 있는 환경을 제공해야 함.

③ 낙인 이론
- 처음부터 일탈 행동의 의미를 갖는 행동이나 일탈 행위자는 없으며, 상호 작용 과정에서 사람들에 의해 일탈 행동이나 일탈 행위자로 규정됨.
- 1차적 일탈을 저질렀다는 이유로 일탈자라는 낙인이 찍힌 사람은 부정적 자아를 갖게 됨으로써 2차적 일탈을 저지를 가능성이 높음.
- 일탈 행동을 줄이려면 낙인에 대한 신중한 검토가 필요함.

개념 플러스 | 일탈 행동과 사회 통제

일탈 행동을 억제하기 위한 사회 통제에는 사회화를 통한 내면적 통제와 외부적 통제가 있다. 사회화를 통한 내면적 통제란 사람들이 사회화 과정을 통해 자발적이고 무의식적으로 사회 규범에 동조하게 되고, 또한 자신의 역할을 성공적으로 수행하게 되는 것을 말한다. 그러나 성공적으로 사회화되지 못했거나 의식적으로 사회 규범을 지키지 않을 경우에는 외부적 사회 통제가 작동하게 된다. 외부적 사회 통제는 일탈 행동을 한 사람을 손가락질하거나 야단치는 방법과 같은 비공식적 통제와 형사 처벌이나 범칙금 부과와 같은 공식적 통제로 구분할 수 있다.

Theme 1 사회 실재론과 사회 명목론

(가) 사회는 물질적 환경의 구조들에 비견될 수 있는 '확고함' 또는 '견고함'을 가진다. 몇 개의 문이 있는 방에 서 있는 한 사람을 생각해 보자. 그 방의 구조는 그 사람의 활동 가능한 영역을 제한한다. 예를 들어 벽과 문의 위치가 나가고 들어오는 경로를 결정한다. 이처럼 사회 구조는 개인으로서 우리가 할 수 있는 것에 대한 한계를 설정하면서 우리의 행동을 같은 방식으로 강제한다. 사회는 그 방의 벽처럼 우리에게 '외재적'이다.

(나) 일상생활에 대한 연구는 인간의 창조적 행동이 어떻게 사회를 구성해 내는지를 보여 준다. 개인들은 각자의 서로 다른 배경, 관심, 동기에 따라 사회 현상을 다르게 인식하고 행동하기 때문에, 그들이 취하는 결정과 행위에 따라 지속적으로 사회가 재구성된다. 즉, 사회는 고정된 실체가 아니라 인간들의 상호 작용에 의해 끊임없이 재창조되는 것이다.

(가)는 사회 실재론의 관점으로 사회의 외재성과 개인의 행위에 대한 구속성을 강조하고 있다. 반면 (나)는 사회 명목론의 관점으로 사회라는 실체가 있는 것이 아니라 상호 작용하는 개인들이 존재할 뿐 사회는 개인들의 집합체에 불과하다고 본다. 사회 실재론은 개인의 행위에 대한 사회의 구속성을 강조하고 개인보다 사회의 우월성을 강조하므로 개인을 사회의 피조물로 본다. 반면 사회 명목론은 사회는 개인들의 행위에 의해 만들어진다고 보므로 개인을 사회의 창조자로 인식한다.

Theme 2 1차적 일탈과 2차적 일탈

청소년이 우연히 범죄 행위를 하면 이는 1차적 일탈에 해당된다. 이러한 1차적 일탈을 통해서 부정적인 지위를 얻는 셈이다. 이후 이 청소년은 경찰, 검찰을 거쳐 소년원에 들어갈 수 있다. 소년원에서 나오면 주변 사람들은 이 청소년에 대하여 1차적 일탈에 따른 부정적인 역할을 기대할 수 있다. 타인들의 부정적 역할 기대에 의해 청소년의 부정적인 자아가 형성된다. 이렇게 부정적 자아는 고착화되고, 부정적 자아에 의해 다시 범죄를 저지르는 2차적 일탈이 이루어질 수 있다.

낙인 이론에 따르면 모든 사람이 때로는 일탈적으로 행동할 수 있는데, 그때의 일탈 행동은 대개의 경우, 경미하고 일시적이며 쉽게 감추어질 수 있다. 이와 같은 종류의 일탈을 '1차적 일탈' 또는 '원초적 일탈'이라고 한다. 1차적 일탈은 모르는 채 지나가는 것이 대부분이며, 당사자 스스로도 자신을 일탈자로 생각하지 않는다. 그러나 일탈 행동이 일단 발견되고 세상에 알려지면 상황은 급격히 변화하여, 이제 그 개인은 일탈자로 낙인이 찍히고 다른 사람들은 '낙인찍힌 사람'으로 대하기 시작한다. 결과적으로 그러한 개인들은 의식적이든 무의식적이든 낙인을 받아들이게 되며, 새로운 자아의 개념을 발전시켜, 그에 따라 행동하기 시작한다. 따라서 그 단계에서의 일탈은 습관화되기 쉬우며, 그 행동을 '2차적 일탈'이라고 한다. 예를 들어 우연한 기회에 저지른 범법 행위로 실형을 선고받고 복역한 사람이 교도소에서 형을 마치고 나오면, 사람들은 그를 '전과자'로 낙인을 찍어 대하게 되고, 정상인과 구분지어 취직이나 기타 사회적 기회에서 차등 대우를 하는 경우를 볼 수 있다. 그때 그는 스스로를 '전과자'로 인식하게 되어, 지속적으로 범죄 행위를 하게 된다.

[24022-0091]

01 다음은 사회·문화 수업 중 교사와 학생이 나눈 대화의 일부이다. 이에 대한 설명으로 옳은 것은?

> 교사: 개인과 사회의 관계를 바라보는 관점 A, B의 특징에 대해 발표해 보세요.
> 갑: A는 사회 전체의 이익을 경시하고 개인만의 이익을 추구하는 극단적 개인주의로 변질될 우려가 있습니다.
> 을: B는 (가) 라는 비판을 받습니다.
> 교사: 모두 옳게 발표했습니다.

① A는 사회는 개인에 대하여 외재성을 갖는다고 본다.
② A는 사회의 특성은 개인의 특성으로 환원되지 않는다고 본다.
③ B는 개인의 의식과 행동은 사회에 의해 구속된다고 본다.
④ B는 사회의 이익은 개인별 이익의 총합 그 자체라고 본다.
⑤ (가)에는 '인간의 주체적이고 능동적인 행위를 설명하기 곤란하다.'가 들어갈 수 없다.

[24022-0092]

02 개인과 사회의 관계를 바라보는 다음 글의 관점에 부합하는 진술만을 〈보기〉에서 고른 것은?

> 'MZ 세대라서 ○○ 정책에 반대한다.', '베이비붐 세대라서 □□법에 찬성한다.'라는 말에 대해 생각해 보자. 만약 개인이 스스로 자기 성격이나 의지, 취향대로 산다면 MZ 세대, 베이비붐 세대의 틀 안에서 개인의 행동을 평가하지 않을 것이다. 하지만 이런 평가가 자연스럽게 사용되는 것을 볼 때 비슷한 연령대의 사람들에게는 그들을 초월하여 존재하면서 그들에게 영향을 미치는 어떤 외부적인 요인이 있음을 알 수 있다.

보기

ㄱ. 사회는 개인의 합에 불과하다.
ㄴ. 사회는 개인보다 우월한 가치를 지닌다.
ㄷ. 사회 현상은 개인의 속성으로 환원하여 설명할 수 있다.
ㄹ. 사회 문제를 해결하기 위해서는 개인의 의식 개선보다 사회 제도의 개선이 우선되어야 한다.

① ㄱ, ㄴ ② ㄱ, ㄷ ③ ㄴ, ㄷ
④ ㄴ, ㄹ ⑤ ㄷ, ㄹ

[24022-0093]

03 표는 개인과 사회의 관계를 바라보는 관점을 파악하기 위한 질문과 답변이다. 사회 명목론과 사회 실재론 중 하나의 관점에서 일관되게 응답한 학생은?

질문 \ 학생	갑	을	병	정	무
개인은 사회에 대하여 자율성을 갖는가?	○	○	○	×	×
개인의 속성이 모여 사회의 속성을 결정하는가?	×	○	○	○	×
사회가 개인의 외부에서 독자적으로 작동하는가?	×	×	×	○	×
개인은 사회 속에서만 존재 의미를 가질 수 있는가?	○	○	×	×	○

(○: 예, ×: 아니요)

① 갑 ② 을 ③ 병 ④ 정 ⑤ 무

[24022-0094]

04 다음 글을 통해 도출할 수 있는 결론으로 가장 적절한 것은?

> 현재의 학교에서 다른 학교로 전학을 간 학생을 생각해 보자. 전학생은 전학 간 학교가 교복을 입는 학교라면 그 학교의 교복을 새로 맞출 것이다. 이전 학교의 교복 대신 새 학교의 교복을 입는 것에 대해 전학생은 아무 이의를 제기하지 않는다. 누군가가 일일이 지도하지 않아도 새로운 학교에 등교해서는 자기 반 교실로 향한다. 수업을 알리는 종소리가 울리면 교실에 앉아 선생님의 말씀에 집중한다.

① 사회 구조는 지속성을 지닌다.
② 사회 구조는 변동 가능성을 특징으로 한다.
③ 사회 구조는 구성원들에게 구조화된 행동을 하게 한다.
④ 사회적 행동의 상호 교환을 통해 사회 구조가 형성된다.
⑤ 개인에 대한 이해가 전제되어야 사회 구조를 이해할 수 있다.

[24022-0095]

05 다음 글의 결론으로 가장 적절한 것은?

일반적으로 일탈 행동은 사회의 기본 질서를 깨뜨리고 사회의 결속을 약화시키는 것으로 이해된다. 하지만 일탈 행동이 역기능만을 가지고 있는 것은 아니며, 순기능도 내포하고 있다. 예를 들어 '어떤 행위가 사회적으로 용인되는가?'는 '어떤 행동이 사회적으로 받아들여질 수 없는가?'를 보여 줌으로써 사회 규범이 무엇인지 더욱 명확해진다. 사회에서 특정 행위를 일탈 행동으로 규정하게 되면, 다른 사회 성원들에게 사회 규범을 어길 때에는 제재를 가할 것이라는 경고의 기능뿐만 아니라 현재의 사회 규범이 무엇이라는 것을 구성원에게 각인시키는 효과, 다시 말해 어떤 행위가 사회적으로 용인되는지를 명확히 알게 해 주는 효과가 있다.

① 일탈 행동에 대한 판단 기준은 상대적이다.
② 일탈 행동에 대응하는 과정을 통해 사회는 변동한다.
③ 일탈 행동은 사회 안정과 통합을 위해 억제되어야 한다.
④ 일탈 행동의 규정은 기존 사회 규범을 더욱 확고히 할 수 있다.
⑤ 일탈 행동을 규정하는 기준은 사회 지배 계층에 의해 결정된다.

[24022-0096]

06 다음 글에 나타난 일탈 이론이 제시하는 일탈 대책으로 가장 적절한 것은?

최근 저소득 계층에 속하는 사람들의 범죄율이 급격히 증가하고 있습니다. 이는 점점 치열해지는 생존 경쟁에서 저소득 계층에 속하는 사람들이 지향하는 사회적 가치를 획득할 수 있는 접근 통로가 점점 더 좁아지고 있기 때문입니다. 지향하는 가치에 대한 욕구를 충족시키기 위해 사회에서 인정하지 않는 방법을 사용하는 저소득 계층 사람들이 증가하는 것이 저소득 계층의 범죄율 증가 원인입니다.

① 부정적 낙인을 최소화한다.
② 새로운 사회 규범을 정립한다.
③ 일탈 집단과의 접촉을 최소화한다.
④ 2차적 일탈 방지보다 1차적 일탈 방지에 노력한다.
⑤ 문화적 목표 달성을 위한 제도적 수단을 제공한다.

[24022-0097]

07 그림에 대한 설명으로 옳은 것은? (단, A, B는 각각 사회 명목론, 사회 실재론 중 하나임.)

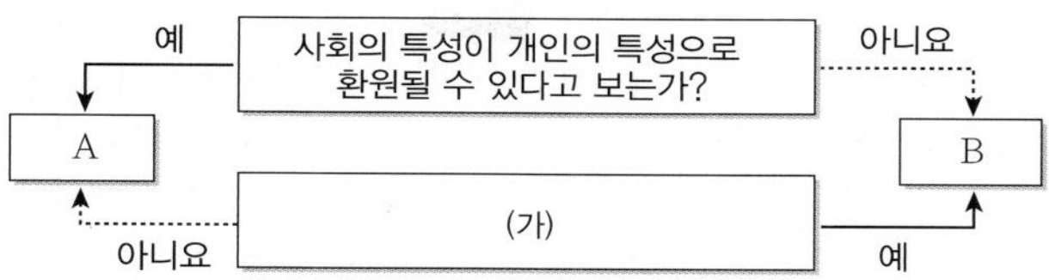

① A는 사회 전체의 이익은 개인의 이익을 초월한 가치를 지닌다고 본다.
② B는 사회 문제의 해결을 위해 사회 제도의 개선보다 개인의 의식 개선을 강조한다.
③ B는 A와 달리 구성원의 특성이 모여 그 사회의 특성을 결정한다고 본다.
④ (가)에는 '개인은 사회에 의해 구조화된 행동을 하는가?'가 들어갈 수 있다.
⑤ (가)에는 '개인의 자율적인 의지에 의해 사회가 형성되는가?'가 들어갈 수 있다.

[24022-0098]

08 다음 자료에 대한 설명으로 옳은 것은? (단, A～C는 각각 낙인 이론, 머튼의 아노미 이론, 차별 교제 이론 중 하나임.)

- A는 1차적 일탈보다 2차적 일탈을 설명하기에 적합하다.
- A, C는 B와 달리 일탈 행동이 발생하는 과정에서 나타나는 상호 작용에 주목한다.
- A는 B, C와 달리 (가)
- B는 A, C와 달리 (나)

① B는 차별적 제재를 일탈 행동의 원인으로 본다.
② A는 B와 달리 사회적 목표 달성에 대한 열망이 일탈 행동을 유발한다고 본다.
③ A는 C와 달리 일탈 행동이 학습되는 과정에 주목한다.
④ (가)에는 '어떤 행동이 일탈 행동인지보다 어떤 과정에 의해 일탈 행동이 반복되는지에 초점을 맞춘다.'가 들어갈 수 있다.
⑤ (나)에는 '정상적인 집단과의 교류 확대를 일탈 행동의 대책으로 본다.'가 들어갈 수 있다.

[24022-0099]

1 **개인과 사회의 관계를 바라보는 관점 (가), (나)에 대한 설명으로 옳은 것은?**

(가) 개인들 간의 지속적인 상호 작용에 의하여 사회 구조가 형성된 것을 통해 알 수 있듯이 사회는 개인들 간 상호 작용의 결합체이다. 따라서 개인들 간의 상호 작용이 변화하면 사회 역시 변화할 수밖에 없다.
(나) 역사적 문헌을 통해 조선 시대에 살았던 사람들의 행동 양식이 비슷한 것을 알 수 있다. 이처럼 동시대를 살고 있는 사람들의 행동 양식은 비슷하다. 동시대의 사람들이 비슷한 행동 양식을 보이는 것은 사회 속 개인의 어떠한 행동 양식도 개인의 의지로 이루어지지 않기 때문이다.

① (가)의 관점은 사회의 속성이 개인의 속성을 결정한다고 본다.
② (가)의 관점은 개인의 능동성보다 사회 규범의 구속성을 중시한다.
③ (나)의 관점은 사회는 개인의 단순한 합에 불과하다고 본다.
④ (나)의 관점은 개인이 사회에 의해 구조화된 행동을 한다고 본다.
⑤ (가)의 관점과 (나)의 관점은 모두 사회 문제 해결을 위해 개인의 의식 개선보다 사회의 제도 개혁을 강조한다.

[24022-0100]

2 **다음 글에서 강조하는 개인과 사회의 관계를 바라보는 관점에 대한 옳은 설명만을 〈보기〉에서 있는 대로 고른 것은?**

사회의 특성을 개인의 개별적 특성의 총합으로 간주하는 것은 개인의 개별적 특성의 총합과는 다른 성질의 사회적 특성이 있다는 가능성을 부정하는 것이다. 그렇기 때문에 사회적 분석 대상을 개인에 국한시켜 그 연구 결과를 바로 사회 전체의 특성으로 설명하는 연구 태도는 지양되어야 한다.

보기

ㄱ. 개인의 의식과 행위는 사회에 의해 규정된다고 본다.
ㄴ. 구성원의 특성이 모여 그 사회의 특성을 결정한다고 본다.
ㄷ. 사회의 특성은 개인의 행동이 그대로 반영된 결과라고 본다.
ㄹ. 사회가 개인의 외부에서 독자적으로 존재하는 실체라고 본다.

① ㄱ, ㄷ ② ㄱ, ㄹ ③ ㄴ, ㄷ ④ ㄱ, ㄴ, ㄹ ⑤ ㄴ, ㄷ, ㄹ

[24022-0101]

3 **다음 자료에 대한 옳은 설명만을 〈보기〉에서 있는 대로 고른 것은?**

A는 하나의 사회 단위 내에서 개인이나 집단이 상호 관계를 맺는 방식이 정형화되어 안정된 틀을 이루고 있는 상태를 의미하는데, A는 [㉠], 안정성 등을 특징으로 한다. [㉠]으로 인해 사회 구성원이 바뀌어도 A는 비교적 오래 유지된다. 또한 A는 구성원들이 [㉡]을 하도록 유도함으로써 구성원 간 상호 예측 가능성을 높여 안정적인 사회적 관계가 형성될 수 있다는 것을 통해 A의 특징 중 안정성을 확인할 수 있다.

보기

ㄱ. ㉠은 '지속성'이다.
ㄴ. ㉡에 '구조화된 행동'이 들어갈 수 있다.
ㄷ. A는 일단 형성되면 변동하지 않는다.
ㄹ. A는 개인의 행동을 규제하고 구속한다.

① ㄱ, ㄴ ② ㄱ, ㄷ ③ ㄷ, ㄹ ④ ㄱ, ㄴ, ㄹ ⑤ ㄴ, ㄷ, ㄹ

[24022-0102]

4 **표는 질문을 통해 일탈 이론 A~C를 구분한 것이다. 이에 대한 옳은 설명만을 〈보기〉에서 고른 것은? (단, A~C는 각각 낙인 이론, 뒤르켐의 아노미 이론, 차별 교제 이론 중 하나임.)**

질문	응답		
	A	B	C
일탈 행동을 규정하는 객관적 기준이 존재한다고 보는가?	㉠	㉡	아니요
(가)	아니요	예	아니요
(나)	예	아니요	아니요

보기

ㄱ. ㉠은 '예', ㉡은 '아니요'이다.
ㄴ. C는 일탈자가 되어 가는 내면적 과정에 초점을 둔다.
ㄷ. A, B는 모두 일탈 행동의 원인으로 타인과의 상호 작용을 중시한다.
ㄹ. (가)가 '일탈 행동의 학습성을 강조하는가?'라면, (나)에는 '사회 규범의 통제력 회복을 일탈 대책으로 제시하는가?'가 들어갈 수 있다.

① ㄱ, ㄴ ② ㄱ, ㄷ ③ ㄴ, ㄷ ④ ㄴ, ㄹ ⑤ ㄷ, ㄹ

[24022-0103]

5 **그림은 일탈 이론 A~C를 구분한 것이다. 이에 대한 옳은 설명만을 〈보기〉에서 고른 것은? (단, A~C는 각각 낙인 이론, 머튼의 아노미 이론, 차별 교제 이론 중 하나임.)**

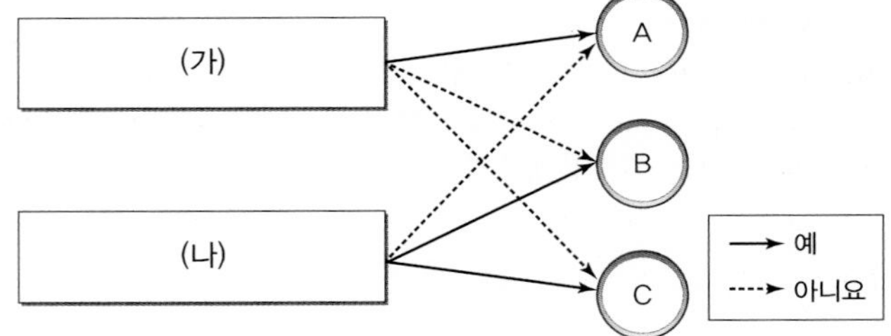

보기

ㄱ. (나)에는 '최초의 일탈보다는 일탈 행동을 반복하는 현상에 주목하는가?'가 들어갈 수 있다.

ㄴ. A가 문화적 목표와 제도적 수단 간 괴리가 일탈 행동의 원인이라고 보는 이론이라면, (나)에는 '일탈 행동이 발생하는 과정에서 나타나는 상호 작용에 주목하는가?'가 들어갈 수 있다.

ㄷ. B가 차별적 제재를 일탈 행동의 원인으로 보는 이론이라면, (나)에는 '부정적 낙인의 최소화를 일탈 대책으로 제시하는가?'가 들어갈 수 있다.

ㄹ. B, C가 일탈을 규정하는 객관적 기준이 존재한다고 보는 이론이라면, (가)에는 '정상 집단과의 교류 촉진을 일탈의 대책으로 보는가?'가 들어갈 수 없다.

① ㄱ, ㄴ ② ㄱ, ㄷ ③ ㄴ, ㄷ ④ ㄴ, ㄹ ⑤ ㄷ, ㄹ

[24022-0104]

6 **다음 글의 A에 해당하는 일탈 이론에 대한 설명으로 옳은 것은?**

A를 통해 '바늘 도둑이 소도둑 된다.'는 속담을 설명할 수 있다. A는 한 사람이 어쩌다 바늘을 훔쳤는데 이를 알게 된 주위 사람들의 반응으로 인해 그 사람이 사회 활동이나 타인과의 상호 작용의 기회를 상실하고 결국 정상적인 사회생활을 하지 못하게 되면서 '눈덩이 효과'가 발생한다고 본다. '눈덩이 효과'는 긍정적 의미와 부정적 의미로 쓰이는데, 작은 원인이나 행동으로 시작한 것이 점점 가속도가 붙어 큰 효과나 결과로 이어지는 것을 말한다. A에서는 눈덩이 효과의 부정적 측면에 주목하여, 작은 일탈이나 범죄 행위를 한 후 주위의 부정적 반응에서 벗어나지 못하고 스스로를 비하하거나 사회에 적합하지 않은 사람으로 간주하면서 점점 더 일탈을 저지르게 된다고 설명한다.

① 일탈 행동에 대한 사회적 반응을 중시한다.
② 사회가 급격하게 변동할 때 일탈 행동이 증가한다고 본다.
③ 일탈 행동은 비행 집단과의 접촉을 통해 학습된다고 본다.
④ 문화적 목표와 제도적 수단 간의 괴리를 일탈 행동의 원인으로 본다.
⑤ 일탈에 대한 우호적 가치를 내면화하여 일탈 행동이 발생한다고 본다.

[24022-0105]

7 **(가)~(다)에 나타난 일탈 이론에 대한 설명으로 옳은 것은?**

> (가) 비행 청소년에게 제재를 가하면 정신적으로 미성숙한 청소년들은 반성을 통해 스스로의 행동을 교정하기보다는 자신에 대한 부정적 인식이 형성되어 일탈 행동을 반복하므로 청소년들의 사소한 일탈은 문제 삼지 않으려는 자세가 필요합니다.
> (나) 청소년들에게 적용될 수 있는 새로운 사회 규범을 정립하여 청소년들이 가치관의 혼란이나 규범의 모호성으로 인해 비행을 저지르지 않도록 해야 합니다.
> (다) 각 학교에서는 비행 청소년들에 대한 관리 감독을 철저히 하여 일반 학생들이 비행 청소년들과 같은 공간에서 어울리는 기회를 최소화해야 합니다.

① (가)는 사람들의 부정적 평판이 개인에게 미치는 영향을 간과한다.
② (나)는 일탈 행동의 발생에 영향을 미치는 사회적 요인을 경시한다.
③ (다)는 2차적 일탈의 원인을 규명하는 데 초점을 둔다.
④ (다)는 (가)와 달리 타인과의 상호 작용이 일탈 행동에 미치는 영향을 강조한다.
⑤ (가)는 (나), (다)와 달리 행동의 속성이 아니라 그 행동에 대한 사회적 반응에 의해 일탈이 규정된다고 본다.

[24022-0106]

8 **다음은 사회 · 문화 수업 시간의 한 장면이다. 이에 대한 설명으로 옳은 것은? (단, A~C는 각각 낙인 이론, 머튼의 아노미 이론, 차별 교제 이론 중 하나임.)**

> 교사: 일탈 이론 A, B와 구분되는 C의 특징에는 무엇이 있을까요?
> 갑: 일탈을 사회 구조적 측면에서 설명합니다.
> 을: 일탈 행동의 원인을 부정적 자아 정체성 형성에서 찾습니다.
> 병: [(가)]
> 교사: 병만 옳게 발표했습니다. 그러면 A, C와 구분되는 B의 특징을 발표해 보세요.
> 정: 정상 집단과의 교류 촉진을 일탈 대책으로 제시합니다.
> 무: 일탈을 규정하는 객관적 기준은 존재하지 않는다고 봅니다.
> 교사: 이번에도 ㉠한 학생만 옳게 발표했습니다.

① ㉠은 '정'이다.
② (가)에는 '타인과의 상호 작용을 통해 일탈이 학습됨을 강조합니다.'가 들어갈 수 있다.
③ A는 저소득 계층보다 고소득 계층의 범죄를 설명하기에 용이하다.
④ B는 2차적 일탈의 발생 과정보다 1차적 일탈에 대한 원인 규명에 주목한다.
⑤ C는 A와 달리 일탈자에 대한 사회적 대응이 오히려 일탈 행동을 유발한다고 본다.

01 **밑줄 친 ㉠~㉦에 대한 설명으로 옳은 것은?** 2024학년도 6월 모의평가

> ㉠청소년 시절, K-pop에 매료되었던 외국인 갑은 한국으로 유학을 결심하고 ㉡○○대학교 ㉢조선공학과에 입학하였다. 졸업 후 대기업인 ㉣△△조선에 취직했지만, 어릴 적부터 동경하던 ㉤항공기 정비사가 되기 위해 ㉥2년 만에 자진 퇴사를 하였다. 이후 항공사에 입사한 갑은 ㉦항공기 정비 업무에 필요한 사내 교육 과정을 수료하고 항공기 정비 업무와 기술 교육을 맡고 있다.

① ㉢은 2차 집단이자 비공식 조직이다.
② ㉥은 갑의 역할 행동에 대한 제재이다.
③ ㉦은 1차적 사회화 기관을 통해 이루어진 사회화이다.
④ ㉠과 ㉤은 모두 성취 지위이다.
⑤ ㉡은 ㉣과 달리 공식적 사회화 기관이다.

02 **다음 자료에 대한 설명으로 옳은 것은?** 2024학년도 9월 모의평가

> 게시판
>
> **취업 특강 개설을 위한 재학생 대상 사전 조사**
>
> (A 대학교 취업 상담 센터)
>
> ↳갑: 취업 상담 센터가 주관하는 취업 특강을 교내 독서 모임에서 함께 활동하고 있는 을과 들었음. 이번에는 총동창회의 주최로 ○○ 기업에서 진행하는 취업 특강에 참여할 예정임. □□ 시민 단체에서 활동하고 있는 병이 추천해 준 자격증 취득을 위한 특강 개설 여부가 궁금함.
>
> ↳을: □□ 시민 단체에서 함께 활동하고 있는 후배와 여름 방학에 △△ 방송사가 주관하는 직업 체험 활동에 참가할 예정이라 취업 특강 참석이 어려움. 언론인이 되고 싶어 하는 학생들을 위해 방송인 협회의 특강 개최를 취업 상담 센터에 건의하고 싶음.
>
> ↳병: 고등학교 선배가 운영하는 대안 학교에서 수업 보조 강사로 함께 활동하고 있는 갑이 ○○ 기업에서 진행하는 취업 특강에 같이 가자고 함. 졸업 후 대학원 진학도 고민 중이라 참석 여부를 고심하고 있음.
>
> 완료 인터넷

① 갑이 작성한 내용에 나타난 공식 조직의 개수는 을이 작성한 내용에 나타난 2차적 사회화 기관의 개수보다 많다.
② 을이 작성한 내용에 나타난 자발적 결사체의 개수는 을이 속해 있는 자발적 결사체의 개수와 같다.
③ 병이 속해 있는 공식적 사회화 기관의 개수는 갑이 속해 있는 공식적 사회화 기관의 개수보다 많다.
④ 갑과 병이 함께 속해 있는 2차 집단의 개수는 병이 속해 있는 비공식적 사회화 기관의 개수보다 적다.
⑤ 갑과 을이 함께 속해 있는 비공식 조직은 없지만 을과 병이 함께 속해 있는 이익 사회는 있다.

03 **일탈 이론 A~C에 대한 설명으로 옳은 것은? (단, A~C는 각각 머튼의 아노미 이론, 차별 교제 이론, 낙인 이론 중 하나임.)**

2024학년도 9월 모의평가

> 일탈 이론 A, B, C의 사례로 일탈을 저지른 갑, 을, 병의 진술을 살펴보았다. 각각의 진술에 나타난 가장 두드러진 특징은 다음과 같다. 갑은 문화적 목표를 이루기 위한 합법적 수단이 부족했던 적이 한번도 없었다. 을은 일탈자들과 어울리거나 그들의 행동을 따라 하려고 했던 적이 한번도 없었다. 병은 여러 사회 규범을 위반했음에도 비난이나 제재를 받았던 적이 한번도 없었다. 이러한 특징을 바탕으로 갑, 을, 병에게 서로 다른 일탈 이론을 적용해 보면 갑의 일탈은 A나 B, 을의 일탈은 B나 C, 병의 일탈은 A나 C로 설명하는 것이 타당하다.

① A는 일탈에 대한 대책으로 제도화된 기회의 확대를 중시한다.
② B는 타인과의 상호 작용을 통한 일탈의 학습 과정에 주목한다.
③ C는 정상 집단과의 교류를 일탈의 해결 방안으로 제시한다.
④ B는 A, C와 달리 일탈을 규정하는 객관적 기준이 없다고 본다.
⑤ C는 A, B와 달리 일탈에 대한 대책으로 사회 규범의 통제력 강화를 강조한다.

04 **A, B의 일반적인 특징에 대한 설명으로 옳은 것은? (단, A, B는 각각 관료제, 탈관료제 중 하나임.)**

2024학년도 수능

> ○○ 버거 회사는 명확한 위계 구조 속에서 직급별 권한과 책임을 세분화하고 메뉴, 조리법 등을 표준화하여 관리하는 A로 운영하였다. 최근 이윤이 급감하자 ○○ 버거 회사는 어떤 직원의 제안이든 창의적인 메뉴라면 수용하고 수평적인 의사 결정 구조를 채택하는 등 B를 도입하여 회사의 이윤 증대를 꾀하고 있다.

① A는 B에 비해 업무 수행 과정의 예측 가능성이 높다.
② A는 B와 달리 외부 환경 변화에 대한 유연한 대처가 용이하다.
③ B는 A에 비해 목적 전치 현상이 나타날 가능성이 높다.
④ B는 A와 달리 효율적인 목표 달성이 조직 운영의 핵심이다.
⑤ A는 능력에 따른 보상을, B는 경력에 따른 보상을 중시한다.

08 문화의 이해

✪ 문화의 어원
문화(culture)는 '밭을 갈다'라는 뜻을 지닌 라틴어 'cultura'에서 유래하였다. 즉, 문화는 자연환경에 인간의 노력을 더하였다는 의미를 지닌다.

1. 문화의 의미

(1) 좁은 의미의 문화

① 의미: 고상하거나 세련된 것, 고급스러운 것 등 특별한 의미를 지닌 사회적 생활 양식
② 사례: 문화인, 문화 상품, 문화 공연, 문화생활 등

(2) 넓은 의미의 문화

① 의미: 한 사회나 집단의 구성원들이 공유하는 행동 양식이나 의식주, 가치 및 규범, 사고방식 등 인간의 모든 사회적 생활 양식
② 사례: 청소년 문화, 지역 문화, 대중문화, 민족 문화 등

개념 플러스 후천적 학습의 결과물로서의 문화

문화란 선천적이거나 자연적이지 않은 후천적 학습의 결과물 중 사회 구성원이 공유하는 것을 의미한다. 예를 들면, 야구 경기에서 특정 투수만 공을 던지기 전에 목 근육을 푸는 동작을 한다면 이는 후천적 행동이지만 개인의 버릇일 뿐 문화는 아니다. 그런데 투수가 던진 공이 타자의 몸에 맞았을 때 고의가 아니었더라도 선배들이 했던 것처럼 상대 선수에게 미안함을 표현하는 것은 후천적 학습 결과일 뿐만 아니라 야구 경기에서 흔히 나타나는 스포츠 문화라고 할 수 있다.

✪ 문화의 학습성
문화는 사회화 과정을 통해 후천적으로 학습되는 생활 양식을 의미한다. 따라서 배가 고플 때 먹을 것을 찾는 행위와 같이 본능적인 행위는 문화에 해당하지 않지만 쌀로 밥을 지어 먹는 행위는 문화에 해당한다.

2. 문화의 속성

(1) 학습성

① 의미: 문화는 선천적 · 유전적으로 나타나는 행동이 아니라 사회의 다른 구성원과의 상호 작용을 통해 후천적으로 학습되는 생활 양식임.
② 특징: 개인의 사회적 행동이 문화적 환경 속에서 형성되고 변화될 수 있음을 보여 줌. 본능에 따른 행동은 문화가 아님.
③ 사례: 외국인이 한국으로 결혼 이민을 와 김치 담그는 법을 배움.

(2) 공유성

① 의미: 문화는 한 사회의 구성원 다수가 공통적으로 가지고 있는 생활 양식임.
② 특징: 사회 구성원의 사고와 행동의 동질성을 형성하여 타인의 행동을 예측하고 이해할 수 있게 해 줌으로써 원활한 사회적 상호 작용을 가능하게 함.
③ 사례: 우리나라 사람이라면 설날에 웃어른께 세배하며 인사드리는 것을 자연스럽게 받아들임.

(3) 전체성(총체성)

① 의미: 문화는 여러 구성 요소들이 상호 유기적으로 결합된 하나로서의 총체이므로 부분이 아닌 전체로서 의미를 갖는 생활 양식임.
② 특징: 한 사회의 문화 요소 간 상호 연관성으로 한 부분(요소)의 변동은 다른 부분(요소)의 연쇄적인 변동을 초래함.
③ 사례: 우리 민족의 음식 문화는 우리나라의 기후, 조상들의 종교적 신념, 가족에 대한 전통적 관념 등과 밀접하게 연관되어 있음.

개념 체크

1. (　　) 의미의 문화는 한 사회에서 나타나는 인간의 모든 사회적 생활 양식을 의미한다.
2. 문화의 (　　)은 타인의 행동을 예측하고 이해할 수 있게 해 줌으로써 원활한 상호 작용을 가능하게 한다.
3. 문화의 전체성(총체성)에 의하면 한 사회의 문화 요소 간 상호 연관성으로 한 부분(요소)의 변동은 다른 부분(요소)의 (　　)적인 변동을 초래한다.

정답
1. 넓은
2. 공유성
3. 연쇄

(4) 변동성

① 의미: 문화는 시간이 흐르면서 그 형태나 내용, 의미가 변화하는 생활 양식임.
② 특징: 새로운 환경에 적응하기 위해 인간이 끊임없이 변화를 추구함으로써 나타남.
③ 사례: 훈민정음의 자음은 원래 17자였으나 지금은 14자만 사용되고 있음.

(5) 축적성

① 의미: 문화는 세대 간 전승되면서 새로운 요소가 추가되어 점점 더 풍부해지는 생활 양식임.
② 특징: 언어와 문자 등의 상징체계를 통해 세대 간 전승되어 문화가 발전할 수 있는 원동력이 됨.
③ 사례: 단순히 절여 먹던 김치에 고춧가루 등 갖은 양념이 추가되면서 오늘날 우리나라의 김치 문화가 더 풍부해짐.

✪ 상징체계
인간이 의사소통하는 데 필요한 수단으로서 추상적인 개념이나 사물을 문자, 기호, 숫자 등으로 나타낸 것이다.

3. 문화를 바라보는 관점

(1) 총체론적 관점

① 전제: 문화의 각 구성 요소는 상호 유기적인 관계를 맺으면서 하나로서의 전체를 이루고 있음.
② 연구 방법: 문화의 각 구성 요소가 갖는 의미를 다른 문화 요소 및 전체와의 유기적인 관련 속에서 파악함.
③ 의의: 문화 현상을 부분적인 측면에서 바라봄으로써 초래할 수 있는 편협하고 왜곡된 이해를 방지하는 데 기여함.

(2) 비교론적 관점

① 전제: 각 사회의 문화는 보편성과 특수성을 동시에 지니고 있음.
② 연구 방법: 서로 다른 문화를 비교하면서 개별 문화가 가진 공통점과 차이점을 연구함.
③ 의의: 자기 문화를 더 객관적이고 명료하게 이해할 수 있음.

≡ 개념 플러스 문화의 보편성과 특수성

모든 문화는 결국 인간이 만들어 낸 것이라는 점에서 보편성을 지닌다. 또한 문화가 자연환경의 테두리 내에서 유형화된 것이라는 점에서 역시 보편성을 지닌다. 인간들이 공통의 욕구를 해결하기 위해 환경에 적응하면서 공동생활을 영위해 오는 동안 여러 가지 공통된 행위 양식을 유형화하여 만들어 낸 것이기 때문이다. 하지만 문화가 특수성을 갖는 까닭은 환경의 차이와 관련이 있다. 각기 다른 사회에서 살아가는 사람들은 서로 다른 자연환경에 적응하지 않으면 안 되기 때문에 자연적 조건의 차이와 역사적 경험 등의 차이가 문화의 차이를 만들어 낸다.

(3) 상대론적 관점

① 전제: 문화는 그것이 발생한 사회의 역사적 · 문화적 · 사회적 맥락 속에서 의미와 가치를 지님.
② 연구 방법: 해당 문화를 향유하는 사회 구성원들의 입장에서 문화의 고유한 의미를 파악함.
③ 의의: 문화는 평가의 대상이 아닌 이해의 대상이므로 절대적인 기준을 가지고 특정 문화를 평가하거나 비판하는 것은 올바른 태도가 아님.

개념 체크

1. 문화가 시간이 흐르면서 그 형태나 내용, 의미가 변화하는 생활 양식임을 의미하는 문화의 속성을 (   )이라고 한다.
2. (   )적 관점은 특정한 문화 요소를 이해하기 위해서 다른 문화 요소 및 전체와의 관련 속에서 문화의 의미를 파악해야 함을 강조한다.
3. 비교론적 관점은 각 사회의 문화가 보편성과 (   )을 동시에 지니고 있다는 것을 전제로 한다.

정답
1. 변동성
2. 총체론
3. 특수성

✪ 국수주의

자기 나라에 대한 우월감으로 자국의 역사, 문화 등이 다른 나라보다 우월하다고 믿고, 남의 나라의 것을 배척하는 태도이다.

4. 문화 이해의 태도

(1) 자문화 중심주의

① 의미: 자기 문화의 우수성을 지나치게 강조한 나머지 다른 문화를 부정적으로 여기고 낮게 평가하는 태도

② 순기능: 자기 문화에 대한 자부심과 집단 내의 일체감을 강화시켜 사회 통합에 기여하고, 고유한 전통문화 계승 및 보전에 유리함.

③ 역기능: 국수주의에 빠져 국제적 고립을 초래하거나 제국주의적 문화 이식 시도로 문화적 마찰을 초래할 수 있음. 타 문화에 대한 이해와 수용을 어렵게 함.

≡ 개념 플러스 | 중화사상과 나치즘

중화사상과 나치즘은 자문화 중심주의를 보여 주는 대표적인 예이다. 과거에 중국 사람들은 자기들만이 문화 민족이고 그 주변의 다른 민족들은 모두 오랑캐 또는 야만인이라고 멸시하는 중화사상을 가지고 있었다. 또한 독일의 히틀러는 제2차 세계 대전 당시 우생학적 관점에서 자신들이 우월하고 유대인들은 열등하다고 믿으면서, 열등한 인자를 제거하는 것이 자기 민족의 생물학적 향상에 유리하다고 생각하여 수많은 유대인들을 아우슈비츠 수용소에서 집단 학살하고 유대교 회당을 파괴하는 만행을 저질렀다.

(2) 문화 사대주의

① 의미: 다른 문화의 우수성을 내세워 자기 문화의 가치를 낮게 평가하는 태도

② 순기능: 자기 문화의 낙후성을 개선하고, 선진 문물의 수용에 기여하기도 함.

③ 역기능: 자기 문화의 정체성이나 주체성을 상실할 우려가 있고, 고유문화가 소멸되거나 외래 문화에 종속될 수 있음.

(3) 문화 상대주의

① 의미: 문화를 우열 평가가 아닌 이해의 대상으로 간주하며, 각 문화가 해당 사회의 맥락에서 갖는 고유한 의미를 이해하고 존중하려는 태도

② 순기능: 다른 문화를 바르게 이해함으로써 문화의 다양성을 보존하는 데 기여할 수 있고, 다문화 사회를 이해하는 데 적합함.

③ 역기능: 극단적 문화 상대주의로 치우칠 경우 인류의 보편적 가치를 훼손할 우려가 있음.

≡ 개념 플러스 | 극단적 문화 상대주의

모든 문화를 문화 상대주의로 정당화할 수는 없다. 인간 생명과 존엄성이라는 근본 가치를 무시하는 문화나 도덕적으로 정당화할 수 없는 문화를 인정하는 것은 인류의 보편적 가치를 훼손할 수 있다. 한때 여성의 신체 활동은 물론 목숨까지도 위협했던 중국의 전족이나 일부 종교적 근본주의자에 의해 자행되는 명예 살인을 그들의 입장에서 이해할 경우 극단적 문화 상대주의로 이어질 수 있다.

개념 체크

1. (　　)는 자기 문화의 우수성을 지나치게 강조한 나머지 다른 문화를 부정적으로 여기고 낮게 평가하는 태도이다.
2. (　　)는 선진 문물의 수용에 기여하기도 하지만, 자기 문화를 비하하여 정체성을 상실할 우려가 있다.
3. 문화 상대주의는 문화를 우열 평가가 아닌 (　　)의 대상으로 간주한다.

정답

1. 자문화 중심주의
2. 문화 사대주의
3. 이해

심화 탐구

Theme 1 문화의 축적성

로마가 하루아침에 이루어지지 않듯이 문화도 한번에 만들어지는 것이 아니다. 어느 사회든 자신들의 문화가 언제 누구에 의해 만들어졌는가를 명확히 설명할 수 있는 사람은 없다. 세월이 흐르다보니 어느새 지금처럼 형성되었을 뿐이다. 예를 들면, 서양식 정찬을 처음 접한 사람은 차례차례 놓여 있는 여러 개의 포크와 나이프를 어떻게 사용해야 할지 몰라 난감해 한다. 빵은 어디에 두고, 물은 어디에 두며, 잔은 어떻게 잡고, 음식은 어떻게 먹는지 등등 복잡하기만 하다. 그런데 이 복잡하고 까다로운 테이블 매너는 누가 언제 만든 것일까? 정답은 '아무도 모른다.'이다. 세월이 흐르면서 새로운 식기가 하나둘씩 추가되고 새로운 식사법이 더해져 오늘날과 같은 서양식 식사 문화가 형성되었다. 다른 분야도 마찬가지이다. 오늘날 야구나 축구 경기의 규칙과 전술은 누가 만들었을까? 아무도 모른다. 하지만 한 가지 확실한 것은 야구와 축구가 처음 시작되었을 때의 규칙과 전술이 오늘날과는 상당히 다르다는 것이다. 세월이 지나면서 새로운 요소가 유입되고 추가되어 오늘날과 같은 모습이 되었다.

문화의 속성 중 축적성의 핵심은 문화가 세대 간 전승되며 더욱 풍부해진다는 데 있다. 인간은 다른 동물들과 달리 언어나 기호 같은 상징을 사용할 수 있는 능력이 있기 때문에 이전 세대로부터 전승받은 문화에 새로운 것을 추가하여 더욱 정교하고 풍부한 문화를 발전시킬 수 있었다.

Theme 2 총체론적 관점

인간의 문화는 다양한 요소로 구성되어 있으며 서로 연관되어 있다. 그래서 각 문화 요소를 다른 요소들과 관련지어 보지 않으면 이해하기 어려운 경우가 많다. 예를 들면, 인도인들은 굶주려도 소를 잡아먹지 않는데, 이러한 식문화를 이해하려면 인도의 종교와 농경생활을 이해해야만 한다. 많은 인도인이 믿고 있는 힌두교는 소에 종교적인 의미를 부여하여 소를 성스러운 존재로 여긴다. 그리고 소에 종교적인 의미를 부여하는 것은 소가 농경생활과 일상생활에 여러 가지로 유용하다는 점과 연관되어 있다.

특정한 문화 요소의 의미를 다른 문화 요소 및 전체와의 유기적인 관련 속에서 파악하는 관점을 총체론적 관점이라고 한다. 총체론적 관점에서 볼 때, 한 문화의 특정 부분만을 보고 야만적이다 또는 미개하다라고 판단하는 것은 전체적인 연관성을 보지 못한 부적절한 사고의 결과라고 할 수 있다.

수능 기본 문제

[24022-0107]

01 밑줄 친 ㉠, ㉡에 사용된 문화의 의미에 대한 옳은 설명만을 <보기>에서 고른 것은?

> 최근 방영된 영국 드라마에서는 18세기 영국의 ㉠건축 문화를 엿볼 수 있는데, 그 당시 지어진 영국의 건축물들이 매우 대칭적으로 배치되도록 지어졌음을 알 수 있다. 또한 화려한 옷차림을 하고 파티를 즐기는 영국 귀족들의 ㉡문화생활 장면에서 나타난 당시 영국 상류 사회의 모습은 매우 인상적이다.

● 보기 ●

ㄱ. ㉠에서의 '문화'는 평가적 의미를 내포하고 있다.
ㄴ. ㉡에서의 '문화'는 고상하고 세련된 것으로 사용되었다.
ㄷ. ㉠에서의 '문화'는 ㉡에서의 '문화'와 달리 생활 양식의 총체로 사용되었다.
ㄹ. ㉠에서의 '문화'는 좁은 의미, ㉡에서의 '문화'는 넓은 의미로 사용되었다.

① ㄱ, ㄴ ② ㄱ, ㄷ ③ ㄴ, ㄷ
④ ㄴ, ㄹ ⑤ ㄷ, ㄹ

[24022-0108]

02 문화의 의미와 관련하여 다음 글에 대한 옳은 설명만을 <보기>에서 고른 것은?

> 문화는 인간의 학습된 행동을 나타내는 행동 양식이자 생활 방식이다. 밥을 먹기 위해 수저를 사용하는 법을 배우고 식사 예절을 익히며 식사 문화가 만들어지듯이 문화는 우리가 살아가면서 환경에 적응하는 과정의 산물이다.

● 보기 ●

ㄱ. 문화를 넓은 의미로 이해하고 있다.
ㄴ. 문화를 한 사회의 총체적인 생활 양식으로 본다.
ㄷ. 문화를 특별한 의미를 가진 것만으로 이해하고 있다.
ㄹ. 문화를 인간의 모든 행동이 포함된 것으로 이해하고 있다.

① ㄱ, ㄴ ② ㄱ, ㄷ ③ ㄴ, ㄷ
④ ㄴ, ㄹ ⑤ ㄷ, ㄹ

[24022-0109]

03 다음 대화에 부각되어 있는 문화의 속성에 대한 진술로 가장 적절한 것은?

> 아들: 아빠! 중국 식당에 한자 '복(福)' 자가 왜 거꾸로 걸려 있어요?
> 아버지: 중국에서는 '도착하다'와 '거꾸로'의 발음이 똑같은데 저렇게 '복'자를 뒤집어 놓으면 중국인들이 거꾸로 걸려 있는 '복'을 보고 '복이 온다(도착한다)'의 의미로 여기기 때문에 대문이나 식당에 저렇게 붙여 놓는대.

① 문화는 시간이 지나면서 형태나 내용이 변한다.
② 문화는 세대 간 전승되면서 점점 더 풍부해진다.
③ 문화는 구성원 간 원활한 상호 작용의 토대가 된다.
④ 문화의 여러 구성 요소는 상호 유기적으로 결합되어 있다.
⑤ 문화를 구성하는 한 요소의 변동은 다른 요소의 연쇄적 변동을 초래한다.

[24022-0110]

04 밑줄 친 ㉠, ㉡에 각각 부각되어 있는 문화의 속성에 대한 옳은 설명만을 <보기>에서 고른 것은?

> 요즘 젊은이들은 자신의 성격을 소개할 때 혈액형으로 소개하기보다는 ㉠자신의 성격 유형 검사 결과를 공유하는 것을 자연스럽게 여긴다. 이는 ㉡'나' 자신에 대해 관심을 두는 요즘 세대의 가치관과 언제 어디서나 쉽게 검사할 수 있게 해 주는 인터넷 매체의 발달이 가져온 하나의 복합적인 문화적 현상이다.

● 보기 ●

ㄱ. ㉠은 문화가 세대 간 전승을 통해 점차 복잡하고 풍부해짐을 보여 준다.
ㄴ. ㉠은 문화가 사고와 행동의 동질성 형성에 영향을 준다는 점을 보여 준다.
ㄷ. ㉡은 문화의 각 요소가 상호 유기적으로 결합되어 있음을 보여 준다.
ㄹ. ㉡은 문화가 특정 상황에서 상대방의 행동 방식을 예측 가능하게 함을 보여 준다.

① ㄱ, ㄴ ② ㄱ, ㄷ ③ ㄴ, ㄷ
④ ㄴ, ㄹ ⑤ ㄷ, ㄹ

[24022-0111]

05 다음 글에 나타난 문화를 바라보는 관점에 대한 옳은 설명만을 〈보기〉에서 고른 것은?

문화는 일정한 자연환경의 테두리 내에서 유형화된 것이라는 점에서 보편성을 갖는다. 동시에 문화는 인종이나 민족이 지니는 생물학적, 유전적 특질을 비롯하여 환경의 차이로 인해 특수성을 갖기도 한다. 따라서 서로 다른 문화 간의 공통점과 차이점에 주목하여 연구해야 한다.

보기

ㄱ. 자기 문화에 대한 객관적 이해에 기여할 수 있다.
ㄴ. 문화 요소를 다른 요소나 전체와의 관련 속에서 이해하고자 한다.
ㄷ. 한 사회의 문화를 다른 사회의 문화와 비교하여 이해하고자 한다.
ㄹ. 역사적·사회적 맥락 속에서 각 사회의 문화가 가지는 의미와 가치를 강조한다.

① ㄱ, ㄴ ② ㄱ, ㄷ ③ ㄴ, ㄷ
④ ㄴ, ㄹ ⑤ ㄷ, ㄹ

[24022-0112]

06 밑줄 친 ㉠에 대한 옳은 설명만을 〈보기〉에서 고른 것은?

교사: 자신의 연구 주제를 발표해 보세요.
갑: 저는 동남아시아의 수상 가옥 주거 문화에 대해 연구하되, 수상 가옥이 발달할 수밖에 없었던 그들의 역사와 환경적 맥락에 주목하여 연구할 예정입니다.
교사: 갑은 문화를 바라보는 ㉠이 관점에 입각하여 연구를 진행할 예정이군요.

보기

ㄱ. 비교론적 관점에 해당한다.
ㄴ. 모든 문화가 고유한 가치를 지닌다고 전제한다.
ㄷ. 자문화를 객관적으로 파악하는 데 기여할 수 있다.
ㄹ. 문화는 평가가 아닌 이해의 대상이라는 점에 주목한다.

① ㄱ, ㄴ ② ㄱ, ㄷ ③ ㄴ, ㄷ
④ ㄴ, ㄹ ⑤ ㄷ, ㄹ

[24022-0113]

07 갑, 을의 문화 이해 태도에 대한 설명으로 옳은 것은?

갑: A국 사람들은 결혼할 때 하객들이 접시를 하나씩 가져와 결혼하는 신부 집 앞에서 깨뜨린대. 너무 과격하고 미개한 결혼 문화라고 생각해. 점잖은 우리의 결혼 제도를 본받으면 좋겠어.
을: A국의 접시 깨기 문화는 신혼부부에게 행운과 사랑을 가져다주는 오랜 풍습이래. 이러한 그들의 관점과 전통에 따라 자신들만의 문화로서 존중받아야 한다고 생각해.

① 갑의 태도는 문화 간에 우열이 존재한다고 본다.
② 갑의 태도는 문화를 평가가 아닌 이해의 대상으로 본다.
③ 을의 태도는 외부 문화의 수용에 적극적이다.
④ 을의 태도는 자기 문화의 정체성을 약화시킨다.
⑤ 갑의 태도와 을의 태도는 모두 문화의 다양성 보존에 기여한다.

[24022-0114]

08 문화 이해의 태도 A~C에 대한 설명으로 옳은 것은? (단, A~C는 각각 문화 사대주의, 문화 상대주의, 자문화 중심주의 중 하나임.)

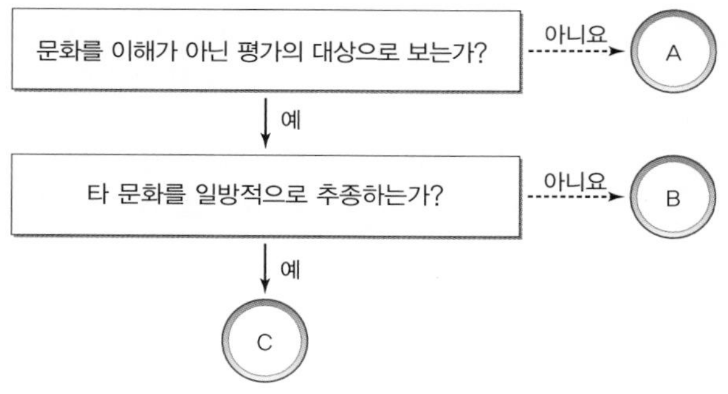

① A는 국수주의로 변질될 수 있다는 비판을 받는다.
② B는 자기 문화의 가치를 폄하한다.
③ C는 문화 제국주의로 변질될 수 있다는 비판을 받는다.
④ A는 B와 달리 각 사회의 문화가 나름대로의 가치를 지닌다고 본다.
⑤ C는 A와 달리 문화의 다양성 보존에 기여한다.

[24022-0115]

1 **밑줄 친 ㉠~㉢에 대한 옳은 설명만을 〈보기〉에서 고른 것은?**

사회자: 오늘은 ○○ 대학교 △△ 교수님을 모시고 우리나라의 ㉠전통문화 계승 방안의 일환인 '김치 문화의 세계화'에 대한 의견을 들어보겠습니다.

△△ 교수: 김치는 한국인의 아이콘이자 ㉡문화 상품으로서의 잠재력을 충분히 지니고 있는 우리나라의 대표적인 음식 문화입니다. 김치를 장독대에 보관했던 역사부터 김치냉장고의 개발까지, 게다가 2013년에 유네스코가 '김장을 담그는 문화'를 인류 무형 문화 유산으로 등재한 만큼 ㉢김치 문화를 자료화하여 이를 세계적으로 홍보할 수 있는 글로벌 캠페인에 앞으로도 앞장서겠습니다.

보기

ㄱ. ㉠에서의 '문화'는 ㉡에서의 '문화'와 달리 넓은 의미로 사용되었다.
ㄴ. '청소년 문화'에서의 '문화'는 ㉡이 아닌 ㉠에서의 '문화'와 같은 의미로 사용되었다.
ㄷ. ㉡에서의 '문화'는 ㉢에서의 '문화'와 달리 총체적이고 포괄적인 의미로 사용되었다.
ㄹ. ㉠, ㉡에서의 '문화'는 ㉢에서의 '문화'와 달리 평가적 의미를 내포하고 있다.

① ㄱ, ㄴ ② ㄱ, ㄷ ③ ㄴ, ㄷ ④ ㄴ, ㄹ ⑤ ㄷ, ㄹ

[24022-0116]

2 **밑줄 친 ㉠~㉣에 대한 옳은 설명만을 〈보기〉에서 고른 것은?**

갑: 요즘 젊은 세대의 문해력이 점점 낮아져서 문제가 심각하다고 생각해. 인터넷상에서 '심심(甚深)한 사과의 말씀을 드립니다.'라는 표현을 보고 한 젊은 네티즌이 제대로 된 사과가 아닌 심심한 사과를 하느냐며 비난을 했다고 해. 젊은 세대의 ㉠언어 문화를 짚어 볼 필요가 있는 것 같아.

을: 나도 들었어. 기성세대는 젊은 세대의 낮아진 문해력이 '디지털 ㉡언어' 때문이라고 생각하는 것 같아. ㉢'답정너, 자만추' 등과 같은 말의 의미를 젊은 세대는 쉽게 이해하지만, 기성세대는 이렇게 짧게 줄인 표현을 한 번에 이해하기 힘들어 해. ㉣젊은 세대의 언어 문화에 간결한 표현을 좋아하는 젊은 세대의 가치관과 인터넷 매체가 영향을 준 결과겠지.

보기

ㄱ. ㉠에서의 '문화'는 평가의 의미를 내포하고 있다.
ㄴ. ㉡은 비물질문화에 해당한다.
ㄷ. ㉢에는 문화의 공유성이 부각되어 있다.
ㄹ. ㉣에는 문화가 고정되어 있지 않고 지속적으로 변화한다는 문화의 속성이 부각되어 있다.

① ㄱ, ㄴ ② ㄱ, ㄷ ③ ㄴ, ㄷ ④ ㄴ, ㄹ ⑤ ㄷ, ㄹ

[24022-0117]

3 **밑줄 친 ㉠~㉣에 대한 옳은 설명만을 〈보기〉에서 고른 것은?**

현대인은 자신의 건강에 대해 민감한 편이다. '여가를 즐긴다'는 개념 자체가 낯설었던 시대에 비해 현대인은 열심히 휴가를 즐기고 ㉠여가 문화도 즐기려고 하지만, 현대인이 느끼는 스트레스는 날이 갈수록 심해지고 있다. 이는 '건강 염려증' 시대를 만들었다. ㉡TV에서 미세먼지, 미세 플라스틱, 전자파 등이 우리를 위협하고 있다는 정보를 접하면서 질병이나 아픔에 대해 지나치게 걱정하는 건강 염려증 현상이 생긴 것이다. ㉢이와 같이 건강 염려증이 심한 일부 현대인 사이에서 신체적 · 심리적 안정에 도움이 될 수 있는 것이라면 무엇이든 하는 것이 당연시되고 있다. ㉣영양제나 유기농 식품 관련 산업과 식이 요법 등이 소개된 온라인 채널들이 증가하고 있으며, 심리적 안정을 찾기 위해 정신 건강 관련 진료를 받는 의료 산업 분야 역시 건강 염려증 현상으로 인해 급부상하고 있다. 이처럼 건강 염려증 현상은 우리가 살아가는 사회의 광범위한 분야에 영향을 주고 있다.

보기

ㄱ. ㉠에서의 '문화'는 좁은 의미로 사용되었다.
ㄴ. ㉡은 물질문화에 해당한다.
ㄷ. ㉢에는 문화의 축적성이 부각되어 있다.
ㄹ. ㉣에는 문화의 전체성이 부각되어 있다.

① ㄱ, ㄴ　② ㄱ, ㄷ　③ ㄴ, ㄷ　④ ㄴ, ㄹ　⑤ ㄷ, ㄹ

[24022-0118]

4 **표는 문화의 속성 A~C가 부각된 사례를 나타낸 것이다. 이에 대한 옳은 설명만을 〈보기〉에서 있는 대로 고른 것은? (단, A~C는 각각 공유성, 변동성, 전체성 중 하나임.)**

문화의 속성	사례
A	중세 시대에 허리춤에 칼을 차고 다니던 기사들은 상대방을 만났을 때 칼을 뽑지 않겠다는 의미로 손을 내밀어 악수하는 것을 자연스럽게 여김.
B	1990년대 후반 젊은이들 사이에서 유행했던 당시 패션이 사라지고 30년이 지나 새로운 패션이 유행하고 있음.
C	(가)

보기

ㄱ. A는 문화가 한 사회 구성원 간 원활한 상호 작용의 토대가 됨을 보여 준다.
ㄴ. B는 문화가 세대 간 전승을 통해 새로운 요소가 추가되면서 더욱 풍부해짐을 보여 준다.
ㄷ. '우리나라 사람들이 생일에 미역국을 먹는 것을 당연시하는 문화'는 C보다 A로 설명하기 적합하다.
ㄹ. (가)에는 '세탁기의 발명은 가사 노동 방식, 여성의 사회 진출, 가옥 구조 등의 연쇄적 변동을 가져옴.'이 들어갈 수 있다.

① ㄱ, ㄴ　② ㄱ, ㄹ　③ ㄴ, ㄷ　④ ㄱ, ㄷ, ㄹ　⑤ ㄴ, ㄷ, ㄹ

[24022-0119]

5 **문화를 바라보는 관점 A~C에 대한 옳은 설명만을 〈보기〉에서 고른 것은?**

교사: 이번 학기 동안 '교육 문화'에 대해 어떤 관점과 내용을 바탕으로 연구를 진행할 것인지 각각 소개해 보세요.
갑: 저는 A를 적용하여, 좋은 대학과 좋은 직장을 가기 위한 목적으로 공부하는 ○○국의 주입식 학업 문화와 다양한 삶의 경험을 넓히기 위한 목적으로 공부하는 △△국의 전통적인 논쟁 중심의 토론 학업 문화 간의 공통점과 차이점을 바탕으로 연구할 예정입니다.
을: 저는 B를 적용하여, 여전히 신분 제도가 남아 있는 ○○국에서 천민 계급이 교육에 열정을 보이는 공부 문화가 관습, 사회 제도 등과 어떤 관련을 맺고 있는지를 전체적으로 파악할 예정입니다.
병: 저는 C를 적용하여, △△국의 유목민 부족이 현대식 문명을 거부하고 자신들만의 전통적인 방식을 전수하는 교육 문화가 그들의 자연 환경, 사회적 맥락 속에서 나름대로의 방식으로 자리 잡을 수밖에 없었다는 사실에 주목하여 연구할 예정입니다.
교사: 각 관점을 잘 적용하여 연구 주제를 설명했네요.

보기

ㄱ. A는 자문화를 객관적으로 이해하는 데 기여할 수 있다.
ㄴ. B는 문화가 지닌 보편성과 특수성을 파악하고자 한다.
ㄷ. C는 문화 간의 우열을 평가할 수 없다고 본다.
ㄹ. A, B는 C와 달리 해당 문화를 향유하는 사회 구성원의 입장에서 문화의 의미를 파악하는 데 초점을 둔다.

① ㄱ, ㄴ ② ㄱ, ㄷ ③ ㄴ, ㄷ ④ ㄴ, ㄹ ⑤ ㄷ, ㄹ

[24022-0120]

6 **다음 자료에 대한 설명으로 옳은 것은? (단, A~C는 각각 문화 사대주의, 문화 상대주의, 자문화 중심주의 중 하나임.)**

- '문화를 이해가 아닌 평가의 대상으로 바라보는가?'는 A와 C를 구분할 수 없는 질문이다.
- '국수주의로 흐를 가능성이 높은가?'는 B와 C를 구분할 수 있는 질문이다.
- (가) 는 B와 A, C를 구분할 수 있는 질문이다.

① A는 B와 달리 각 사회의 문화가 나름의 가치를 지닌다고 본다.
② B는 A와 달리 타 문화의 수용에 적극적이다.
③ C는 B와 달리 문화 제국주의로 변질될 수 있다는 비판을 받는다.
④ A, B는 C와 달리 문화의 다양성 확보에 유리하다.
⑤ (가)에는 '모든 문화가 동등한 가치를 지닌다고 보는가?'가 들어갈 수 없다.

[24022-0121]

7 다음 글의 필자가 지닌 문화 이해의 태도에 대한 설명으로 가장 적절한 것은?

> 갑국의 ○○ 종교인들은 자신들의 종교적 신념에 따라 살아간다. 남성은 검은 정장과 챙 모자, 하얀 셔츠를 착용하고 수염과 옆머리를 기르며, 여성은 긴 치마에 목과 팔을 덮는 옷을 입는다. 무엇보다도 이들의 가장 큰 특징은 현대적인 세속주의를 배척한다는 것이다. 텔레비전, 인터넷, 라디오 등을 비롯하여 전기나 자동차도 사용하지 않는다. 하루가 다르게 변화하고 국가 간 상호 의존도가 높은 현대 사회에서 갑국 ○○ 종교인들의 생활 모습은 시대를 역행하는 것처럼 보일 수도 있다. 하지만 이들은 자신들의 종교적 신념과 교리에 따라 대를 이어가며 자신들이 만든 공동체를 이어나가려는 것으로서 현대적인 세속주의를 따르지 않는 삶의 모습은 이들의 오랜 전통에 따라 나름대로의 의미를 지닌 문화이다. 따라서 이를 무조건적으로 비판해서는 안 될 것이다.

① 문화적 다양성을 약화시킬 위험이 있다.
② 다른 사회와 마찰을 초래할 가능성이 크다.
③ 문화를 평가가 아닌 이해의 대상으로 간주한다.
④ 국수주의로 인해 국제적 고립을 초래할 수 있다.
⑤ 문화적 주체성을 상실할 가능성이 높다는 비판을 받는다.

[24022-0122]

8 다음은 형성 평가 문제 및 교사의 채점 결과이다. 이에 대한 설명으로 옳은 것은? (단, A∼C는 각각 문화 사대주의, 문화 상대주의, 자문화 중심주의 중 하나임.)

〈형성 평가〉

※ 다음 내용을 읽고 물음에 답하시오.

문항 및 학생 갑의 답변	채점 결과
1. A에 해당하는 사례를 쓰시오. → 중국의 중화사상	1점
2. A, C의 공통적인 특징을 쓰시오. → 문화를 이해가 아닌 평가의 대상으로 본다.	0점
3. A, C와 구분되는 B의 순기능을 쓰시오. → 자기 문화에 대한 자부심과 집단 내의 일체감을 강화시킨다.	㉠

※ 각 문항에 대해 옳게 적으면 1점, 틀리게 적으면 0점을 부여함.

① ㉠은 '1점'이다.
② A는 B와 달리 다른 사회와 마찰을 초래할 가능성이 낮다.
③ B는 C와 달리 특정 사회의 문화를 기준으로 자문화를 낮게 평가한다.
④ C는 A와 달리 문화의 다양성 보존을 저해한다.
⑤ A, B는 C와 달리 문화 간에 우열이 존재하지 않는다고 본다.

09 현대 사회의 문화 양상

✪ 하위문화의 상대성

우리 사회에서 청소년 문화는 하위문화이지만, 학교 내의 특정 동아리 문화는 청소년 문화의 하위문화로 볼 수 있다. 즉, 어떤 문화가 하위문화에 속하는지에 대한 판단은 상대적이다.

✪ 주류 문화

한 사회에서 지배적인 영향을 끼치는 문화로, 다수의 사회 구성원들이 전반적으로 공유하는 문화이다.

1. 하위문화

(1) **의미**: 한 사회 내에서 특정 집단의 구성원들 또는 특정 영역의 사람들만 공유하는 문화

(2) **형성 배경**: 비슷한 생활 공간(지역)과 연령대, 같은 직업, 동일한 취미 등을 기초로 하여 집단의 구성원끼리 생활하고 상호 작용하는 가운데 형성됨.

(3) **특징**

① 전체 사회의 범주를 어떻게 규정하느냐에 따라 하위문화의 범주가 상대적으로 결정됨.

② 한 사회 내에는 수많은 하위문화가 존재할 수 있고, 사회가 다원화되고 민주화될수록 다양해짐.

③ 전체 사회의 문화적 다양성을 형성하는 원천으로서 한 사회를 구성하는 인종, 민족, 계층, 지역 등의 분포를 반영함.

④ 사회의 복잡화에 따른 다양한 사회 집단의 출현으로 현대 사회에서는 많은 하위문화가 나타나고 있음.

⑤ 일반적으로 전체 사회가 추구하는 가치에 부합하는 성격을 갖지만, 반(反)문화의 성격을 지닐 수도 있음.

(4) **기능**

① 순기능

- 주류 문화에서 누릴 수 없는 다양한 문화적 욕구를 해결해 줌.
- 전체 사회에 역동성, 다양성을 제공함.
- 특정 집단의 정체성을 형성함으로써 구성원의 소속감 고취에 기여함.
- 기존에 존재하지 않았던 새로운 문화의 창조와 변화에 기여함.

② 역기능: 서로 다른 하위문화를 가진 집단 간의 갈등을 초래하여 사회 통합을 저해할 우려가 있음.

(5) **유형**: 지역 문화, 세대 문화, 반문화 등

개념 체크

1. 한 사회 내에서 특정 집단의 구성원들이 공유하는 문화를 (   )문화라고 한다.
2. 하위문화의 범주는 시대나 사회의 변화에 따라 (   )적으로 규정된다는 특징이 있다.
3. 하위문화로서 (   ) 문화는 특정 지역 주민의 정체성과 연대 의식 형성에 기여한다.

정답

1. 하위
2. 상대
3. 지역

2. 하위문화의 대표적인 유형

(1) **지역 문화**

① 의미: 다양한 지역 내에서 나타나는 고유한 생활 양식과 사고방식

② 형성 배경: 각 지역의 주민들이 서로 다른 환경에서 고유한 역사적·문화적 경험을 하는 과정에서 형성됨.

③ 기능

- 순기능: 지역 주민들의 정체성, 소속감, 연대 의식 형성에 기여하고, 문화적 다양성과 역동성을 제공함으로써 사회 전체의 문화적 획일화를 방지해 줌. 지역 축제 활성화 및 지역 관광 상품 개발을 통해 지역 경제와 국가 경제 성장에 기여함.
- 역기능: 경제적 이익을 추구할 경우 지역 문화가 지나치게 상품화되는 경향이 나타남.

④ 우리나라 지역 문화의 특징과 최근 경향: 산업화·정보화 및 교통·통신의 발달로 도시 문화가 확산되고 기존의 고유한 지역 문화가 약화되면서 획일화되는 경향이 있음.

(2) **세대 문화**

① 의미: 공통의 경험을 바탕으로 형성된 일정 범위의 연령층이 공유하는 의식이나 생활 양식

② 형성 과정: 생물학적 성숙 과정과 시대적 · 사회적 환경이 복합적으로 영향을 끼쳐 형성됨.

③ 기능

- 순기능: 같은 세대에 속하는 사람들의 정체성, 일체감 형성에 기여함.
- 역기능: 동일한 사회 현상에 대해 서로 다른 인식과 이해관계의 차이를 초래하여 세대 갈등을 유발할 수 있음.

④ 사례: 청소년 문화

- 변화 지향적 · 충동적 · 저항적 · 모방적 성격을 띰.
- 현실 지향적인 기성세대의 문화와 달리 미래 지향적인 성격이 강함.
- 소비적 속성이 나타나며 반문화적 성격이 나타나기도 함.
- 또래 집단과 대중 매체의 영향으로 획일성이 강한 문화가 형성될 우려가 있음.

(3) **반(反)문화**

① 의미: 한 사회의 지배적인 문화에 저항하거나 대립하는 문화

② 특징: 하위문화의 한 유형임. 시대와 사회에 따라 반문화에 대한 규정이 달라짐.

③ 기능

- 순기능: 기존의 주류 문화를 대체하면서 사회 변동을 가져오기도 하고, 사회 문제가 무엇인지 알려 주어 사회 발전의 계기를 제공하기도 함.
- 역기능: 기존 주류 문화에 저항하기 때문에 사회 혼란을 초래하기도 함.

④ 사례: 1960년대 미국의 히피 문화, 지배 질서와 상충하는 종교 문화(조선 시대 천주교, 동학) 등

≡ 개념 플러스 반문화

반문화는 사회의 지배적인 문화에 정면으로 반대하고 적극적으로 도전하는 하위문화로, 대항문화라고도 한다. 반문화는 인종 차별 철폐 운동, 베트남 참전 반대 운동과 같은 정치적 운동으로 나타나기도 하였고, 히피 문화처럼 기존의 현실을 벗어나 대안적인 삶의 방식이나 사회를 추구하려는 사회 · 문화적 운동으로 나타나기도 하였다.

3. 대중문화

(1) **의미**: 한 사회 내에 존재하는 다양한 집단을 초월하여 대다수의 사회 구성원인 대중이 공유하면서 향유하는 문화

(2) **형성 배경 및 확산 과정**

① 산업화에 따른 대량 생산 체제의 형성으로 다수가 동시에 누릴 수 있는 공통의 문화가 보급됨.

② 보통 선거 제도의 도입으로 대중의 정치적 · 사회적 지위가 향상됨.

③ 대중 매체의 발달로 대중문화가 활발하게 생산되고 보급됨.

④ 의무 교육 제도의 도입으로 대중의 지적 수준이 향상됨.

(3) **특징**

① 빠르게 퍼져 다수에게 영향을 줌.

② 대중 매체를 통해 대량 생산되고 소비됨.

③ 사회 구성원의 생활 양식을 동질화하는 경향이 있음.

✪ 세대 갈등

서로 다른 세대 간에 나타나는 갈등으로, 세대 간 생활 경험과 가치관의 차이 등으로 인해 발생한다.

✪ 대중(大衆)

지위, 계급, 직업, 학력, 재산 등의 사회적 속성을 초월한 불특정 다수의 사람들을 의미한다.

개념 체크

1. (　　　)란 공통의 경험을 바탕으로 형성된 일정 범위의 연령층이 공유하는 의식이나 생활 양식을 의미한다.
2. (　　　)는 하위문화의 한 유형으로서 한 사회의 지배적인 문화에 저항하거나 대립하는 문화이다.
3. 근대 산업화 이후 직업, 계층, 성별과 상관없이 다수의 사람들이 누리는 공통의 문화를 (　　　)문화라고 한다.

정답

1. 세대 문화
2. 반문화
3. 대중

✪ 대중 매체와 대중문화
대중 매체는 정치, 경제, 사회, 문화 등 다양한 영역에서 강한 영향력을 가지고 있으며, 특히 대중문화의 생산 및 확산에 중추적인 역할을 한다.

☰ 개념 플러스 | 대중문화

대중 매체를 기반으로 한 문화, 혹은 대중이 중심이 되는 문화이다. 대중문화를 부정적으로 보는 사람들은 대중문화를 대중 매체에 의해 대량 생산된 문화라는 의미를 지닌 '매스 컬처(mass culture)'라고 표현하기도 한다. 반면, 대중문화를 긍정적으로 보는 사람들은 대중 매체가 사회 다수의 취향을 반영한다는 민주적 성격을 강조해 다수의 사람들이 향유하는 문화라는 의미를 지닌 '파퓰러 컬처(popular culture)'라는 표현을 사용한다.

(4) 대중문화와 대중 매체

① 대중 매체의 의미: 대중을 상대로 정보 전달의 매개 역할을 하는 수단

② 대중 매체의 유형

일방향 매체	• 신문, 잡지, 라디오, 영화, 텔레비전 등 전통적인 대중 매체 • 정보 생산자와 소비자가 뚜렷하게 구별되고, 정보 소비자가 수동적임.
쌍방향 매체	• 누리 소통망(SNS), 맞춤형 누리 방송(IPTV) 등의 뉴 미디어 • 정보 생산자와 소비자의 역할 구분(경계)이 모호하고, 정보 소비자가 정보 생산 과정에 능동적이고 적극적으로 참여함.

✪ 대중 조작
정보의 은폐나 왜곡, 과장, 허위 정보 제공 등을 통해 의도적으로 대중의 관심이나 사고방식을 특정한 방향으로 유도하는 행위나 시도를 의미한다.

③ 대중문화와 대중 매체의 관계
- 대중 매체는 대중문화를 학습하고 공유할 수 있게 함. → 동시대의 사람들에게서 비슷한 문화적 특성이 나타남.
- 대중 매체는 대중문화의 전파, 소비, 변화 등에 영향을 줌. → 대중문화의 국가 간 경계 약화, 기존 문화의 대체, 새로운 대중문화의 등장
- 새로운 대중 매체의 등장과 변화 촉진 → 뉴 미디어의 등장으로 대중이 문화의 생산자 역할과 소비자 역할을 동시에 수행함.

(5) 기능

순기능	• 오락 및 여가의 기회를 제공하여 삶의 활력소가 됨. • 고급문화를 대중화하여 평균적인 문화 수준이 향상됨. • 시민 의식의 성숙과 문화 민주주의의 정착에 기여함.
역기능	• 문화의 상업화, 획일화를 조장할 우려가 있음. • 지나친 상업성의 추구로 대중문화가 질적으로 저하될 수 있음. • 지배층의 대중 조작 수단으로 악용될 수 있음.

(6) 대중문화 수용의 바람직한 자세

① 대중문화는 긍정적, 부정적 측면이 모두 있으므로 대중이 비판적으로 인식하고 수용해야 함.

② 대중문화의 지나친 상업성을 경계하고 수동적인 문화의 소비자에 머무르지 않으며 건강한 대중문화 형성을 위해 주체적으로 생산자 역할을 수행해야 함.

자료 플러스 | 획일화된 대중문화와 고독한 군중

"대중 사회에서 현대인은 획일화된 대중문화의 무차별 공격에 무방비 상태로 놓여 있다. 그리고 개인은 스스로 인간성과 개성의 '자유로부터 도피'를 하여 획일화된 대중 사회에 길들여지고 있다." 에리히 프롬은 데이비드 리스먼의 '고독한 군중'으로서의 현대인의 성격을 자유와 결부시켜 인간 상실과 권위의 문제로 풀이했다. 그는 현대인이 누리는 자유에는 양면성이 있다고 보았다. 현대인은 낡은 권위나 전통적인 속박에서 벗어나 새로운 자의식을 획득했지만, 이와 동시에 불안감과 무기력, 고독감에서 새로운 강제적이고 비합리적인 활동에 자기를 순응하게 만들었으며, 이에 영향을 끼친 요인 중 하나가 획일화된 대중문화라는 것이다.

개념 체크

1. 대중문화는 (   )의 발달로 활발하게 생산되고 보급된다는 특징이 있다.
2. 현대 사회에서 (   )의 등장으로 인해 정보의 생산자와 소비자의 경계가 모호해졌다.
3. 대중 문화의 경우 지배층의 (   ) 수단으로 악용될 수 있다는 역기능이 있다.

정답
1. 대중 매체
2. 뉴 미디어
3. 대중 조작

심화 탐구

Theme 1 반문화

반문화는 잉거(Yinger, J. M.)가 언급한 개념으로, 사회의 지배적 문화에 적극적으로 도전하고 대립하는 문화를 일컫는다. 다시 말해 반문화는 하위문화 중 지배적인 문화에 정면으로 반대하고 적극적으로 도전하는 문화를 의미한다. 반문화는 한 사회 내의 작은 집단 구성원들이 독특한 가치와 규범, 생활 양식을 갖고 있다는 점에서 하위문화에 포함되지만, 전체 사회에 반대되거나 충돌할 만한 독특한 생활 양식이라는 점에서 다른 하위문화와 차이가 있다.

반문화의 대표적인 예로는 히피 문화를 들 수 있다. 1960년대 미국을 휩쓸었던 저항적 젊은이들인 히피족은 당시 미국 사회에 만연해 있던 물질 만능주의와 베트남 전쟁으로 대변되는 미국의 군사적 패권주의 등과 같은 지배적인 가치에 대항하여 자신들만의 공동체를 형성하고 반문화를 이끌었다. 자유분방한 의상과 헤어스타일, 로큰롤 음악 등이 히피 문화를 대변하는 아이콘이었다.

반문화는 하위문화의 한 유형으로, 한 사회의 지배적인 문화에 저항하거나 대립하는 문화를 가리킨다. 반문화의 대표적인 사례로는 범죄 문화, 히피 문화 등이 있다.

Theme 2 대중문화에 대한 비판

근대 사회에 이르러 신분 제도가 해체되고 산업화 · 도시화가 진행됨에 따라 이른바 '대중'이 등장하게 되었다. 그리고 대중 매체의 발달에 힘입어 대중문화가 중요한 문화 현상으로 대두되었다.

대중문화는 종래의 엘리트 계급이나 상류 사회의 구성원들에 의해 독점되었던 고급문화와 달리 광범위한 대중이 수용하고, 부담 없이 향유하게 된 문화 현상이다. 그러나 대중의 희로애락과 직접적으로 관련되어 온 대중문화는 영리 추구를 목적으로 하는 기업의 이윤 극대화를 위해 소비자의 주머니를 겨냥해서 만들어진 것이다. 또한 대중문화는 문화 산업에 의해 대량 생산되며, 고도로 발달된 대중 매체를 통해 보급된다. 그러므로 대중문화는 대중에게 영합하는 획일적이고 규격화된 문화가 될 수밖에 없으며 오히려 문화의 질을 저하시킴으로써 문화의 창조성을 위협하기도 한다.

한편, 대중문화는 대중으로 하여금 무의식적으로 자본주의적 가치관과 정서를 내면화하도록 유도한다. 이러한 대중문화는 노동 계급의 수동성과 무관심을 조장하는 자본주의의 도구에 불과하며, 기존의 불평등한 사회 체계를 정당화한다는 비판을 받기도 한다.

대중문화에는 긍정적 측면과 부정적 측면이 모두 존재한다. 대중문화는 오락 및 여가의 기회를 제공하여 삶의 활력소가 되기도 하지만, 위와 같은 부정적 기능도 있는 만큼 대중은 대중문화를 비판적으로 인식하고 수용해야 한다.

[24022-0123]

01 문화 관련 개념 A에 대한 옳은 설명만을 〈보기〉에서 고른 것은?

> 어느 한 집단이 전체 사회의 지배적인 문화 유형과는 다른 독특한 문화를 지닌 경우 이를 A라고 한다. A는 상대적인 개념인데, 구한말 서구의 선교사들을 통해 우리나라에 소개된 야구나 농구와 같은 근대 스포츠가 당시에는 근대 교육을 받고 있는 소수 젊은이들의 문화로서 우리나라의 A였지만, 지금은 많은 국민이 즐기는 대중적인 문화가 된 것이 그 예이다.

보기

ㄱ. A는 하위문화이다.
ㄴ. 모든 반문화는 A에 해당한다.
ㄷ. 주류 문화는 모든 A의 합으로 설명할 수 있다.
ㄹ. A는 전체 사회의 문화 동질성을 높이는 데 기여한다.

① ㄱ, ㄴ ② ㄱ, ㄷ ③ ㄴ, ㄷ
④ ㄴ, ㄹ ⑤ ㄷ, ㄹ

[24022-0124]

02 밑줄 친 문화에 대한 옳은 설명만을 〈보기〉에서 고른 것은?

> 요즘 일부 5060세대를 중심으로 시니어 문화가 확산되고 있다. 일명 '오팔(OPAL) 세대'로 불리는 이들은 트로트 가수들의 굿즈를 구매하거나 건강식품, 패션 분야에서 광고 모델로 활약하는 등의 문화를 형성하였다. 이는 한국이 초고령 사회로의 진입을 앞두고, 중장년층 인구 비율의 증가와 더불어 베이비붐 세대가 본격적인 은퇴를 시작하며 나타난 현상이라고 할 수 있다.
>
> * 오팔(OPAL) 세대: 'Old People with Active Life'의 앞 글자를 따 만든 용어로, 경제력을 갖추고 자신이 원하는 것을 하기 위해 돈과 시간을 아끼지 않는 5060세대를 말함.

보기

ㄱ. 한 사회의 지배적인 문화에 저항하며 형성된다.
ㄴ. 해당 향유자의 문화적 욕구를 해결해 줄 수 있다.
ㄷ. 전체 사회에 문화의 다양성을 제공하는 데 걸림돌이 된다.
ㄹ. 같은 세대에 속하는 사람들의 일체감 형성에 기여하는 역할을 한다.

① ㄱ, ㄴ ② ㄱ, ㄷ ③ ㄴ, ㄷ
④ ㄴ, ㄹ ⑤ ㄷ, ㄹ

[24022-0125]

03 다음 자료에 대한 설명으로 옳은 것은? (단, A, B는 각각 반문화, 하위문화 중 하나임.)

> • 모든 A는 B에 해당하지만, 모든 B가 A에 해당하지는 않는다.
> • (가) 는 A와 B를 구분할 수 없는 질문이다.

① A는 하위문화, B는 반문화이다.
② A의 사례로 특정 지역의 사투리 문화를 들 수 있다.
③ B는 한 사회의 변화에 따라 주류 문화가 되기도 한다.
④ A는 B와 달리 해당 문화를 향유하는 사람들의 정체성 형성에 기여한다.
⑤ (가)에는 '한 사회의 문화 다양성에 기여하는가?'가 들어갈 수 없다.

[24022-0126]

04 다음 글에서 강조하는 결론으로 가장 적절한 것은?

> 미국의 한 연구팀이 진짜 뉴스와 가짜 뉴스를 바탕으로 진행한 실험에서 사람들은 진실 여부를 떠나 자신에게 유리한 이야기를 더 많이 믿는 경향이 있다는 흥미로운 연구 결과를 발표했다. 과거와 달리 다양한 매체를 통한 정보의 홍수 속에서 살아가고 있는 만큼 사람들은 필요에 맞게 정보를 정확하게 분석하고 평가할 수 있어야 한다.

① 대중 매체가 전달하는 모든 정보를 수용해야 한다.
② 대중 매체가 전달하는 정보에 대한 비판적 수용 능력을 길러야 한다.
③ 대중 매체가 전달하는 정보 중 자신의 이익에 부합하는 내용만을 이용해야 한다.
④ 대중 매체가 전달하는 정보를 수용할 때는 소비자보다 생산자로서의 역할을 중시해야 한다.
⑤ 대중 매체가 제공하는 내용 중 대중의 관심과 요구를 반영한 내용만을 선별적으로 수용해야 한다.

[24022-0127]

1 A, B에 대한 옳은 설명만을 〈보기〉에서 고른 것은? (단, A, B는 주류 문화, 반문화 중 하나임.)

갑국은 다양한 인종이 사는 국가이며 이 중에는 원주민 집단도 있다. 이와 같이 다양한 인종들로 구성되어 있는 갑국에서는 대부분의 사람이 ○○인의 언어를 사용하는데, 이는 갑국의 A에 해당한다. 하지만 갑국의 원주민 집단이 정부의 정책에 저항하고 투쟁하며 오랫동안 자신들이 지켜온 언어 문화를 고수하기 위해 그들의 고유한 언어를 사용하는 것은 B에 해당한다. 이로 인해 갑국 정부와 원주민 집단 사이에는 많은 갈등이 빚어지고 있다.

보기

ㄱ. A는 모든 하위문화의 총합으로 설명할 수 있다.
ㄴ. B는 해당 문화를 공유하는 구성원들의 소속감을 약화시킨다.
ㄷ. A는 사회 변화에 따라 B가 될 수 있다.
ㄹ. A, B는 모두 해당 문화를 누리는 구성원의 정체성 형성에 기여한다.

① ㄱ, ㄴ ② ㄱ, ㄷ ③ ㄴ, ㄷ ④ ㄴ, ㄹ ⑤ ㄷ, ㄹ

[24022-0128]

2 다음 자료에 대한 옳은 분석만을 〈보기〉에서 있는 대로 고른 것은?

그림은 갑국의 A, B 각 지역에서 모든 사람이 향유하는 음식 문화 요소 일부를 시기별로 나타낸 것이다. 단, 갑국은 A, B 지역으로만 구분되며, 각 지역의 인구는 비슷하다.

〈T 시기〉

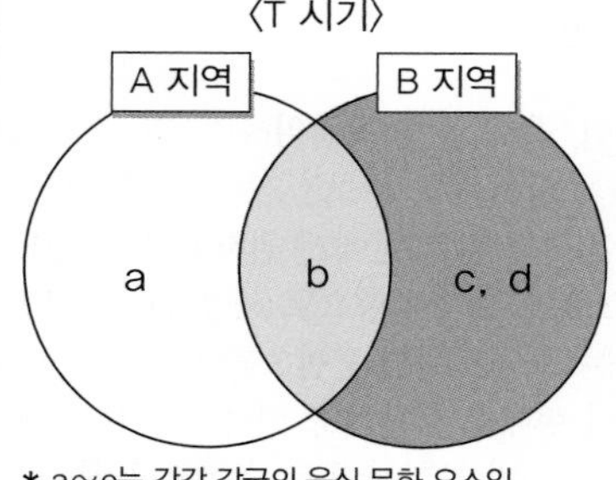

〈T+1 시기〉

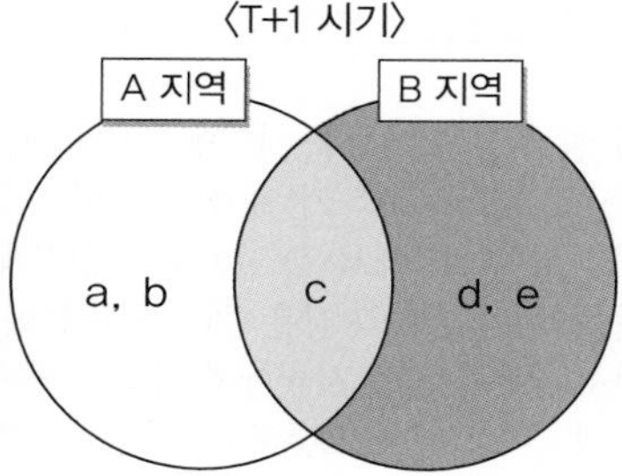

* a~e는 각각 갑국의 음식 문화 요소임.

보기

ㄱ. T 시기에 a를 향유하는 사람은 갑국의 주류 문화 요소를 공유하지 않는다.
ㄴ. T 시기에 b는 갑국의 주류 문화 요소이다.
ㄷ. c는 시간의 흐름에 따라 하위문화 요소가 주류 문화 요소로 변할 수 있음을 보여 주는 사례이다.
ㄹ. A 지역의 경우 T+1 시기는 T 시기에 비해 음식 문화 요소의 다양성이 낮아졌다.

① ㄱ, ㄴ ② ㄴ, ㄷ ③ ㄷ, ㄹ ④ ㄱ, ㄴ, ㄹ ⑤ ㄱ, ㄷ, ㄹ

[24022-0129]

3 **다음 자료에 대한 옳은 설명만을 〈보기〉에서 있는 대로 고른 것은? (단, A, B는 각각 주류 문화, 반문화 중 하나임.)**

교사: A의 특징과 구분되는 B의 일반적인 특징을 설명해 보세요.
갑: 지배적인 문화에 저항하는 문화에 해당합니다.
을: 다수의 사회 구성원들이 공유하는 문화에 해당합니다.
병: (가)
교사: 옳은 내용을 말한 학생은 ㉠두 명뿐입니다.

보기

ㄱ. A의 사례로 '1960년대 미국의 히피 문화'를 들 수 있다면, 갑은 ㉠에 포함된다.
ㄴ. '우리나라에서 수저를 사용하는 문화'가 B에 해당한다면, ㉠은 을, 병이다.
ㄷ. (가)가 '하위문화의 한 유형에 해당합니다.'라면, 갑은 ㉠에 포함된다.
ㄹ. 을이 ㉠에 포함되면, (가)에는 '한 사회 내의 특정 집단만의 독특한 정체성 형성에 기여합니다.'가 들어갈 수 있다.

① ㄱ, ㄴ ② ㄱ, ㄹ ③ ㄴ, ㄷ ④ ㄱ, ㄷ, ㄹ ⑤ ㄴ, ㄷ, ㄹ

[24022-0130]

4 **밑줄 친 ㉠~㉣에 대한 옳은 설명만을 〈보기〉에서 고른 것은?**

최근 갑국의 일부 젊은 여성층 사이에서 아이돌, 취미, 음식 등의 광범위하면서도 적극적인 소비 활동인 ㉠'○○ 소비 문화'가 확산되고 있다. ○○ 소비 문화는 주로 ㉡SNS를 중심으로 확산되고 있는데, '○○ 소비'에서 ○○는 '추천한다'에서 비롯된 말로 남에게 권하고 싶을 정도로 좋아한다는 것을 뜻한다. 이와 같은 ○○ 소비 문화는 코로나19의 영향으로 사람들과의 대면 접촉이 줄어들면서 젊은 여성들 사이에서 자신이 좋아하는 제품, 인물, 콘텐츠를 TV가 아닌 디지털 플랫폼을 통해 추천하면서 소통하고 소비하는 활동의 형태로 확산되고 있다. ㉢기성세대 문화와는 다른 소통의 방법을 선호하는 젊은 여성층은 ○○ 소비 문화를 통해 소통하고 팬덤을 형성하며 ㉣관련 기업의 마케팅 전략에도 영향을 주고 있다.

보기

ㄱ. ㉠은 갑국의 하위문화에 해당한다.
ㄴ. ㉡은 쌍방향 정보 전달이 용이하다.
ㄷ. ㉢에서 '문화'는 좁은 의미로 사용되었다.
ㄹ. ㉣에는 문화의 공유성이 부각되어 있다.

① ㄱ, ㄴ ② ㄱ, ㄷ ③ ㄴ, ㄷ ④ ㄴ, ㄹ ⑤ ㄷ, ㄹ

[24022-0131]

5 다음 대화에 대한 옳은 설명만을 〈보기〉에서 고른 것은?

갑: 요즘 뉴 미디어가 발달하다보니 젊은 연령층 사이에서 선한 영향력을 행사할 수 있는 챌린지 운동 등이 많이 확산했어. 소위 '해시태그(#) 운동'은 '#occupywallstreet'라는 문구로 미국 정부에 항의하는 시위가 SNS를 통해 일어난 데서 시작되었고, 이후 프랑스 파리에서 연쇄 테러가 발생했을 때는 '#prayforparis'라는 해시태그로 테러 희생자들을 애도했다고 해. 뉴 미디어의 파급력이 대단한 것 같아.

을: 나는 뉴 미디어 때문에 나타나는 모방 범죄가 걱정돼. 실제로 미국에서는 온라인 스트리밍 서비스로 ○○ 드라마가 인기를 얻으면서 이 드라마에 나왔던 주인공처럼 분장을 하고 모방 범죄를 저지르는 문제가 대두되고 있다고 해. 뉴 미디어로 인해 오히려 범죄 문화가 조성되는 것 같아 걱정이야.

보기

ㄱ. 갑은 대중 매체의 부정적 영향을 강조하고 있다.
ㄴ. 갑은 뉴 미디어를 통해 하위문화가 형성되었음을 언급하고 있다.
ㄷ. 을은 뉴 미디어의 발달이 문화의 상업화 현상을 가져온다고 본다.
ㄹ. 을은 갑과 달리 뉴 미디어가 일탈 행동을 조장하는 요인이 될 수 있음을 강조하고 있다.

① ㄱ, ㄴ ② ㄱ, ㄷ ③ ㄴ, ㄷ ④ ㄴ, ㄹ ⑤ ㄷ, ㄹ

[24022-0132]

6 다음 글의 결론으로 가장 적절한 것은?

우리는 일상생활 속에서 많은 시간을 영화, 드라마, 광고, 대중음악 등과 함께 보낸다. 그런데 대중문화는 우리가 의식하지 못하는 사이에 우리의 사고방식을 유도하고, 우리는 그것을 인식하지 못한 채 받아들이는 경우가 많다. 예를 들어, 영화에서 특정 국가의 우월성을 내세우는 사례가 있다. 액션 또는 블록버스터 영화 속에서 지구의 종말을 앞두고 특정 강대국의 주인공이 장엄한 희생을 하거나 외계인과 싸우고 정의를 쟁취하며 영웅이 되는 것이다. 일반적으로 어려운 역경 속에서 정의를 쟁취하는 영웅의 역할은 주로 선진국에서 독차지하고, 힘 있는 특정 국가가 최고의 나라로 묘사되며, 우리는 이러한 이미지를 자연스럽게 받아들이게 되는 경향이 있다.

① 대중문화는 문화의 상품화를 초래한다.
② 대중문화는 사회적 불평등을 완화시킨다.
③ 대중문화는 긍정적인 문화를 만들어 낸다.
④ 대중문화는 현존하는 지배 세력을 정당화한다.
⑤ 대중문화는 우리 사회의 평균적인 문화 수준을 높이는 데 기여한다.

10 문화 변동의 양상과 대응

✪ 발명
발명은 이미 존재하는 문화 요소들이 종합되거나 변형되어 과거에 없던 새로운 문화 요소가 만들어지는 현상을 말한다. 발명의 대상은 컴퓨터, 스마트폰과 같이 물질적인 것일 수도 있고, 종교나 신화와 같이 관념적인 것일 수도 있다.

1. 문화 변동의 의미와 요인

(1) 문화 변동의 의미: 새로운 문화 요소의 등장이나 다른 문화 체계와의 접촉을 통해 한 사회의 문화 체계에 변화가 나타나는 현상

(2) 문화 변동의 요인

① 내재적 요인: 한 사회 내부에서 새롭게 등장하여 그 사회의 문화 체계에 변동을 초래하는 요인

구분	의미	사례
발견	이미 존재하고 있었으나 알려지지 않았던 사물이나 원리 등을 찾아내는 행위나 그 결과물	불, 전기, 지하자원 등
발명	존재하지 않았던 기술이나 사물 등을 만들어 내는 행위나 그 결과물	바퀴, 자동차, 인터넷 등

② 외재적 요인(문화 전파): 다른 사회의 문화 체계와 접촉하거나 교류한 결과 다른 문화 요소가 전해져 문화 변동을 초래하는 요인

구분	의미
직접 전파	• 문화 요소를 제공하는 사회와 그것을 수용하는 사회 구성원들 간의 직접적인 접촉 과정에서 문화 요소가 전달되어 정착되는 현상 • 교역, 전쟁, 정복, 부족 간 혼인 등에 의해 나타나는 문화 요소의 전파
간접 전파	• 문화 요소를 제공하는 사회와 그것을 수용하는 사회 구성원들 간의 직접적인 접촉이 아닌 매개체를 통해 간접적으로 문화 요소가 전달되어 정착되는 현상 • 대중 매체 등에 의해 나타나는 문화 요소의 전파
자극 전파	• 서로 다른 문화 체계 간에 문화 요소와 관련된 추상적인 개념이나 아이디어가 전파되어 새로운 문화 요소가 만들어지는 현상 • 다른 사회의 문화 요소로부터 아이디어를 얻어 새로운 문화 요소를 만들어 내는 것

≡ 개념 플러스 자극 전파

문화 전파의 유형 중 자극 전파는 다른 사회의 문화 요소에서 아이디어를 얻어 새로운 문화가 만들어지는 경우를 의미하는 것으로, 아이디어의 전파와 새로운 문화 요소의 등장이 복합된 형태이다. 자극 전파는 한 문화의 어떤 요소가 다른 문화에 소개되면, 후자에게 새로운 문화가 만들어지도록 자극한 경우에 발생한다. 자극 전파의 대표적인 예로 북아메리카의 체로키족 원주민의 문자를 들 수 있다. 체로키족은 백인들과 접촉하기 전까지는 고유의 문자를 갖지 못했지만 체로키족 원주민이 백인들과 접촉하면서 알파벳에서 아이디어를 얻어 체로키 문자를 고안해 냈다.

개념 체크

1. 문화 변동의 내재적 요인 중 존재하지 않았던 기술이나 사물 등을 만들어 내는 것을 (　　)이라고 한다.
2. 간접 전파는 한 사회의 문화 요소가 (　　)를 통해 간접적으로 다른 사회에 전달되어 정착되는 현상이다.
3. (　　)는 다른 사회의 문화 요소로부터 아이디어를 얻어 새로운 문화 요소를 만들어 내는 것을 의미한다.

정답
1. 발명
2. 매개체
3. 자극 전파

2. 문화 변동의 양상

(1) 문화 변동 요인의 소재에 따른 구분

① 내재적 변동: 발명, 발견 등에 의해 한 사회의 내부에서 새로운 문화 요소가 생겨난 후, 그것이 사회 구성원들에 의해 수용되고 문화 체계 속에 확산되면서 나타나는 문화 변동

② 외재적 변동(문화 접변): 서로 다른 사회가 비교적 장기간에 걸쳐 접촉하면서 문화 전파 등에 의해 문화 요소의 교류가 이루어짐으로써 한쪽 사회 또는 양쪽 사회 모두의 문화 체계에서 변화가 나타나는 현상

(2) 문화 접변의 양상

① 강제성 및 자발성에 따른 구분

구분	의미
강제적 문화 접변	정복 등과 같은 상황에서 물리적 강제력에 기초하여 지배적 입장에 있는 사회의 문화 요소가 피지배 사회에 강제적으로 이식되어 나타나는 문화 변동
자발적 문화 접변	바람직하거나 필요하다고 느껴 스스로 다른 사회의 문화 요소를 자기 사회의 문화 체계 속으로 받아들임으로써 나타나는 문화 변동

≡ 개념 플러스 | 강제적 문화 접변

정복이나 식민지 통치의 경우와 같이 강제성을 띤 외부 사회의 압력에 의해 일어나는 문화 접변을 강제적 문화 접변이라고 한다. 일제 강점기에 우리 민족에게 강요되었던 일본어 사용이나 신사 참배, 일본식 성명 강요 등은 대표적인 강제적 문화 접변의 사례이다.

② 변동 결과에 따른 구분(문화 접변의 결과)

구분	의미
문화 동화	한 사회의 문화 요소가 다른 사회의 문화 체계 속에 흡수되어 정체성을 상실하는 현상 ㉮ 북아메리카 원주민이 이주해 온 유럽인의 문화와 접촉하면서 자기 문화를 상실한 것
문화 병존 (문화 공존)	서로 다른 사회의 문화 요소가 한 사회의 문화 체계 속에서 나란히 존재하는 현상 ㉮ 서양 의학이 국내에 전파된 후 한의원과 서양식 병원이 함께 존재하는 것
문화 융합	기존 문화 요소와 외래문화 요소가 결합하여 기존 문화 요소들의 성격을 지니면서도 기존 문화 요소들과 다른 성격을 지닌 제3의 문화를 형성하는 현상 ㉮ 중남미 지역 토착 원주민의 전통과 이 지역을 정복했던 유럽 문화가 결합하여 메스티소 문화가 나타난 것

≡ 개념 플러스 | 문화 접변의 결과

전파된 문화 요소가 기존 문화 요소와 결합하여 새로운 성격이 가미된 제3의 문화 요소가 창조되는 문화 융합과 달리 문화 동화, 문화 병존은 전파된 문화 요소가 변형되지 않은 상태로 정착된다는 공통점이 있다. 그리고 문화 동화가 나타나면 기존 문화 요소가 소멸되는 반면, 문화 병존이 나타나면 기존 문화 요소는 전파된 문화 요소와 독립적으로 나란히 존재한다. 따라서 문화 동화가 나타나면 기존 문화의 정체성이 상실되지만, 문화 병존이 나타나면 기존 문화의 정체성은 유지된다. 그리고 문화 융합의 결과 새롭게 창조된 문화 요소에 기존 문화 요소가 녹아 있기 때문에 문화 융합이 나타나더라도 기존 문화의 정체성이 상실되지는 않는다.

3. 문화 변동으로 인한 문제점과 대응책

(1) 새로운 문화에 대한 대응 양상

① 새로운 문화에 대한 수용

- 외부 사회로부터 전파되거나 새롭게 등장한 문화 요소를 긍정적으로 평가하거나 필요하다고 인식하여 자기 사회의 문화 체계 속에 정착시킴.
- 일반적으로 사상이나 관념, 종교 등의 비물질문화보다 기술과 같은 물질문화의 경우 자연스럽고 적극적으로 수용될 가능성이 높음.

✪ 물질문화와 비물질문화

물질문화는 인간의 기본적인 욕구 충족을 위한 각종 도구 등을 의미하고, 비물질문화는 사회 구성원들의 행동을 규제하는 제도와 인간에게 삶의 의미를 부여하는 이념이나 가치 체계 등을 의미한다.

개념 체크

1. 일제 강점기에 일본이 우리나라 사람들에게 일본식 성명을 강요한 것은 (　　) 의 사례이다.
2. 전파된 문화 요소로 인해 기존 문화 요소가 소멸되고 전파된 문화 요소가 기존 문화 요소의 자리를 대체하는 현상을 (　　)라고 한다.
3. 기존 문화 요소와 외래문화 요소가 결합하여 기존 문화 요소들의 성격을 지니면서도 기존 문화 요소들과 다른 성격을 지닌 제3의 문화를 형성하는 현상을 (　　)이라고 한다.

정답
1. 강제적 문화 접변
2. 문화 동화
3. 문화 융합

✪ 사회 병리적인 현상
주로 기능론에서 사회 문제를 설명할 때 활용하는 개념으로, 사회를 이루는 각 구성 요소들이 정상적으로 제 기능을 다하지 못해 발생하는 문제 현상을 의미한다.

② 새로운 문화에 대한 거부: 외부 사회로부터 전파되거나 새롭게 등장한 문화 요소가 위협이 된다고 평가하거나 자기 문화의 정체성을 훼손한다고 인식하는 경우 그것을 거부함으로써 전통문화를 유지하려고 함.

(2) 문화 변동으로 인한 문제점

① 문화 충격 및 정체성 상실: 새롭고 이질적인 문화에 대해 불안감이나 거부감을 강하게 느낄 수 있고, 이를 무분별하게 수용하고 추종하게 되면 자기 문화의 고유한 정체성을 상실할 수도 있음.

≡ 개념 플러스 문화 충격

문화인류학자 칼레르보 오베르그는 1954년에 처음으로 '문화 충격(culture shock)'이라는 표현을 소개했다. 문화 충격은 완전히 다른 문화 환경이나 새로운 사회 환경을 접했을 때 감정의 불안을 느끼거나 무엇을 어떻게 해야 할지 모르는 판단 부재의 상태에 놓인 것을 가리킨다. 그의 연구에 따르면, 문화 충격을 경험한 사람들은 새로운 문화를 거부하고 벗어나려고 하거나, 아예 새로운 문화에 매료되어 새로운 환경을 적극적으로 수용하고 적응하게 된다.

② 문화 지체: 물질문화의 변동 속도를 비물질문화의 변동 속도가 뒤따르지 못하여 나타나는 문화 요소 간의 부조화 현상으로, 각종 사회 병리적인 문제를 초래할 수 있음.

≡ 개념 플러스 기술 지체

기술 지체는 문화 지체와 반대의 경우로, 비물질문화의 변동 속도를 물질문화의 변동 속도가 따라가지 못하여 나타나는 문화 요소 간의 부조화 현상을 말한다. 기술 지체의 사례로는 ○○ 국가에서 대통령을 뽑기 위한 선거 제도가 새롭게 도입되었지만 선거와 관련된 각종 도구나 선거 결과를 분석할 수 있는 기술 등이 부족하여 혼란이 발생하는 경우를 들 수 있다.

③ 아노미: 급속한 사회(문화) 변동으로 인해 기존의 전통적인 규범의 통제력이 약화되고, 이를 대체할 새로운 규범이 미처 확립되지 않아 사회적 혼란이 발생할 수 있음.

(3) 대응책

① 문화 변동에 능동적이고 적극적으로 대처하여 우리 문화에 필요하다고 판단되는 발전적인 요소는 주체적으로 수용하면서도 자기 문화의 정체성을 유지하려는 노력 필요
② 물질문화와 비물질문화의 균형 있는 발전 추구
③ 서로 다른 다양한 문화 요소의 유기적인 관계를 고려하여 실효성 있는 해결책 모색
④ 인류의 보편적 가치를 기준으로 전통문화의 규범을 해석하고 평가하여 문화 변동을 바람직한 방향으로 이끄는 새로운 규범 확립

개념 체크

1. (　　)은 문화 변동 과정에서 새롭고 이질적인 문화에 대해 불안감이나 거부감을 강하게 느낄 때 나타난다.
2. 문화 지체는 (　　)문화의 변동 속도를 (　　)문화의 변동 속도가 뒤따르지 못하여 나타나는 문화 요소 간의 부조화 현상이다.

정답
1. 문화 충격
2. 물질, 비물질

Theme 1 발명과 발견

발명이란 지금까지 없었던 문화 요소를 새로 만들어 내는 것을 뜻한다. 바퀴, 쟁기, 전화, 비행기, 컴퓨터와 같은 물질적인 것뿐만 아니라 종교, 신화, 사상 등과 같은 관념적인 것들도 모두 발명의 결과물이다. 반면, 발견이란 이미 존재하고 있지만 아직 세상에 알려지지 않은 어떤 것을 찾아냄으로써 새로운 것이 문화 요소로 추가되는 것이다. 불, 비타민, 유전자, 태양의 흑점 등이 발견의 결과물이다.
발명과 발견이 왜 일어나는가는 '필요는 발명의 어머니'라는 격언이 잘 말해 준다. 어떤 문제를 해결하기 위해서 해결 방법을 모색하는데, 이때 새로운 발명과 발견이 이루어지는 것이다. 예를 들어 의학 기술은 질병과 싸우고 건강을 지키기 위해 발달되었으며, 교통·통신 수단은 멀리 떨어진 곳에 사는 사람들과 상호 작용을 하기 위해 만들어진 것이다.
사회가 발명과 발견의 형식으로 새로이 등장한 문화 요소를 받아들이고 이를 이용하게 된다면, 이것은 기존의 문화 요소들과 상호 작용하는 과정에서 문화 변동을 촉진시키는 요인이 된다. 만약 전기의 발견이나 전구의 발명이 없었다면 오늘날 생활하는 데 많은 어려움을 겪었을 것이다. 또한 자동차의 발명으로 고속도로, 주유소, 자동차 정비 센터 등의 시설이 새롭게 만들어졌으며 운전면허 제도, 도로 교통법, 자동차 보험 등의 제도들이 추가로 등장하면서 사회의 다른 영역에서도 여러 가지 변동이 연쇄적으로 일어나게 된다.

문화 변동 요인 중 발명과 발견은 한 사회 내에서 나타나는 내재적 요인에 해당한다. 발명과 발견은 문화 변동을 촉진시키는 데 중요한 역할을 한다.

Theme 2 문화 지체와 기술 지체

미국의 사회학자 오그번은 한 사회의 문화가 물질적인 것과 비물질적인 것을 모두 포함하고 있으며, 양자 간에는 그 변화의 속도에 불일치가 생겨날 수 있다고 하였다. 물질적인 영역의 변화는 앞서가는 데 비해 가치관이나 제도 등 비물질문화의 변화가 이를 따라가지 못하는 현상을 '문화 지체(cultural lag)'라고 한다. 문화 지체는 심각한 사회 부조화 현상을 야기할 수 있다. 도시에 자동차 수가 늘어나 교통질서가 필요한데 시민들의 교통질서 의식이 미약해서 교통사고가 일어나거나, 휴대전화 사용이 늘어나 휴대전화 사용 예절이 요구되는데 휴대전화 사용 예절을 지키지 않는 문제가 발생하는 것은 문화 지체로 인한 현상이다.
한편, 문화 지체와 대조되는 것으로 비물질문화에 비해 물질문화의 변동 속도가 뒤처지는 현상을 '기술 지체'라고 한다. 예를 들어 선진국에서 발전된 이념이나 지식을 도입하고 교육하여 널리 전파했지만 이를 지원하는 기술 체계가 뒤처져 있다면 사회적 부조화와 혼란이 생겨날 수 있다. 이러한 현상은 주로 경제적, 기술적으로 발전이 뒤처진 후진국에서 많이 발생한다.

물질문화와 비물질문화의 변동 속도 사이에 간격이 커지면 그 사회에는 변화에 대한 적응과 관련하여 여러 가지 혼란이 발생할 수 있으며, 이는 새로운 사회 문제의 원인이 되기도 한다.

[24022-0133]

01 다음 사례에 나타난 문화 변동에 대한 옳은 설명만을 〈보기〉에서 고른 것은?

• A국은 B국과 무역을 하는 과정에서 B국의 목조각 기술을 받아들이게 되었다. 이후 A국의 예술가들이 이 기술을 대거 활용하게 되면서 목조각 기술은 A국의 중요한 기술로 자리 잡았다.
• B국은 세계 최초로 난치병을 치료할 수 있는 약을 만들었다. B국은 이 약으로 난치병에 걸린 사람들을 치료할 수 있게 되었다.

● 보기 ●
ㄱ. A국에서는 발견에 의한 문화 변동이 나타났다.
ㄴ. B국에서는 내재적 요인에 의한 문화 변동이 나타났다.
ㄷ. A국에서는 B국과 달리 직접 전파에 의한 문화 변동이 나타났다.
ㄹ. B국에서는 A국과 달리 물질문화의 변동이 나타났다.

① ㄱ, ㄴ ② ㄱ, ㄷ ③ ㄴ, ㄷ
④ ㄴ, ㄹ ⑤ ㄷ, ㄹ

[24022-0134]

02 (가), (나) 사례에 대한 옳은 설명만을 〈보기〉에서 있는 대로 고른 것은?

(가) 십자군 전쟁 과정에서 유럽으로 퍼진 아랍 문화권의 건축 기술
(나) 백인들이 사용하던 알파벳에서 아이디어를 얻어 체로키족 원주민이 만들어 낸 체로키 문자

● 보기 ●
ㄱ. (가)에는 직접 전파의 사례가 나타나 있다.
ㄴ. (나)에는 문화 융합의 사례가 나타나 있다.
ㄷ. (가)에는 (나)와 달리 비물질문화의 전파를 통해 문화가 변동한 사례가 나타나 있다.
ㄹ. (가), (나)에는 모두 외재적 요인에 의한 문화 변동 사례가 나타나 있다.

① ㄱ, ㄴ ② ㄱ, ㄹ ③ ㄷ, ㄹ
④ ㄱ, ㄴ, ㄷ ⑤ ㄴ, ㄷ, ㄹ

[24022-0135]

03 다음 두 사례에 공통적으로 나타나 있는 문화 변동 관련 개념만을 〈보기〉에서 고른 것은?

• 갑국은 오랜 기간 A국의 식민 지배를 겪으며 국교인 ○○ 종교가 사라지고 A국의 종교로 대체되었다.
• 을국은 B국과 무역을 하며 상인을 통해 B국의 전통 향신료를 접하고 이를 을국의 전통차에 접목하여 새로운 음료를 개발하였다.

● 보기 ●
ㄱ. 직접 전파 ㄴ. 외재적 변동
ㄷ. 문화 융합 ㄹ. 문화 지체

① ㄱ, ㄴ ② ㄱ, ㄷ ③ ㄴ, ㄷ
④ ㄴ, ㄹ ⑤ ㄷ, ㄹ

[24022-0136]

04 표는 질문에 따라 문화 변동의 요인 A～C를 구분한 것이다. 이에 대한 설명으로 옳은 것은? (단, A～C는 각각 발명, 직접 전파, 자극 전파 중 하나임.)

질문 \ 문화 변동의 요인	A	B	C
외부 사회의 문화 요소에서 아이디어를 얻어 새로운 문화 요소가 만들어졌는가?	아니요	예	아니요
문화 변동의 내재적 요인인가?	예	아니요	아니요
(가)	아니요	예	예

① A는 발명, B는 직접 전파, C는 자극 전파이다.
② B의 사례로 인터넷을 통해 해외로 전파된 한류 문화를 들 수 있다.
③ C는 서로 다른 사회 구성원들 간의 직접적인 접촉 과정을 통해 나타난다.
④ A, B는 C와 달리 비물질문화가 아닌 물질문화에만 나타나는 문화 변동 요인이다.
⑤ (가)에는 '매개체에 의해 문화 요소가 전해지는가?'가 들어갈 수 있다.

[24022-0137]

05 표는 문화 접변의 결과 A, B를 비교한 것이다. 이에 대한 설명으로 옳은 것은? (단, A, B는 각각 문화 병존, 문화 융합 중 하나임.)

구분	A	B
공통점	(가)	
사례	(나)	미국에서 백인의 유럽 음악과 아프리카의 민속 음악이 결합하여 재즈 음악이 만들어짐.

① A는 B와 달리 주로 강제적 문화 접변에 의해 나타난다.
② B는 A와 달리 문화 변동 후 기존 문화의 정체성이 유지된다.
③ A, B는 모두 내재적 요인에 의한 문화 변동의 결과에 해당한다.
④ (가)에는 '새로운 문화 요소가 만들어진다.'가 들어갈 수 없다.
⑤ (나)에는 '아프리카 원주민의 문화가 유럽인들과 접촉하며 사라짐.'이 들어갈 수 있다.

[24022-0138]

06 다음 자료에 대한 옳은 설명만을 <보기>에서 있는 대로 고른 것은?

> 문화가 변동하는 속도는 일정하지 않다. 특히 ㉠물질문화는 과거에 존재하지 않았던 것이 새롭게 출현하는 경우 변동하는 속도가 빠르다. 반면에 이를 받아들이는 사람들의 의식이나 ㉡제도가 뒷받침되지 못하는 경우가 생길 수 있는데, 이를 (가) (이)라고 한다.

보기
ㄱ. ㉠의 예로 '기술'을 들 수 있다.
ㄴ. ㉡은 비물질문화에 해당한다.
ㄷ. (가)에는 '문화 지체'가 들어갈 수 있다.
ㄹ. (가)에 해당하는 사례로 '조선 시대 유교적 가치관으로 인해 천주교가 배척된 것'을 들 수 있다.

① ㄱ, ㄴ　② ㄱ, ㄹ　③ ㄷ, ㄹ
④ ㄱ, ㄴ, ㄷ　⑤ ㄴ, ㄷ, ㄹ

[24022-0139]

07 다음 사례에 나타난 문화 변동에 대한 설명으로 옳은 것은?

> A국 사람들은 옥수수나 밀가루를 반죽해서 구워 만든 얇은 무발효빵을 최초로 만들어 전통 음식으로 즐겨 먹었다. 그런데 B국 사람들이 A국을 정복한 후 자신들이 가져 온 전통 양념을 활용한 고기, 채소 등을 A국의 무발효빵에 넣어 말아 먹으면서 새로운 형태의 빵이 A국에 만들어졌다. 이후 이 새로운 형태의 빵은 A국의 주식이 되었다.

① A국은 직접 전파에 의한 문화 변동을 경험하였다.
② A국에서는 문화 변동 후 기존 문화의 정체성이 사라졌다.
③ B국에서는 문화 동화가 나타났다.
④ B국은 A국에 비물질문화 요소를 전파하였다.
⑤ B국은 A국과 달리 내재적 요인에 의한 문화 변동을 경험하였다.

[24022-0140]

08 그림은 문화 변동의 결과 A, B의 공통점과 차이점을 나타낸 것이다. 이에 대한 옳은 설명만을 <보기>에서 고른 것은? (단, A, B는 각각 문화 동화, 문화 융합 중 하나임.)

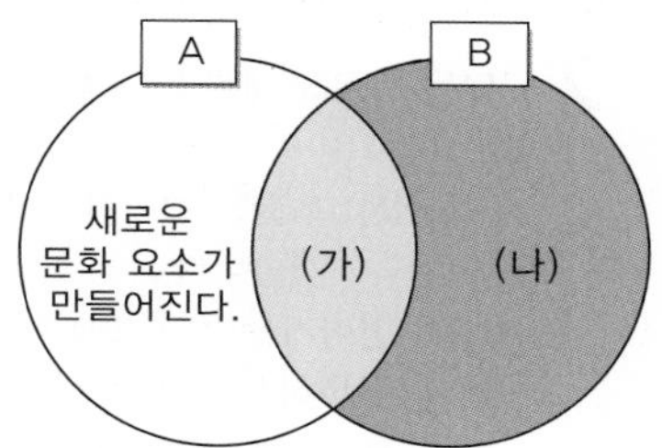

보기
ㄱ. A는 문화 동화이다.
ㄴ. B는 주로 자발적 문화 접변 과정에서 나타난다.
ㄷ. (가)에는 '외재적 요인에 의한 문화 변동 결과이다.'가 들어갈 수 있다.
ㄹ. (나)에는 '기존 문화의 정체성이 유지된다.'가 들어갈 수 없다.

① ㄱ, ㄴ　② ㄱ, ㄷ　③ ㄴ, ㄷ
④ ㄴ, ㄹ　⑤ ㄷ, ㄹ

[24022-0141]

1 **표는 문화 변동의 요인 A~D를 비교한 것이다. 이에 대한 설명으로 옳은 것은? (단, A~D는 각각 발견, 발명, 직접 전파, 자극 전파 중 하나임.)**

구분	A	B	C	D
새로운 문화 요소를 창조하는 요인에 해당하는가?	아니요	예	예	아니요
문화 변동의 외재적 요인인가?	예	아니요	㉠	㉡

① ㉠은 '아니요', ㉡은 '예'이다.
② 비타민을 최초로 찾아낸 것은 A의 사례에 해당한다.
③ 영국에서 최초로 만들어진 증기 기관이 영국의 산업 혁명을 이끌어 낸 것은 B로 인한 것이다.
④ C는 서로 다른 두 사회의 문화 요소가 결합하여 제3의 문화 요소가 만들어진 것에 해당한다.
⑤ D는 C와 달리 일반적으로 자발적 문화 접변에 의해 나타난다.

[24022-0142]

2 **다음 자료에 대한 옳은 설명만을 〈보기〉에서 있는 대로 고른 것은?**

사회자: 오늘은 햄버거의 기원에 대해 두 분의 요식업자를 모시고 각자의 주장을 들어보도록 하겠습니다.
갑: 햄버거는 19세기에 A국에서 유래되었습니다. B국 사람들이 A국에 이민을 오면서 B국에서 전통적으로 내려오는 양념된 다진 쇠고기를 가져왔고, A국 사람들이 이를 기존의 샌드위치 빵 두 개 사이에 넣어 '햄버거'라는 새로운 형태의 음식이 탄생하였습니다.
을: 아닙니다. 햄버거는 19세기 후반에 B국에서 만들어졌습니다. B국의 한 남자가 소시지가 들어간 샌드위치를 팔던 중 소시지가 다 떨어지자, 갈아서 여분으로 가지고 있던 쇠고기에서 아이디어를 얻어 햄버거를 최초로 만들었습니다.

보기

ㄱ. 갑의 주장에 따르면 A국은 문화 융합을 경험하였다.
ㄴ. 갑의 주장에 따르면 A국은 외재적 요인이 아닌 내재적 요인에 의한 문화 변동을 경험하였다.
ㄷ. 을의 주장에 따르면 B국은 자극 전파를 경험하였다.

① ㄱ ② ㄷ ③ ㄱ, ㄴ ④ ㄴ, ㄷ ⑤ ㄱ, ㄴ, ㄷ

[24022-0143]

3 **다음 자료에 대한 옳은 설명만을 〈보기〉에서 고른 것은? (단, 갑국~병국은 각각 문화 동화, 문화 병존, 문화 융합 중 하나를 경험함.)**

〈자료 1〉 갑국~병국의 문화 변동 양상

구분	문화 변동 양상
갑국	고유한 전통 의복만을 입는 갑국에 외국인 선교사들이 대거 유입되어 그들의 의복 문화가 전파되었고, 갑국 국민은 자신들의 전통 의복과 외국 의복을 모두 입게 됨.
을국	을국이 이웃 국가와의 전쟁 후 식민지가 되면서 을국의 전통 의복 착용이 금지되었고, 이웃 국가의 의복 문화가 전파되어 이웃 국가의 의복 문화만 남음.
병국	병국이 인터넷을 통해 다른 나라의 의복 문화를 접하면서 다른 나라의 의복 문화가 전파되었고, 병국의 전통 의복에 다른 나라의 의복 문화 요소가 결합된 새로운 의복이 만들어짐.

〈자료 2〉 갑국~병국의 문화 변동 결과

질문 \ 국가	갑국	을국	병국
자기 문화의 정체성이 유지되었는가?	예	아니요	㉠
새로운 문화 요소가 만들어졌는가?	㉡	아니요	예

보기

ㄱ. ㉠, ㉡은 모두 '예'이다.
ㄴ. 을국은 강제적 문화 접변에 의한 문화 변동을 경험하였다.
ㄷ. 갑국, 을국은 모두 직접 전파에 의한 문화 변동을 경험하였다.
ㄹ. 을국, 병국은 갑국과 달리 매개체에 의한 문화 변동을 경험하였다.

① ㄱ, ㄴ ② ㄱ, ㄷ ③ ㄴ, ㄷ ④ ㄴ, ㄹ ⑤ ㄷ, ㄹ

[24022-0144]

4 **다음 A, B국에 나타난 문화 변동에 대한 옳은 설명만을 〈보기〉에서 있는 대로 고른 것은?**

- A국은 본래 선조들이 만들어 대대로 이어져 온 거리와 무게 측정 도구를 사용하고 있었으나, 갑국의 과학자들이 A국을 방문하여 갑국의 간편하고 선진화된 거리, 무게 측정 도구를 전했고, 그 결과 A국의 기존 거리, 무게 측정 도구는 사라지게 되었다.
- B국은 서정적인 가사와 멜로디가 주된 전통 음악을 즐겼던 국가였으나, 젊은 세대들이 인터넷을 통해 을국의 슬럼가 음악을 접하게 되었다. 보수적 분위기의 B국 사회에서 을국의 음악은 처음에 많은 저항을 받았지만, 현재는 B국의 전통 음악과 을국의 음악이 결합된 새로운 장르의 음악이 탄생되기에 이르렀다.

보기

ㄱ. A국은 직접 전파를 경험하였다.
ㄴ. B국은 문화 지체를 경험하였다.
ㄷ. A국은 B국과 달리 비물질문화에서 내재적 요인에 의한 문화 변동이 나타났다.
ㄹ. B국은 A국과 달리 문화 변동 후 기존 문화 요소의 정체성이 유지되었다.

① ㄱ, ㄷ ② ㄱ, ㄹ ③ ㄴ, ㄷ ④ ㄱ, ㄴ, ㄹ ⑤ ㄴ, ㄷ, ㄹ

[24022-0145]

5 **다음 자료에 대한 분석으로 옳은 것은? (단, A, B는 각각 직접 전파, 간접 전파 중 하나임.)**

〈자료 1〉은 문화 변동 요인 A, B를 나타낸 것이고, 〈자료 2〉는 이웃 국가인 을국과의 교류로 인한 갑국의 문화 변동 결과를 나타낸 것이다.

〈자료 1〉 문화 변동 요인

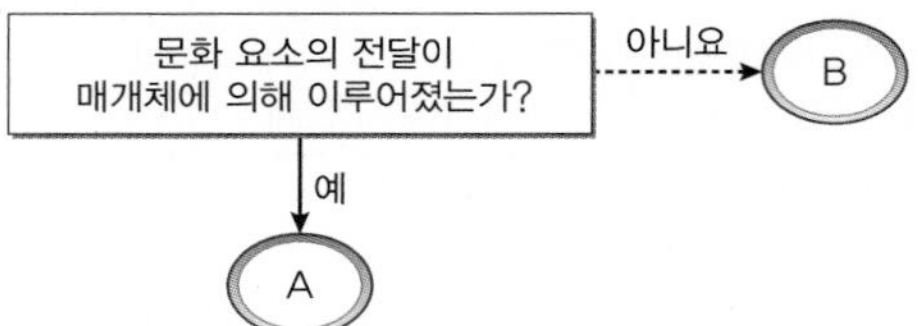

〈자료 2〉 갑국에서 각 시기에 나타난 문화 변동의 요인과 결과

구분	문화 변동 요인	문화 변동 결과
T 시기	B	○, ●, △, □
T+1 시기	A	●, △, □, ■
T+2 시기	A	●, □, ☆

* ○, △, □는 순서대로 갑국의 전통적인 의복, 음식, 주거 문화 요소이며, ●, ▲, ■는 순서대로 을국의 의복, 음식, 주거 문화 요소임.
** ☆은 △와 ▲의 성격을 지니면서도 새롭게 만들어진 제3의 음식 문화 요소임.

① 갑국은 T 시기에 문화 동화를 경험하였다.
② 갑국은 T 시기에 간접 전파를 통한 문화 변동을 경험하였다.
③ 갑국은 T+1 시기에 직접 전파를 통한 문화 병존을 경험하였다.
④ 갑국은 T+2 시기에 간접 전파를 통한 문화 융합을 경험하였다.
⑤ T 시기에서 T+2 시기에 이르기까지 갑국의 주거 문화 요소의 정체성은 약화되었다.

[24022-0146]

6 **밑줄 친 ㉠~㉣에 대한 옳은 설명만을 〈보기〉에서 고른 것은?**

타자기는 자모, 부호, 숫자의 활자가 달린 글쇠를 손가락으로 눌러 종이 위에 찍는 기계를 의미한다. ㉠최초의 타자기는 ○○국에서 만들어져 사용되었는데, 그 전에도 다양한 국가에서 타자기를 만드는 시도를 했음에도 불구하고 당시에는 글자를 찍는 것보다 사람이 직접 글을 쓰는 것이 더 빨라서 타자기가 개발되지는 못했다. ○○국에서 만들어진 최초의 타자기는 처음에 대문자밖에 쓸 수 없었지만 이후 ㉡○○국에서 대문자와 소문자를 모두 쓸 수 있는 타자기가 개발되어 많은 나라로 수출되었다. ㉢타자기가 전 세계적으로 확산되면서 '타이피스트'라는 새로운 직업이 생겨났고 이는 특히 여성들에게 이상적인 직업으로 받아들여지며 여성의 사회 진출이 활발해졌다. 워드 프로세서가 등장하고 개인용 컴퓨터가 대중화되면서 타자기는 역사의 뒤안길로 사라졌지만, ㉣○○국의 타자기에서 사용된 쿼티(QWERTY) 자판 기술이 △△국에서 만든 핸드폰에 접목되어 현재 우리가 사용하는 형태의 스마트폰으로 탄생했다는 점에 큰 의의가 있다.

● 보기 ●

ㄱ. ㉠은 ○○국에서 내재적 요인에 의한 문화 변동에 해당한다.
ㄴ. ㉡은 발견에 해당한다.
ㄷ. ㉢은 문화의 속성 중 전체성이 부각되어 있는 사례에 해당한다.
ㄹ. ㉣은 자극 전파의 사례에 해당한다.

① ㄱ, ㄴ ② ㄱ, ㄷ ③ ㄴ, ㄷ ④ ㄴ, ㄹ ⑤ ㄷ, ㄹ

[24022-0147]

7 **다음 글의 결론으로 가장 적절한 것은?**

세계화 시대에 접어들면서 많은 청소년이 고도의 정보 통신 기술을 바탕으로 다양한 외국 문물을 접할 수 있게 되었다. 특히 대중음악을 즐겨 듣는 청소년들은 과거에 비해 뉴 미디어 등을 통해 외국의 음악을 언제 어디서나 들을 수 있게 되었고, 이들은 언제나 자연스럽게 외국의 대중음악 문화에 노출되어 있다. 하지만 막상 우리나라의 전통 음악에 대해서는 청소년들이 잘 알지 못하는 경우가 있다. 청소년들이 우리나라 전통 음악보다 외국의 대중음악을 선호하고, 학교 음악 교육에서도 전통 음악보다는 서양 음악의 이론이 대부분을 차지한다. 이처럼 세계화로 예전에 비해 외국의 다양한 문화를 경험할 수 있게 된 장점은 있지만 동시에 청소년들이 우리 것에 세심한 관심을 기울이는 자세가 필요하다.

① 인류의 보편적 가치를 강화해야 한다.
② 물질문화를 적극적으로 도입해야 한다.
③ 자문화 중심주의 사상을 강화해야 한다.
④ 기존의 전통적인 규범의 통제력을 강화해야 한다.
⑤ 외부 문화를 주체적으로 수용하면서도 자기 문화의 정체성을 유지해야 한다.

[24022-0148]

8 **빈칸에 들어갈 내용으로 가장 적절한 것은?**

정보 통신 기술이 발달하면서 온라인상의 강연, 교육 등이 활성화되고 있다. 하지만 이와 같은 변화에도 불구하고 갑국 대부분의 사람들은 진정한 수업은 직접 대면하여 이루어지는 수업이라고 하면서 출석 수업 축소와 온라인 수업 확대에 반대하고 있다. 그 결과 갑국 사회의 교육 관련 법이나 제도들은 과거에 머물러 있고, 이로 인해 온라인 수업의 확대를 둘러싼 혼란이 발생하고 있다. 뛰어난 기술력을 바탕으로 실시간 온라인 수업이 가능한 시대가 되었으나 새로운 교육 환경에 부합하는 의식이나 제도가 부재하여 이러한 문제점이 발생한 것이다. 이는 문화 변동 과정에서 [ ]

① 새로운 문화를 무비판적으로 수용하여 발생하는 현상이다.
② 새롭게 등장한 문화가 우리의 주체성을 상실시켜 발생하는 현상이다.
③ 젊은 세대의 가치관을 기성세대가 따라잡지 못하여 발생하는 현상이다.
④ 물질문화의 변동 속도를 비물질문화가 따라가지 못하여 발생하는 현상이다.
⑤ 외부 사회로부터 유입된 문화 요소가 우리 사회에 부정적인 영향을 끼친다고 판단되어 발생하는 현상이다.

01 다음 자료에 대한 설명으로 옳은 것은? 2024학년도 9월 모의평가

○ 학생별로 서로 다르게 한 가지씩 배정받은 각 문화의 속성이 부각되는 사례를 작성하세요.

학생	문화의 속성	해당 속성이 부각된 사례
갑	㉠	외국인 유학생이 한국의 젓가락 사용법을 익혀 일상생활에서 사용하고 있다.
을	㉡	A 지역의 모든 사람들은 특정 기간에 신들이 임무를 교대한다고 믿기 때문에 그 기간을 신성하게 여기는 마음을 가지고 있다.
병	변동성	(가)
정	축적성	(나)
무	전체성	(다)

① ㉠은 문화가 세대 간 전승을 통해 더욱 복잡하고 풍부해지는 것임을 의미한다.
② ㉡은 문화가 여러 요소들이 상호 유기적으로 연관되어 나타나는 것임을 의미한다.
③ (가)에는 '내비게이션 등장 이후 운전할 때 종이 지도로 길을 찾는 사람들은 거의 사라졌다.'가 들어갈 수 있다.
④ (나)에는 '예전에는 혈액형으로 성향을 파악했지만, 요즘은 성격 검사 결과를 통해 성향을 파악하는 것을 즐긴다.'가 들어갈 수 있다.
⑤ (다)에는 '팬클럽마다 좋아하는 연예인을 상징하는 색깔을 정하고 그 색깔을 응원에 활용한다.'가 들어갈 수 있다.

02 A～C에 대한 설명으로 옳은 것은? (단, A～C는 각각 주류 문화, 하위문화, 반문화 중 하나임.) 2024학년도 9월 모의평가

유일신을 숭배하는 □□교를 오랜 기간 국교(國敎)로 유지하고 있는 갑국에 조상신을 숭배하는 ○○교가 유입되었다. 갑국에서 ○○교는 처음에는 일부 집단만이 공유한 A였다. 그런데 ○○교 신자들이 갑국의 B인 □□교가 숭배하는 유일신을 부정하면서 ○○교는 C의 성격을 가지게 되었다.

① A는 B와 달리 시대에 따라 상대적으로 규정된다.
② B는 C와 달리 문화 다양성 증가에 기여한다.
③ C는 A, B와 한 사회에서 공존할 수 없다.
④ A, B는 C와 달리 해당 문화를 향유하는 구성원의 정체성 강화에 기여한다.
⑤ C는 A에 해당하지만, A가 B에 해당하는 것은 아니다.

03 **다음 자료에 대한 설명으로 옳은 것은?** 2024학년도 6월 모의평가

〈문화 변동 사례〉

(가) A국을 대표하는 ○○음악은 전통적으로 내려오던 멜로디와 악기에서 출발하였다. 이후 이민자에 의해 들어 온 다양한 음악과 악기를 받아들여 고유한 요소와 외래적 요소가 함께 어우러진 독특한 음악으로 재탄생한 것이 오늘날의 ○○음악이다.

(나) □□족은 B국의 지배를 받게 되면서 거주지가 재배치되었고, 심지어 아이들은 B국 사람들의 가정에 입양되어 B국의 언어와 복식을 따라야만 했다. 이로 인해 □□족의 고유한 문화는 소멸되었다.

교사: 문화 변동 사례를 읽고 탐구한 내용을 발표해 보세요.
갑: (가)와 (나)는 모두 외재적 요인에 의한 문화 변동의 사례로 볼 수 있습니다.
을: (나)에서는 (가)와 달리 기존의 문화와 외래문화가 결합하여 새로운 문화가 나타났습니다.
병: [㉠]
교사: 세 사람 중 두 사람만 옳게 발표했네요.

① (가)의 문화 변동 요인은 자극 전파이다.
② (가)에서는 (나)와 달리 자문화의 정체성이 상실되었다.
③ (나)에서는 (가)와 달리 문화 다양성이 증대되었다.
④ (나)에서는 (가)와 달리 강제적 문화 접변이 나타났다.
⑤ ㉠에는 '(나)의 문화 변동 요인은 간접 전파입니다.'가 들어갈 수 있다.

04 **다음 자료에 대한 설명으로 옳은 것은?** 2024학년도 수능

○○국의 음식 문화 변동 양상에 대한 모둠 과제 우수 사례

〈1모둠〉
○○국 내에 갑국 이주민 거주 지역에서나 볼 수 있던 갑국의 전통 음식 A가 전국적으로 유행함. 특히 ○○국 젊은 세대 사이에서 자극적인 맛으로 A가 인기임.

〈2모둠〉
○○국 음료 회사는 다이어트 열풍으로 을국의 무설탕 음료 B의 제조법에 자극받아 새로운 무열량 음료를 개발함. 젊은층의 선호로 ○○국에서 전통 음료와 B의 판매량을 추월함.

〈3모둠〉
○○국 제과 회사가 만든 과자 C는 병국의 과자에 ○○국의 식재료인 황태 가루를 넣은 새로운 과자임. 병국의 유명 연예인이 C가 병국 과자를 대체할 수 있을 만큼 맛있다고 하자 ○○국보다 병국에서 많이 판매됨.

〈4모둠〉
막대기에 과일 사탕을 꽂은 정국의 디저트 D가 SNS를 통해 ○○국에 알려짐. 이후 ○○국 젊은이들이 인터넷에서 배운 조리법대로 D를 만들어 먹기 시작하며 D가 젊은 세대 문화로 스며듦.

① 1모둠과 2모둠이 작성한 내용에 모두 문화 공존이 나타난다.
② 3모둠과 4모둠이 작성한 내용에 모두 문화 융합이 나타난다.
③ 1모둠이 작성한 내용에 발명이, 2모둠이 작성한 내용에 직접 전파가 나타난다.
④ 3모둠이 작성한 내용에 문화 동화가, 4모둠이 작성한 내용에 간접 전파가 나타난다.
⑤ 1모둠과 2모둠이 작성한 내용에 모두 자극 전파가, 3모둠과 4모둠이 작성한 내용에 모두 자발적 문화 접변이 나타난다.

사회 불평등 현상의 이해

✪ 사회적 희소가치
부, 권력, 명예 등 사회의 대다수 구성원들이 가치 있다고 여기지만 충분히 존재하지 않는 것들을 가리킨다. 희소성이 있기 때문에 일반적으로 사회 구성원들 간 획득을 위한 경쟁이 발생하고 차등적으로 분배된다.

✪ 사회 불평등 현상과 권력
권력은 다른 사람이나 다른 집단을 자신의 의지에 따르도록 만들 수 있는 힘을 가리킨다. 권력의 차이는 그 자체로 사회 불평등 현상의 한 부분이며, 권력의 차이가 소득이나 재산, 위신 등에 영향을 미칠 수 있다는 점에서 다른 불평등의 요인이 되기도 한다.

1. 사회 불평등 현상

(1) 의미: 사회 구성원들 간에 학력, 소득, 지위나 위신, 권력 등 사회적 희소가치의 소유 정도나 접근 기회에 차이가 나타나는 현상

(2) 발생 요인

① 개인적 요인: 사람들 간 사회가 요구하는 능력이나 조건을 갖춘 정도, 성취나 업적의 차이 등
② 사회적 요인: 사회 구조나 제도적으로 존재하는 사회 구성원 간 사회적 희소가치 획득 기회의 차이 등

(3) 다양한 영역의 사회 불평등

① 경제적 불평등: 소득이나 재산 등 경제적 희소가치가 차등 분배됨으로써 나타나는 불평등으로서 가장 일반적이고 전형적인 사회 불평등의 모습임.
② 정치적 불평등: 권력의 소유 정도나 정치 참여 기회에 있어서 나타나는 불평등으로서 특정 계층이나 집단의 정치 참여를 배제할 경우 심화될 수 있음.
③ 사회 · 문화적 불평등
- 사회적 위신이나 명예, 건강, 문화 및 여가 생활 등과 같은 사회 · 문화적 자원이 차등 분배됨으로써 나타나는 불평등
- 경제적 불평등이나 정치적 불평등에 비해 잘 드러나지 않는 경향이 있음.

(4) 영향

① 사회 구성원 간 생활 양식, 가치관, 사고방식의 차이를 초래할 수 있음.
② 사회 구성원 간 경쟁을 유발하여 사회적 효율성을 높이기도 하지만, 갈등을 유발하여 사회 통합을 저해하기도 함.

개념 체크

1. 직업이나 학력 등 사회 구성원 다수가 소유하기를 바라지만 그 양이 제한되어 있는 것을 (　　　)라고 한다.
2. 사회적 희소가치의 소유 정도나 접근 기회에 있어서 사회 구성원 간에 차이가 존재하는 현상을 (　　　)이라고 한다.
3. 사회 불평등 현상 중 소득이나 재산 등에 있어서 사회 구성원들 간에 격차가 존재하는 현상을 (　　　) 불평등이라고 한다.

정답
1. 사회적 희소가치
2. 사회 불평등 현상
3. 경제적

자료 플러스 | 사회 불평등 현상의 보편성과 특수성

사회적 희소가치의 차등 분배로 인한 사회 불평등 현상은 모든 시대와 모든 사회에 존재하는 보편적인 현상이다. 사회 구성원 간 불평등한 정도에는 차이가 있으나 인류 역사에서 완전히 평등한 사회는 거의 존재한 적이 없으며 앞으로도 그런 사회가 등장할 가능성은 거의 없다고 해도 과언이 아니다. 공산주의 사상에 따라 사유 재산 제도를 폐지하고 모든 구성원이 평등한 사회를 지향했던 국가들에서도 사회 불평등 현상이 나타났으며, 그 심각성으로 인해 소멸하는 운명을 맞이하기도 하였다.
사회 불평등 현상은 이렇게 보편성을 갖지만 어떤 희소가치로 인해 사회 불평등 현상이 나타나는지는 시대와 사회에 따라 특수성을 보인다. 조선 시대에는 소득이나 재산보다 위신이나 명예가 사회 불평등 현상에 강한 영향을 미쳤다면 요즘 우리 사회에서는 조선 시대와 다른 양상의 사회 불평등 현상이 나타나고 있다. 우리 사회와 같이 산업화된 자본주의 사회에서는 사회 불평등 현상과 관련하여 학력이나 직업, 소득이나 재산이 사회적으로 중요한 희소가치이다. 하지만 같은 시대를 살아가고 있는 일부 지역에서는 가족의 명예와 위신에 매우 높은 가치를 부여하고 있으며, 이에 따라 명예와 위신이 가족의 사회적 지위를 결정하는 주요한 요인이 되고 있다.

2. 사회 계층화 현상

(1) **의미:** 사회 구성원들 간 불평등 양상이 일정한 요인에 따라 범주화되고, 범주화된 사람들 간에 비교적 구조화되고 지속적인 서열이 존재하는 현상

(2) **특징:** 사회 계층화 현상은 시대와 사회를 초월하여 나타나지만, 그 요인과 범주화되는 양상은 시대와 사회에 따라 다양하게 나타남.

(3) **변화 양상**

구분	전통 사회	근대 이후의 사회
특징	• 혈통이나 가문, 성별 등 출신 배경이나 선천적 요인에 의해 결정된 개인의 신분이 사회 계층화 현상의 주요 요인이 됨. → 귀속 지위 중심의 사회 계층화 현상 • 서로 다른 신분 간의 혼인이 엄격하게 제한되는 등 관습이나 법에 의해 계층 구조가 엄격하게 유지됨. • 개인의 능력이나 업적 등에 의한 계층 이동이 매우 어려운 폐쇄적 계층 구조가 나타남.	• 신분 제도의 폐지로 인하여 개인의 능력이나 업적, 성취 등과 같은 후천적 요인이 사회 계층화 현상의 주요 요인이 됨. → 성취 지위 중심의 사회 계층화 현상 • 서로 다른 계층 출신 간의 혼인이나 교류를 엄격하게 제한하는 법이 존재하지 않음. • 개인의 능력이나 업적, 성취 등에 의해 계층 이동이 가능한 개방적 계층 구조가 나타남.
사례	중세 유럽의 봉건 제도, 조선 시대의 신분 제도, 인도의 카스트 제도 등에 의해 나타난 사회 계층화 현상	근대 유럽의 산업 사회나 현대 자유 민주주의 사회에서 나타나는 사회 계층화 현상

3. 사회 계층화 현상에 관한 대표적 이론

구분	계급론(마르크스)	계층론(베버)
기본 입장	계급은 생산 수단을 둘러싸고 나타나는 위계 구조에서 공통의 위치를 차지하는 사람들의 집합체임.	계층은 다양한 요인에 의해 범주화된 각각의 위계 서열에서 공통의 위치를 차지하는 사람들의 집합체임.
계층화 요인	• 생산 수단의 소유 여부 • 경제적 요인이 다른 모든 사회 불평등을 결정함(일원론).	• 계급, 위신, 권력 등 다양한 측면에서 개인이 차지하는 위치 • 정치적 요인, 경제적 요인, 사회적 요인 등 다양한 요인에 의해 사회 불평등이 발생함(다원론).
특징	• 불연속적·이분법적으로 계급을 구분함. • 동일한 계급에 속한 사람들이 계급 의식을 가지고 연대하면서 계급 간 대립 관계가 형성될 가능성이 높다고 봄. • 계급 간 생산 수단을 둘러싼 갈등·대립 관계가 사회 변혁의 원동력이라고 봄.	• 경제적 요인, 사회적 요인, 정치적 요인 등 다양한 요인으로 나타나는 계층화 현상을 범주화하여 설명함. • 계층화가 연속적이고 복합적으로 나타나는 사회 구성원들의 서열화임을 강조함. • 지위 불일치 현상을 설명하기에 적합함.

≡ 개념 플러스 계급론과 이분법적 계급 구분

계급론은 생산 수단의 소유 여부에 따라 계급을 유산 계급과 무산 계급으로 구분한다. 이렇게 이분법적으로 구분되는 계급 중 유산 계급은 생산 수단을 소유함으로써 무산 계급을 지배하고 통제할 수 있다. 반면 무산 계급은 유산 계급의 지배와 통제를 받으며 노동을 제공함으로써 생존을 이어갈 수 있다. 이러한 이분법적이고 대립적인 계급 구분은 근대 초 산업화 시기에는 어느 정도 타당성을 인정받기도 하였으나 직업이 더욱 분화되고 복잡해진 현대 사회의 계층화를 설명하는 데에는 적합하지 않다는 비판을 받고 있다.

✪ 범주화
여러 사물이나 현상, 개념을 공통적인 속성을 가진 것들끼리 묶어 분류하는 과정 및 그 결과를 가리킨다. 베버의 계층 이론은 개인의 계층 서열상의 위치를 다양한 범주로 분류하여 설명한다는 특징을 갖는다.

✪ 카스트 제도
카스트는 순수한 혈통을 가리키는 포르투갈어 '카스타(casta)'에서 유래한 신분 제도로서 서로 다른 신분 간 혼인 금지, 신분의 철저한 세습 등 폐쇄성이 매우 강하다는 특징이 있다.

✪ 계급 의식
자신이 속한 계급을 명확히 인식하고, 동일 계급에 속해 있는 사람들과 연대하면서 상대 계급에 대해서 배타적이거나 적대적인 태도를 보이는 의식을 가리킨다.

✪ 지위 불일치
계급, 위신, 권력의 각 측면에서 나타나는 계층 서열에서 개인의 위치가 서로 다른 현상을 가리킨다.

개념 체크

1. 사회 불평등 현상이 일정한 틀을 형성하여 구조화된 양상으로 나타나는 경우 이를 (　　)이라고 한다.
2. 전통 사회에서는 (　　) 지위가 중심이 되는 사회 계층화 현상이 나타났다.
3. 일원론을 바탕으로 사회 계층화 현상을 설명하는 이론은 (　　)이다.

정답
1. 사회 계층화 현상
2. 귀속
3. 계급론

✪ 계급 재생산

부모의 계급이 자녀의 계급으로 세습됨으로써 기존의 지배와 피지배의 관계가 세대를 이어가며 지속되는 현상을 의미한다. 갈등론은 사회적 희소가치의 분배 제도가 지배 계급에게 유리하게 만들어져 있기 때문에 지배 계급의 자녀가 다시 지배 계급이 되고, 피지배 계급의 자녀가 다시 피지배 계급이 되는 계급 재생산이 나타날 수밖에 없다고 본다.

4. 사회 불평등 현상을 바라보는 관점

(1) 기능론

① 사회 불평등의 발생 원인: 사회 전체의 필요에 의해 결정되는 직업별 사회적 중요도 및 기여도에 따른 차등 보상

② 가치 배분 기준: 개인의 노력, 능력, 업적 등 사회 전체적으로 합의된 정당한 기준

③ 기본 입장

- 사회 구성원들에게 성취동기를 부여하고 구성원 간 경쟁을 유발함으로써 사회가 효율적으로 작동하는 데 기여함.
- 각 지위나 직업을 담당하는 데 필요한 능력을 갖춘 인재들이 적재적소에 배치됨으로써 사회 전체의 효율성이 향상될 수 있음.

④ 사회 불평등에 대한 평가: 사회 불평등은 시대와 사회를 초월하여 나타나는 보편적인 현상이며, 사회의 유지와 발전을 위해 불가피한 현상임.

(2) 갈등론

① 사회 불평등의 발생 원인: 지배와 피지배 관계의 유지 및 계급 재생산을 위해 지배 집단이 만든 분배 구조에 따른 차등 보상

② 가치 배분 기준: 권력, 재산, 가정 배경 등 지배 집단만의 합의가 반영되고 지배 집단에게 유리한 기준

③ 기본 입장

- 사회적 희소가치가 지배 집단에게 유리한 기준에 따라 분배됨으로써 지배 집단의 이익을 보장하고, 피지배 집단 구성원의 계층 상승을 억압함으로써 계급을 재생산함.
- 불평등한 계층 구조를 고착화함으로써 사회적 갈등과 대립 관계를 형성하는 요인이 됨.

④ 사회 불평등에 대한 평가: 사회 불평등은 보편적인 현상일지는 몰라도 불가피하지는 않으며 타파해야 할 현상이므로 불평등이 존재하지 않는 사회를 만들기 위해 사회 구조를 변혁해야 함.

자료 플러스 | 사회 불평등 현상에 대한 기능론의 입장

사회 유기체설에 기초한 기능론은 사회적 희소가치의 차등 분배가 갖는 정당성과 필요성을 강조한다. 기능론의 이러한 입장은 유기체의 모든 부분이 전체를 위해 필요하지만 각 부분의 중요도에는 차이가 있듯이 사회 내부의 모든 직업이 전체를 위해 필요하지만 각 직업의 중요도에는 차이가 있다는 점을 전제로 한다. 기능론의 입장에서 볼 때 사회 불평등 현상은 직업별 중요도에 대응하여 사회적 희소가치가 차등 분배된 결과이며, 이러한 차등 분배가 유기체로서 사회의 생존과 지속, 발전을 가능하게 한다. 따라서 기능론에 따르면 사회적 희소가치의 차등 분배는 정당한 현상일 뿐만 아니라 사회를 위해서 필요한 현상이다.

개념 체크

1. 기능론은 차등 분배 체계가 사회 구성원의 ( )를 자극하여 사회 발전에 기여한다고 본다.
2. ( )은 사회 불평등 현상이 지배 집단에게 유리한 분배 제도로 인해 나타난다고 본다.
3. ( )은 사회 불평등 현상이 보편적이며 불가피하다고 보고, ( )은 사회 불평등 현상이 보편적일지라도 타파해야 할 현상이라고 본다.

정답

1. 성취동기
2. 갈등론
3. 기능론, 갈등론

5. 사회 불평등 현상의 균형 있는 이해

(1) 각 관점의 한계

① 기능론: 사회 불평등 현상이 초래하는 대립과 갈등, 사회적 희소가치의 배분에서 소외된 사람들이 처해 있는 현실을 경시함.

② 갈등론: 사회 불평등 현상이 갖는 성취동기 유발, 사회적 효율성 증진 등 사회적 순기능을 경시함.

(2) **균형 있는 이해의 필요성**: 서로 다른 관점을 통해 사회 불평등 현상을 균형 있게 이해함으로써 사회 불평등 현상의 순기능을 살리면서도 차등 분배로 인해 나타나는 문제점을 개선할 수 있음.

Theme 1 계급론과 계층론

계급론에서는 생산 수단의 소유 여부에 따라 계급이 구분된다고 본다. 사회는 생산 수단을 소유하는 유산 계급과 그렇지 않은 무산 계급으로 구성되며, 특정인이 어느 한 계급으로 분류되면 다른 계급으로는 분류될 수 없다는 것이다. 이처럼 계급론은 생산 수단이라는 하나의 기준, 즉 일원론의 입장에서 계급을 불연속적, 이분법적으로 구분한다. 또한 계급론은 생산 수단의 소유 여부라는 객관적 상황만 가지고 계급을 설명하지 않고 동일한 계급에 속해 있다는 계급 의식이라는 주관적 요인을 강조한다. 생산 수단을 소유한 자는 지배 계급을 형성하고 그렇지 못한 자들은 피지배 계급이 되는데, 두 계급에 속한 사람들은 계급 의식을 토대로 자신이 속한 계급의 이익을 추구한다. 그 과정에서 계급 간 갈등과 대립이 필연적으로 나타나는데, 이러한 갈등과 대립이 사회 변혁을 가져온다고 주장한다.

계층론에서는 다양한 사회적 희소가치에 따라 개인의 위치가 서열화되는 과정에서 계층이 나타난다고 본다. 계층론은 특정 개인이 어떤 계층에 속하느냐를 파악하기 위해서는 경제적 위치를 나타내는 계급, 사회적 위치를 나타내는 지위, 정치적 위치를 나타내는 권력이라는 세 가지 차원을 고려해야 한다면서, 다원론의 입장에서 계층을 설명한다. 또한 계층론은 사회적 희소가치의 소유 정도에 따라 사회 구성원이 연속적으로 서열화되어 있음에 주목하면서, 계층을 계층이 높은 자와 낮은 자와 같이 두 부류로 나누거나 상층과 중층 및 하층과 같이 세 부류로 나누기도 하고, 이를 더욱 세분화하기도 한다. 또한 하층에 속한 사람이 중층이나 상층이 되기를 원하는 것에서 알 수 있듯이 계층 의식이 강하게 나타나지는 않는다고 주장한다. 그리고 계층론은 정치적으로 큰 권력을 갖는 국회의원이 경제적으로 궁핍할 수 있듯이 한 개인이 정치적, 경제적, 사회적 차원에서 서로 일치하지 않는 지위 등급을 갖는 지위 불일치 현상이 나타날 수 있다고 본다.

Theme 2 차등 분배 체계와 사회의 효율성의 관계

아파트를 짓는 공사장에서 크레인을 작동하는 기사는 깃발을 들어 차량을 안내하는 인부에 비해 많은 임금을 받는다. 왜 그럴까? 기능론자들은 크레인을 작동하는 기사의 일이 차량을 안내하는 인부의 일에 비해 중요하고, 차량을 안내하는 인부와 달리 크레인을 작동하는 기사가 되기 위해서는 전문적인 교육과 훈련을 받아야 하기 때문이라고 주장한다. 만약 크레인을 작동하는 기사와 깃발을 들어 차량을 안내하는 인부의 임금이 같다면 사람들은 전문적인 교육과 훈련이라는 희생을 감수하면서까지 굳이 크레인을 작동하는 기사가 되려고 하지 않을 것이며, 그렇게 되면 크레인을 작동하는 기사가 공급되지 않아 아파트 건설에 큰 지장을 초래할 수 있게 된다는 것이다.

이와 같이 기능론자들은 사회의 기능들, 즉 일들은 중요도에 따라 서열화할 수 있으며, 기능적으로 더 중요한 일을 담당하기 위해서는 희생이 따르기 때문에 적합한 사람이 그러한 일을 맡을 수 있도록 어떤 유인책이 필요하며, 이는 일의 중요도에 따른 차등적인 보상으로 나타나고, 이러한 차등적인 분배 체계로 인해 사회 계층화 현상이 불가피하게 나타날 수밖에 없다고 주장한다. 차등적인 분배 체계가 개인의 성취동기를 자극함으로써 개인의 자질과 능력이 향상되고 나아가 사회가 최선의 기능을 하도록 함으로써 사회 전체의 효율성을 높인다는 것이다.

이에 반해 갈등론자들은 크레인을 작동하는 기사의 역할이나 깃발을 들어 차량을 안내하는 인부의 역할 모두 똑같이 중요하다면서 사회의 다양한 일을 기능적 중요성에 따라 서열화하는 것은 위험하다고 주장한다. 나아가 다양한 일의 기능적 중요성에 따른 위계를 인정한다고 하더라도 능력과 자질이 있는 개인이 중요한 일을 맡지 못하는 경우가 많으며, 사회적으로 중요한 역할을 수행하는 사람이 그에 합당한 보상을 받지 못하는 일 또한 많다고 주장한다. 이에 따라 갈등론자들은 차등적인 분배 체계로 인해 나타나는 사회 계층화 현상이 상대적 박탈감으로 인한 개인의 의욕 저하, 사회 통합 저해 등을 가져와 사회 전체의 효율성을 떨어뜨리므로 사회 계층화는 극복해야 할 현상이라고 주장한다.

[24022-0149]

01 **다음 자료를 종합하여 내릴 수 있는 결론으로 가장 적절한 것은?**

> 2022년에 문화 예술 행사를 관람한 적이 있다고 응답한 사람들의 비율은 58.1%였다. 그런데 월평균 가구 소득 100만 원 미만인 저소득층의 문화 예술 행사 관람률은 17.4%로 전년 대비 2.7%포인트 상승하는 데 그쳤으며, 월평균 가구 소득 600만 원 이상 고소득층의 문화 예술 행사 관람률은 전년 대비 24.7%포인트나 상승한 73.6%로 평균치를 월등히 뛰어넘었다.

① 사회 불평등을 초래하는 요인들은 상호 배타적이다.
② 경제적 불평등은 문화적 불평등에 영향을 줄 수 있다.
③ 권력의 소유 정도는 사회 불평등을 초래하는 요인이다.
④ 사회 불평등은 어느 사회에서나 나타나는 보편적인 현상이다.
⑤ 문화적 불평등은 사회 구성원 간 생활 양식의 차이를 초래할 수 있다.

[24022-0150]

02 **다음 갑국에 대한 옳은 설명만을 〈보기〉에서 고른 것은?**

> 갑국에는 엄격한 신분 제도가 존재한다. 신분에 의해 사회 계층이 결정되며 신분에 근거한 사회적 평가와 처우가 일반적으로 행해진다. 부모의 신분에 따라 자녀의 신분이 결정되고, 서로 다른 신분 간의 혼인은 엄격하게 제한되며, 갑국 사람들 대부분은 이러한 신분 제도를 받아들이면서 살아간다.

보기

ㄱ. 귀속 지위 중심의 사회 계층이 형성된다.
ㄴ. 계층 이동이 어려운 폐쇄적 계층 구조가 나타난다.
ㄷ. 사회 구조의 변혁을 둘러싼 집단 간 갈등이 심하다.
ㄹ. 사회적 희소가치가 개인의 업적과 같은 후천적 요인에 의해 배분된다.

① ㄱ, ㄴ ② ㄱ, ㄷ ③ ㄴ, ㄷ
④ ㄴ, ㄹ ⑤ ㄷ, ㄹ

[24022-0151]

03 **그림은 사회 계층화 현상에 관한 이론 A와 B를 비교한 것이다. 이에 대한 설명으로 옳은 것은? (단, A, B는 각각 계급론, 계층론 중 하나임.)**

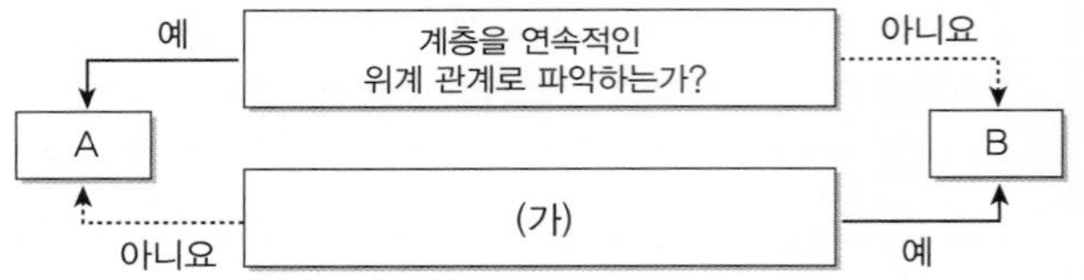

① A는 일원론적 관점에서 사회 계층화 현상을 파악한다.
② B는 경제적 불평등이 정치적 불평등에 종속된다고 본다.
③ B는 A와 달리 사회 불평등의 원인을 희소가치의 차등 분배에서 찾는다.
④ (가)에는 '중간 계급의 존재를 부정하는가?'가 들어갈 수 있다.
⑤ (가)에는 '사회 불평등 현상의 원인으로 경제적 요인을 고려하는가?'가 들어갈 수 있다.

[24022-0152]

04 **그림은 사회 불평등 현상을 바라보는 관점 A, B의 공통적인 입장과 구분되는 입장을 나타낸다. 이에 대한 설명으로 옳은 것은? (단, A, B는 각각 기능론, 갈등론 중 하나임.)**

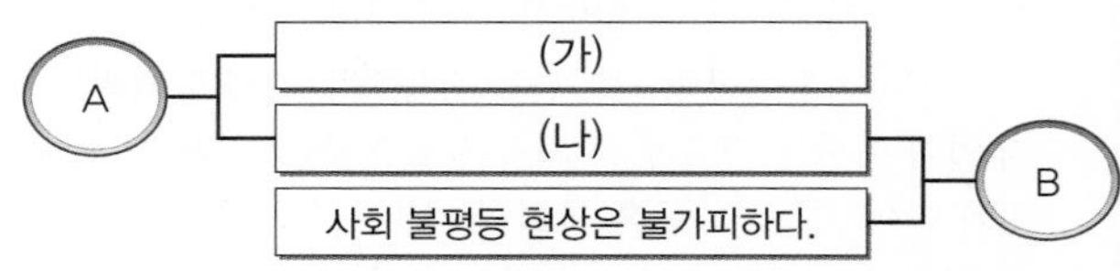

① A는 B와 달리 사회 불평등 현상이 보편적으로 나타난다고 본다.
② A는 B와 달리 사회적 희소가치의 배분 기준이 특정 집단만의 합의에 의해 결정된다고 본다.
③ B는 A에 비해 개인의 귀속적 요인이 사회 불평등에 미치는 영향을 중시한다.
④ (가)에는 '균등 분배는 인재의 적재적소 배치에 어려움을 야기한다.'가 들어갈 수 있다.
⑤ (나)에는 '직업 간 사회적 중요도의 우위를 객관적으로 평가할 수 있다.'가 들어갈 수 있다.

[24022-0153]

1 **다음의 갑국, 을국에 대한 옳은 설명만을 〈보기〉에서 고른 것은?**

- 갑국은 크게 여섯 등급으로 구분되는 신분 제도에 따라 운영되며, 신분의 높고 낮음에 따라 관직을 얻는 상한선이 정해져 있다. 다만, 관직을 얻는 상한선이 상위 세 신분에는 엄격히 지켜지고 있으나 하위 세 신분 간에는 지켜지지 않는 일이 빈번하다. 또한 신분에 따라 혼인에 제한을 받고, 가옥의 규모와 의복의 색깔이 달라지는 등 신분 제도가 사회생활 전반에 걸쳐 영향을 주고 있다.
- 을국에서는 사회적 희소가치가 개인의 노력과 능력에 따라 차등 분배되는 과정에서 사회 계층화 현상이 나타나고 있으며, 이에 따라 개인들은 자신의 재능을 최대한 발휘하여 소득, 권력, 지위, 학력 등과 같은 사회적 희소가치를 얻기 위해 노력하고 있다. 다만, 최근 부모의 계층이 자녀의 학업 성취에 미치는 영향이 약간 커지고 있다는 조사 결과가 나오자 이를 개선하기 위한 제도적 장치를 마련해 실시하고 있다.

보기

ㄱ. 갑국의 하위 신분에서는 신분 간 자유로운 이동이 나타나고 있다.
ㄴ. 을국은 귀속적 요인이 사회적 희소가치의 획득에 미치는 영향을 줄이기 위한 노력을 하고 있다.
ㄷ. 을국에서는 갑국과 달리 성취 지위 중심의 사회 계층화 현상이 나타나고 있다.
ㄹ. 갑국에서는 개방적 계층 구조가, 을국에서는 폐쇄적 계층 구조가 나타나고 있다.

① ㄱ, ㄴ ② ㄱ, ㄷ ③ ㄴ, ㄷ ④ ㄴ, ㄹ ⑤ ㄷ, ㄹ

[24022-0154]

2 **표는 질문에 대한 A, B의 답변을 나타낸다. 이에 대한 설명으로 옳은 것은? (단, A, B는 각각 계급론, 계층론 중 하나임.)**

질문	답변	
	A	B
경제적 불평등이 사회적·정치적 불평등을 결정한다고 보는가?	아니요	예
(가)	예	아니요
(나)	아니요	예
(다)	예	예

① A는 B와 달리 사회 불평등 현상을 이분법적으로 파악하여 중간 계급의 존재를 부정한다.
② B는 A와 달리 정치적 권력이 사회 계층화를 초래하는 여러 요인 중 하나라고 본다.
③ (가)에는 '개인의 지위가 여러 차원에서 서로 다를 수 있는 상황을 설명하기에 적합한가?'가 들어갈 수 있다.
④ (나)에는 '사회 불평등 현상의 발생 원인으로 경제적 요인을 고려하는가?'가 들어갈 수 있다.
⑤ (다)에는 '동일한 위계에 속한 구성원 간의 강한 귀속 의식을 강조하는가?'가 들어갈 수 있다.

[24022-0155]

3 **다음은 A 학자의 주장이다. 이 학자의 주장에 대한 옳은 설명만을 〈보기〉에서 고른 것은?**

부자와 가난한 자는 그들의 사고 체계, 문화적 취향, 습성 등에서도 뚜렷하게 구별된다. 이와 같은 문화적 상징이나 행동 특성은 짧은 시간에 습득되거나 체화되는 것이 아니며, 개인이 해당하는 경제적 계급과 사회 구조에 의해 산출되고 내면화된다. 특히, 이 과정에서 학교는 커다란 역할을 한다. 그런데 학교 교육의 주요 내용은 지배 계급의 문화적 가치로 구성되어 있고 학교는 이를 학생들에게 전수한다. 따라서 학교 교육은 기존의 계급 질서를 재생산하고 유지하는 데 기여한다.

● 보기 ●

ㄱ. 문화적 취향을 개인의 선택 문제로 인식한다.
ㄴ. 학교가 사회 구성원을 사회화하는 데 실패했다고 본다.
ㄷ. 학교 교육 과정은 특정 집단에 유리한 내용으로 구성되어 있다고 본다.
ㄹ. 개인의 문화적 취향을 보면 개인이 속한 계급을 추론할 수 있다고 본다.

① ㄱ, ㄴ ② ㄱ, ㄷ ③ ㄴ, ㄷ ④ ㄴ, ㄹ ⑤ ㄷ, ㄹ

[24022-0156]

4 **다음 자료는 서술형 문항에 대한 어느 학생의 답안과 채점 결과이다. 이에 대한 설명으로 옳은 것은? (단, A, B는 각각 계급론, 계층론 중 하나임.)**

〈서술형 1〉 A와 구분되는 B의 입장을 3가지만 쓰시오. (3점, 개당 1점)	〈서술형 2〉 B와 구분되는 A의 입장을 3가지만 쓰시오. (3점, 개당 1점)
〈학생의 서술 내용과 교사의 채점 결과〉 • 경제적 지위에 따른 집단 귀속 의식을 중시한다. (O) • 사회 불평등 현상을 불연속적으로 구분된 상태로 본다. (O) • (가)	〈학생의 서술 내용과 교사의 채점 결과〉 • 사회 계층화 현상의 원인을 단일 요인으로 설명한다. (X) • 사회 불평등 현상에 경제적 요인을 고려하여 설명한다. (X) • (나)
점수: 2점	점수: 1점

① A는 B와 달리 사회적 불평등이 경제적 불평등에 종속된다고 본다.
② B는 A와 달리 현대 사회의 다양한 계층 분화를 설명하기에 용이하다.
③ (가)에는 '일원론적 관점에서 사회 계층화 현상을 파악한다.'가 들어갈 수 있다.
④ (나)에는 '위계를 구분하는 기준이 다차원적이라고 본다.'가 들어갈 수 있다.
⑤ (가), (나) 모두에 '사회적 희소가치가 불평등하게 분배된다고 본다.'가 들어갈 수 있다.

[24022-0157]

5 **다음 자료에 대한 설명으로 옳은 것은?**

표는 사회 불평등 현상을 바라보는 관점 A, B를 학생 갑, 을이 구분한 것이다. 두 학생은 각각 3개 중 2개의 진술에 대해서만 옳은 답을 썼다. 단, A, B는 각각 기능론과 갈등론 중 하나이다.

진술	갑	을
차등 분배가 갖는 사회적 순기능을 강조한다.	B	B
직업 간에 사회적 기여도의 차이가 없다고 본다.	A	B
(가)	B	A

① A는 개인의 능력과 업적 등에 따라 사회적 희소가치가 분배된다고 본다.
② B는 사회 불평등 현상이 어느 사회에서나 나타난다고 보지 않는다.
③ B는 A와 달리 사회적 희소가치의 배분 기준은 사회적으로 합의된 것이라고 본다.
④ (가)에는 '사회적 희소가치는 불균등하게 분배된다.'가 들어갈 수 있다.
⑤ (가)에는 '사회 불평등 현상은 제거해야 할 대상이다.'가 들어갈 수 없다.

[24022-0158]

6 **사회 불평등 현상을 바라보는 관점 (가), (나)에 대한 설명으로 옳은 것은?**

(가) 사회의 직업들은 기능적 중요도에 차이가 없음에도 기득권층은 다른 직업에 비해 특정 직업에 높은 가치를 부여하여 더 많은 보상을 한다. 따라서 차등적 보상은 필연적으로 집단 간 대립과 갈등을 유발한다.
(나) 사회의 직업들은 기능적 중요도가 다르므로 사회적으로 더 중요한 직업을 수행하는 사람에게 더 많은 보상이 주어져야 한다. 이러한 차등적 보상은 사회 구성원에게 능력을 최대한 발휘하도록 노력하게 하여 결과적으로 사회 발전을 가져온다.

① (가)는 사회 불평등을 극복해야 할 대상으로 본다.
② (나)는 사회 불평등이 재생산되는 과정에 초점을 맞춘다.
③ (가)는 (나)와 달리 사회 불평등이 개인의 성취동기를 자극한다고 본다.
④ (나)는 (가)와 달리 사회 불평등을 보편적인 현상으로 본다.
⑤ (가), (나)는 모두 사회 불평등 현상이 인재를 적재적소에 배치하는 데 기여하지 않는다고 본다.

12 사회 이동과 사회 계층 구조

✪ 사회 이동과 지리적 이동
사회 이동은 사회 내의 추상적인 계층 구조에서 나타나는 위치 이동을 의미하는 데 비해 지리적 이동은 구체적이고 물리적인 공간에서 나타나는 거주지 및 활동 근거지의 이동을 의미한다.

✪ 구조적 이동
전쟁이나 혁명, 신분제의 폐지, 산업 구조의 급격한 변화 등으로 인한 계층 구조의 변화와 함께 나타나는 사회 이동을 의미한다.

1. 사회 이동

(1) 의미와 특징

① 의미: 한 사회 내에서 개인이나 집단의 계층 위치가 변화하는 현상

② 특징

- 지리적 이동과 달리 사회라는 추상적 공간에서 나타남.
- 전근대 사회보다 근대 이후의 사회에서, 농촌 사회보다 도시 사회에서 더욱 활발하게 나타남.
- 사회 이동 가능성이 높고 사회 이동이 활발할수록 사회 구성원의 성취동기가 높아지고 사회 발전과 사회 통합이 용이함.

(2) 유형

① 이동 방향에 따른 구분

구분	수평 이동	수직 이동
의미	다른 계층으로 이동하지 않고 동일한 계층 내에서 직업이나 종사하는 분야에 변화가 나타나는 사회 이동	계층 구조 내에서 차지하는 사회적 위치가 상승 또는 하강하는 사회 이동
사례	• 회사에 다니던 사람이 회사를 그만두고 공인 중개사가 되었는데, 그 사람의 계층에는 변화가 없음. • 자동차 회사에서 영업부 부장을 하던 사람이 컴퓨터 회사 영업부 부장으로 자리를 옮김.	• 영세한 기업을 경영하면서 넉넉하지 못한 생활을 했던 사람이 대기업 사장이 됨(상승 이동). • 정부의 고위직 관료였던 사람이 자리에서 쫓겨나 재산과 명예를 모두 잃고 노숙자가 됨(하강 이동).

≡ 개념 플러스 사회 이동과 수직 이동

사회 이동은 형식적으로 이동 방향에 따라 수평 이동과 수직 이동으로 구분된다. 그런데 사회 계층화 현상과 관련된 사회 이동에 대한 관심은 수직 이동에 초점이 맞춰져 있기 때문에 사회 이동을 수직 이동을 가리키는 개념으로 사용하는 경우도 적지 않다. 이에 따라 사회 이동을 '개인이나 집단이 하나의 사회 계층에서 다른 사회 계층으로 옮겨가는 것'으로 정의하기도 한다.

② 이동 원인에 따른 구분

구분	개인적 이동	구조적 이동
의미	기존 계층 구조 내에서 노력이나 업적 등 개인적 요인으로 인해 나타나는 사회 이동	기존 계층 구조에 변화를 초래하는 사회 구조적인 요인으로 인해 개인이나 집단의 계층 위치가 상승 또는 하강하는 사회 이동
사례	함께 입사한 다른 팀원들보다 더 성실하게 일하여 더 많은 성과를 올린 사람이 성실성과 성과를 인정받아 임원으로 승진함.	수작업으로 구두를 만들며 안정적으로 생활하던 사람들이 급격한 공업화로 인해 공장에서 기계로 구두를 대량 생산하게 되자 일자리를 잃고 도시 빈민으로 전락함.

③ 이동 범위(세대 범위)에 따른 구분

구분	세대 내 이동	세대 간 이동
의미	부모 등 이전 세대와 별개로 개인의 독립적인 생애 내에서 나타나는 사회 이동	부모 등 이전 세대의 계층과 비교했을 때 다음 세대의 계층 위치가 변화함으로써 나타나는 사회 이동
사례	초등학교 교사로 사회생활을 시작했던 사람이 50세에 교육감 선거에 출마하여 교육감이 됨.	부모가 전국에서 손꼽히는 부자인 집에서 자란 사람이 몰락하여 작은 식당을 운영하며 경제적으로 어려운 생활을 하게 됨.

개념 체크

1. 사회 내에서 개인이나 집단의 계층 위치가 변화하는 현상을 (   )이라고 한다.
2. 사회 이동은 (   )에 따라 수평 이동과 수직 이동으로 구분된다.
3. 기존 계층 구조에 큰 변화를 초래하는 사회적 요인으로 인해 나타나는 사회 이동을 (   )이라고 한다.

정답
1. 사회 이동
2. 이동 방향
3. 구조적 이동

≡ 개념 플러스 세대 내 이동

모든 사회 이동은 개인의 생애 내에서 이루어지는데, 그러한 모든 사회 이동이 세대 내 이동에 해당하는 것은 아니다. 세대 내 이동에서 '개인의 생애'라는 것은 부모 등 이전 세대로부터 독립하여 영위하는 생애를 의미한다. 따라서 세대 내 이동은 개인이 취업 등을 통해 사회에 진입한 후 나타나는 직업이나 지위의 변화를 의미하며, 경력 이동이라고 부르기도 한다.

(3) 의의

① 사회 이동 가능성은 사회 구성원들의 사회에 대한 인식 및 태도에 영향을 줌.

→ 사회 이동(상승 이동) 가능성이 높은 경우 중층이나 하층 구성원들의 사회에 대한 만족도가 높아질 수 있고, 사회 이동(상승 이동) 가능성이 없거나 낮은 경우 중층이나 하층 구성원들의 사회에 대한 불만이 커질 수 있음.

② 사회 이동(수직 이동)의 가능성은 계층 구조의 개방성을 판단하는 데 중요한 지표가 됨.

③ 사회 이동(수직 이동)이 활발한 것은 계층 구조가 개방적임을 나타내지만, 반드시 바람직한 현상은 아닐 수도 있음.

→ 하강 이동의 비중이 지속적으로 높아지는 것은 사회 불안의 요인이 될 수 있음.

④ 계층 세습 정도, 사회 이동의 양상 등은 사회 문제의 발견 및 대안 마련에 필요한 유용한 정보를 제공함.

✪ 세대 간 이동

세대 간 계층의 일치 여부를 조사함으로써 파악하는 사회 이동으로서 일반적으로 부모의 계층과 자녀의 계층을 비교하여 파악한다. 사회 이동에 관한 연구는 계층의 세습 정도나 귀속적 요인이 개인의 계층 이동에 미치는 영향에 관심이 많기 때문에 주로 세대 간 이동을 다루고 있다.

2. 사회 계층 구조

(1) 의미와 특징

① 의미: 한 사회에서 희소한 자원이 차등적으로 배분되고, 그러한 불평등 양상이 지속되면서 일정한 형태로 고정된 구조

② 특징

- 구속성: 사회 구성원들의 삶의 기회, 생활 양식, 사고방식 등에 영향을 미침.
- 지속성: 한번 형성된 계층 구조는 비교적 오랜 기간 유지됨.

(2) 유형

① 수직 이동(계층 이동) 가능성에 따른 구분

구분	폐쇄적 계층 구조	개방적 계층 구조
의미	계층 간 이동을 엄격하게 통제하여 수직 이동이 나타날 가능성이 매우 낮은 계층 구조	계층 간 이동이 보장되어 수직 이동이 자유롭게 나타날 수 있는 계층 구조
특징	• 귀속 지위가 중시됨. • 서로 다른 계층 간 혼인이나 교류가 엄격히 제한됨. • 계층 질서를 위협하지 않는 수평 이동은 통제하지 않음.	• 성취 지위가 중시됨. • 서로 다른 계층 간 혼인이나 교류에 제한이 없음. • 수직 이동, 수평 이동이 모두 자유롭게 나타남.
사례	봉건적 신분제 사회의 계층 구조	현대 민주 사회의 계층 구조

개념 체크

1. 부모의 계층과 자녀의 계층이 다른 경우 그 자녀는 이동 범위에 따른 사회 이동 중 (   )을 경험한 것이다.
2. 계층 간 이동이 엄격하게 제한된 계층 구조를 (   )라고 한다.
3. 성취 지위가 중심이 되고 수직 이동이 자유롭게 나타날 수 있는 계층 구조를 (   )라고 한다.

정답
1. 세대 간 이동
2. 폐쇄적 계층 구조
3. 개방적 계층 구조

✪ 타원형 계층 구조
다이아몬드형 계층 구조를 가진 사회에서 사회 보장 제도 등 소득 재분배 정책을 강화함으로써 나타나는 경향이 있다.

✪ 양극화
원래 여러 사물이나 집단이 두 개의 대립하는 상태로 분리되는 현상을 가리키는 개념인데, 사회 구성원들이 두 개의 양쪽 극단에 위치한 계층으로 쏠리면서 사회 불평등 현상이 심화되는 경향을 설명하기 위해 사용되고 있다.

② 계층 구성 비율에 따른 구분

구분	피라미드형 계층 구조	다이아몬드형 계층 구조
형태	상 / 중 / 하	상 / 중 / 하
의미	하층의 비율이 가장 높고, 상위 계층으로 올라갈수록 비율이 낮아지는 계층 구조	상층 비율, 하층 비율에 비해 중층의 비율이 높은 계층 구조
특징	• 봉건적 신분제 사회에서 주로 나타남. • 소수의 상층이 희소 자원을 독점하고 다수의 하층을 지배하고 통제함. • 사회적 희소가치의 불평등한 배분 정도가 심하여 사회 통합 및 안정의 실현 가능성이 낮음.	• 근대 이후의 고도 산업 사회에서 주로 나타남. • 산업화 이후 전문직, 관료, 사무직 등으로 직업이 분화되고, 사회 복지 제도의 확충으로 인해 중층의 비율이 높아지면서 나타남. • 사회적 희소가치가 비교적 평등하게 배분됨으로써 사회 통합 및 안정의 실현 가능성이 높음.

(3) 정보화 및 세계화에 따른 계층 구조

구분	타원형 계층 구조	모래시계형 계층 구조
형태	상 / 중 / 하	상 / 중 / 하
의미	계층 간 소득 격차가 감소하여 중층 인구가 대다수를 차지하는 계층 구조	중층의 비율이 가장 낮고 소수의 상층과 다수의 하층이 존재하는 계층 구조(양극화된 계층 구조)
특징	• 정보화와 세계화에 대하여 낙관적인 입장에서 기대하는 계층 구조 → 부가 가치 창출의 원천인 지식과 정보의 공유 확산, 국가 간 자유로운 교역의 확대로 인한 일자리 증가 등으로 소득 분배의 형평성이 높아질 것이라고 기대함. • 사회 통합 및 안정의 실현에 매우 유리함.	• 정보화와 세계화에 대하여 비관적인 입장에서 예측하는 계층 구조 → 정보 격차, 부의 집중 등으로 인해 중층의 비율이 현저하게 낮아지고 소득 분배의 불평등이 매우 심화될 것이라고 예측함. • 사회 양극화로 인해 심각한 사회 혼란 및 갈등 발생 가능성이 매우 높음.

3. 바람직한 사회 계층 구조와 실현 방안

(1) 바람직한 사회 계층 구조

① 개방적 계층 구조: 개인의 노력이나 능력, 업적에 따른 성취 지위가 중심이 되고, 사회 이동이 자유롭게 나타날 수 있는 계층 구조

② 다이아몬드형 계층 구조: 소득 분배의 형평성이 비교적 높아 계층 간 대립이 적고, 사회 통합 및 안정의 실현에 유리한 계층 구조

(2) 실현 방안

① 교육의 기회균등 실현, 귀속적 요인이 아닌 성취 요인에 따른 사회 이동 보장

② 조세 형평성 제고, 사회 보장 제도 확충 등을 통한 소득 재분배 정책 강화

개념 체크

1. 하층의 비율이 가장 높고, 상위 계층으로 갈수록 그 비율이 낮아지는 계층 구조를 (　　)라고 한다.
2. 사회적 희소가치가 비교적 평등하게 배분되어 중층 비율이 가장 높은 (　　)는 피라미드형 계층 구조보다 사회 통합의 실현에 유리하다.
3. 세계화의 영향을 비관적으로 바라보는 사람들은 중층이 몰락함으로써 중층의 비율이 가장 낮고 소수의 상층과 다수의 하층으로 구성되는 (　　)가 등장할 것이라고 주장한다.

정답
1. 피라미드형 계층 구조
2. 다이아몬드형 계층 구조
3. 모래시계형 계층 구조

Theme 1 계층(상층, 중층, 하층) 결정하기

계층을 상층, 중층, 하층으로만 구분하고 A～C는 각각 상층, 중층, 하층 중 하나에 해당한다고 가정하자. 피라미드형 계층 구조에서는 하층의 비율이 가장 높고 상층의 비율이 가장 낮으며, 다이아몬드형 계층 구조에서는 중층의 비율이 가장 높다. 그리고 자녀의 계층이 부모의 계층보다 높을 수 없다면 자녀의 계층은 하층이고, 부모의 계층이 자녀의 계층보다 낮을 수 없다면 부모의 계층은 상층이다. 또한 자녀는 세대 간 상승 이동을 통해 하층에 속할 수 없고 세대 간 하강 이동을 통해 상층에 속할 수 없다. 중층은 세대 간 상승 이동과 하강 이동 모두를 통해 자녀에게 나타날 수 있다. 그렇다면 아래 표에서 A～C는 각각 어느 계층에 해당할까?

자녀 세대 계층	A	B	C
자녀 세대 계층 대비 자녀 계층이 부모 계층보다 높은 사람의 비율(%)	0	60	30
자녀 세대 계층 대비 자녀 계층이 부모 계층보다 낮은 사람의 비율(%)	30	0	20

중층을 먼저 찾는 것이 정석이다. 자녀 계층이 부모 계층보다 높은 경우도 있고 낮은 경우도 있는 C가 중층이고, 자녀 계층이 부모 계층보다 높은 경우가 없는 A가 하층이며, 자녀 계층이 부모 계층보다 낮은 경우가 없는 B가 상층이다.
그렇다면 아래 표에서 A～C는 각각 어느 계층에 해당할까?

자녀 세대 계층	A	B	C
자녀 세대 계층 대비 자녀 계층이 부모 계층보다 높은 사람의 비율(%)	0	50	80
자녀 세대 계층 대비 부모와 자녀의 계층 불일치 비율(%)	30	70	80

B의 경우 부모와 자녀의 계층 불일치 비율은 70%이고 자녀 계층이 부모 계층보다 높은 비율은 50%이므로 자녀 계층이 부모 계층보다 낮은 비율이 20% 존재한다. 즉, B는 세대 간 상승 이동과 세대 간 하강 이동이 모두 일어났으므로 중층이다. 그리고 자녀 계층이 부모 계층보다 높은 비율이 0%인 A가 하층이고, 세대 간 상승 이동만 일어난 C가 상층이다.

Theme 2 계층(상층, 중층, 하층)의 비율 결정하기

계층을 상층, 중층, 하층으로만 구분할 때, 상층, 중층, 하층의 구성 비율을 알면 계층 구조가 피라미드형인지, 다이아몬드형인지를 알 수 있다.
상층 비율과 중층 비율의 합이 40%라면 하층 비율은 60%이다. '상층 비율+중층 비율+하층 비율'의 합은 100%이기 때문에 두 계층 비율의 합을 알면 이처럼 나머지 계층의 비율을 구할 수 있다. '상층 비율/중층 비율'이 2/5이고 '중층 비율/하층 비율'이 5/3이라면, '상층 비율 : 중층 비율 : 하층 비율'은 '2 : 5 : 3'이다. 따라서 상층 비율 20%, 중층 비율 50%, 하층 비율 30%이다. 갑국과 을국의 계층 비율 간 관계를 나타낸 아래 표를 분석해 보자.

〈갑국〉

$\frac{\text{상층}}{\text{중층+하층}}$	$\frac{1}{4}$
$\frac{\text{하층}}{\text{상층+중층}}$	$\frac{1}{4}$

〈을국〉

$\frac{\text{상층+하층}}{\text{상층+중층}}$	$\frac{7}{4}$
$\frac{\text{상층+하층}}{\text{중층+하층}}$	$\frac{7}{9}$

갑국의 경우 상층이 1이라면 '중층+하층'이 4이므로 상층 비율은 20%이다. 하층 비율도 20%이므로 중층 비율은 60%이다. 따라서 갑국의 계층 구조는 다이아몬드형이다. 을국의 경우, '상층+하층 : 상층+중층 : 중층+하층' 비율의 비는 '7 : 4 : 9'이다. '상층+중층+하층' 비율은 100%이므로 '상층+하층' 비율이 70%라면, 중층 비율은 30%이다. '상층+중층' 비율이 40%라면, 하층 비율은 60%이고 상층 비율은 10%이다. 따라서 을국의 계층 구조는 피라미드형이다.

[24022-0159]

01 다음 갑의 사례에 나타난 사회 이동만을 〈보기〉에서 고른 것은?

> 가게도 없이 작은 트럭에서 과일 장사를 하는 부모를 둔 갑은 고등학교를 졸업한 후 작은 회사의 경비원으로 취업하였다. 경비원 생활을 하면서 모은 돈과 빌린 자금으로 물건을 납품하는 사업을 시작하였으나 큰돈을 벌지는 못했다. 그런데 이웃 나라에서 전쟁이 일어나자, 이웃나라에 군수 물자를 공급하여 큰돈을 벌었고 현재는 중견 기업을 경영하고 있다.

보기

ㄱ. 개인적 이동　　ㄴ. 구조적 이동
ㄷ. 세대 간 상승 이동　　ㄹ. 세대 내 하강 이동

① ㄱ, ㄴ　② ㄱ, ㄷ　③ ㄴ, ㄷ
④ ㄴ, ㄹ　⑤ ㄷ, ㄹ

[24022-0160]

02 표는 이동의 원인과 세대 내 수직 이동 방향에 따른 사회 이동의 유형을 나타낸다. 이에 대한 옳은 설명만을 〈보기〉에서 고른 것은?

구분	개인적 이동	구조적 이동
세대 내 상승 이동	(가)	(나)
세대 내 하강 이동	(다)	(라)

보기

ㄱ. 회사의 영업부장이 자재부장으로 옮긴 것은 (가)의 예이다.
ㄴ. 신분 제도의 철폐는 (나)를 초래하는 요인이다.
ㄷ. 개방적 계층 구조 아래에서는 일반적으로 (다)가 (가)보다 많이 나타난다.
ㄹ. 시민 혁명으로 인한 귀족 계급의 몰락은 (다)가 아닌 (라)의 예이다.

① ㄱ, ㄴ　② ㄱ, ㄷ　③ ㄴ, ㄷ
④ ㄴ, ㄹ　⑤ ㄷ, ㄹ

[24022-0161]

03 표는 갑국, 을국의 계층별 인구비를 나타낸다. 이에 대한 분석으로 옳은 것은?

구분	갑국	을국
$\frac{A}{B}$	$\frac{10}{3}$	3
$\frac{B}{C}$	$\frac{3}{7}$	$\frac{1}{6}$

* 갑국과 을국 모두 계층은 A, B, C로만 구분하고, A~C는 각각 상층, 중층, 하층 중 하나임.
** A는 세대 간 상승 이동을 통해 자녀 세대에서는 나타날 수 없는 계층이고, B는 세대 간 하강 이동을 통해 자녀 세대에서는 나타날 수 없는 계층임.

① 갑국의 경우 상층 인구가 하층 인구보다 많다.
② 을국의 경우 중층 인구가 하층 인구보다 적다.
③ 중층의 비율은 갑국이 을국보다 높다.
④ 상층 인구에 대한 중층 인구의 비는 을국이 갑국보다 크다.
⑤ 계층 구조만 가지고 판단하면 갑국이 을국보다 안정적이다.

[24022-0162]

04 그림은 갑국~병국의 계층 구성 관련 비를 나타낸다. 이에 대한 분석으로 옳은 것은?

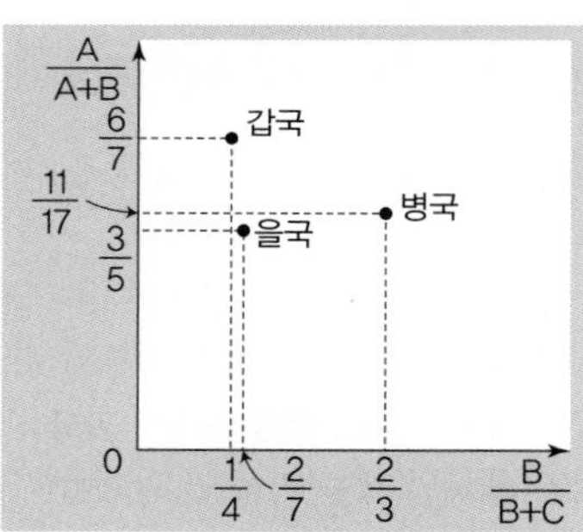

* 갑국~병국 모두 계층은 A, B, C로만 구분하고, A~C는 각각 상층, 중층, 하층 중 하나이며, 갑국의 계층 구조는 피라미드형임.

① 을국의 계층 구조는 모래시계형이다.
② 병국은 사회 통합에 유리한 계층 구조를 갖고 있다.
③ 상층 인구에 대한 하층 인구의 비는 갑국이 을국의 4배이다.
④ 갑국의 중층 비율과 을국의 하층 비율의 합은 병국의 하층 비율보다 작다.
⑤ 세대 간 상승 이동과 세대 간 하강 이동이 모두 일어날 수 있는 계층의 비율은 병국이 갑국의 3배이다.

[24022-0163]

05 표는 ○○국의 세대별 계층 구성 비율을 나타낸다. 이에 대한 분석으로 옳은 것은?

(단위: %)

구분	조부모 세대	부모 세대	자녀 세대
A	20	30	70
B	50	60	20
C	30	10	10

* 계층은 상층, 중층, 하층으로만 구분되고, A~C는 각각 상층, 중층, 하층 중 하나임.
** B에 속한 부모는 조부모보다 계층이 높을 수 없고, C에 속한 자녀는 부모보다 계층이 낮을 수 없음.

① 하층의 비율은 조부모 세대가 가장 높다.
② 상층의 비율은 부모 세대가 자녀 세대보다 낮다.
③ 부모 세대는 자녀 세대와 달리 계층 구조가 폐쇄적이다.
④ 중층 비율에 대한 하층 비율의 비는 조부모 세대가 부모 세대보다 크다.
⑤ 부모 세대 중층 비율 대비 자녀 세대 중층 비율의 증가율은 100% 미만이다.

[24022-0164]

06 다음 자료에 대한 분석으로 옳은 것은?

표는 갑~정의 부모 계층과 본인 계층을 나타낸다. 단, A~C는 각각 상층, 중층, 하층 중 하나이고, A는 세대 간 상승 이동과 세대 간 하강 이동이 모두 일어날 수 있는 계층이며, 병은 세대 간 상승 이동을 하였다.

구분	갑	을	병	정
부모 계층	B	C	A	A
본인 계층	A	A	C	B

① 본인의 계층이 중층인 사람은 1명이다.
② 본인의 계층이 가장 낮은 사람은 병이다.
③ 부모의 계층이 가장 높은 사람은 갑이다.
④ 을의 부모는 병의 부모와 달리 중층이다.
⑤ 갑은 정과 달리 세대 간 상승 이동을 하였다.

[24022-0165]

07 다음 자료에 대한 분석으로 옳은 것은?

표는 갑국의 시기에 따른 계층별 인구의 비를 나타낸다. 단, 갑국의 계층은 상층, 중층, 하층으로만 구분되며, 하층 인구는 변함이 없다.

구분	1980년	2000년	2020년
$\frac{\text{상층 인구}}{\text{하층 인구}}$	$\frac{1}{6}$	$\frac{1}{3}$	$\frac{5}{3}$
$\frac{\text{하층 인구}}{\text{중층 인구}}$	2	$\frac{1}{2}$	$\frac{1}{4}$

① 상층의 비율은 2000년이 1980년보다 높다.
② 중층 인구는 2020년이 1980년의 4배이다.
③ 총인구는 2020년이 2000년의 3배이다.
④ 1980년의 계층 구조가 2020년의 계층 구조에 비해 사회 통합에 유리하다.
⑤ 1980년 대비 2000년의 상층 인구 증가율과 2000년 대비 2020년의 중층 인구 증가율은 같다.

[24022-0166]

08 표에 대한 분석으로 옳은 것은? (단, 갑국의 모든 부모의 자녀는 1명씩임.)

〈갑국의 세대 간 계층 이동 현황〉

(단위: %)

구분		부모의 계층			계
		상층	중층	하층	
자녀의 계층	상층	5	3	12	20
	중층	3	17	30	50
	하층	2	10	18	30
계		10	30	60	100

① 계층을 대물림한 자녀의 비율은 50%를 넘는다.
② 부모 세대 계층 대비 계층 세습 비율은 중층이 가장 높다.
③ 세대 간 상승 이동한 자녀가 세대 간 하강 이동한 자녀보다 적다.
④ 부모 세대의 계층 구조가 자녀 세대의 계층 구조에 비해 사회 통합에 유리하다.
⑤ 자녀 세대 중층 중 세대 간 상승 이동한 자녀가 세대 간 하강 이동한 자녀보다 적다.

[24022-0167]

1 **다음 사례에 나타난 갑과 을에 대한 분석으로 옳은 것은?**

- 가난한 농민의 자녀로 태어난 갑은 쌀을 배달하는 종업원으로 사회에 첫발을 내디뎠다. 그러다가 컴퓨터 프로그램에 관심이 많았던 갑은 배달앱을 만들어 사업을 시작하였고, 어려움도 겪었지만 배달 서비스의 확산으로 큰돈을 벌었고 현재 큰 기업체를 경영하고 있다.
- 귀족의 자녀로 태어난 을은 귀족에게만 개방된 고위 관리로 임용되어 사회생활을 시작하였다. 그러나 혁명으로 인해 신분 제도가 폐지되면서 을은 고위 관리직을 그만둘 수밖에 없었고, 이후 조그만 사업을 하다가 잘못된 판단으로 실패하여 현재는 일용직으로 일하고 있다.

① 갑은 을과 달리 개인적 이동을 경험하였다.
② 갑은 을과 달리 폐쇄적 계층 구조를 갖는 사회에서 태어났다.
③ 을은 갑과 달리 구조적 이동을 경험하였다.
④ 을은 갑과 달리 세대 간 이동을 경험하였다.
⑤ 을은 갑과 달리 세대 내 수직 이동을 경험하였다.

[24022-0168]

2 **표에 대한 옳은 분석 및 추론만을 〈보기〉에서 고른 것은?**

구분	갑국		을국	
	t년	t+50년	t년	t+50년
각 계층의 비율 크기 비교	A>B>C	B>A=C	B>C>A	A>C>B
신분 제도의 존재 여부	있음	없음	없음	없음
수직 이동이 나타날 가능성 정도	매우 낮음	매우 높음	매우 높음	낮음

* 갑국과 을국 모두 A, B, C 계층만 존재하고, A~C는 각각 상층, 중층, 하층 중 하나임.
** t년 갑국의 계층 구조는 피라미드형이고, t년과 t+50년 모두 갑국과 을국에서 크기가 가장 큰 계층의 비율은 50%를 넘음.

보기

ㄱ. t+50년에 중층 비율은 을국이 갑국보다 높다.
ㄴ. t년 대비 t+50년에 갑국에서는 계층 구조의 개방성이 높아졌다.
ㄷ. t년과 t+50년 사이에 을국에서는 구조적 이동이 나타났다.
ㄹ. t+50년의 갑국과 t년의 을국 모두 계층 구조는 다이아몬드형이다.

① ㄱ, ㄴ ② ㄱ, ㄷ ③ ㄴ, ㄷ ④ ㄴ, ㄹ ⑤ ㄷ, ㄹ

[24022-0169]

3 다음 자료에 대한 분석으로 옳은 것은?

표는 갑국의 부모 계층과 비교한 자녀 계층의 현황을 나타낸 것이다. A～C는 각각 상층, 중층, 하층 중 하나이고, 상층 부모를 둔 중층 자녀의 수와 하층 부모를 둔 상층 자녀의 수는 같으며, 상층 부모를 둔 하층 자녀는 없고, 모든 부모의 자녀는 1명씩이다.

(단위: %)

부모 계층	A			B			C			계
부모 계층과 비교한 자녀 계층	높음	낮음	일치함	높음	낮음	일치함	높음	낮음	일치함	100
비율	10	5	20	0	5	10	15	0	35	

① 중층의 비율은 부모 세대와 자녀 세대가 같다.
② 계층 세습 비율이 세대 간 이동 비율보다 낮다.
③ 세대 간 하강 이동한 자녀가 세대 간 상승 이동한 자녀보다 많다.
④ 자녀 중층 중 세대 간 하강 이동한 자녀가 세대 간 상승 이동한 자녀보다 많다.
⑤ 부모 세대는 자녀 세대와 달리 계층 구조가 피라미드형이다.

[24022-0170]

4 다음 자료에 대한 분석으로 옳은 것은?

표는 갑국과 을국의 세대 간 계층 이동 현황을 나타낸 것이다. 단, A～C는 각각 상층, 중층, 하층 중 하나이고, A는 B보다 높은 계층이며, C는 자녀 세대에서 세대 간 하강 이동을 통해 나타날 수 없는 계층이고, 모든 부모의 자녀는 1명씩이다.

〈갑국〉

(단위: %)

구분		부모 세대 계층		
		A	B	C
자녀 세대 계층	A	17	30	3
	B	10	18	2
	C	3	12	5

〈을국〉

(단위: %)

구분		부모 세대 계층		
		A	B	C
자녀 세대 계층	A	10	6	4
	B	25	19	6
	C	15	5	10

① 갑국에서 상층 비율은 자녀 세대가 부모 세대보다 낮다.
② 을국에서 부모 세대는 자녀 세대와 달리 계층의 양극화가 나타난다.
③ 계층을 대물림한 자녀의 비율은 갑국이 을국보다 높다.
④ 세대 간 상승 이동한 자녀의 비율은 을국이 갑국보다 높다.
⑤ 갑국과 을국 모두 자녀 세대에서는 다이아몬드형 계층 구조가 나타난다.

[24022-0171]

5 다음 자료에 대한 설명 및 분석으로 옳은 것은?

자녀 계층 A 중 부모보다 계층이 높은 자녀의 비율은 40%이고, 자녀 계층 B 중 부모보다 계층이 낮은 자녀의 비율은 60%이며, 자녀 계층 C 중 부모보다 계층이 높은 자녀의 비율과 낮은 자녀의 비율은 각각 30%이다. 단, 갑국의 계층은 A～C로만 구분되고, A～C는 각각 상층, 중층, 하층 중 하나이며, ‘A 비율 : B 비율 : C 비율’은 각각 부모 세대가 ‘3 : 3 : 4’, 자녀 세대가 ‘2 : 3 : 5’이고, 모든 부모의 자녀는 1명씩이다.

① 부모 세대의 계층 구조는 피라미드형이다.
② 고도 산업 사회에서는 A의 비율이 가장 높다.
③ 상층 부모를 둔 자녀 중 상층 자녀가 하층 자녀의 4배이다.
④ 부모의 계층을 세습한 자녀의 비율은 전체 자녀의 50%를 넘는다.
⑤ 상층 부모를 둔 중층 자녀가 중층 부모를 둔 하층 자녀보다 많다.

[24022-0172]

6 다음 자료에 대한 분석으로 옳은 것은?

표는 갑국, 을국의 세대 간 계층 이동 현황을 나타낸 것이다. 단, 계층은 상층, 중층, 하층으로만 구성되고, A～C는 각각 상층, 중층, 하층 중 하나이며, 모든 부모의 자녀는 1명씩이다. 그리고 ■의 면적은 자녀 수를 나타낸 것으로, 각 ■의 면적은 동일하며, 부모 세대의 경우 ‘A 비율 : B 비율 : C 비율’은 갑국이 ‘6 : 3 : 1’, 을국이 ‘2 : 5 : 3’이다.

구분		계층		
		A	B	C
갑국	세대 간 상승 이동한 자녀 수		■■	■
	세대 간 하강 이동한 자녀 수	■■		
	해당 계층에 속한 자녀 수	■■■■■	■■■	■■
을국	세대 간 상승 이동한 자녀 수			■
	세대 간 하강 이동한 자녀 수	■■	■■	
	해당 계층에 속한 자녀 수	■■■	■■■■■	■■

① 갑국 부모 세대의 계층 구조는 다이아몬드형이다.
② 갑국에서는 세대 간 계층 유지 비율이 이동 비율보다 높다.
③ 을국에서는 세대 간 상승 이동이 세대 간 하강 이동보다 많다.
④ 을국에서 부모 세대 계층 대비 계층 세습 비율은 하층이 가장 높다.
⑤ 갑국과 을국 모두 중층 부모를 둔 상층 자녀는 없다.

[24022-0173]

7 다음 자료에 대한 분석으로 옳은 것은?

표는 갑국의 시기에 따른 계층 구성 비율의 비를 나타낸다. 단, 갑국의 계층은 상층, 중층, 하층으로만 구성되고, A～C는 각각 상층, 중층, 하층 중 하나이며, 30년 전과 비교하여 시기별 상층 인구는 모두 2배가 되었고, t+30년의 계층 구조는 피라미드형이다.

구분	t년	t+30년	t+60년	t+90년
A+B : B+C : A+C	4 : 7 : 9	5 : 7 : 8	7 : 5 : 8	5 : 8 : 7

① 중층 인구의 비율이 가장 높은 연도는 t+90년이다.
② 하층 인구는 t년과 t+60년이 같다.
③ 중층 인구에 대한 상층 인구의 비는 t+30년이 t+90년보다 크다.
④ t년 대비 t+60년에 상층 인구의 증가율이 중층 인구의 증가율보다 작다.
⑤ t+90년의 계층 구조가 t+60년의 계층 구조보다 사회 통합의 실현에 유리하다.

[24022-0174]

8 다음 자료에 대한 분석으로 옳은 것은?

〈자료 1〉은 갑국과 을국의 부모 세대 및 자녀 세대의 계층 구성의 비를, 〈자료 2〉는 갑국과 을국의 자녀 세대 계층 대비 자녀 계층이 부모 계층보다 높은 비율과 부모와 자녀의 계층 불일치 비율을 나타낸다.

〈자료 1〉

구분	갑국		을국	
	부모 세대	자녀 세대	부모 세대	자녀 세대
$\frac{A+C}{A+B}$	$\frac{8}{9}$	$\frac{5}{8}$	$\frac{7}{8}$	$\frac{9}{7}$
$\frac{A+B}{B+C}$	3	$\frac{8}{7}$	$\frac{8}{5}$	$\frac{7}{4}$

〈자료 2〉

구분	갑국			을국		
	A	B	C	A	B	C
자녀 세대 계층 대비 자녀 계층이 부모 계층보다 높은 비율(%)	0	82	75	0	40	50
자녀 세대 계층 대비 부모와 자녀의 계층 불일치 비율(%)	20	90	75	40	90	50

* 갑국과 을국의 계층은 A～C로만 구성되고, A～C는 각각 상층, 중층, 하층 중 하나이며, 모든 부모의 자녀는 1명씩임.

① 갑국에서 세대 간 상승 이동을 한 자녀 수는 전체의 50% 미만이다.
② 을국에서 세대 간 이동을 한 자녀 수가 계층을 대물림한 자녀 수보다 많다.
③ 세대 간 하강 이동의 비율은 을국이 갑국의 3배 이상이다.
④ 자녀 세대의 계층 구조는 갑국에서는 다이아몬드형, 을국에서는 피라미드형이 나타난다.
⑤ 을국에서 중층 부모를 둔 하층 자녀의 비율은 갑국에서 상층 부모를 둔 중층 자녀의 비율의 6배이다.

13 다양한 사회 불평등 현상

1. 사회적 소수자 문제

(1) 사회적 소수자의 의미와 특성

① 의미: 신체적 또는 문화적 특징으로 인해 주류 집단으로부터 불평등한 처우를 받는 사람들

② 특성

- 반드시 수적으로 소수(少數)를 의미하는 것은 아님.
- 소수자 집단의 구성원이라는 이유만으로 사회적 차별의 대상이 됨.
- 주류 집단에 비해 사회적 자원(학력, 권력, 재산 등)의 획득에서 불리한 위치에 있음.
- 자신들이 주류 집단으로부터 차별받는 집단의 구성원이라는 인식이 존재함.
- 어떤 집단이 사회적 소수자에 해당하는지 판단하는 것은 쉽지 않으며, 시대와 사회에 따라 사회적 소수자에 해당하는 집단이 달라질 수 있음.

(2) 사회적 소수자의 규정 기준 및 차별 양상

① 사회적 소수자의 규정 기준

- 성, 국적, 민족, 인종, 종교, 사상, 장애 등 다양한 기준에 의해 사회적 소수자로 규정될 수 있음.
- 사회 다원화 경향, 지역 및 국가 간 인구 이동의 증가 등으로 인해 과거와 다른 기준에 의한 사회적 소수자가 나타나기도 함.

자료 플러스 결혼 이민자 체류 현황

여성과 장애인이 사회적 소수자로 오랫동안 차별받아 왔으나 최근에는 결혼 이민자, 외국인 근로자, 북한 이탈 주민 등처럼 인종·국적·민족이 다르다거나 이질적인 문화를 이유로 차별받는 사회적 소수자가 증가하고 있다. 그중 결혼 이민자의 연도별 체류 현황은 다음과 같다.

연도	2012년	2014년	2016년	2018년	2020년	2022년
결혼 이민자(명)	148,498	150,994	152,374	159,206	168,594	169,633

* 귀화 등으로 한국 국적을 취득한 자(혼인 귀화자)는 체류 외국인 통계에서 제외

② 사회적 소수자에 대한 차별 양상

- 주류 집단과 다른 신체적·문화적 특징을 지녔다는 이유로 비정상으로 간주되고 차별을 받음.
- 교육이나 사회적 관계 등에서 배제되어 사회 적응에 어려움을 겪음.
- 취업에 대한 정보 부족, 업무 능력에 대한 편견, 취업 기회나 임금 차별 등으로 인해 경제적 어려움을 겪음.
- 정치 참여 기회가 제한되어 차별 문제 개선을 위한 법과 정책의 마련 과정에 영향력을 행사하기 어려움.

(3) 사회적 소수자 문제의 해결 방안

① 의식적 측면

- 자신과 다른 사람에 대한 편견을 버리고 공존하려는 자세를 가질 필요가 있음.
- 사회의 다원화된 가치와 다양성을 인정하는 관용의 자세를 가질 필요가 있음.

② 제도적 측면

- 사회적 소수자를 차별하는 제도와 법을 개선할 필요가 있음.
- 적극적 우대 조치(적극적 차별 시정 정책)와 같이 사회적 소수자를 지원하는 정책이나 제도를 마련할 필요가 있음. → 역차별 논란도 고려해야 함.

✪ 사회적 소수자의 유형
일반적으로 주류 집단(세력)에 비해 열세에 위치한 대상들이다. 여성, 장애인, 외국인 근로자, 결혼 이민자, 소수 민족, 소수 인종 등을 들 수 있다.

✪ 적극적 우대 조치
역사적으로 오랜 기간 차별받아 온 집단에 대하여 진학이나 취업 등에 혜택을 주어 우대하는 정책으로, 적극적 차별 시정 정책이라고도 한다.

✪ 역차별
부당한 차별을 받는 쪽을 우대하는 과정에서 오히려 반대편에게 차별이 발생하는 경우를 의미한다.

개념 체크

1. (　　)는 신체적 또는 문화적 특징으로 인해 주류 집단으로부터 불평등한 처우를 받는 사람들을 의미한다.
2. 사회적 소수자 문제의 해결을 위해서는 사회의 다원화된 가치와 다양성을 인정하는 (　　)의 자세가 필요하다.
3. 사회적 소수자를 지원하는 정책이나 제도를 마련할 때 사회적 소수자가 아닌 사람들이 차별을 당하는 (　　) 현상을 고려해야 한다.

정답
1. 사회적 소수자
2. 관용
3. 역차별

자료 플러스 **적극적 우대 조치의 사례 – 장애인 고용 의무 제도**

적극적 우대 조치는 단순히 차별을 철폐하고 공평한 대우를 하는 것보다 좀 더 적극적으로 특혜를 주는 사회 정책이다. 장애인 고용 의무 제도는 적극적 우대 조치의 한 예이다. 상시 근로자 50명 이상의 근로자를 고용하는 사업주는 그 근로자 총수의 100분의 5 범위 안에서 대통령령으로 정하는 비율 이상에 해당하는 장애인 근로자를 의무적으로 고용하여야 하며, 상시 100명 이상 고용 사업주는 의무 고용 미이행 시 부담금을 신고 · 납부하여야 한다. 의무 고용률을 초과하여 고용한 사업주에 대해서는 규모에 상관없이 초과 인원에 대해 장려금을 지급한다. 단, 국가 · 지방 자치 단체는 비공무원의 경우 부담금은 적용하고, 장려금은 미적용한다. 부담금은 장애인을 고용해야 할 의무가 있는 사업주가 의무 고용률에 못 미치게 장애인을 고용한 경우 납부해야 하는 공과금이다. 이와 같은 부담금 제도는 사회 연대 책임의 이념을 반영하여 장애인을 고용하는 사업주와 고용하지 않는 사업주의 경제적 부담을 평등하게 조정하기 위해 도입되었다. 납부된 부담금은 장애인 고용 촉진을 위해 융자 지원, 장려금 지급 등 각종 사업에 사용된다.

〈장애인 의무 고용률〉

(단위: %)

기준 연도		2019년	2020년	2021년	2022년	2023년
국가 및 지방 자치 단체	공무원	3.4	3.4	3.4	3.6	3.6
	비공무원	3.4	3.4	3.4	3.6	3.6
공공 기관		3.4	3.4	3.4	3.6	3.6
민간 기업		3.1	3.1	3.1	3.1	3.1

2. 성 불평등 문제

(1) 성(性)의 구분과 성 불평등

① 성(性)의 구분: 생물학적 성(sex)에 따라 남성과 여성으로, 사회적 성(gender)에 따라 남성성(남성다움)과 여성성(여성다움)으로 구분됨.

② 성 불평등: 성별 간에 사회적 희소가치의 소유 정도나 접근 기회에 격차가 나타나는 현상

(2) 성 불평등의 발생 요인

① 차별적 사회화: 특정 성 중심의 가치관을 바탕으로 성별에 따라 서로 다른 정체성과 역할을 기대하고 성에 따른 우열 의식을 내면화시킴.

② 불평등한 사회 구조 및 제도: 특정 성의 교육 기회나 사회 진출 기회를 제약하거나 사회적 성공을 이루는 데 장애가 되는 각종 사회 구조나 제도가 존재함.

(3) 성 불평등의 양상

① 사회 · 문화적 측면: 일상생활의 성차별적 관념과 언행, 가정 내 성차별적 역할 분담, 대중문화에 의한 왜곡된 성 의식의 재생산 등

② 경제적 측면: 성별에 따른 취업 및 승진 제한, 성별 임금 격차 등

③ 정치적 측면: 성별에 따른 정치 참여 기회의 차별, 고위 공직자와 같은 정치권력을 담당하는 지위의 차등 배분 등

(4) 성 불평등 문제의 해결 방안

① 의식적 측면: 성에 대한 고정 관념을 버리고 양성평등 의식 함양, 성별의 차이를 인정하되 차별로 이어지지 않도록 상호 존중하는 태도 함양 등

② 제도적 측면: 불합리한 성차별에 대한 제재 강화, 양성평등 정착을 위한 법과 제도 마련, 양성평등 교육을 강화하는 교육 과정 마련 등

✪ 사회적 성(gender)

사회 · 문화적으로 형성된 성으로, 개인의 생물학적 성과 달리 문화적으로 규정되고 개인이 속한 사회의 차별적 사회화 과정에 의해 부여되기 때문에 시대와 사회에 따라 특수성을 갖는 경향이 있다.

개념 체크

1. (　　)은 사회 · 문화적으로 형성된 성으로, 개인의 생물학적 성과 달리 문화적으로 규정된다.
2. (　　) 사회화는 특정 성 중심의 가치관을 바탕으로 성별에 따라 서로 다른 정체성과 역할을 기대하고 성에 따른 우열 의식을 내면화시킨다.
3. 성 불평등 문제를 해결하려면 (　　) 의식을 바탕으로 불합리한 성차별을 개선하고자 노력할 필요가 있다.

정답

1. 사회적 성
2. 차별적
3. 양성평등

3. 빈곤 문제

(1) 빈곤의 의미와 원인

① 의미: 인간의 기본적인 욕구를 충족하는 데 필요한 자원이나 소득이 비교적 지속적으로 결핍되어 있는 상태

② 원인

- 개인적 측면: 성취동기의 부족, 사회적으로 요구되는 역량 부족 등
- 사회적 측면: 사회 보장 제도의 미비, 경기 불황 및 일자리 부족, 교육 기회의 불평등 등

(2) 빈곤의 영향

① 개인적 측면: 건강 악화, 상대적 박탈감 유발, 심리적 위축 등

② 사회적 측면: 범죄 증가, 사회 불안 및 갈등 유발 등

(3) 빈곤의 유형

① 절대적 빈곤

- 의미: 인간이 최소한의 생활을 유지하는 데 필요한 자원이나 소득이 부족한 상태
- 특징: 주로 저개발국에서 두드러지게 나타나며, 경제 성장을 통해 감소하는 경향이 있지만 선진국에서도 나타날 수 있음.
- 절대적 빈곤선: 절대적 빈곤 인구 또는 가구에 해당하는지 판단하는 기준으로서 일반적으로 최저 생활의 유지에 필요한 금액을 가리킴.

② 상대적 빈곤

- 의미: 한 사회에서 다른 사람들보다 자원이나 소득을 상대적으로 적게 가져 사회 구성원 다수가 누리는 생활 수준을 누리지 못하는 상태
- 특징: 급속한 경제 성장 과정에서 소득 격차가 심화된 국가에서 부각되며, 선진국과 같이 경제 성장을 이룬 국가에서도 나타날 수 있음.
- 상대적 빈곤선: 상대적 빈곤 인구 또는 가구에 해당하는지 판단하는 기준으로서 중위 소득이나 평균 소득 등 한 사회의 일반적인 소득 수준의 일정 비율에 해당하는 금액을 가리킴.

(4) 빈곤 문제의 해결 방안

① 개인적 측면

- 빈곤층 스스로 빈곤에서 벗어나려는 자활 의지와 노력
- 빈곤층을 배려 · 지원하려는 공동체 의식 및 공존의 가치관

② 사회적 측면

- 교육의 기회균등 실현, 빈곤층의 자활 노력을 지원하기 위한 직업 훈련이나 일자리 창출 등의 정책 시행
- 최저 임금제, 소득 재분배 정책(누진세 제도, 사회 보장 제도) 등을 통한 소득 분배의 형평성 제고

≡ 개념 플러스 | 누진세 제도와 소득 재분배 정책

누진세 제도는 경제력의 격차를 야기하는 소득 간 불평등을 보정하기 위한 것으로 고소득자에게는 높은 세율을, 저소득자에게는 낮은 세율을 적용하는 형태로 운영된다. 제2차 세계 대전 후 많은 나라에서 경제력의 불평등과 소득 간 불평등이 문제로 대두하여 소득 재분배가 주요 과제로 제기되었다. 이때 소득 재분배의 효과적인 수단으로 작용한 것이 누진세율의 적용이었다. 현재 많은 국가에서 소득세는 누진세율을 적용하고 있다.

✪ 상대적 박탈감
다른 대상이 자신보다 많은 것을 가지고 있을 때, 자신은 실제로 잃은 것이 없지만 상대적으로 자신이 부족하다고 느끼거나 무엇을 잃은 듯한 느낌을 말한다.

✪ 최저 임금제
국가가 노사 간의 임금 결정 과정에 개입하여 임금의 최저 수준을 정하고, 사용자에게 이 수준 이상의 임금을 지급하도록 법으로 강제함으로써 저임금 근로자를 보호하는 제도이다.

개념 체크

1. 절대적 빈곤선은 절대 빈곤 인구 또는 가구에 해당하는지 판단하는 기준으로서 일반적으로 (　　)의 유지에 필요한 금액을 가리킨다.
2. (　　)은 한 사회에서 다른 사람들보다 자원이나 소득을 상대적으로 적게 가져 사회 구성원 다수가 누리는 생활 수준을 누리지 못하는 상태를 가리킨다.
3. (　　)는 국가가 노사 간의 임금 결정 과정에 개입하여 임금의 최저 수준을 정하고, 사용자에게 이 수준 이상의 임금을 지급하도록 법으로 강제하는 제도이다.

정답
1. 최저 생활
2. 상대적 빈곤
3. 최저 임금제

Theme 1 사회적 소수자에 대한 포용성

(단위: %)

구분		전체	19～29세	30～39세	40～49세	50～59세	60세 이상
장애인	2020년	96.4	96.8	95.8	95.0	96.7	97.1
	2021년	96.8	97.5	96.8	96.3	97.0	96.7
	2022년	95.5	95.6	95.2	94.5	95.4	96.3
외국인 이민자 및 노동자	2020년	90.1	90.8	89.3	90.0	90.5	89.8
	2021년	87.1	86.1	88.3	89.1	88.5	84.9
	2022년	90.0	91.8	89.5	90.4	90.4	88.6
북한 이탈 주민	2020년	81.7	82.8	81.1	80.4	81.2	82.5
	2021년	75.0	77.5	77.3	76.1	76.4	70.6
	2022년	77.8	80.2	77.3	79.7	79.8	74.5

표는 장애인, 외국인 이민자 및 노동자, 북한 이탈 주민을 자신의 이웃, 직장 동료, 절친한 친구, 배우자 중 하나로 받아들일 수 있다고 응답한 사람들의 비율, 즉 사회적 소수자에 대한 포용성을 나타내는 자료이다. 사회적 소수자에 대한 포용성의 차이는 연령대별보다 포용 대상 집단 간의 차이가 조금 더 뚜렷하다. 2022년 기준 장애인과 외국인 이민자 및 노동자, 북한 이탈 주민에 대한 포용성은 각각 95.5%와 90%, 77.8%이다. 사회적 소수자 집단은 사회적 제도와 관계에서 배제되기 쉽다. 사회 구성원들이 이들 집단의 구성원을 얼마나 받아들일 수 있는지는 그 사회의 포용 역량을 보여 준다고 할 수 있다. 사회적 소수자 집단에 대한 높은 포용성은 사회 통합에 도움이 된다.

Theme 2 생계 급여 지급 기준

생계 급여는 생계 유지에 도움이 되도록 지급하는 것으로, 생계 급여의 수급권자는 부양 의무자가 없거나 부양 의무자가 있어도 부양 능력이 없거나 부양을 받을 수 없는 사람으로서 가구의 소득 인정액이 생계 급여 선정 기준 이하인 사람이다. 우리나라는 2016년부터 국민 기초 생활 보장 제도에 따른 급여 지급 기준으로 중위 소득을 사용하고 있다. 2023년 월 소득을 기준으로 한 중위 소득과 생계 급여 지급 기준은 다음과 같다.

(단위: 원/월)

구분 \ 가구 규모	1인 가구	2인 가구	3인 가구	4인 가구	5인 가구	6인 가구	7인 가구
중위 소득	2,077,892	3,456,155	4,434,816	5,400,964	6,330,688	7,227,981	8,107,515
생계 급여 선정 기준 (기준 중위 소득 30% 이하)	623,368	1,036,846	1,330,445	1,620,289	1,899,206	2,168,394	2,432,255

* 8인 이상 가구의 선정 및 급여 기준: 7인 가구 생계 급여 선정 기준액에서 6인 가구 생계 급여 선정 기준액을 차감한 금액인 263,861원을 추가함(2023년 8인 가구 생계 급여 선정 기준액: 2,696,116원).

[24022-0175]

01 빈칸 (가)에 들어갈 수 있는 내용만을 〈보기〉에서 있는 대로 고른 것은?

사회적 소수자는 신체적 또는 문화적 특징으로 인해 사회의 주류 집단으로부터 불평등한 처우를 받고 있으며, 사회적 소수자의 특성으로 (가) 을 들 수 있다.

보기
ㄱ. 수적으로 반드시 주류 집단보다 적음
ㄴ. 주류 집단에 비해 사회적 자원의 획득에 불리함
ㄷ. 소수자 집단의 구성원이라는 이유만으로 사회적 차별의 대상이 됨
ㄹ. 자신들이 주류 집단으로부터 차별받는 집단의 구성원이라는 것을 인식함

① ㄱ, ㄴ ② ㄱ, ㄷ ③ ㄴ, ㄹ
④ ㄱ, ㄷ, ㄹ ⑤ ㄴ, ㄷ, ㄹ

[24022-0176]

02 표에 대한 옳은 분석만을 〈보기〉에서 있는 대로 고른 것은? (단, 갑국의 전체 가구 수는 변동이 없고, 가구별 구성원 수는 같음.)

〈갑국의 빈곤율〉

(단위: %)

구분	t년	t+1년	t+2년	t+3년
절대적 빈곤율	8	10	13	12
상대적 빈곤율	9	20	18	23

* 절대적 빈곤율: 전체 가구 중 가구 소득이 최저 생계비 미만인 가구의 비율을 말함.
** 상대적 빈곤율: 전체 가구 중 가구 소득이 중위 소득의 50% 미만인 가구의 비율을 말함.
*** 중위 소득: 모든 가구를 소득 순으로 나열했을 때 한가운데에 위치하는 가구의 소득을 말함.

보기
ㄱ. t년에 중위 소득은 최저 생계비의 2배보다 크다.
ㄴ. t+1년에 중위 소득의 50% 금액은 최저 생계비의 2배이다.
ㄷ. 절대적 빈곤과 상대적 빈곤 모두에 해당하는 가구 수는 t+2년에 가장 많다.
ㄹ. 절대적 빈곤과 상대적 빈곤 중 어느 하나에만 해당하는 가구 수는 t+3년에 가장 많다.

① ㄱ, ㄴ ② ㄱ, ㄷ ③ ㄴ, ㄹ
④ ㄱ, ㄷ, ㄹ ⑤ ㄴ, ㄷ, ㄹ

[24022-0177]

03 다음 자료에 대한 분석으로 옳은 것은?

- 갑국과 을국 모두 ㉠절대적 빈곤 가구는 가구 소득이 최저 생계비 미만인 가구로, ㉡상대적 빈곤 가구는 가구 소득이 중위 소득의 50% 미만인 가구로 정의한다.
- 갑국과 을국 모두 t년의 최저 생계비는 상대적 빈곤선의 60% 금액과 일치하였다.
- 월 소득을 기준으로 빈곤선을 측정한다. 단, 갑국과 을국에서 가구별 구성원 수는 동일하다.
- t년의 갑국과 을국의 최저 생계비는 다음과 같다.

(단위: 달러/월)

구분	갑국	을국
최저 생계비	450	300

① ㉠은 개인의 주관적 판단에 따라 파악된다.
② ㉡은 경제 성장을 이룬 선진국에서는 나타나지 않는다.
③ 상대적 빈곤선은 갑국이 을국의 2배이다.
④ 을국의 중위 소득은 갑국의 상대적 빈곤선보다 크다.
⑤ 갑국의 최저 생계비에 대한 을국의 최저 생계비의 비는 갑국의 중위 소득에 대한 을국의 중위 소득의 비보다 크다.

[24022-0178]

04 표는 연도별 갑국의 남녀 근로자 간 평균 임금과 남성 근로자 평균 임금을 기준으로 한 성별 근로자 평균 임금 격차 지수를 나타낸 것이다. 이에 대한 분석으로 옳은 것은? (단, 모든 연도에서 갑국의 전체 근로자 수는 동일함.)

(단위: 달러/월)

구분	t년	t+5년	t+10년
남성 근로자 평균 임금	㉠	3,200	3,500
여성 근로자 평균 임금	1,200	㉡	2,100
전체 근로자 평균 임금	2,000	2,400	2,700
성별 근로자 평균 임금 격차 지수	60	50	40

* 성별 근로자 평균 임금 격차 지수={(남성 근로자 평균 임금−여성 근로자 평균 임금)/남성 근로자 평균 임금}×100

① ㉠은 2,200이고, ㉡은 1,600이다.
② t년에 여성 근로자 수는 남성 근로자 수의 2배이다.
③ 남성 근로자 수는 세 연도 중 t+5년에 가장 많다.
④ 남녀 근로자 간 평균 임금액의 격차는 t+5년이 t년보다 크다.
⑤ t년 대비 t+10년의 여성 근로자 평균 임금 증가율은 전체 근로자 평균 임금 증가율보다 낮다.

[24022-0179]

1 **다음 ㉠, ㉡에 대한 옳은 설명만을 〈보기〉에서 있는 대로 고른 것은?**

〈성별 영향 평가법〉

제2조(정의) 이 법에서 사용하는 용어의 정의는 다음과 같다.

1. "㉠성별 영향 평가"란 중앙 행정 기관의 장 및 지방 자치 단체의 장이 정책을 수립하거나 시행하는 과정에서 그 정책이 성평등에 미칠 영향을 평가하여 정책이 성평등의 실현에 기여할 수 있도록 하는 것을 말한다.

〈국가 재정법〉

제26조(㉡성 인지 예산서의 작성)

① 정부는 예산이 여성과 남성에게 미칠 영향을 미리 분석한 보고서[이하 "성 인지 예산서"라 한다]를 작성하여야 한다.

② 성 인지 예산서에는 성평등 기대 효과, 성과 목표, 성별 수혜 분석 등을 포함하여야 한다.

보기

ㄱ. ㉠은 특정 정책이 성평등 실현 정도에 미치는 영향을 정책 시행 후에 평가하는 것이다.
ㄴ. ㉡은 차별받고 있는 특정 성을 위한 적극적 우대 조치이다.
ㄷ. ㉠, ㉡은 모두 성 불평등 해소를 위해 마련된 제도이다.

① ㄱ ② ㄴ ③ ㄷ ④ ㄱ, ㄴ ⑤ ㄴ, ㄷ

[24022-0180]

2 **표에 대한 옳은 분석만을 〈보기〉에서 있는 대로 고른 것은?**

〈갑국의 남녀 근로자 월평균 임금 현황〉

구분	t년	t+1년	t+2년	t+3년
여성 근로자 월평균 임금(달러)	180	185.6	㉠	260
남성 근로자 월평균 임금(달러)	300	320	360	㉡
여성 근로자 임금 비	60	58	60	65

* 여성 근로자 임금 비 = $\frac{\text{여성 근로자 월평균 임금}}{\text{남성 근로자 월평균 임금}} \times 100$

보기

ㄱ. ㉡은 ㉠의 2배보다 크다.
ㄴ. t년 이후 여성 근로자의 월평균 임금은 지속적으로 증가하였다.
ㄷ. 남성 근로자와 여성 근로자 간의 월평균 임금액의 차이는 t+2년에 가장 크다.
ㄹ. t년 대비 t+3년의 월평균 임금의 증가율은 여성 근로자가 남성 근로자보다 높다.

① ㄱ, ㄴ ② ㄱ, ㄷ ③ ㄴ, ㄹ ④ ㄱ, ㄷ, ㄹ ⑤ ㄴ, ㄷ, ㄹ

[24022-0181]

3 다음 자료에 대한 분석으로 옳은 것은?

표는 A 지역과 B 지역의 성 불평등 현상을 알아보기 위해 두 지역 각각의 근로자 전체 평균 임금을 기준으로 한 성별 근로자 임금 격차 지수를 표로 나타낸 것이다. 단, A, B 각 지역에서 남성 근로자 수와 여성 근로자 수는 같다.

〈A 지역과 B 지역의 성별 근로자 임금 격차 지수〉

구분	A 지역	B 지역
t년	50	40
t+3년	40	50

* 성별 근로자 임금 격차 지수={(남성 근로자 평균 임금−여성 근로자 평균 임금)/전체 근로자의 평균 임금}×100
** t년의 A 지역 남성 근로자 평균 임금은 125만 원, B 지역 남성 근로자 평균 임금은 120만 원임.
*** t년 대비 t+3년의 남성 근로자 평균 임금은 A 지역이 20%, B 지역이 25% 증가함.

① t년에 전체 근로자의 평균 임금은 A 지역이 B 지역보다 높다.
② t년에 A 지역 남성 근로자 평균 임금은 여성 근로자 평균 임금의 2배이다.
③ t년에 B 지역 여성 근로자 평균 임금은 A 지역 여성 근로자 평균 임금보다 낮다.
④ t+3년에 A 지역 여성 근로자 평균 임금은 B 지역 여성 근로자 평균 임금보다 높다.
⑤ t년 대비 t+3년에 여성 근로자 평균 임금의 상승 폭은 A 지역이 B 지역보다 작다.

[24022-0182]

4 밑줄 친 ㉠~㉣에 대한 옳은 설명만을 〈보기〉에서 있는 대로 고른 것은?

사회적 소수자는 ㉠신체, 인종, 민족, 국적, 종교, 사상, 취향, 장애, 가치관 등에서 사회 주류 집단과 다르다는 이유로 차별 대상이 되고 부당한 대우를 받는 사람들이다. ㉡수가 적다고 반드시 사회적 소수자가 되는 것이 아니며, 신체적·문화적으로 다른 집단과 뚜렷하게 구별되고 ㉢자신이 차별받는 집단의 구성원임을 인식하고 있어야 사회적 소수자가 된다. 또한, 현재 사회적 소수자에 해당하지 않는 사람도 사고나 질병으로 장애인이 될 수 있고, 다른 나라로 이주하여 살 수도 있다. 즉, 누구나 사회적 소수자가 될 수 있는 것이다. 실제로 ㉣우리나라에서 사회적 소수자 집단의 구성원에 속하지 않고 평범하게 공부를 하던 대학생이 외국으로 어학연수를 가서 외국에서 사회적 소수자 집단의 구성원이 되기도 하고, 다시 우리나라로 돌아와서 사회적 소수자 집단에서 벗어나기도 한다.

보기

ㄱ. ㉠은 다양한 기준에 의해 사회적 소수자로 규정됨을 보여 준다.
ㄴ. ㉡은 한 사회 내에서 수적으로 우세하면 사회적 소수자가 되지 않음을 의미한다.
ㄷ. ㉢은 사회적 소수자로서의 정체성 인식을 의미한다.
ㄹ. ㉣은 사회적 소수자로 규정되는 것이 장소에 따라 달라질 수 있음을 보여 준다.

① ㄱ, ㄴ ② ㄱ, ㄷ ③ ㄴ, ㄹ ④ ㄱ, ㄷ, ㄹ ⑤ ㄴ, ㄷ, ㄹ

[24022-0183]

5 표에 대한 분석으로 옳은 것은?

〈갑국 가구 중 부부의 경제 활동 유형에 따른 성별 1일 평균 가사 노동 시간〉

(단위: 분)

구분	맞벌이 가구		외벌이(남편) 가구		외벌이(아내) 가구	
	남편	아내	남편	아내	남편	아내
t년	40	193	48	360	100	159
t+5년	56	187	54	341	119	156

* 갑국은 일부일처제임.

① t년의 경우, 부부의 1일 평균 가사 노동 시간은 외벌이(아내) 가구가 가장 적다.
② t+5년의 경우, 남편과 아내 간의 1일 평균 가사 노동 시간의 격차는 맞벌이 가구가 가장 크다.
③ t년 대비 t+5년에 세 가구 유형 모두에서 남편의 1일 평균 가사 노동 시간은 감소하였다.
④ t년 대비 t+5년에 남편의 1일 평균 가사 노동 시간의 증가율은 맞벌이 가구에서 가장 높다.
⑤ t년 대비 t+5년에 아내의 1일 평균 가사 노동 시간은 세 가구 유형 모두에서 10% 이상 감소하였다.

[24022-0184]

6 다음 자료에 대한 분석으로 옳은 것은? (단, 갑국의 전체 가구 수의 변화는 없으며, 모든 가구의 구성원 수는 동일함.)

〈갑국의 빈곤율〉

(단위: %)

빈곤율	2010년	2020년
A	20	17
B	15	19

* A, B는 각각 절대적 빈곤율과 상대적 빈곤율 중 하나임.
** 절대적 빈곤율(%): 전체 가구에서 가구 소득이 최저 생계비 미만인 가구의 비율을 말함.
*** 상대적 빈곤율(%): 전체 가구에서 가구 소득이 중위 소득의 50% 미만인 가구의 비율을 말함.

〈갑국의 최저 생계비와 중위 소득〉

(단위: 달러)

구분	2010년	2020년
최저 생계비	1,000	1,500
중위 소득	3,000	2,800

① A는 절대적 빈곤율, B는 상대적 빈곤율이다.
② A는 B와 달리 객관화된 기준에 따라 분류한다.
③ 2010년의 상대적 빈곤선은 2020년의 절대적 빈곤선보다 높다.
④ 2010년 전체 가구 중 소득 1,000달러 이상 1,500달러 미만인 가구의 비율은 5%이다.
⑤ 절대적 빈곤과 상대적 빈곤 모두에 속하는 가구 수는 2010년이 2020년보다 많다.

14 사회 복지와 복지 제도

✪ 시혜적(施惠的) 성격
시혜는 '은혜를 베풀다.'라는 의미이다. 따라서 사회 복지에서 시혜적 성격이란 누군가의 기부나 자선 등에 의해 베푸는 성격을 지닌 것을 의미한다.

✪ 사회권
국민이 인간다운 생활을 영위하는 데 필요한 조건의 형성을 국가에 요구할 수 있는 권리를 말한다. 즉, 국가로부터 인간다운 생활을 보장받을 수 있는 국민의 기본적 권리이다.

1. 사회 복지와 복지 국가

(1) 사회 복지

① 의미: 한 사회의 모든 구성원들이 행복하고 안정된 삶을 누리도록 하는 사회적 노력과 지원

② 사회 복지에 대한 인식 변화

초기 자본주의 사회	현대 복지 사회
• 주로 빈곤 해결을 목표로 함. • 빈곤의 원인: 개인적 요인(무능력, 게으름 등)을 강조함. • 빈곤 구제: 개인이나 종교 단체 등에 의한 자선 활동이 중심, 국가는 극심한 사회 혼란을 방지하기 위한 차원에서 구제 활동을 벌이기도 함. • 특징: 빈곤층에 한정, 사후 처방적·시혜적 성격 강조	• 빈곤은 물론 삶의 질 개선을 목표로 함. • 빈곤의 원인: 개인적 요인과 사회적 요인을 모두 강조함. • 빈곤 대책: 사회 복지 정책을 통해 빈곤을 예방하고 구제하고자 함. • 특징: 삶의 질 향상을 목적으로 한 사회 복지, 사전 예방적 차원의 사회 복지까지 고려, 사회 복지를 국민의 권리로 인식

(2) 복지 국가

① 의미: 국민의 복지 증진과 행복 추구를 위한 제도와 정책 시행을 중요한 책무로 여기는 국가

② 등장 배경: 자본주의 발달 과정에서 빈부 격차 심화, 실업 증가, 노동 조건의 악화 등 국민의 안전한 삶을 위협하는 다양한 사회적 위험이 나타남.

③ 복지 국가의 등장

독일	최초로 사회권을 규정한 바이마르 헌법(1919년) 제정
미국	뉴딜 정책의 하나로 시행된 사회 보장법(1935년)에 따라 복지 국가 추구
영국	베버리지 보고서(1942년)를 채택함으로써 현대적 의미의 사회 보장 제도 확립

④ 복지 국가의 전개: 사회적 약자의 최저 생활 보장 → 모든 국민의 삶의 질 보장

≡ 개념 플러스 바이마르 헌법

바이마르 헌법은 독일 혁명에 의해 독일 제정이 붕괴한 후 국민 의회가 바이마르에서 가결, 공포한 독일 공화국 헌법을 말한다. 이 헌법은 당시 매우 진보적인 헌법이었다. 독일의 첫 민주주의 헌법으로서 자유 민주주의를 기초로 삼으면서도 재산권의 행사가 공공복리에 어긋나지 말아야 하고, 국민의 생존에 필요한 경제적 조건의 보장을 국가에 요구할 수 있다는 점을 명확히 하였다. 이는 사회권 조항을 처음으로 헌법에 넣어 '복지 국가'의 법적 근거를 마련한 것이다. 이 헌법은 20세기 현대 복지 헌법의 전형이 되어 우리나라를 비롯한 세계 많은 나라의 헌법에 영향을 끼쳤다. 현행 우리나라 헌법도 사회권을 규정하고 있다.

개념 체크

1. 사회 복지에서 (　　) 성격이란 누군가의 기부나 자선 등에 의해 베푸는 성격을 지닌 것을 의미한다.
2. (　　)는 국민의 복지 증진과 행복 추구를 위한 제도와 정책 시행을 중요한 책무로 여기는 국가를 말한다.
3. 영국은 1942년 (　　) 보고서를 채택함으로써 현대적 의미의 사회 보장 제도를 확립하였다.

정답
1. 시혜적
2. 복지 국가
3. 베버리지

2. 복지 제도

(1) 사회 보험

① 의미: 국민에게 발생하는 질병, 장애, 노령, 실업, 사망 등의 사회적 위험을 보험 방식으로 대처함으로써 국민이 안전한 생활을 누리는 데 필요한 건강과 소득을 보장하는 제도

② 대상: 모든 국민

③ 특징
- 강제 가입을 원칙으로 함.
- 상호 부조의 원리를 기반으로 함.
- 보편적 복지 이념을 바탕으로 함.
- 미래에 직면할 사회적 위험에 대처하는 사전 예방적 성격이 강함.
- 금전적 지원을 원칙으로 함.
- 수익자 부담을 원칙으로 함.

④ 비용 부담
- 부담 주체: 사업주, 근로자 또는 자영업자 부담, 국가가 일부 부담
- 보험료 산출: 원칙적으로 가입자의 비용 부담 능력에 따라 보험료를 산출함.

⑤ 종류
- 국민 건강 보험: 국민의 질병, 부상에 대한 예방, 진단, 치료, 재활, 출산, 사망 및 건강 증진에 대하여 보험 급여를 제공하는 제도
- 국민연금: 노령, 장애, 사망 시 본인 및 가족에게 연금 급여를 실시하는 제도
- 고용 보험: 근로자가 실직한 경우 실업 급여를 제공하고, 고용 안정 및 직업 능력 개발 사업 등을 실시하는 제도
- 산업 재해 보상 보험: 근로자의 업무상 재해로 인한 질병, 부상 및 장해, 사망 등에 대하여 급여를 제공하는 제도
- 노인 장기 요양 보험: 고령이나 노인성 질병 등의 사유로 일상생활을 혼자 수행하기 어려운 노인 등에게 신체 활동 또는 가사 활동 지원 등의 장기 요양 급여를 제공하는 제도

(2) 공공 부조

① 의미: 국가와 지방 자치 단체의 책임하에 생활 유지 능력이 없거나 생활이 어려운 국민의 최저 생활을 보장하고 자립을 지원하는 제도

② 대상: 생활 유지 능력이 없거나 생활이 어려운 국민

③ 특징
- 선별적 복지 이념을 바탕으로 함.
- 사회 보험보다 소득 재분배 효과가 큼.
- 현재 직면한 사회적 위험에 대응하는 사후 처방적 성격이 강함.
- 금전적 지원을 원칙으로 함.
- 대상자 선정 과정에서 부정적인 낙인이 발생할 수 있음.

④ 비용 부담
- 부담 주체: 국가와 지방 자치 단체
- 재원을 부담하는 자와 복지 수혜자가 불일치함.

⑤ 종류
- 국민 기초 생활 보장 제도: 생활이 어려운 사람에게 필요한 급여를 제공하여 최저 생활을 보장하고 자활을 지원하는 제도
- 의료 급여 제도: 생활이 어려운 사람의 질병, 부상, 출산 등에 대하여 급여를 제공하는 제도
- 기초 연금 제도: 65세 이상 노인 중 소득이 일정 수준 이하인 사람에게 생활 안정에 필요한 연금을 지급하는 제도

✪ 선별적 복지와 보편적 복지

복지는 그 혜택을 받는 범위에 따라 선별적 복지와 보편적 복지로 구분된다. 선별적 복지는 도움이 필요한 사람에게만 복지 혜택을 제공하는 것이고, 보편적 복지는 자격이나 조건 없이 국민 모두에게 복지 혜택을 제공하는 것이다.

✪ 공공 부조와 사후 처방

공공 부조는 빈곤 등과 같은 사회적 위험에 이미 처해 있는 국민의 구제를 주요 목적으로 한다는 점에서 사후 처방적 성격이 강하다.

개념 체크

1. (　　) 복지는 자격이나 조건 없이 국민 모두에게 복지 혜택을 제공하는 것이다.
2. 사회 보험은 가입자 중에서 사회적 위험에 처한 사람이 있을 때 서로 돕는 원리를 바탕으로 한다는 점에서 (　　)의 원리를 기반으로 하는 제도이다.
3. 공공 부조는 생활 유지 능력이 없거나 생활이 어려운 국민을 대상으로 한다는 점에서 (　　) 복지 이념을 바탕으로 한다.

정답

1. 보편적
2. 상호 부조
3. 선별적

✪ 복지병
지나친 사회 보장으로 인해 국민의 근로 의욕이 떨어지고 사회 전체의 생산성과 효율성이 크게 저하되는 현상을 말한다.

(3) 사회 서비스

① 의미: 복지, 보건 의료, 교육, 고용, 주거, 문화, 환경 등의 분야에서 인간다운 생활을 보장하고 상담, 재활, 돌봄, 정보의 제공, 관련 시설의 이용, 역량 개발, 사회 참여 지원 등의 서비스를 통해 국민의 삶의 질이 향상되도록 지원하는 제도

② 대상: 국가와 지방 자치 단체 및 민간 부문의 도움이 필요한 모든 국민

③ 특징
- 금전 자체의 제공이 아닌, 서비스와 같은 비금전적 지원의 제공을 원칙으로 함.
- 국가와 지방 자치 단체는 물론 민간 부문도 복지 제공에 참여할 수 있음.

④ 비용 부담
- 부담 주체: 부담 능력이 있는 국민은 수익자 부담을 원칙으로 함.
- 일정 소득 수준 이하의 국민에 대한 비용은 전부 또는 일부를 국가와 지방 자치 단체가 부담함.

⑤ 종류: 산모 · 신생아 건강 관리 지원 사업, 가사 · 간병 방문 지원 사업, 발달 장애인 부모 심리 상담 지원 사업, 여성 장애인 교육 지원 등

≡ 개념 플러스 산모 · 신생아 건강 관리 지원 사업

- 사업 목적: 출산 가정에 산모 · 신생아 관리사를 통한 가정 방문 서비스를 지원하여 산모 · 신생아 건강 관리 및 출산 가정의 경제적 부담 완화
- 지원 대상
  - 산모 또는 배우자가 생계 · 의료 · 주거 · 교육 급여 수급자 또는 차상위 계층에 해당하는 출산 가정
  - 산모 및 배우자의 건강 보험료 본인 부담금 합산액이 기준 중위 소득 150% 이하 금액에 해당하는 출산 가정(단, 시 · 도별로 예산의 범위 내에서 소득 기준(기준 중위 소득 150%)을 초과하더라도 별도 소득 기준을 정해 지원 가능)
- 지원 내용: 산모 건강 관리, 신생아 건강 관리(목욕, 수유 지원 등), 산모 식사 준비, 산모 · 신생아 세탁물 관리 및 청소 등

3. 복지 제도의 역할과 한계

(1) 복지 제도의 역할

① 개인적 측면: 현재의 사회적 위험으로부터 구제해 주고 미래의 사회적 위험에 대비할 수 있게 함으로써 개인의 최저 생활과 삶의 질을 보장함.

② 사회적 측면: 사회 문제의 원인을 제공하는 사회적 환경을 개선하고, 사회 불평등 현상을 완화하여 사회 통합에 기여함.

(2) 복지 제도의 한계

① 복지 제도에 대한 국민의 의존도가 높아지면 근로 의욕이 저하하여 생산성과 효율성이 떨어지기도 함(복지병 발생).

② 복지 제도의 확대는 국가 재정에 부담을 초래하고, 이는 과도한 조세 징수로 이어져 기업의 투자와 생산을 위축시킬 수 있음.

(3) 생산적 복지

① 의미: 복지와 노동을 연계(근로 연계 복지)시킴으로써 복지와 경제 성장을 함께 실현하려는 것으로, 복지 제도의 한계를 극복하기 위한 노력의 일환임.

② 내용: 근로 능력이 있는 사람의 근로 의욕과 경제 활동 참여를 장려하여 경제적 효율성 달성과 사회적 약자 보호를 동시에 추구함.

개념 체크

1. (　　)는 국가와 지방 자치 단체는 물론 민간 부문도 복지 제공에 참여할 수 있다.
2. 복지 제도에 대한 국민의 의존도가 높아지면 근로 의욕이 저하하여 생산성과 효율성이 떨어져서 (　　) 이 발생하기도 한다.
3. (　　)는 복지와 노동을 연계시킴으로써 복지와 경제 성장을 함께 실현하려는 것이다.

정답
1. 사회 서비스
2. 복지병
3. 생산적 복지

Theme 1 고용 보험

■ 의의: 고용 보험은 전통적 의미의 실업 급여 사업을 비롯하여 고용 안정 사업과 직업 능력 개발 사업 등의 노동 시장 정책을 적극적으로 연계하여 통합적으로 실시하는 사회 보험이다.

■ 고용 보험의 실업 급여: 실업 급여는 생계 불안을 극복하고 생활 안정을 도우며 재취업 기회를 지원하기 위한 급여이다. 실업이라는 보험 사고가 발생했을 때 취업하지 못한 기간에 대하여 적극적인 재취업 활동을 한 사실을 확인(실업 인정)하고 지급한다. 실업 급여는 구직 급여와 취업 촉진 수당으로 구분한다. 취업 촉진 수당의 종류에는 조기(早期) 재취업 수당, 직업 능력 개발 수당, 광역 구직 활동비, 이주비가 있다.

고용 보험 시행의 목적은 실업의 예방, 고용의 촉진 및 근로자 등의 직업 능력의 개발과 향상을 꾀하고, 국가의 직업 지도와 직업 소개 기능을 강화하며, 근로자 등이 실업한 경우에 생활에 필요한 급여를 실시하여 근로자 등의 생활 안정과 구직 활동을 촉진함으로써 경제 · 사회 발전에 이바지하는 것이다.

Theme 2 근로 장려금 제도

〈가구 유형에 따른 근로 장려금 지급 가능액(2023년 기준)〉

구분	단독 가구	홑벌이 가구	맞벌이 가구
총소득 기준 금액	2,200만 원 미만	3,200만 원 미만	3,800만 원 미만
최대 지급액	165만 원	285만 원	330만 원

〈근로 장려금〉

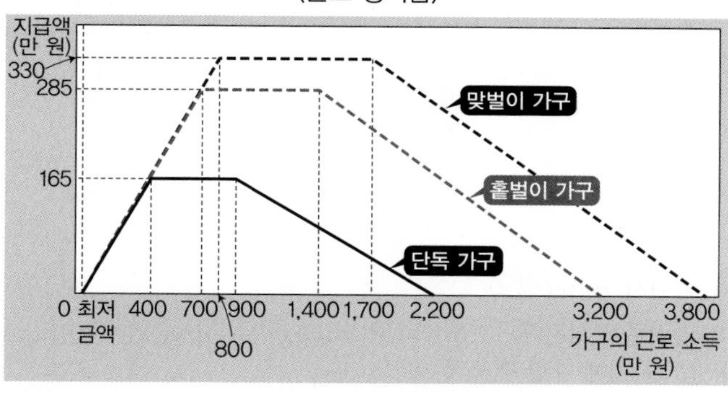

*단독 가구: 배우자와 부양 자녀, 70세 이상 직계 존속이 모두 없는 가구

근로 장려금 제도는 생산적 복지 이념이 반영된 제도로, 일은 하지만 소득이 적어 생활이 어려운 근로자(종교인 포함), 사업자(전문직 제외) 가구에 대하여 가구 구성원과 가구의 근로 소득 등에 따라 산정된 근로 장려금을 지급함으로써 근로를 장려하고 처분 가능 소득을 지원하는 근로 연계형 소득 지원 제도이다.

[24022-0185]

01 A, B에 대한 설명으로 옳은 것은? (단, A, B는 각각 우리나라의 공공 부조, 사회 보험 중 하나임.)

> A는 미래에 국민에게 발생할 수 있는 소득이나 건강 상실 등의 위험에 국가적 차원에서 대비하는 제도이고, B는 국가와 지방 자치 단체의 책임하에 생활 유지 능력이 없거나 생활이 어려운 국민의 최저 생활을 보장하고 자립을 지원하는 제도이다.

① A는 비용 전액을 국가가 부담한다.
② B는 상호 부조의 원리를 기반으로 한다.
③ A는 B와 달리 사전 예방적 성격이 강하다.
④ B는 A와 달리 금전적 지원을 원칙으로 한다.
⑤ A, B는 모두 강제 가입을 원칙으로 한다.

[24022-0186]

02 밑줄 친 ㉠, ㉡ 시기의 사회 복지에 대한 옳은 설명만을 〈보기〉에서 있는 대로 고른 것은?

> ㉠초기 자본주의 사회에서는 모든 인간이 자유로운 개인으로 간주되어 개인 생활은 전적으로 개인 자신만의 책임이라는 의식이 지배하였다. 그러나 자본주의가 발전하면서 대량 실업, 빈부 격차 확대 등의 사회 문제가 대두하여 개인들의 안전한 삶이 위협받을 정도가 되었다. 이에 따라 ㉡현대 복지 사회에서는 개인들의 빈곤에 대한 사회적 책임과 노력을 강조하고 있다.

보기

ㄱ. ㉠ 시기의 사회 복지는 자선적 성격이 강하다.
ㄴ. ㉡ 시기의 사회 복지는 국민의 권리로 인식된다.
ㄷ. ㉠ 시기에는 ㉡ 시기에 비해 사회 복지에 대한 적극적인 국가 개입을 강조한다.
ㄹ. ㉡ 시기의 사회 복지는 ㉠ 시기에 비해 빈곤뿐만 아니라 다양한 측면에서의 삶의 질 개선도 목표로 한다.

① ㄱ, ㄴ ② ㄱ, ㄷ ③ ㄷ, ㄹ
④ ㄱ, ㄴ, ㄹ ⑤ ㄴ, ㄷ, ㄹ

[24022-0187]

03 우리나라 사회 보장 제도 (가), (나)에 대한 설명으로 옳은 것은?

> (가) 소득이 보건 복지부 장관이 정한 선정 기준액 이하인 65세 이상의 사람에게 연금을 지급하여 안정적인 소득 기반을 제공함으로써 노인의 생활 안정 및 복지 증진을 목적으로 하는 제도
> (나) 국가의 직업 지도와 직업 소개 기능을 강화하며, 근로자 등이 실업한 경우에 생활에 필요한 급여를 실시하여 근로자 등의 생활 안정과 구직 활동을 촉진함으로써 경제·사회 발전에 이바지하는 것을 목적으로 하는 제도

① (가)는 수익자 부담의 원칙이 적용된다.
② (가)는 선별적 복지 이념이 반영되었다.
③ (나)는 비금전적 지원을 원칙으로 한다.
④ (나)는 (가)와 달리 수혜 정도에 따라 비용을 부담한다.
⑤ (가), (나)는 모두 사회 보험에 해당한다.

[24022-0188]

04 우리나라 사회 보장 제도의 유형 A~C에 대한 설명으로 옳은 것은? (단, A~C는 각각 공공 부조, 사회 보험, 사회 서비스 중 하나임.)

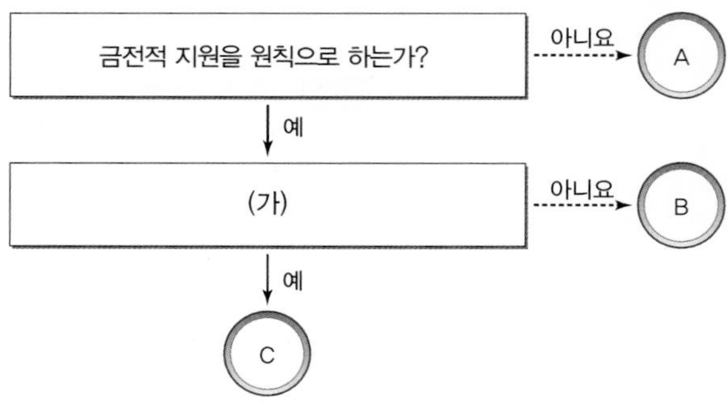

① A는 민간 부문이 복지 제공에 참여할 수 있다.
② B, C는 모두 선별적 복지 이념을 따른다.
③ (가)에는 '소득 재분배 효과가 있는가?'가 들어갈 수 있다.
④ (가)에는 '강제 가입의 원칙이 적용되는가?'가 들어갈 수 없다.
⑤ (가)에는 '수혜 정도에 따라 비용을 부담하는가?'가 들어갈 수 있다.

[24022-0189]

05 표는 우리나라 사회 보장 제도들을 유형별로 분류한 것이다. 이에 대한 옳은 설명만을 〈보기〉에서 고른 것은? (단, (가)~(다)는 각각 공공 부조, 사회 보험, 사회 서비스 중 하나임.)

(가)	(나)	(다)
• 국민 기초 생활 보장 제도 • 기초 연금 제도	• 여성 장애인 교육 지원 • 가사·간병 방문 지원 사업	• 국민 건강 보험 • 국민연금

보기

ㄱ. (가)는 (다)와 달리 선별적 복지 이념을 바탕으로 한다.
ㄴ. (다)는 (가)에 비해 소득 재분배 효과가 크다.
ㄷ. (다)는 (나)와 달리 강제 가입을 원칙으로 한다.
ㄹ. (가), (나)는 모두 비금전적 지원을 원칙으로 한다.

① ㄱ, ㄴ ② ㄱ, ㄷ ③ ㄴ, ㄷ
④ ㄴ, ㄹ ⑤ ㄷ, ㄹ

[24022-0190]

06 밑줄 친 ㉠~㉣에 대한 옳은 설명만을 〈보기〉에서 있는 대로 고른 것은?

㉠복지병은 지나친 사회 보장으로 인해 국민의 근로 의욕이 떨어지고 사회 전체의 생산성과 효율성이 크게 저하되는 현상을 말한다. ㉡이런 복지 제도의 한계를 극복하기 위한 노력의 일환으로 ㉢생산적 복지 이념이 대두하였다. 이는 복지와 노동을 연계시킴으로써 복지와 경제 성장을 함께 실현하려는 것이다. 근로 능력이 있는 저소득층에게 자활 일자리 제공 및 자립 능력 향상을 지원하고 자활 급여를 제공하는 ㉣자활 근로 사업은 생산적 복지 이념이 현실에서 구체적으로 실현된 사례로 볼 수 있다.

보기

ㄱ. ㉠은 복지 제도의 축소를 초래하기도 하였다.
ㄴ. ㉡은 사회 복지의 확대로 극복된다.
ㄷ. ㉢은 사회 보험에는 반영될 수 없다.
ㄹ. ㉣은 복지를 통한 형평성과 근로 장려를 통한 경제적 효율성을 함께 달성하고자 한다.

① ㄱ, ㄴ ② ㄱ, ㄹ ③ ㄷ, ㄹ
④ ㄱ, ㄴ, ㄷ ⑤ ㄴ, ㄷ, ㄹ

[24022-0191]

07 표는 우리나라 사회 보장 제도의 유형 A~C의 대표적 사례이다. 이에 대한 설명으로 옳은 것은? (단, A~C는 각각 공공 부조, 사회 보험, 사회 서비스 중 하나임.)

유형	A	B	C
대표적 사례	기초 연금	(가)	(나)

* C는 비금전적 지원 제공을 원칙으로 함.

① A는 보편적 복지 이념의 실현을 추구한다.
② B는 복지 비용을 전적으로 국가가 부담한다.
③ C는 국가와 지방 자치 단체 및 민간 부문의 도움이 필요한 모든 국민을 대상으로 한다.
④ (가)에는 '노인 돌봄 서비스'가 들어갈 수 있다.
⑤ (나)에는 '산업 재해 보상 보험 제도'가 들어갈 수 있다.

[24022-0192]

08 다음 자료에 대한 설명으로 옳은 것은? (단, A, B는 각각 우리나라의 국민 건강 보험 제도, 의료 급여 제도 중 하나임.)

A는 국민의 질병·부상에 대한 예방·진단·치료·재활과 출산·사망 및 건강 증진에 대하여 보험 급여를 실시함으로써 국민 보건 향상과 사회 보장 증진에 이바지함을 목적으로 한다. A의 비용은 근로자의 경우, 근로자와 사용자가 반씩 부담한다. B는 생활 유지 능력이 없거나 생활이 어려운 저소득 국민의 의료 문제(질병, 부상, 출산 등)를 국가가 보장한다. B는 A와 함께 국민 의료 보장의 중요한 수단이 된다.

① A는 사후 처방적 성격이 강하다.
② B는 보편적 복지의 성격을 지닌다.
③ A는 B와 달리 수혜 정도에 따라 비용을 부담한다.
④ B는 A와 달리 상호 부조의 원리를 기반으로 한다.
⑤ A, B는 모두 소득 재분배 효과가 있다.

[24022-0193]

1 **그림은 갑국의 근로 장려금 제도를 나타낸다. 이에 대한 옳은 분석만을 〈보기〉에서 있는 대로 고른 것은? (단, 갑국의 가구별 구성원 수는 모두 같고, 근로 장려금 비용은 전부 국가가 부담함.)**

〈근로 장려금 제도〉

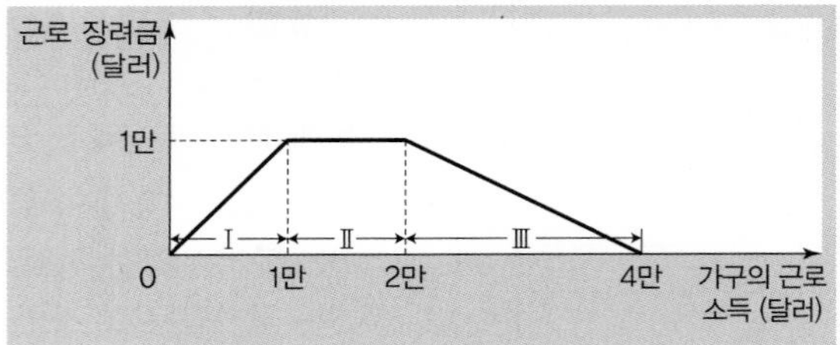

* Ⅰ구간은 가구의 근로 소득이 증가함에 따라 근로 장려금도 증가하는 구간, Ⅱ구간은 가구의 근로 소득이 증가해도 근로 장려금이 일정한 구간, Ⅲ구간은 가구의 근로 소득이 증가함에 따라 근로 장려금이 감소하는 구간임.

● 보기 ●

ㄱ. 생산적 복지 성격을 갖는 제도이다.
ㄴ. 가구의 근로 소득과 근로 장려금은 전 구간에서 양(+)의 관계이다.
ㄷ. Ⅱ구간에서는 가구의 근로 소득이 증가할수록 가구의 근로 소득 대비 근로 장려금의 비는 작아진다.
ㄹ. 가구의 근로 소득이 5천 달러인 가구와 가구의 근로 소득이 3만 달러인 가구의 근로 장려금은 동일하다.

① ㄱ, ㄴ ② ㄱ, ㄷ ③ ㄴ, ㄹ ④ ㄱ, ㄷ, ㄹ ⑤ ㄴ, ㄷ, ㄹ

[24022-0194]

2 **우리나라 사회 보장 제도의 유형 A~C에 대한 설명으로 옳은 것은? (단, A~C는 각각 공공 부조, 사회 보험, 사회 서비스 중 하나임.)**

- A와 B는 '금전적 지원을 원칙으로 하는가?'라는 질문으로 구분되지 않는다.
- B와 C는 '강제 가입을 원칙으로 하는가?'라는 질문으로 구분되지 않는다.

① A는 선별적 복지 이념을 바탕으로 한다.
② B는 상호 부조의 원리를 기반으로 한다.
③ 상담, 재활, 돌봄 등의 서비스를 제공하는 제도는 C에 해당한다.
④ A는 B보다 소득 재분배 효과가 크다.
⑤ B는 C와 달리 민간 부문이 복지 제공에 참여할 수 있다.

[24022-0195]

3 **다음 자료에 대한 옳은 설명만을 〈보기〉에서 있는 대로 고른 것은?**

〈국민 기초 생활 보장 제도의 수급권자 선정을 위한 소득 기준〉
- 소득 인정액이 급여 종류별 수급권자 선정 기준 이하인 경우
- 소득 인정액 = 소득 평가액 + 재산의 소득 환산액

*'수급권자'는 국민 기초 생활 보장법에 따른 급여를 받을 수 있는 자격을 가진 사람, '수급자'는 급여를 받는 사람을 말함.

〈소득 인정액에 따라 수급권자에게 제공될 수 있는 급여(2023년)〉

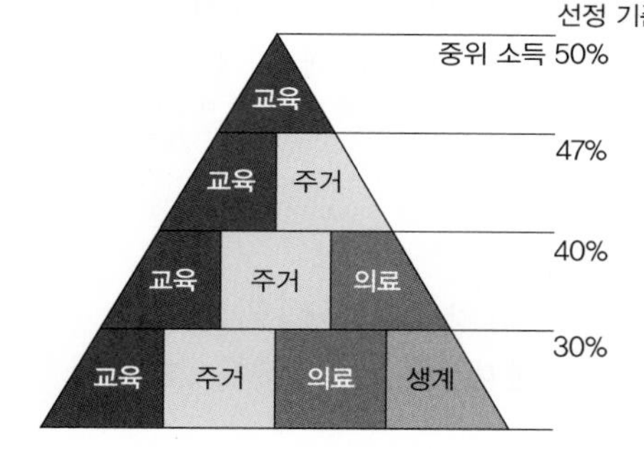

● 보기 ●

ㄱ. 선정 기준으로 보아 보편적 복지를 지향하는 제도이다.
ㄴ. 의료 급여 수급자는 다른 두 가지 이상의 급여를 함께 받을 수 있다.
ㄷ. 소득 수준에 따른 수급권자별 필요를 고려하여 급여를 제공하고자 한다.
ㄹ. 소득 인정액이 중위 소득의 48%인 수급권자는 교육 급여만 받을 수 있다.

① ㄱ, ㄴ ② ㄱ, ㄷ ③ ㄴ, ㄹ ④ ㄱ, ㄷ, ㄹ ⑤ ㄴ, ㄷ, ㄹ

[24022-0196]

4 **표는 우리나라 사회 보장 제도의 유형 A, B를 비교한 것이다. 이에 대한 설명으로 옳은 것은? (단, A, B는 각각 공공 부조, 사회 보험 중 하나임.)**

질문 \ 유형	A	B
상호 부조의 원리를 기반으로 하는가?	예	아니요
(가)	㉠	㉡
(나)	㉢	아니요

* 단, 질문에 대해 '예' 또는 '아니요'로만 답할 수 있음.

① (가)에 '소득 재분배 효과가 있는가?'가 들어가면, ㉠은 '아니요', ㉡은 '예'이다.
② (나)에 '수혜 정도에 따른 비용 부담을 원칙으로 하는가?'가 들어가면, ㉢은 '예'이다.
③ ㉠과 ㉡ 모두 '예'라면, (가)에는 '금전적 지원을 원칙으로 하는가?'가 들어갈 수 없다.
④ ㉠이 '아니요', ㉡이 '예'라면, (가)에는 '대상자 선정 과정에서 부정적 낙인이 발생할 수 있는가?'가 들어갈 수 있다.
⑤ ㉢이 '예'라면, (나)에는 '사후 처방적 성격이 강한가?'가 들어갈 수 있다.

[24022-0197]

5 **다음 자료에 제시된 우리나라 사회 보장 제도에 대한 설명으로 옳은 것은?**

• 목적: 고령이나 노인성 질병 등의 사유로 일상생활을 혼자서 수행하기 어려운 노인 등에게 신체 활동 또는 가사 활동 지원 등의 장기 요양 급여를 제공하여 노후의 건강 증진 및 생활 안정을 도모하고 그 가족의 부담을 덜어 줌으로써 국민의 삶의 질을 향상하도록 함을 목적으로 한다.
• 주요 특징: 국고 지원이 이루어지고, 수급 대상자에서 65세 미만의 장애인이 제외된다.
• 적용 대상: 법률상 가입이 강제되어 있다. 의료 급여 수급권자의 경우 강제 가입 대상자에서는 제외되지만, 국가 및 지방 자치 단체의 부담으로 이 제도의 적용 대상이 된다.

① 임의 가입을 원칙으로 한다.
② 비금전적 지원을 원칙으로 한다.
③ 가입자가 납부한 비용으로만 운용된다.
④ 사전 예방적 성격보다 사후 처방적 성격이 강한 제도이다.
⑤ 공공 부조 영역의 혜택을 받는 자가 수혜 대상이 되는 경우가 있다.

[24022-0198]

6 **다음 자료에 대한 분석으로 옳은 것은?**

(가) 생활이 어려운 사람에게 필요한 급여를 실시하여 이들의 최저 생활을 보장하고 자활을 돕는 것을 목적으로 한다.
(나) 국민의 노령, 장애 또는 사망으로 인해 소득이 없어졌을 때 연금 등을 지급함으로써 국민의 생활 안정과 복지 증진을 목적으로 한다.
(다) 일상생활과 사회 활동이 어려운 저소득층을 위한 가사·간병 서비스를 지원함으로써 취약 계층의 생활 안정을 도모한다.

〈(가)~(다) 제도의 지역별 수급자 비율〉

(단위: %)

지역 \ 제도	(가)	(나)	(다)
A 지역	5	7	6
B 지역	2	㉠	3
전체	3	9	㉡

* 갑국은 A, B 두 지역으로만 이루어져 있고, 갑국의 사회 보장 제도는 우리나라의 사회 보장 제도와 동일함.
** 해당 지역 수급자 비율(%)=(해당 지역 수급자 수/해당 지역 인구)×100

① ㉠은 10, ㉡은 5이다.
② 소득 재분배 효과가 가장 강한 제도의 수급자 수는 A 지역이 B 지역보다 적다.
③ 비금전적 지원을 원칙으로 하는 제도의 수급자 수는 A 지역이 B 지역의 2배이다.
④ 상호 부조의 원리가 적용되는 제도의 수급자 수는 B 지역이 A 지역의 3배를 넘는다.
⑤ 갑국 전체에서 강제 가입의 원칙이 적용되는 제도의 수급자 수는 그렇지 않은 제도의 수급자 수보다 많다.

[24022-0199]

7 **다음은 우리나라 사회 보장 제도의 유형 A, B 관련 질문에 대한 학생들의 답변과 교사의 채점 결과이다. 이에 대한 설명으로 옳은 것은? (단, A, B는 각각 공공 부조, 사회 보험 중 하나임.)**

번호	질문	답변	
		갑	을
1	A는 상호 부조의 원리를 바탕으로 하는가?	예	아니요
2	B는 선별적 복지 이념을 바탕으로 하는가?	아니요	예
3	B는 A에 비해 현재의 위험에 대처하는 사후 처방적 성격이 강한가?	예	㉠
4	(가)	예	아니요
점수		3점	2점

* 질문 하나당 답변이 맞으면 1점, 틀리면 0점을 부여함.

① ㉠은 '아니요'이다.
② A는 B에 비해 소득 재분배 효과가 강하다.
③ B는 A와 달리 강제 가입을 원칙으로 한다.
④ B는 A와 달리 원칙적으로 가입자의 능력에 따라 비용을 부담한다.
⑤ (가)에는 'A, B는 모두 금전적 지원을 원칙으로 하는가?'가 들어갈 수 있다.

[24022-0200]

8 **표에 대한 옳은 분석만을 〈보기〉에서 있는 대로 고른 것은?**

〈우리나라 A 지역 65세 이상 노인 인구의 국민연금과 기초 연금 수급률 추이〉

구분		t년	t+1년	t+2년	t+3년	t+4년
전체 노인 인구(천 명)		86	92	98	104	110
국민연금 수급률(%)		41	42	44	45	47
기초 연금 수급률(%)	전체	65	67	68	69	70
	남성	58	59	61	61	62
	여성	73	74	74	75	76

보기

ㄱ. t년에 남성 노인 인구가 여성 노인 인구보다 많다.
ㄴ. 전년 대비 노인 인구 증가율은 t+1년이 t+3년보다 높다.
ㄷ. 국민연금과 기초 연금의 중복 수혜자는 존재하지 않는다.
ㄹ. 수혜자가 비용 부담을 하지 않는 제도의 수급자 수는 모든 연도에서 A 지역 전체 노인 인구의 과반수이다.

① ㄱ, ㄴ ② ㄱ, ㄷ ③ ㄷ, ㄹ ④ ㄱ, ㄴ, ㄹ ⑤ ㄴ, ㄷ, ㄹ

기출 플러스

01 **다음 자료에 대한 분석으로 옳은 것은?** 2024학년도 수능

표는 갑국과 을국의 세대 간 계층 이동 현황을 나타낸 것이다. C에서 A로의 이동은 하강 이동이고, C에서 B로의 이동은 상승 이동이다. 단, 계층은 A, B, C로만 구분되고, A~C는 각각 상층, 중층, 하층 중 하나이다.

〈갑국〉

구분		부모 세대		
		A	B	C
자녀 세대	A	●●	●	●●●
	B	●●●●	●●	
	C	●●●	●	●●

〈을국〉

구분		부모 세대		
		A	B	C
자녀 세대	A	●●●	●	●●●●●●
	B	●	●●	●●●
	C	●●	●	●

* ●는 해당 계층 사람의 수를 나타낸 것이며, 각 ●가 나타내는 사람의 수는 동일함.

① 갑국은 자녀 세대에서 완전 평등한 계층 구조를 이루었다.
② 을국의 자녀 세대에서 중층인 사람의 수는 갑국의 부모 세대에서 상층인 사람의 수보다 많다.
③ 갑국은 을국과 달리 부모 세대 중층에서 세대 간 하강 이동이 발생하지 않았다.
④ 갑국은 개방적 계층 구조, 을국은 폐쇄적 계층 구조이다.
⑤ 갑국의 부모 세대 계층 구조는 피라미드형, 을국의 자녀 세대 계층 구조는 모래시계형이다.

02 **다음 자료에 대한 옳은 설명만을 〈보기〉에서 있는 대로 고른 것은?** 2024학년도 9월 모의평가

[서술형 평가] 다음 글에 제시된 빈곤의 유형 A에 대한 옳은 설명을 4가지 쓰시오.

> 일반적으로 빈곤은 인간의 기본적 욕구와 관련된 물질적 결핍이 만성적으로 지속되는 경제적 상태를 의미한다. 설령 인간으로서 최소 생활 유지에 필요한 자원이나 소득이 확보된 상태라 해도 사회의 전반적 소득 수준과 비교하여 소득 수준이 낮은 상태 역시 빈곤으로 분류된다. 이런 유형의 빈곤을 A라 한다.

[학생의 답안과 교사의 채점 결과]

답안	채점 결과
우리나라에서는 객관화된 기준을 적용하여 파악한다.	㉠
(가)	○
(나)	×
소득 수준이 높은 국가에서는 나타나지 않는다.	㉡

(○: 맞음, ×: 틀림)

보기

ㄱ. ㉠과 ㉡에 해당하는 채점 결과는 동일하다.
ㄴ. (가)에는 '우리나라에서는 최저 생계비를 기준으로 빈곤선이 결정된다.'가 들어갈 수 있다.
ㄷ. (나)에는 '개인이 주관적으로 빈곤하다고 인식하는 상태를 의미한다.'가 들어갈 수 있다.

① ㄱ ② ㄷ ③ ㄱ, ㄴ ④ ㄴ, ㄷ ⑤ ㄱ, ㄴ, ㄷ

03 **다음 두 사례에서 공통적으로 도출할 수 있는 결론으로 가장 적절한 것은?** 2024학년도 6월 모의평가

- 갑국에서 외국인 근로자는 전체 인구의 약 10%에 해당한다. 이들을 대상으로 일상생활에서 차별받은 경험 여부를 조사했더니 대다수가 갑국 사회에서 차별받은 경험이 있다고 응답했다. 또한 내국인의 경우처럼 남성보다 여성이 더 심한 차별을 받는 것으로 나타났다.
- 을국은 A 민족과 B 민족으로 구성되어 있는데, B 민족이 전체 인구의 70% 정도임에도 정치 · 경제의 대부분을 장악한 A 민족으로부터 차별을 받는다. 한편 을국에서는 종교에 따른 차별도 존재하는데, B 민족의 경우 국교가 아닌 타 종교를 믿는 사람들은 더 심한 차별을 받고 있다.

① 수적으로 열세이기 때문에 사회적 소수자가 된다.
② 사회적 소수자에 대한 우대 정책이 역차별을 낳을 수 있다.
③ 한 개인이 여러 사회적 소수자 집단에 중첩되어 속할 수 있다.
④ 사회적 소수자를 규정하는 기준은 가변적이지 않고 고정적이다.
⑤ 사회적 소수자는 선천적 요인이 아닌 후천적 요인에 의해 결정된다.

04 **다음 자료에 대한 분석으로 옳은 것은?** 2024학년도 수능

갑국의 사회 보장 제도는 우리나라의 사회 보장 제도와 동일하다. A는 상호 부조의 원리가 적용되는 제도이고, B는 정부 재정으로 비용을 전액 충당하는 것을 원칙으로 하는 제도이다. 표는 갑국의 전체 인구 중 A, B 수급자 비율과 시기에 따른 비율 차이를 나타낸 것이다. t년 대비 t+30년에 갑국의 전체 인구는 50% 증가하였다.

〈표 1〉 t년의 수급자 비율

(단위: %)

A 수급자	B 수급자	A와 B의 중복 수급자
40	15	8

〈표 2〉 t년 대비 t+30년의 수급자 비율 차이*

A에만 해당하는 수급자	B에만 해당하는 수급자	A와 B의 중복 수급자
2	−3	8

* 수급자 비율 차이=t+30년의 수급자 비율−t년의 수급자 비율

① t년에 전체 인구 중 부정적 낙인이 발생할 수 있는 제도에만 해당하는 수급자 비율은 A와 B의 중복 수급자 비율보다 크다.
② t+30년에 수혜자 비용 부담 원칙이 적용되는 제도의 수급자 수는 t년에 A나 B 어느 것도 받지 않는 비(非)수급자 수보다 많다.
③ t+30년에 강제 가입의 원칙이 적용되는 제도에만 해당하는 수급자 수는 A와 B의 중복 수급자 수보다 적다.
④ t년에 사전 예방적 성격이 강한 제도의 수급자 수는 t+30년에 사후 처방적 성격이 강한 제도의 수급자 수의 2배이다.
⑤ t년 대비 t+30년에 A 수급자 수의 증가율은 B 수급자 수의 증가율보다 크다.

15 사회 변동과 사회 운동

✪ 계몽사상
인간의 이성을 중시하고, 이에 맞지 않는 전통이나 제도를 타파하여 인류 사회를 진보시키려는 사상으로, 근대 시민 혁명의 사상적 배경이 되었다.

✪ 실버산업
노인 인구 급증에 따라 노인 인구를 대상으로 상품, 금융, 여가, 의료·복지 등을 제공하는 것을 목적으로 하는 산업이 발달하고 있다.

1. 사회 변동의 의미와 요인

(1) 사회 변동의 의미와 특징

① 의미: 시간의 흐름에 따라 사회의 전반적인 생활 양식, 사회적 관계, 규범과 가치, 의식 구조 등이 변화하는 현상

② 특징

- 사회 변동은 어느 사회에서나 발생하는 보편적인 현상이지만, 사회 변동 속도, 방향, 모습 등은 사회마다 다양하게 나타남.
- 현대 사회는 과거보다 변동 속도가 더욱 빨라지고 정치, 경제, 문화 등 사회의 여러 분야에 걸친 변동이 광범위하게 일어남.
- 사회 어느 한 영역의 변화는 다른 영역의 변화를 유발하거나 촉진함.

(2) 사회 변동의 요인

① 사회 변동은 다양한 요인들이 복합적으로 작용하여 나타나는 것이 일반적임.

② 사회 변동의 요인과 사례

요인	사례
과학과 기술의 발달	• 증기 기관 등의 발명에 따른 산업 혁명 → 산업 사회 • 인터넷 등의 정보 통신 기술의 발달 → 정보 사회
가치관이나 이념의 변화	• 계몽사상 → 시민 혁명을 통한 봉건 사회의 붕괴 • 개인주의적 가치관의 확산 → 개인의 권리를 존중하는 문화 형성, 가족 제도 등 관련 사회 제도의 변화
인구 구조의 변화	• 노인 인구 비중 증가 → 노인 복지 증대, 실버산업 활성화 • 외국 이주민 유입 증가 → 다문화 사회로 변화
새로운 문화 요소의 등장	• 문자의 발명 → 지식의 세대 간 전승 및 축적 • 목화의 전파 → 의복 생활의 변화
집단 갈등	• 독재 정권에 대한 민주화 운동 → 민주 사회 실현 • 인종 차별에 대한 흑인들의 저항 → 흑인 인권 신장
자연환경의 변화	• 자연재해 → 안전 규제 강화 • 기후 변화 → 친환경적 생활 양식 확산

개념 체크

1. (　　)은 사회의 전반적인 생활 양식, 사회적 관계 등이 변화하는 현상이다.
2. 계몽사상의 확산으로 시민 혁명이 발생하여 봉건 사회가 붕괴된 것은 (　　)이나 (　　)의 변화로 인한 사회 변동의 사례이다.
3. 사회는 일정한 방향을 가지고 있으며, 사회 변동은 진보와 발전을 의미한다고 보는 사회 변동 이론은 (　　)이다.

정답
1. 사회 변동
2. 가치관, 이념
3. 진화론

2. 사회 변동을 설명하는 이론

(1) 사회 변동 방향을 기준으로 사회 변동을 설명하는 이론

① 진화론

기본 입장	• 사회 변동은 일정한 방향을 가지고 있음. • 사회 변동은 진보와 발전을 의미함. • 단순한 원시 생명체가 복잡한 유기체로 진화한 것과 같이 사회도 단순한 형태에서 복잡한 형태로 발전함.
장점	• 사회 발전 방향을 설명하는 데 유용함. • 개발 도상국이 근대화 과정을 거쳐 선진국으로 발전한 사례를 설명하기에 적합함.
비판	• 사회 변동이 항상 발전을 의미하는 것은 아님. → 퇴보나 멸망을 경험한 문명을 설명할 수 없고, 현대 사회가 과거 사회보다 모든 면에서 발전된 것이라고 볼 수 없음. • 서구 사회가 진보된 사회임을 전제함. → 서구의 제국주의 역사를 정당화하는 수단으로 악용될 우려가 있음.

개념 플러스 진화론에 대한 비판

진화론은 사회 변동이 일정한 방향을 가지고 있다고 보지만, 사회 변동이란 여러 방향에서 일어날 수 있으며 모든 사회에서 반드시 같은 방향으로 이루어지는 것은 아니다. 또한 진화론은 사회 변동이 진보와 발전을 의미한다고 보아 서구 사회를 진보된 사회로 전제한다. 그러나 서구 사회가 비서구 사회에 비해 기술적 · 경제적으로 높은 수준일 수 있지만 도덕적으로는 낮은 수준일 수도 있다.

② 순환론

기본 입장	• 사회는 유기체와 마찬가지로 생성, 성장, 쇠퇴, 소멸의 과정을 반복함. • 사회는 진보에서 퇴보로 이어진 뒤 다시 생성, 진보로 나아가는 일종의 순환적인 변동을 반복함.
장점	• 지난 역사 속에서 반복되는 사회 변동을 설명하고 해석하는 데 유용함. • 내부 갈등이나 전쟁 등에 의해 흥망성쇠를 거듭한 사회의 사례를 설명하기에 적합함.
비판	• 미래 사회의 변동을 예측하여 대응하는 데 적합하지 않음. • 순환론이 전제하는 순환 과정은 매우 오랜 시간에 걸쳐 일어나는 것이기 때문에 단기적인 사회 변동 과정을 설명하기 어려움. • 사회 변동에 작용하는 인간 행위의 역동성과 자율성을 과소평가함.

개념 플러스 순환론에 대한 비판

순환론을 주장하는 사회학자들은 사회나 문명이 성장과 쇠퇴의 과정을 끊임없이 반복한다고 설명한다. 인류 역사가 단순한 상태에서 복잡한 상태로 변화한다는 진화론적 관념을 부정하고 사회 변화나 문명 현상은 성장과 쇠퇴를 반복한다고 보는 것이 순환론이다. 그런데 순환론은 역사 과정을 단선적 진화 과정으로 보지 않고 반복적인 순환 과정으로 봄으로써 숙명과 같은 불가사의한 힘을 너무 강조한 나머지 인간의 주체적 행동을 과소평가하고 있다는 비판을 받는다. 또한 순환론은 지난 역사 속에서 반복되어 온 사회 변동을 설명하기에는 유용하나, 현 사회가 순환 과정 중 어디에 위치하는지 설명하지 못한다. 따라서 앞으로의 변동 방향을 예측하여 대응하기에는 적합하지 않으며, 단기적 사회 변동 과정을 설명하기도 어렵다는 지적을 받고 있다.

(2) 사회 구조적 측면에서 사회 변동을 설명하는 이론

① 기능론

기본 입장	• 사회는 다양한 부분들이 각각의 기능을 원활하게 수행할 때 균형을 이루고 안정을 유지하게 됨. • 사회 변동은 사회의 부분이나 전체가 일시적 불균형을 극복하고 새로운 균형 상태를 찾아가는 과정임.
장점	질서와 안정성을 바탕으로 한 점진적인 사회 변동을 설명하는 데 유용함.
비판	혁명과 같은 급진적인 사회 변동을 설명하기 어려움.

② 갈등론

기본 입장	• 지배 집단이 자신들에게 유리한 분배 구조나 사회 규범 등을 피지배 집단에 강제하고, 사회는 이러한 강제와 억압으로 유지됨. • 사회 변동은 새로운 사회 질서를 원하는 피지배 집단이 기득권을 유지하고자 하는 지배 집단에 저항하는 과정에서 발생하는 현상으로, 사회적 희소가치의 불공정한 배분으로 인해 집단 간의 갈등이 표출되어 나타나는 자연스러운 현상임.
장점	사회 구조적 모순과 갈등으로 인해 발생하는 급격한 사회 변동을 설명하기에 용이함.
비판	사회 변동을 갈등과 대립의 측면에서만 파악함.

✪ 진화론과 제국주의

진화론은 서구 사회를 더 진보되고 발전된 사회로 전제하며 모든 사회가 서구 문명을 따라 진화한다고 본다. 이러한 주장은 서구 선진 사회가 후진적 사회를 식민지화하고 착취하는 것을 정당화하는 제국주의의 논리로 악용되기도 하였다.

개념 체크

1. 사회는 진보의 과정을 거친 후에 필연적으로 퇴보의 과정으로 나아간다고 보는 사회 변동 이론은 (   )이다.
2. 사회 변동을 새로운 사회 질서를 원하는 피지배 집단이 기득권을 유지하고자 하는 지배 집단에 저항하는 과정에서 발생하는 현상이라고 보는 사회 변동 이론은 (   )이다.

정답
1. 순환론
2. 갈등론

✪ 복고
과거의 정치, 사상, 제도, 풍습 등으로 돌아가는 것을 의미한다.

개념 플러스 갈등론과 사회 변동

기능론은 사회 체계 내의 통합적이고 안정적인 과정을 강조한 반면, 갈등론은 불안정과 투쟁 그리고 사회적 와해를 가져오는 힘을 강조한다. 갈등론에 따르면 불공정한 현 사회 질서의 강요로 인해 사회 변동의 원동력이 되는 지배 집단과 피지배 집단 간 갈등이 사회에 내재해 있고, 이 갈등이 겉으로 드러나면 사회가 변동한다. 따라서 갈등론은 사회 변동을 비정상적이거나 병리적인 현상이 아니라 불평등하고 모순적인 사회 구조를 변화시키는 과정에서 나타나는 필연적인 현상이라고 인식한다.

✪ 신나치주의 운동
히틀러의 국가 사회주의의 부활을 목표로 하며, 반유대주의, 반공산주의, 전체주의를 주창하는 극우 이념을 말한다.

3. 사회 운동

(1) **의미**: 자신의 신념과 가치를 실현하기 위하여 다수의 사람들이 자발적으로 하는 집단적이고 지속적인 행동

(2) **사례**: 노동 운동, 환경 운동, 인권 운동, 민주화 운동, 반전 평화 운동 등

✪ 위정척사(衛正斥邪) 운동
조선 후기에 성리학적 질서를 지키고, 성리학 이외의 모든 종교와 사상을 물리치고자 전개된 운동을 말한다.

개념 플러스 사회 운동의 유형

- 복고적 운동: 과거의 사회 유형, 제도 등으로 되돌아가려는 운동(예 신나치주의 운동)
- 보수주의 운동: 현상 유지를 고수하고 이미 일어나고 있는 변화에 저항하려는 운동(예 구한말 위정척사 운동)
- 개혁주의 운동: 전반적인 사회 구조를 파괴하지 않고 특정 부분에 대한 변화를 추구하는 운동(예 사형제 폐지 운동)
- 급진적 혁명 운동: 현재의 사회 구조 전체를 근본적으로 급격하게 바꾸고자 하는 운동(예 근대 시민 혁명)

(3) **특징**
① 뚜렷한 목표와 이를 달성하기 위한 구체적인 활동 방법과 계획이 있음.
② 목표와 활동 방향을 정당화하는 이념을 가지고 있음.
③ 어느 정도 체계적인 조직을 갖추고 있고, 구성원 간 역할 분담이 이루어짐.

(4) **의의**: 사회 구조적 모순과 갈등을 드러내고 그에 대한 해결책을 제시함으로써 사회 변동을 유발하는 동력이 됨.

(5) **영향**
① 긍정적 영향: 시민들의 참여가 중심이 되어 사회 문제를 해결하고, 나아가 구조적인 개혁을 통해 사회 발전에 기여할 수 있음.
② 부정적 영향: 바람직하지 않은 목표나 이념을 추구하여 사회 전체의 이익을 저해하거나 공동체의 삶에 위험을 가져올 수도 있음. → 각 사회 운동이 지향하는 목표와 이념, 구체적인 운동 방식, 사회 구성원에게 미치는 영향 등을 비판적으로 고찰할 필요가 있음.

개념 체크

1. 사회 변동을 사회적 희소가치의 불공정한 배분으로 인한 집단 간의 갈등이 표출되어 나타나는 자연스러운 현상으로 보는 사회 변동 이론은 (　　)이다.
2. 자신의 신념과 가치를 실현하기 위하여 다수의 사람들이 자발적으로 하는 집단적이고 지속적인 행동을 (　　)이라고 한다.

정답
1. 갈등론
2. 사회 운동

Theme 1 사회 변동 이론 - 진화론

다윈의 생물학적 진화를 사회에 적용한 대표적인 학자로는 오귀스트 콩트를 들 수 있다. '사회학의 아버지'라고도 불리는 콩트는 사회학의 동적인 측면에서 사회 변동을 진화론적 입장으로 살펴보았다. 콩트의 입장에서 가장 진보된 사회는 자신이 살던 프랑스 사회였고, 프랑스의 과거의 발전과 미래의 발전 방향이 모든 사회에 적용될 모델이었다.

그는 역사 발전의 3단계를 통해 인간 지성의 발전에 관한 '기본적인 법칙'을 제시하였다. 우선 1단계는 가장 원시적이고 단순한 상태인 신학적(혹은 공상적) 단계로, 모든 현상들이 초자연적인 존재들에 의하여 산출된다고 보았다. 2단계는 형이상학적(혹은 추상적) 단계로, 신이 아니라 자연이 우주의 기본적인 인과 요인이 되는 자연적·추상적 법칙들이 현상의 설명 도구가 되는 단계이다. 3단계는 가장 복합적인 단계인 과학적(혹은 실증적) 단계로, 현상을 지배하는 법칙들, 즉 연속성과 유사성의 불변적 관계를 탐구하는 추론과 관찰이 지성의 도구가 되는 단계이다. 그는 이와 같이 변동을 진보라는 맥락에서 살펴보면서 사회 질서도 원시적인 단계에서 궁극에 가서는 실증적인 단계로 발전·진보하지만 그 발전의 속도가 사회마다 다를 뿐이라고 보았다.

이후 유기체적 사고에 보다 충실했던 스펜서는 사회 구조의 분화와 결합에 초점을 두고, 사회 진화의 실례로 군사형 사회에서 산업형 사회로의 진화를 들었다. 군사형 사회는 강제적인 협동에 바탕을 두고 조직되지만 산업형 사회는 자발적인 협동에 바탕을 두고 조직된 사회로서 사회의 성장도 단순히 집단의 증식뿐 아니라 그 밀도가 높아지고 집단 유대도 강화되는 과정을 내포한다고 보았다. 즉, 전자가 전제적인 중앙 집권적 권력을 가진 사회였다면 후자는 개인 행위에 대한 정치적 통제가 한정된 민주적 정부를 가진 사회라고 볼 수 있다.

이와 같이 진화론은 모든 사회가 단순 사회에서 복합 사회로 진화하며, 그들이 도달하는 지향점이 궁극적으로 같다고 본다.

Theme 2 사회 운동과 혁명

사회 운동은 일반적으로 다음과 같은 특징을 지니고 있다.

첫째, 사회 운동은 감정적인 행동에 치우치거나 조직화되지 않은 행동이 아니라 의도적이고 계획적인 행동이다.

둘째, 사회 운동은 집단 내부의 구성원들이 공유하는 목표 의식이 뚜렷하여 의식적이고 목표 지향적이다.

셋째, 사회 운동은 집단 내부에서 일어나는 구성원들 간의 상호 작용이 일시적이라서 단기간에 끝나는 행동이 아니라 뚜렷한 목표의 지속적인 추구를 위해 조직을 장기적으로 유지해 나가는 경향이 강하다.

넷째, 사회 운동은 어느 정도 체계적인 조직과 역할 분담을 갖추고 다수의 구성원 간에 일정한 양식으로 상호 의사소통이 이루어진다.

이와 같은 사회 운동이 가장 극단적인 형태로 나타난 것이 혁명이다. 혁명이란 단순히 지배 집단의 교체를 넘어서 정치·경제·사회 등 근본적인 사회 구조 전체의 변화를 의미하는데, 18세기 말의 근대 시민 혁명이 가장 대표적인 사례라고 할 수 있다. 고전적인 혁명 이론가인 마르크스와 엥겔스에 따르면, 자본가들의 착취에 대한 임금 노동자들의 저항이 필연적이라고 보았다. 데이비스에 의하면, 사람들이 원하는 것과 실제로 그들이 얻을 수 있는 것의 괴리가 심화될 때 혁명이 발생하게 된다. 객관적으로 경제적·사회적 발전이 오래 지속되어 욕구 수준이 상승하고 욕구가 충족될 수 있을 것으로 기대하지만 실제로는 지배 계급에 의해 그러한 기대가 충족되지 못해 지배 계급에 대한 분노와 욕구 불만이 쌓여 사회적 불안 요인이 되고 결국 혁명에 이르게 된다.

[24022-0201]

01 **(가), (나)에 부각된 사회 변동의 요인으로 옳은 것은?**

> (가) 인공 위성 기술을 활용한 지리 정보 시스템(GIS)의 등장은 사회 전 분야에 걸쳐 많은 변화를 가져왔다. GIS는 다양한 지리 정보를 데이터화하여 제공함으로써 경제, 환경 등 생활 전반에 걸쳐 변화를 가져왔다.
> (나) 고령화 사회가 급속도로 진행됨에 따라 생물학적 노화를 겪고, 사회·경제적 능력 등이 저하되는 고령자를 대상으로 신체적·정신적·경제적 안전을 지원하기 위한 서비스를 제공하는 실버산업이 사회 전반에 걸쳐 확산되고 있다.

	(가)	(나)
①	집단 갈등	자연환경의 변화
②	이념의 변화	인구 구조의 변화
③	가치관의 변화	이념의 변화
④	과학과 기술의 발달	인구 구조의 변화
⑤	과학과 기술의 발달	집단 갈등

[24022-0202]

02 **사회 변동 이론 A에 대한 옳은 설명만을 〈보기〉에서 고른 것은?**

> A는 인간 사회 발전의 원동력은 경쟁이고 적자생존은 자연법칙과 같이 보편타당하며, 진화의 자연법칙이 인간 사회에 그대로 적용된다고 강조한다. 그러나 A는 개인과 집단, 민족 간에 우열이 있다고 보아 서구 제국주의를 정당화하는 근거로 악용되었다는 비판을 받기도 한다.

보기

ㄱ. 서구 사회가 진보된 사회임을 전제한다.
ㄴ. 모든 사회가 일정한 방향으로 발전한다고 본다.
ㄷ. 사회는 생성, 성장, 쇠퇴, 소멸의 과정을 반복한다고 본다.
ㄹ. 사회 변동이 항상 진보와 발전을 의미하는 것은 아니라고 본다.

① ㄱ, ㄴ　② ㄱ, ㄷ　③ ㄴ, ㄷ
④ ㄴ, ㄹ　⑤ ㄷ, ㄹ

[24022-0203]

03 **사회 변동 이론 (가), (나)에 대한 옳은 설명만을 〈보기〉에서 고른 것은? (단, (가), (나)는 각각 순환론, 진화론 중 하나임.)**

> (가) 문명이란 모두 숙명적인 인과의 철칙에 따라 춘하추동의 계절과 같은 생애 주기(출생·성장·쇠퇴·사망)를 반복한다.
> (나) 모든 사회는 생물 유기체와 같아 사회도 야만, 미개, 문명이라는 일정한 단계를 거쳐 발전한다.

보기

ㄱ. (가)는 (나)와 달리 운명론적 사고라는 비판을 받는다.
ㄴ. (가)는 (나)와 달리 사회는 단순한 형태에서 복잡한 형태로 발전한다고 본다.
ㄷ. (나)는 (가)와 달리 사회 변동은 곧 진보를 의미한다고 본다.
ㄹ. (나)는 (가)와 달리 사회 변동에 대응하는 인간의 역동성과 자율성을 과소평가한다는 비판을 받는다.

① ㄱ, ㄴ　② ㄱ, ㄷ　③ ㄴ, ㄷ
④ ㄴ, ㄹ　⑤ ㄷ, ㄹ

[24022-0204]

04 **표는 질문을 통해 사회 변동 이론 A, B를 구분한 것이다. 이에 대한 설명으로 옳은 것은? (단, A, B는 각각 순환론, 진화론 중 하나임.)**

질문	A	B
(가)	㉠	㉡
사회가 이전보다 복잡하고 분화된 모습으로 변동한다고 보는가?	아니요	예

① A는 사회 변동을 사회 발전과 동일시한다.
② A는 B와 달리 사회 변동에 일정한 방향이 있다고 본다.
③ B는 A와 달리 사회가 주기적으로 동일한 과정을 반복하며 변동한다고 본다.
④ (가)에 '서구 중심의 사고라는 비판을 받는가?'가 들어가면, ㉠은 '예', ㉡은 '아니요'이다.
⑤ ㉠이 '예', ㉡이 '아니요'라면, (가)에는 '미래의 사회 변동에 대한 역동적 대응이 곤란하다는 비판을 받는가?'가 들어갈 수 있다.

[24022-0205]

05 **다음 자료에 대한 옳은 설명만을 〈보기〉에서 고른 것은? (단, A, B는 각각 순환론, 진화론 중 하나임.)**

교사: 사회 변동 이론 A, B 중 A에 대해 설명해 볼까요?
갑: 사회는 유기체와 마찬가지로 생성, 성장, 쇠퇴, 소멸의 과정을 반복하며 변동합니다.
을: 사회 변동이 항상 발전을 의미하는 것은 아니라고 봅니다.
병: 서구 사회가 진보된 사회임을 전제로 사회 변동을 설명합니다.
교사: ㉠한 사람을 제외하고 모두 옳게 설명했네요.

보기

ㄱ. ㉠은 '을'이다.
ㄴ. A는 운명론적 관점에서 사회 변동을 설명한다.
ㄷ. A는 B와 달리 개발 도상국이 근대화 과정을 거쳐 선진국으로 발전한 사례를 설명하기에 적합하다.
ㄹ. B는 A와 달리 서구의 제국주의 역사를 정당화하는 수단으로 악용될 우려가 있다는 비판을 받는다.

① ㄱ, ㄴ ② ㄱ, ㄷ ③ ㄴ, ㄷ
④ ㄴ, ㄹ ⑤ ㄷ, ㄹ

[24022-0206]

06 **다음 자료에 대한 옳은 설명만을 〈보기〉에서 고른 것은? (단, A, B는 각각 기능론, 갈등론 중 하나임.)**

사회 구조적 측면에서 사회 변동을 설명하는 이론 중 A는 B와 달리 질서와 안정을 바탕으로 한 점진적인 사회 변동을 설명하는 데 유용하지만 (가) 한다는 비판을 받는다.

보기

ㄱ. A는 사회 변동이 새로운 사회를 원하는 피지배 집단이 지배 집단에 저항하는 과정에서 발생한다고 본다.
ㄴ. B는 사회 변동을 사회의 부분이나 전체가 일시적 불균형을 극복하고 새로운 균형 상태를 찾아가는 과정이라고 본다.
ㄷ. B는 A와 달리 집단 간의 갈등으로 인해 사회 변동이 발생한다고 본다.
ㄹ. (가)에는 '사회 변동을 갈등과 대립의 측면에서만 파악'이 들어갈 수 없다.

① ㄱ, ㄴ ② ㄱ, ㄷ ③ ㄴ, ㄷ
④ ㄴ, ㄹ ⑤ ㄷ, ㄹ

[24022-0207]

07 **다음 자료에 대한 옳은 설명만을 〈보기〉에서 고른 것은?**

• A, B는 사회 구조적 측면에서 사회 변동을 설명하는 이론이다.
• B는 사회는 다양한 부분들이 각각의 기능을 원활하게 수행할 때 균형을 이루고 안정을 유지하게 된다고 본다.

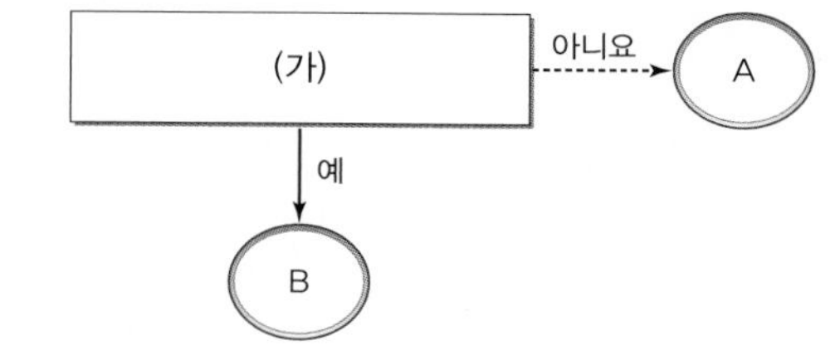

보기

ㄱ. A는 지배 집단과 피지배 집단 간의 대립과 갈등 측면에서 사회 변동을 설명한다.
ㄴ. A는 B와 달리 급진적인 사회 변동을 설명하기에 용이하다는 평가를 받는다.
ㄷ. B는 A와 달리 사회 변동의 필연성을 강조한다.
ㄹ. (가)에는 '사회 변동과 관련하여 보수적이라는 평가를 받는가?'가 들어갈 수 없다.

① ㄱ, ㄴ ② ㄱ, ㄷ ③ ㄴ, ㄷ
④ ㄴ, ㄹ ⑤ ㄷ, ㄹ

[24022-0208]

08 **밑줄 친 ㉠, ㉡에 대한 설명으로 옳은 것은?**

• A국에서는 흑인들에 대한 차별 대신 공존을 선택한 이후 ㉠일부 백인들이 단체를 구성하여 순수한 백인만의 사회를 유지하기 위해 한적한 시골에 그들만의 거주지를 형성하고 흑인과의 공존을 거부하는 운동을 장기간에 걸쳐 진행하였다.
• B국의 ○○ 시민 단체는 교통 문화 개선을 목표로 설립된 단체로, 여러 문제 중 음주 운전을 막기 위해 ㉡음주 운전 처벌 형량 강화를 위한 법률 개정 운동을 지속적으로 진행하고 있다.

① ㉠은 ㉡과 달리 사회 운동에 해당한다.
② ㉠은 ㉡과 달리 과거의 사회로 돌아가고자 한다.
③ ㉡은 ㉠과 달리 일시적이고 즉흥적인 감정에 따른 행동이다.
④ ㉡은 ㉠과 달리 뚜렷한 목표를 가지고 지속적으로 이루어진 다수의 행동이다.
⑤ ㉠, ㉡은 모두 사회 구조 전체를 근본적으로 변혁하고자 한다.

[24022-0209]

1 **사회 변동 이론 (가), (나)에 대한 설명으로 옳은 것은?**

(가) 문명이란 모두 숙명적으로 몰락의 길을 거부할 수 없다. 즉, 모든 문명은 생물 유기체와 같이 출생, 성장, 쇠퇴를 거쳐 사망에 이르는 과정을 반복적으로 거치게 된다.
(나) 사회는 성원들이 공유하고 있는 신념과 감정인 집합 의식이 사회를 묶는 기계적 유대에 바탕을 둔 단순 사회에서 분업이 진전됨에 따라 이질성이 증대하면서 상호 의존성이 강조되는 유기적 유대를 근간으로 한 복합 사회로 나아가는 과정을 거친다.

① (가)는 (나)와 달리 서구 중심적 사고라는 비판을 받는다.
② (가)는 (나)와 달리 사회 변동을 진보, 발전의 과정으로 이해한다.
③ (나)는 (가)와 달리 사회 변동은 일정한 방향성을 가지고 있다고 본다.
④ (나)는 (가)와 달리 미래 사회의 변동을 예측하여 대응하는 데 적합하지 않다는 비판을 받는다.
⑤ (가)는 단기적 사회 변동을, (나)는 장기적 사회 변동을 설명하기에 유용하다.

[24022-0210]

2 **다음 자료에 대한 옳은 설명만을 〈보기〉에서 고른 것은?**

표는 사회 변동 이론에 대한 수업 이후 실시한 형성 평가 문항과 학생 갑~병의 응답을 정리한 것이다. (옳게 응답한 경우 문항당 1점, 옳지 않게 응답한 경우 문항당 0점임.)

문항	사회 변동 이론을 묻는 질문	갑	을	병
1	(가)	진화론	순환론	진화론
2	사회 변동을 운명론적 관점에서 설명하는 이론은?	진화론	진화론	순환론
3	서구 제국주의의 역사를 정당화한다는 비판을 받는 이론은?	㉠	㉡	진화론
4	사회가 단순한 형태에서 복잡한 형태로 발전한다고 보는 이론은?	순환론	진화론	순환론

● 보기 ●

ㄱ. 〈문항 2〉, 〈문항 4〉에 대한 점수의 합은 을과 병이 동일하다.
ㄴ. 병의 점수는 (가)에 '사회는 생성, 성장, 쇠퇴, 소멸을 반복한다고 보는 이론은?'이 들어갈 때보다 '사회 변동을 진보와 발전으로 이해하는 이론은?'이 들어갈 때가 높다.
ㄷ. ㉠이 순환론일 때, 〈문항 2〉, 〈문항 3〉에서 얻은 점수의 합은 갑과 병이 동일하다.
ㄹ. ㉠이 진화론, ㉡이 순환론일 경우 〈문항 2〉~〈문항 4〉에 대해 갑~병이 받은 점수의 총합은 5점이다.

① ㄱ, ㄴ ② ㄱ, ㄷ ③ ㄴ, ㄷ ④ ㄴ, ㄹ ⑤ ㄷ, ㄹ

[24022-0211]

3 다음 자료에 대한 옳은 설명만을 〈보기〉에서 있는 대로 고른 것은?

교사: 다음 글에 제시된 사회 변동 이론 A, B를 비교하여 설명해 볼까요?

> A에 따르면 한 문명은 반대의 성향을 지닌 다른 문명에 의해 도전을 받게 되는데, 이때 이를 이겨내지 못하면 해당 문명은 소멸하게 되고 반대 성향을 지닌 문명으로 대체된다. 이와 달리 B는 사회 변동을 긍정적으로 바라보고 변동은 방향성을 지니고 있으며, 변동은 곧 진보를 의미한다고 보았다.

갑: A는 B와 달리 [(가)]
을: B는 A와 달리 [(나)]
병: B는 A와 달리 [(다)]
교사: 갑, 을은 옳게 설명했고 병의 설명은 옳지 않네요.

보기

ㄱ. (가)에는 '운명론적 관점이라는 비판을 받습니다.'가 들어갈 수 있다.
ㄴ. (나)에는 '사회는 주기적으로 동일한 과정을 반복하며 변동한다고 봅니다.'가 들어갈 수 있다.
ㄷ. (다)에는 '사회 변동을 단선적인 진보의 과정이라고 봅니다.'가 들어갈 수 있다.
ㄹ. (다)에는 '제국주의를 정당화하는 수단으로 악용될 우려가 있다는 비판을 받습니다.'가 들어갈 수 없다.

① ㄱ, ㄷ ② ㄱ, ㄹ ③ ㄴ, ㄷ ④ ㄱ, ㄴ, ㄹ ⑤ ㄴ, ㄷ, ㄹ

[24022-0212]

4 그림은 질문을 통해 사회 변동 이론 A, B를 구분한 것이다. 이에 대한 설명으로 옳은 것은? (단, A, B는 각각 순환론, 진화론 중 하나임.)

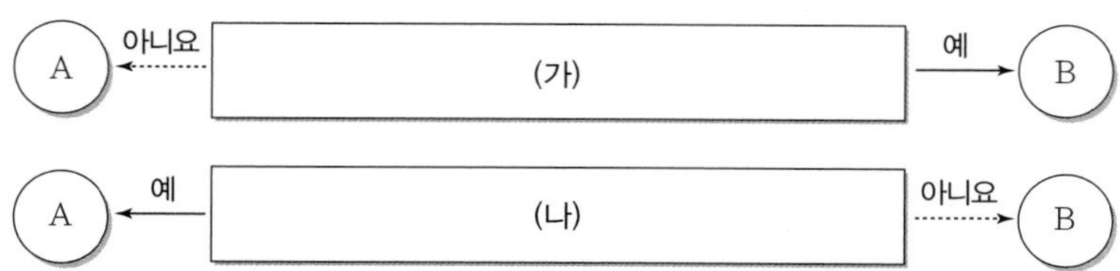

① A가 사회 변동은 진보와 발전을 의미한다고 본다면, (가)에는 '사회는 유기체와 마찬가지로 생성, 성장, 쇠퇴, 소멸의 과정을 반복한다고 보는가?'가 들어갈 수 없다.
② B가 사회 변동에 작용하는 인간 행위의 역동성과 자율성을 과소평가한다는 비판을 받는다면, (나)에는 '사회 변동은 일정한 방향을 가지고 있다고 보는가?'가 들어갈 수 없다.
③ A가 사회의 퇴보나 멸망을 설명하기 어렵다는 비판을 받는다면, '운명론적 관점에서 사회 변동을 설명하는가?'는 (가)가 아닌 (나)에 들어갈 수 있다.
④ (가)에 '개발 도상국이 근대화 과정을 거쳐 선진국으로 발전한 사례를 설명하기에 적합한가?'가 들어가면, B는 서구 사회가 진보된 사회임을 전제한다.
⑤ (나)에 '서구의 제국주의 역사를 정당화하는 수단으로 악용될 수 있다는 비판을 받는가?'가 들어가면, B는 단기적인 사회 변동 과정을 설명하기가 용이하다는 평가를 받는다.

[24022-0213]

5 **표는 질문을 통해 사회 구조적 측면에서 사회 변동을 설명하는 이론 A, B를 구분한 것이다. 이에 대한 옳은 설명만을 〈보기〉에서 고른 것은?**

질문	A	B
혁명과 같은 급진적인 사회 변동을 설명하기에 용이한가?	예	아니요
(가)	아니요	예
(나)	㉠	㉡

보기

ㄱ. A는 사회 변동을 갈등과 대립 측면에서 이해한다.
ㄴ. B는 사회 변동을 불평등하고 모순적인 사회 구조를 변화시키는 과정에서 나타나는 필연적인 현상이라고 본다.
ㄷ. (가)에는 '사회 변동이 사회가 불균형 상태에서 새로운 안정 상태로 이행하는 과정이라고 보는가?'가 들어갈 수 있다.
ㄹ. (나)에 '피지배 집단이 지배 집단에 저항하는 과정에서 사회가 변동한다고 보는가?'가 들어가면, ㉠은 '아니요', ㉡은 '예'이다.

① ㄱ, ㄴ ② ㄱ, ㄷ ③ ㄴ, ㄷ ④ ㄴ, ㄹ ⑤ ㄷ, ㄹ

[24022-0214]

6 **다음 자료에 대한 옳은 설명만을 〈보기〉에서 고른 것은?**

- 기능론과 갈등론에 대해 공부한 후 이를 확인하기 위한 게임을 진행하였다.
- 참여자는 4장으로 구성된 동일한 한 세트의 카드를 배부 받은 후 해당 지점의 제시어에 부합하는 카드 1장을 게임 진행자에게 번갈아 비공개로 제출한다.
- 게임 진행자는 참여자들이 제시한 카드가 제시어에 부합하는 경우에만 참여자의 말(참여자의 이름표)을 한 칸 앞으로 이동시키며, 제시어의 '기'는 기능론, '갈'은 갈등론을 의미한다.
- 두 번의 게임이 끝난 후 새로 시작된 마지막 게임에서 갑의 시작 지점은 ⑥, 을의 시작 지점은 ⑦이고, 갑이 첫 번째 제출한 카드는 카드 1, 을이 첫 번째 제출한 카드는 카드 2이다.

게임판	지점	①	…	⑥	⑦	⑧	⑨	⑩	⑪	⑫
	제시어	갈	…	기	갈	기	기	갈	갈	기

〈갑과 을이 새로 받은 카드〉

카드 1	카드 2	카드 3	카드 4
질서와 안정성을 강조함.	급진적인 사회 변동을 설명하기에 용이함.	점진적인 사회 변동을 설명하기에 용이함.	사회 구조적 모순에 의해 사회 변동이 발생한다고 봄.

보기

ㄱ. 첫 번째 카드 제출의 결과 갑의 말은 을의 말과 달리 한 칸 앞으로 이동하였다.
ㄴ. 두 번째 카드로 갑이 카드 2, 을이 카드 4를 제출하였다면, 갑과 을의 말은 동일한 지점에 위치하게 된다.
ㄷ. 두 번째 카드로 갑이 카드 3, 을이 카드 1을 제출하였다면, 갑과 을의 말은 모두 한 칸 앞으로 이동하게 된다.
ㄹ. 첫 번째 카드 제출 이후 갑이 카드 4, 카드 2 순으로 제출하고 을이 카드 4, 카드 3 순으로 제출하면, 을의 말이 갑의 말보다 앞에 있다.

① ㄱ, ㄴ ② ㄱ, ㄷ ③ ㄴ, ㄷ ④ ㄴ, ㄹ ⑤ ㄷ, ㄹ

[24022-0215]

7 **교사의 질문에 대한 학생들의 답변으로 옳은 것은?**

(가) 전쟁 등 위기 상황에 처한 피란민들에 대한 의료비를 지원하기 위해 모금 운동을 하는 시민 단체
(나) 조선 후기에 성리학적 질서를 지키기 위한 성리학자들의 위정척사 운동

① 갑: (가)는 사회 구조적 모순을 지적하여 새로운 체제로의 변화를 지향하고자 하는 사회 운동입니다.
② 을: (나)는 현재의 사회 질서를 유지하고자 하는 보수주의적인 사회 운동에 해당합니다.
③ 병: (가)는 (나)와 달리 목표와 활동을 정당화하는 이념을 가지고 있습니다.
④ 정: (나)는 (가)와 달리 인류의 보편적 가치를 증진시키기 위한 사회 운동에 해당합니다.
⑤ 무: (가), (나)는 모두 특정 집단의 목표를 달성하고자 하므로 사회 운동에 해당하지 않습니다.

[24022-0216]

8 **(가), (나)에 나타난 사회 운동에 대한 설명으로 옳은 것은?**

(가) 갑국에서는 일부 지식인을 중심으로 20세기 초에 왕조 타도 운동이 벌어졌다. 그들은 공화정을 수립하기 위한 운동을 벌이며 자체적으로 신문사를 설립하여 운영하기도 하였다. 왕조에 의한 탄압의 결과 운동을 이끌던 지도자들 중 일부가 국외로 망명을 하는 등 고난의 시기도 있었지만 결국 왕조를 타도하였다. 그들의 혁명은 갑국 역사에서 처음으로 공화국을 수립한 혁명이라서 '공화 혁명(共和革命)'이라고도 불린다.
(나) 여성의 사회 활동을 극도로 제약하는 을국에서 A는 여성 인권 운동의 선구자로 추앙받고 있다. 초기에는 남성들에 의해 가정에서 여성들이 폭행을 당하거나 운동에 참여한 여성들이 을국 경찰에 의해 체포되기도 하였다. 그러나 A의 이야기가 인터넷을 통해 을국 사회에 확산되면서 여러 인권 단체가 형성되어 활동한 결과, 지금은 제도적으로는 여성에 대한 차별이 개선되었다는 평가를 받고 있다.

* 공화정(共和政): 주권이 한 사람의 의사(예 청조, 조선과 같은 전제 군주제, 세습적인 '왕')에 따라 행사되지 않고 여러 사람의 합의에 의하여 행사되는 정치 또는 그런 정치 체제

① (가)에는 과거의 사회 제도로 되돌아가려는 운동이 나타난다.
② (가)에는 (나)에서와 달리 계급 철폐를 목적으로 하는 점진적 사회 운동이 나타난다.
③ (가)에는 (나)에서와 달리 뚜렷한 사상과 신념을 실현하기 위한 사회 운동이 나타난다.
④ (나)에는 (가)에서와 달리 사회 구조적 모순을 드러내어 해결하고자 한 사회 운동이 나타난다.
⑤ (가), (나)에서 모두 사회 운동 과정 중 사회적 갈등이 발생하였다.

16 현대 사회의 변화와 전 지구적 수준의 문제

1. 세계화와 정보화

(1) 세계화

① 의미: 삶의 공간이 국경을 넘어 전 지구로 확대되면서 국가 간 상호 의존성이 증가하는 현상

② 원인: 교통 및 정보 통신 기술의 발달, 세계 무역 기구(WTO)의 출범 등

③ 영향

긍정적 영향	• 기업은 더 넓은 시장을 확보하고 소비자는 다양한 상품을 보다 저렴한 가격으로 구입할 수 있음. • 국가 간 문화적 교류 확대로 다양한 문화를 접할 수 있는 기회가 증가하고, 이에 따라 더욱 창의적이고 새로운 문화를 창출할 수 있음. • 인간의 존엄성, 자유, 평등과 같은 인류의 보편적 가치가 전 세계로 확산되는 데 기여할 수 있음.
부정적 영향	• 국가 간 경쟁이 심화됨에 따라 경쟁력이 약한 개발 도상국의 산업이 위축되고 선진국과 개발 도상국 간의 빈부 격차가 심화될 수 있음. • 선진국의 문화가 일방적으로 전파되는 과정에서 전 세계의 문화가 획일화되고, 약소국이나 소수 민족의 문화 정체성이 약화될 수 있음. • 국제기구, 다국적 기업, 국제적인 거대 자본 등의 영향력이 강화되면서 개별 국가의 자율성이 침해될 수 있음.

④ 대응 방안

- 기술 혁신, 고부가 가치 산업 육성 등을 통해 우리 상품의 국제 경쟁력을 강화함.
- 우리 문화를 창조적으로 계승하고, 다른 문화에 대한 관용의 자세와 상대주의적 태도를 지님.
- 인류의 보편적 가치를 존중하고, 지구촌 문제를 해결하기 위해 세계 공동체 의식을 함양함.

(2) 정보화

① 의미: 지식과 정보가 중요한 부의 원천으로 인식되고, 인간의 주요 활동이 정보 통신 기술이 제공하는 서비스의 지원을 받아 이루어지는 정보 사회로 이행하는 과정

② 정보 사회의 특징

- 부가 가치를 창출하는 원천으로서 지식과 정보가 중시됨.
- 재택근무의 확산으로 가정과 직장의 통합이 확대됨.
- 대면 접촉이 감소하고, 사이버 공간을 통해 사회적 관계를 맺는 양상이 증가함.
- 전자 민주주의의 발달로 직접 민주 정치의 실현 가능성이 증가함.
- 탈관료제화, 쌍방향 통신 매체의 발달로 의사 결정의 분권화 경향이 강화됨.

③ 정보 사회의 문제

- 정보 격차로 인해 경제적 불평등이 심화될 수 있음.
- 사이버 범죄(개인 정보 유출, 저작권 침해, 사이버 명예 훼손 등)가 증가할 수 있음.
- 정보 과잉 및 저질 정보와 잘못된 정보의 유포로 인한 폐해가 증가할 수 있음.
- 정보 기기에 과도하게 의존하게 되면서 각종 사회 문제가 발생할 수 있음.
- 대면 접촉 감소로 피상적 인간관계가 확산됨으로써 인간 소외 현상이 나타날 수 있음.

✪ 세계 무역 기구(WTO)
무역 장벽 완화나 철폐 등을 통해 전 세계적인 자유 무역 질서를 형성하기 위해 만들어진 국제기구이다.

✪ 다국적 기업
기업의 활동 범위가 여러 나라에 걸쳐 있으며, 국가적 경계에 구애됨 없이 영업점 또는 생산 거점이 입지한 기업을 말한다.

✪ 정보 격차
정보의 접근·소유·활용 능력 등의 차이로 인해 발생하는 정보 불평등 현상을 의미한다.

✪ 사이버 범죄
컴퓨터 등을 이용하여 인터넷 및 사이버 공간에서 행해지는 모든 유형의 범죄를 말한다.

개념 체크

1. 세계 전체의 상호 의존성이 심화되면서 정치·경제·문화 등의 부문이 단일한 체계로 통합되어 가는 현상을 (　　)라고 한다.
2. 세계화의 부정적인 영향으로는 선진국의 문화가 일방적으로 전파되는 과정에서 전 세계의 문화가 (　　)되고, 약소국이나 소수 민족의 (　　)이 약화될 수 있다는 점을 들 수 있다.
3. (　　)란 정보의 접근·소유·활용 능력 등의 차이로 인해 발생하는 정보 불평등 현상이다.

정답
1. 세계화
2. 획일화, 문화 정체성
3. 정보 격차

④ 대응 방안

개인적 차원	• 타인의 권리를 존중하고 자신의 권리를 보호하려는 권리 의식을 함양함. • 정보를 비판적으로 분석하고 주체적으로 선택하는 능력을 함양함.
사회적 차원	• 정보 인프라 구축을 통해 국가 경쟁력을 확보함. • 지식 재산권 보호를 통해 정보 관련 연구를 촉진하는 환경을 조성함. • 정보 격차 해소를 위해 정보 취약 계층에 대한 지원 방안을 마련함. • 유해 정보 차단과 표현의 자유를 조화시키기 위한 제도적 장치를 보완함.

2. 저출산 · 고령화와 다문화적 변화

(1) 저출산 · 고령화

① 의미 및 원인

구분	의미	원인
저출산	출산율이 적정 수준보다 낮은 현상	출산과 양육 부담 증가, 혼인과 출산에 대한 가치관 변화 등
고령화	전체 인구에서 노년 인구가 차지하는 비율이 증가하는 현상	저출산 현상, 의료 기술 발달에 따른 평균 수명 증가 등

② 영향

• 생산 가능 인구의 감소로 노동력이 부족해져 경제 성장 동력이 약화될 수 있음.
• 노년 부양비가 증가하여 세대 간 갈등이 증가할 수 있음.
• 노인 복지 지출 증가로 인해 정부의 재정 건전성이 악화될 수 있음.
• 노후 빈곤 문제, 노인 소외 현상 등 다양한 사회 문제가 나타날 수 있음.

③ 대응 방안

저출산	출산 및 양육에 대한 경제적 부담 경감, 일과 가정이 양립할 수 있는 여건 조성, 청년 일자리 · 신혼부부 주거 문제 해결 등
고령화	노후 소득 보장을 위한 연금 제도 개선, 노인 인력을 효율적으로 활용할 수 있는 방안 마련, 정년 연장에 대한 사회적 합의 등

(2) 다문화적 변화

① 다문화 사회의 의미: 한 사회 안에서 다른 문화를 가진 다양한 인종과 민족이 함께 사는 사회

② 다문화 사회의 영향

긍정적 영향	• 문화 다양성이 강화됨. → 새로운 문화 창조의 원동력이 됨. • 저출산 · 고령화에 따른 노동력 부족 문제 해결에 이바지할 수 있음.
부정적 영향	• 사회적 편견과 차별에 따른 갈등이 발생할 우려가 있음. • 결혼 이주 여성, 다문화 가정 자녀들의 사회 적응 문제가 발생할 수 있음.

③ 다문화 사회의 대응 방안

• 관용의 자세를 바탕으로 다른 문화를 존중하는 태도를 함양함.
• 다문화적 변화를 이해하고 수용할 수 있도록 다문화 교육을 실시함.
• 이주민의 사회 적응을 돕고 차별을 막는 법적 · 제도적 장치를 마련함.

✪ 고령화 사회, 고령 사회, 초고령 사회
전체 인구에서 노년 인구(65세 이상 인구)가 차지하는 비율이 7% 이상인 사회를 고령화 사회, 14% 이상인 사회를 고령 사회, 20% 이상인 사회를 초고령 사회라고 한다.

✪ 노년 부양비
부양 인구(15~64세 인구) 100명당 부양해야 할 노년 인구(65세 이상 인구)를 말한다.

✪ 다문화 교육
서로 다른 문화적 배경을 가진 사람들이 차별 없이 존중받으며 교육받는 것을 의미한다. 다문화 교육은 사회 구성원 모두가 문화적 · 민족적 정체성과 다양성이 증대되는 세계를 살아가기 위해 필요한 지식, 기술, 가치와 태도 등을 키우도록 하는 것이다.

개념 체크

1. 전체 인구에서 노년 인구가 차지하는 비율이 증가하는 현상을 (　　)라고 한다.
2. 부양 인구(15~64세 인구) 100명에 대한 노년 인구(65세 이상 인구)의 비(比)를 (　　)라고 한다.
3. 서로 다른 문화를 가진 다양한 인종과 민족이 함께 사는 사회를 (　　)라고 한다.

정답
1. 고령화
2. 노년 부양비
3. 다문화 사회

✪ 온실가스
땅에서 복사되는 에너지를 일부 흡수함으로써 온실 효과를 일으키는 기체이다. 1992년 교토 의정서에 삭감 대상으로 꼽힌 온실가스는 이산화탄소, 메탄, 아산화질소, 과불화탄소 등이다.

✪ 세계 시민
자신을 개별 국가의 국민만이 아닌 지구촌 구성원으로 자각하고, 전 세계를 하나의 운명 공동체로 여기는 의식을 가진 시민을 말한다.

개념 체크

1. 환경 문제, 자원 문제, 전쟁과 테러 등과 같이 다른 국가나 전 지구적 차원에까지 영향을 미치는 각종 사회 문제를 (　　　)라고 한다.
2. 온실가스 배출 증가로 인한 (　　　) 현상이 나타나 이상 기후와 해수면 상승 문제가 발생하고 있다.
3. 현재 세대뿐만 아니라 미래 세대도 안정적이고 풍요로운 삶을 영위할 수 있도록 경제 성장, 사회의 안정과 통합, 환경 보전 등이 균형을 이루는 사회를 (　　　) 라고 한다.

정답
1. 전 지구적 수준의 문제
2. 지구 온난화
3. 지속 가능한 사회

3. 전 지구적 수준의 문제

(1) 의미와 특징

① 의미: 전 세계에서 동시다발적으로 발생하거나 특정 지역에만 국한되지 않고 주변 국가와 전 세계에 영향을 미치는 각종 사회 문제

② 특징
- 특정 지역이나 특정 국가의 노력만으로 해결하기 어려움.
- 현재 세대뿐만 아니라 다음 세대에게도 치명적인 영향을 줌.

(2) 종류와 해결 방안

① 환경 문제

원인	• 공업화와 인구 증가: 자원 소비 증가와 그에 따른 폐기물 발생량 증가 • 인간 중심적 사고: 무분별한 자원 남용으로 환경 파괴 초래
양상	• 지구 온난화: 온실가스 배출 증가로 인한 지구 온난화로 이상 기후, 해수면 상승 등의 문제 발생 • 열대림 파괴: 무분별한 벌목으로 인한 열대 우림의 파괴로 토양 유실, 생물종의 다양성이 감소하는 문제 발생 • 사막화: 가뭄, 농경지와 목축지의 과잉 개발로 인한 삼림과 초원의 황폐화로 사막화 현상 발생
해결 방안	자연과 더불어 살아가려는 인식 전환 필요, 지속 가능한 개발 및 환경친화적인 상품 생산, 국제 사회의 유기적인 협력 체계 구축 등

② 자원 문제

원인	자원의 무절제한 개발과 사용
양상	• 식량 생산 및 분배의 지역적 편중으로 인해 기아 문제가 발생함. • 에너지 자원의 고갈, 물 부족 문제가 심화되면서 자원을 둘러싼 국제 분쟁이 발생하고 있음.
해결 방안	소비 절약 및 자원의 재활용 확대, 친환경적인 대체 자원 개발, 생태계의 수용 능력을 고려한 경제 개발 추구 등

③ 전쟁과 테러

의미	• 전쟁: 국가 또는 이에 준하는 집단 상호 간에 군사력을 사용하는 행위 또는 그 상태 → 인명 피해, 인류 문명과 삶의 터전 및 자연환경을 파괴함. • 테러: 특정 목적을 가진 집단이 살인, 납치 등의 폭력을 행사하는 행위 → 이해관계가 없는 불특정 다수에게 큰 피해를 줄 수 있음.
원인	종교·민족·인종 갈등, 경제적 이해관계의 대립 등
해결 방안	분쟁 당사자들 간 상호 존중과 협력을 통해 합리적 해결 방안 모색, 국제 연합과 같은 국제기구의 분쟁 조정 등

4. 지속 가능한 사회

(1) **의미**: 현재 세대뿐만 아니라 미래 세대도 안정적이고 풍요로운 삶을 영위할 수 있도록 경제 성장, 사회의 안정과 통합, 환경 보전 등이 균형을 이루는 사회

(2) **실현 방안**

① 전 지구적 수준의 문제를 해결하기 위해서는 인류 공동의 노력과 국제 협력이 필요하다는 인식을 바탕으로 각국 정부와 국제기구가 협력하여 대책을 마련하고 실천함.

② 현재 세대와 미래 세대의 인권을 조화롭게 인식하고 생태적·문화적 다양성을 존중하는 등 세계 시민으로서의 의식을 함양함.

Theme 1 우리나라 인구 구성비와 합계 출산율의 변화

(단위: %, 명)

구분	2015년	2016년	2017년	2018년	2019년	2020년	2021년
15세 미만	13.6	13.3	13.0	12.7	12.3	12.1	11.8
15～64세	73.4	73.4	73.1	72.9	72.6	71.9	71.4
65세 이상	13.0	13.3	13.9	14.4	15.1	16.0	16.8
합계 출산율	1.239	1.172	1.052	0.977	0.918	0.837	0.808

우리나라에서 나타나는 인구 문제로 저출산·고령화를 들 수 있다. 저출산은 합계 출산율이 감소하는 것을 통해, 고령화는 인구 구성비 중 노년 인구가 차지하는 비중이 증가하는 것을 통해 파악할 수 있다. 합계 출산율은 여성 1명이 가임 기간 동안 낳을 것으로 예상되는 평균 출생아 수를 의미하는데, 2015년 이후 합계 출산율이 지속적으로 감소하고 있다. 이를 통해 우리나라에서 저출산 현상이 심화됨을 설명할 수 있다. 또한 우리나라의 인구 구성비 중 노년 인구가 차지하는 비중이 증가하는 것을 통해 고령화 현상이 심화됨을 알 수 있다. 이러한 현상이 심화되면 결국 생산 가능 인구 감소로 인해 경제 성장 동력 약화, 세대 간 갈등 증가 등 다양한 사회 문제로 이어질 수 있다.

Theme 2 글로벌 녹색 성장 연구소(GGGI)

우리나라는 녹색 성장 의제를 확산하고 국제 사회의 녹색 경제 협력에 기여하기 위해 국제기구인 글로벌 녹색 성장 연구소(GGGI: Global Green Growth Institute) 설립을 주도하였다. GGGI는 2012년 10월 국제기구로 출범한 이래 2022년 12월 카자흐스탄이 가입하여 회원국이 45개국으로 늘어났으며, 회원국들을 대상으로 기후 변화 대응, 녹색 성장 전략 수립과 이행, 역량 강화 등을 지원하고 있다. GGGI는 2013년 6월 경제 협력 개발 기구(OECD) 개발 원조 위원회(DAC)에서 공적 개발 원조(ODA) 적격 기구로 승인되고, 2013년 12월 UN 총회 옵서버 지위를 획득하는 등 국제기구로서의 입지를 확고히 하고 있다. 2018년 6월에는 미국 국제 개발처(USAID)의 재원 조달 기회를 받을 수 있는 공공 국제기구 지위를 부여 받았으며, 영국 국제 개발부(DFID) 평가에서 A+ 등급을 획득하는 등 경쟁력 있는 국제기구로 발전하고 있다.

글로벌 녹색 성장 연구소(GGGI)는 여러 나라들의 지속 가능한 경제 성장을 지원하고 촉진하기 위해 설립한 정부 간 국제기구이다. 특히 우리나라 정부가 설립을 주도하였고 현재 GGGI의 본부 소재국으로서 GGGI가 안정적으로 발전할 수 있도록 지속적으로 지원할 예정이다. 이는 지속 가능한 사회를 위해 전 지구적 차원에서 국제 협력이 필요하고, 이를 위해 우리나라가 국제 사회의 일원으로서 적극적으로 활동하고 있음을 보여 준다.

수능 기본 문제

[24022-0217]

01 다음 사례에 나타난 현대 정보 사회의 문제 해결 방안으로 가장 적절한 것은?

기존 통신과 방송 사업자 이외 제3사업자들이 온라인을 통해 드라마, 영화 등 다양한 미디어 콘텐츠를 제공하는 온라인 동영상 서비스(OTT: Over The Top)가 급성장하고 있다. 그런데 이들이 만든 작품을 불법으로 유통하는 영상물 불법 스트리밍 사이트가 기승을 부리고 있다. 이들은 해외에 주소를 두고 있고 자주 주소를 바꾸기 때문에 적발이 어려울 뿐만 아니라 적발하더라도 처벌하기가 쉽지 않다. 이러한 불법 사이트로 인해 피해를 입는 기업들이 전 세계적으로 증가함에 따라 해당 문제가 국제적으로 이슈가 되고 있다.

① 정보에 대한 비판적 분석 능력을 배양해야 한다.
② 거짓 정보 유포에 대한 법적 규제를 강화해야 한다.
③ 저작권 침해 해결을 위한 국제적 공조를 강화해야 한다.
④ 정부의 적극적 개입을 통해 정보 격차를 해소해야 한다.
⑤ 인간 소외 현상을 해소하기 위한 제도적 지원을 강화해야 한다.

[24022-0218]

02 다음 자료에 대한 설명으로 옳은 것은? (단, A, B는 각각 산업 사회, 정보 사회 중 하나이며, 소품종 대량 생산 방식의 비중은 B에 비해 A에서 높음.)

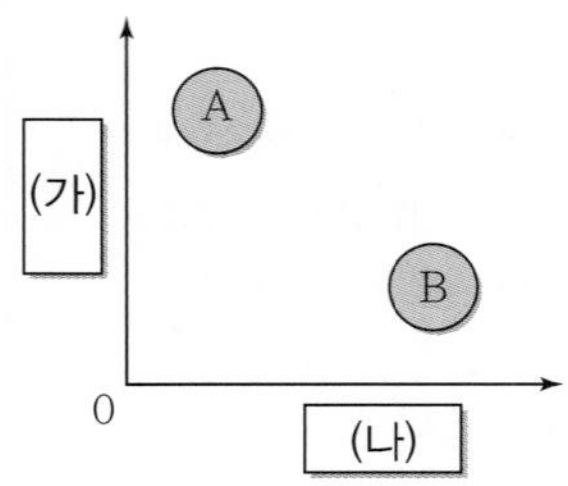

*0에서 멀수록 그 비중이나 정도가 높거나 큼.

① A는 B보다 사회의 다원화 정도가 높다.
② B는 A보다 비대면 접촉 정도가 낮다.
③ (가)에는 '일방향 매체의 정보 전달 비중'이 들어갈 수 없다.
④ (나)에는 '정보 생산자와 정보 소비자 간 경계의 불명확성'이 들어갈 수 있다.
⑤ '전자 상거래의 비중'은 (나)가 아닌 (가)에 들어갈 수 있다.

[24022-0219]

03 다음 자료에 대한 분석으로 옳은 것은? (단, 인구의 비는 갑국 : 을국=2 : 1임.)

구분	갑국	을국
전체 인구 중 0~14세 인구의 비율(%)	30	10
노령화 지수	100	200

* 총부양비={(0~14세 인구+65세 이상 인구)/15~64세 인구}×100
** 노령화 지수=(65세 이상 인구/0~14세 인구)×100
*** 전체 인구에서 노년 인구(65세 이상 인구)가 차지하는 비율이 7% 이상이면 고령화 사회, 14% 이상이면 고령 사회, 20% 이상이면 초고령 사회임.

① 총부양비는 갑국이 을국보다 높다.
② 0~14세 인구는 갑국이 을국의 3배이다.
③ 15~64세 인구는 을국이 갑국보다 많다.
④ 65세 이상 인구는 을국이 갑국의 2배이다.
⑤ 갑국은 고령 사회, 을국은 초고령 사회이다.

[24022-0220]

04 다음 자료에 대한 분석 및 추론으로 옳은 것은?

표는 갑국의 인구 관련 통계이다. 갑국의 총인구는 t+50년이 t년의 2배이다. 갑국 정부는 해당 기간 동안 출산 장려 정책으로 출산 장려금을 지급하는 정책만을 시행하였다.

구분	t년	t+50년
합계 출산율(명)	3.5	0.80
노년 부양비	50	200
전체 인구 대비 15~64세 인구 비율(%)	50	30

* 합계 출산율=여성 1명이 가임 기간(15~49세) 동안 낳을 것으로 예상되는 평균 출생아 수
** 노년 부양비=(65세 이상 인구/15~64세 인구)×100

① t년에 65세 이상 인구는 15~64세 인구의 2배이다.
② t+50년에 전체 인구 중 0~14세 인구가 차지하는 비율은 15~64세가 차지하는 비율의 1/3이다.
③ 15~64세 인구는 t년에 비해 t+50년에 감소하였다.
④ t년 대비 t+50년에 전체 인구 증가율보다 65세 이상 인구의 증가율이 낮다.
⑤ 갑국 정부가 해당 기간에 시행한 출산 장려 정책은 출산율을 제고하였다는 평가를 받을 것이다.

[24022-0221]

1 **다음 자료에 대한 설명으로 옳은 것은? (단, A, B는 각각 산업 사회, 정보 사회 중 하나임.)**

제시된 비교 기준에 따라 산업 사회와 정보 사회를 설명하는 수행 평가를 실시하였다. 교사는 수행 평가 실시에 앞서 학생들에게 'A는 B에 비해 사회 변동의 속도가 느리다.'라고 제시하였다. 표는 교사가 제시한 비교 기준과 학생 갑~병의 진술에 대해 교사가 채점한 결과를 정리한 것이다. 단, 진술한 내용이 옳으면 1점, 틀리면 0점을 부여하였다.

문항	비교 기준	갑	을	병
1	직업의 동질성 정도	1	1	0
2	(가)	0	1	1
3	(나)			

① A는 B에 비해 의사 결정의 분권화 정도가 높다.
② B는 A에 비해 관료제 조직의 비중이 높다.
③ 문항 1에 대한 병의 진술로 'A는 B에 비해 높다.'는 적절하다.
④ (가)가 '사회의 다원화 정도'라면, 을의 진술로 'A는 B에 비해 낮다.'는 적절하다.
⑤ (나)가 '구성원 간의 익명성 정도'이고 갑과 병이 'A는 B에 비해 높다.', 을이 'A는 B에 비해 낮다.'라고 응답했다면, 갑~병이 각각 문항 1~3에 대한 응답으로 얻은 점수의 합은 모두 동일하다.

[24022-0222]

2 **다음 자료에 대한 옳은 설명만을 〈보기〉에서 고른 것은? (단, A, B는 각각 산업 사회, 정보 사회 중 하나임.)**

교사: A, B의 일반적인 특징을 비교할 수 있는 기준으로 ㉠소품종 대량 생산 방식 비중, ㉡전자 상거래의 비중이 있습니다. 먼저 소품종 대량 생산 방식 비중 또는 전자 상거래의 비중을 선택하여 A, B를 비교하고, 이어서 새로운 기준을 제시하여 A, B를 비교해 설명해 보세요.
갑: ㉡으로 비교하면 A는 B에 비해 높습니다. 그리고 (가) 로 비교하면 B는 A에 비해 높습니다.
을: ㉠으로 비교하면 B는 A에 비해 높습니다. 그리고 (나) 로 비교하면 B는 A에 비해 낮습니다.
병: ㉡으로 비교하면 B는 A에 비해 높습니다. 그리고 (다) 로 비교하면 B는 A에 비해 낮습니다.
교사: ㉢두 명이 설명한 내용은 모두 옳고, 한 명이 설명한 내용은 모두 옳지 않네요.

보기
ㄱ. ㉢은 갑, 병이다.
ㄴ. (가)에 '구성원 간 익명성 정도'가 들어갈 수 있다.
ㄷ. (나)에 '정보 생산자와 정보 소비자 간 구분의 명확성 정도'가 들어갈 수 없다.
ㄹ. (다)에 '가정과 일터의 결합 정도'가 들어갈 수 없다.

① ㄱ, ㄴ ② ㄱ, ㄷ ③ ㄴ, ㄷ ④ ㄴ, ㄹ ⑤ ㄷ, ㄹ

[24022-0223]

3 **다음 글에 부각되어 있는 정보 사회의 문제점에 대한 설명으로 옳은 것은?**

일부 온라인 쇼핑몰이나 해외 직구 사이트에서 피싱·해킹에 의한 카드 정보 유출로 부정 사용 민원이 증가하고 있는 것과 관련해 금융 감독원이 소비자 경보 '주의'를 발령했다. 금융 감독원에 따르면 사기범은 일부 보안이 취약한 국내 온라인 쇼핑몰의 카드 결제 과정에서 해킹을 통해 실제 결제창과 유사하게 꾸며진 피싱 결제창을 삽입하고 있다. 이를 통해 카드 번호나 유효 기간, 주민 등록 번호, 신용 카드 비밀번호 등을 소비자가 모두 입력해야 하는 것처럼 착각하도록 설계해 카드 정보를 빼내는 것이다. 이처럼 최근 사기 범죄는 각종 금융·통신 기술을 악용하며 조직화되고 있어 그 피해가 심각하다.

① 정보 격차로 인해 경제적 불평등이 심화되고 있다.
② 거짓 정보의 확산으로 인한 범죄가 증가하고 있다.
③ 익명성을 바탕으로 한 인권 침해가 증가하고 있다.
④ 개인의 정보 유출 등 사이버 범죄가 증가하고 있다.
⑤ 정보 기기에 대한 과도한 의존으로 인해 인간 소외 현상이 심화되고 있다.

[24022-0224]

4 **다음 자료에 대한 옳은 분석만을 〈보기〉에서 고른 것은?**

〈자료 1〉은 t년과 t+50년 갑국의 연령별 인구를 지역별 비(比)로 나타낸 것이고, 〈자료 2〉는 t년과 t+50년 갑국의 지역별 총부양비, 유소년 인구와 노년 인구 비(比)를 나타낸 것이다. 갑국은 A 지역과 B 지역으로만 구성되며, 갑국의 전체 인구는 t+50년이 t년의 1.5배이다.

〈자료 1〉

구분	t년	t+50년
	A 지역 : B 지역	A 지역 : B 지역
유소년 인구(0~14세 인구)	7 : 8	3 : 2
부양 인구(15~64세 인구)	2 : 3	3 : 2
노년 인구(65세 이상 인구)	3 : 7	3 : 2
전체 인구	2 : 3	3 : 2

〈자료 2〉

구분	t년		t+50년	
	A 지역	B 지역	A 지역	B 지역
총부양비	100	100	100	100
유소년 인구 : 노년 인구	7 : 3	8 : 7	1 : 2	1 : 2

* 총부양비={(유소년 인구+노년 인구)/부양 인구}×100
** 노령화 지수=(노년 인구/유소년 인구)×100
*** 노년 부양비=(노년 인구/부양 인구)×100

보기

ㄱ. t년 대비 t+50년에 노령화 지수는 A 지역과 B 지역에서 모두 커졌다.
ㄴ. t년 대비 t+50년에 갑국의 전체 인구 증가율과 부양 인구 증가율은 같다.
ㄷ. t년 대비 t+50년에 노년 부양비는 A 지역과 달리 B 지역에서만 증가하였다.
ㄹ. t년 대비 t+50년에 전체 인구에서 유소년 인구가 차지하는 비율은 증가하였다.

① ㄱ, ㄴ ② ㄱ, ㄷ ③ ㄴ, ㄷ ④ ㄴ, ㄹ ⑤ ㄷ, ㄹ

[24022-0225]

5 **다음 자료에 대한 분석으로 옳은 것은?**

표는 갑국과 을국의 인구 관련 통계이다. t년에 갑국의 인구는 을국의 2배이다. 갑국과 을국의 인구는 각각 t+30년이 t년의 2배이다.

구분	갑국		을국	
	t년	t+30년	t년	t+30년
전체 인구 대비 0～14세 인구 비율(%)	25	22.5	20	16
총부양비	100	㉠	150	㉡
노령화 지수	100	100	200	150

* 총부양비={(0～14세 인구+65세 이상 인구)/15세～64세 인구}×100
** 노령화 지수=(65세 이상 인구/0～14세 인구)×100
*** 노년 부양비=(65세 이상 인구/15～64세 인구)×100

① ㉠이 ㉡보다 작다.
② t년에 65세 이상 인구는 을국이 갑국보다 많다.
③ t년에 을국의 0～14세 인구는 65세 이상 인구의 2배이다.
④ t+30년에 15～64세 인구는 갑국이 을국의 1.5배 이상이다.
⑤ t년 대비 t+30년에 갑국과 을국 모두 노년 부양비가 증가하였다.

[24022-0226]

6 **다음 두 사례를 종합하여 내릴 수 있는 결론으로 가장 적절한 것은?**

• 세계 최대 곡물 생산국 중 하나인 갑국에서 발생한 내전으로 농지와 수출 항구 시설이 파괴되었다. 이에 따라 곡물 가격이 급격히 상승해 전 세계 식량 안보에 치명적인 파급 효과를 가져왔다. 삶의 터전을 잃어버린 갑국의 농민들은 물론이고 빈곤 국가들에서는 국제 곡물 가격 상승으로 인해 곡물 수입이 급감하면서 많은 사람들이 극심한 고통을 겪고 있다. 이에 많은 국제 인도주의 단체들이 기금을 마련하여 빈곤 국가들에 식량을 공급하기 위해 노력한 결과 빈곤 국가들의 식량난을 해결하는 데 큰 도움이 되었다.
• 빠르게 사막화가 진행되고 있는 을국에 대해 인접한 병국과 정국은 물론 국제적으로 지원의 손길이 이어지고 있다. 사막화로 인한 식수 부족 문제를 해결하기 위해 병국은 상하수도 시설 설치를 지원하였으며 정국은 조림(造林) 활동 관련 기술과 자금을 지원하였다. 이러한 다각적인 지원의 결과 을국에서 조림 사업이 제자리를 잡아가며 사막화의 속도가 늦춰지고 있음이 과학적으로 증명되었다.

* 조림(造林): 나무를 심거나 씨를 뿌리는 등 인위적인 방법으로 숲을 조성하는 일

① 기술 발전을 통해 지속 가능한 사회를 실현해야 한다.
② 빈곤 문제의 해결을 위해 인권 문제에 대해 관심을 기울여야 한다.
③ 전 지구적 수준의 문제를 해결하기 위해 국제적 공조를 강화해야 한다.
④ 무분별한 자원 소비를 막고 자원을 절약하기 위한 시민 의식 개선이 필요하다.
⑤ 분쟁 당사국 간의 문제 해결보다는 국제기구를 통해 평화적 해결을 모색해야 한다.

기출 플러스

01 **사회 변동 이론 (가), (나)에 대한 설명으로 옳은 것은? (단, (가), (나)는 각각 순환론, 진화론 중 하나임.)** 2024학년도 9월 모의평가

(가) 인간의 성장처럼 사회도 성장해 나간다. 하지만 인간이 성장을 멈추고 노화가 진행되듯, 사회도 일정한 한계점을 지나면 성장의 그래프는 꺾이기 마련이다. 다만 이미 사라져 버린 사회들의 경험을 참고하여 해체에 이르기까지의 생존 기간을 늘릴 수 있을 뿐이다.
(나) 사회는 본질적으로 과거의 유산을 토대로 하여 더 나은 상태로 나아간다. 인간은 기존의 지식을 바탕으로 새로운 아이디어와 기술을 창출해 혁신을 이어 가고 있기 때문이다. 이러한 과정에서 사회는 항상 성장의 발걸음을 이어 왔으며 앞으로도 그럴 것이다.

① (가)는 미래의 사회 변동에 대한 역동적 대응이 곤란하다는 비판을 받는다.
② (나)는 사회 변동이 항상 발전을 의미하는 것은 아니라고 본다.
③ (가)는 (나)와 달리 서구 사회가 가장 진보한 사회임을 전제한다.
④ (나)는 (가)와 달리 사회가 주기적으로 동일한 과정을 반복하며 변동한다고 본다.
⑤ (가)는 단기적 사회 변동을, (나)는 장기적 사회 변동을 설명하기에 적합하다.

02 **(가)~(라)에 대한 옳은 설명만을 〈보기〉에서 고른 것은?** 2024학년도 9월 모의평가

(가) □□ 환경 단체는 탄소 중립 실현을 위해 대중교통 이용하기, 플라스틱 사용 줄이기, 불필요한 이메일 삭제하기 등 다양한 캠페인 활동을 꾸준히 하고 있다.
(나) 국민 가수로 칭송받던 인기 연예인이 음주 운전 차량에 치여 사망하자, 추모를 위해 사고 현장에 모인 사람들이 헌화와 함께 음주 운전 처벌 강화를 요구하는 메모를 남겼다.
(다) 오랜 전통에 따라 여성 운전 금지법이 시행되고 있던 △△국에서 시민 운동가 출신의 대통령 후보가 여성 권리 신장을 위해 이 법을 폐지하겠다는 선거 공약을 내세웠다.
(라) ○○ 노동조합은 정부의 연금 개시 연령 상향 정책에 대해 퇴직 후 연금 수령 시작 시기가 늦어져 경제적 어려움을 겪을 수 있다며 반대하는 서명을 받고 있다.

● 보 기 ●
ㄱ. (가)는 뚜렷한 목표와 방법을 제시하고 지속적으로 활동을 수행하였다는 점에서 사회 운동이라 볼 수 있다.
ㄴ. (나)는 조직적이지 않은 군중이 일시적으로 모인 것이라는 점에서 사회 운동이라 볼 수 없다.
ㄷ. (다)는 기존 사회의 부조리를 해소하고 개혁을 추구하였다는 점에서 사회 운동이라 볼 수 있다.
ㄹ. (라)는 특정 집단의 이익만을 추구한다는 점에서 사회 운동이라 볼 수 없다.

① ㄱ, ㄴ ② ㄱ, ㄷ ③ ㄴ, ㄷ ④ ㄴ, ㄹ ⑤ ㄷ, ㄹ

03 **그림은 A, B의 일반적인 특징을 비교한 것이다. 이에 대한 설명으로 옳은 것은? (단, A, B는 각각 산업 사회, 정보 사회 중 하나임.)** 2024학년도 6월 모의평가

사회 변동의 속도

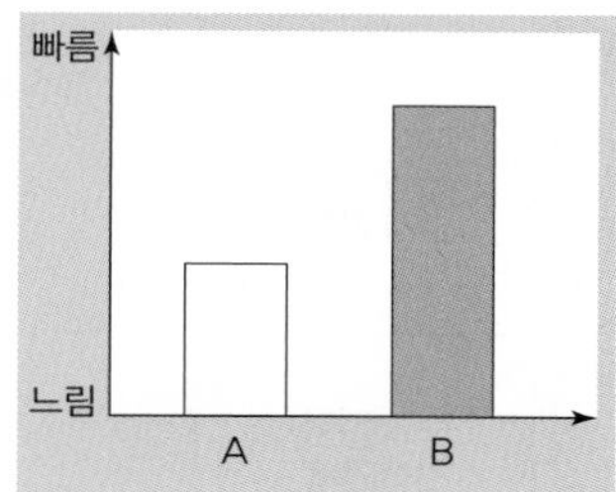

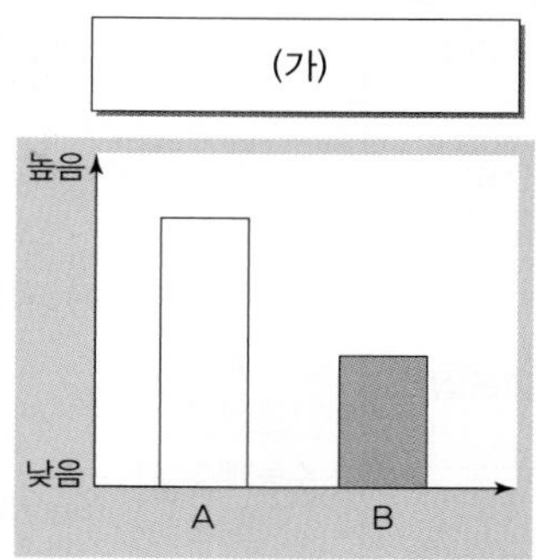

① A는 B에 비해 전자 상거래의 비중이 작다.
② B는 A에 비해 의사 결정의 분권화 정도가 낮다.
③ A는 다품종 소량 생산, B는 소품종 대량 생산이 지배적이다.
④ A는 지식과 정보, B는 자본과 노동이 부가 가치의 주요 원천이다.
⑤ (가)에는 '정보의 생산자와 소비자 간 구분의 명확성 정도'가 들어갈 수 없다.

04 **다음 자료에 대한 분석으로 옳은 것은?** 2024학년도 수능

표는 갑국과 을국의 인구 구조 변화를 비교한 것이다. t년 대비 t+50년에 갑국의 전체 인구는 10% 감소하였고, 을국의 전체 인구는 20% 감소하였다. 단, t년에 갑국과 을국의 전체 인구는 동일하다.

구분	갑국		을국	
	t년	t+50년	t년	t+50년
합계 출산율(명)	4.2	1.8	1.5	0.9
전체 인구 대비 15~64세 인구 비율(%)	50	60	50	55
노령화 지수	25	100	150	200

* 합계 출산율: 여성 1명이 가임 기간(15~49세) 동안 낳을 것으로 예상되는 평균 출생아 수
** 노령화 지수 = $\frac{\text{노년 인구(65세 이상 인구)}}{\text{유소년 인구(0~14세 인구)}} \times 100$
*** 전체 인구 중 65세 이상 인구가 차지하는 비율이 20% 이상인 사회를 초고령 사회라고 함.

① t년과 t+50년 모두 갑국은 을국에 비해 저출산 현상이 강하게 나타난다.
② t년과 t+50년에 갑국과 을국은 모두 초고령 사회이다.
③ t년 대비 t+50년의 노령화 지수 증가율은 을국이 갑국보다 크다.
④ t년에 을국의 유소년 인구는 t+50년에 갑국의 유소년 인구보다 많다.
⑤ t년에 노년 인구는 을국이 갑국의 3배이고, t+50년에 노년 인구는 을국이 갑국의 1.5배이다.

고2~N수 수능 집중 로드맵

수능 입문
- 윤혜정의 개념/패턴의 나비효과
- 하루 6개 1등급 영어독해
- 수능 감(感)잡기
- 수능특강 Light
- 강의노트 수능개념

기출 / 연습
- 윤혜정의 기출의 나비효과
- 수능 기출의 미래
- 수능 기출의 미래 미니모의고사
- 수능특강Q 미니모의고사

연계+연계 보완
- 수능연계교재의 VOCA 1800
- 수능연계 기출 Vaccine VOCA 2200
- 연계: 수능특강, 수능완성
- 수능특강 사용설명서
- 수능특강 연계 기출
- 수능 영어 간접연계 서치라이트
- 수능완성 사용설명서

심화 / 발전
- 수능연계완성 3주 특강
- 박봄의 사회 · 문화 표 분석의 패턴

모의고사
- FINAL 실전모의고사
- 만점마무리 봉투모의고사
- 만점마무리 봉투모의고사 시즌2

구분	시리즈명	특징	수준	영역
수능 입문	윤혜정의 개념/패턴의 나비효과	윤혜정 선생님과 함께하는 수능 국어 개념/패턴 학습	●	국어
	하루 6개 1등급 영어독해	매일 꾸준한 기출문제 학습으로 완성하는 1등급 영어 독해	●	영어
	수능 감(感) 잡기	동일 소재 · 유형의 내신과 수능 문항 비교로 수능 입문	●	국/수/영
	수능특강 Light	수능 연계교재 학습 전 연계교재 입문서	●	영어
	수능개념	EBSi 대표 강사들과 함께하는 수능 개념 다지기	●	전 영역
기출/연습	윤혜정의 기출의 나비효과	윤혜정 선생님과 함께하는 까다로운 국어 기출 완전 정복	●	국어
	수능 기출의 미래	올해 수능에 딱 필요한 문제만 선별한 기출문제집	●	전 영역
	수능 기출의 미래 미니모의고사	부담없는 실전 훈련, 고품질 기출 미니모의고사	●	국/수/영
	수능특강Q 미니모의고사	매일 15분으로 연습하는 고품격 미니모의고사	●	전 영역
연계 + 연계 보완	수능특강	최신 수능 경향과 기출 유형을 분석한 종합 개념서	●	전 영역
	수능특강 사용설명서	수능 연계교재 수능특강의 지문 · 자료 · 문항 분석	●	국/영
	수능특강 연계 기출	수능특강 수록 작품 · 지문과 연결된 기출문제 학습	●	국어
	수능완성	유형 분석과 실전모의고사로 단련하는 문항 연습	●	전 영역
	수능완성 사용설명서	수능 연계교재 수능완성의 국어 · 영어 지문 분석	●	국/영
	수능 영어 간접연계 서치라이트	출제 가능성이 높은 핵심만 모아 구성한 간접연계 대비 교재	●	영어
	수능연계교재의 VOCA 1800	수능특강과 수능완성의 필수 중요 어휘 1800개 수록	●	영어
	수능연계 기출 Vaccine VOCA 2200	수능-EBS 연계 및 평가원 최다 빈출 어휘 선별 수록	●	영어
심화/발전	수능연계완성 3주 특강	단기간에 끝내는 수능 1등급 변별 문항 대비서	●	국/수/영
	박봄의 사회 · 문화 표 분석의 패턴	박봄 선생님과 사회 · 문화 표 분석 문항의 패턴 연습	●	사회탐구
모의고사	FINAL 실전모의고사	EBS 모의고사 중 최다 분량, 최다 과목 모의고사	●	전 영역
	만점마무리 봉투모의고사	실제 시험지 형태와 OMR 카드로 실전 훈련 모의고사	●	전 영역
	만점마무리 봉투모의고사 시즌2	수능 완벽대비 최종 봉투모의고사	●	국/수/영

문제를 사진 찍고
해설 강의 보기

EBSi 사이트
무료 강의 제공

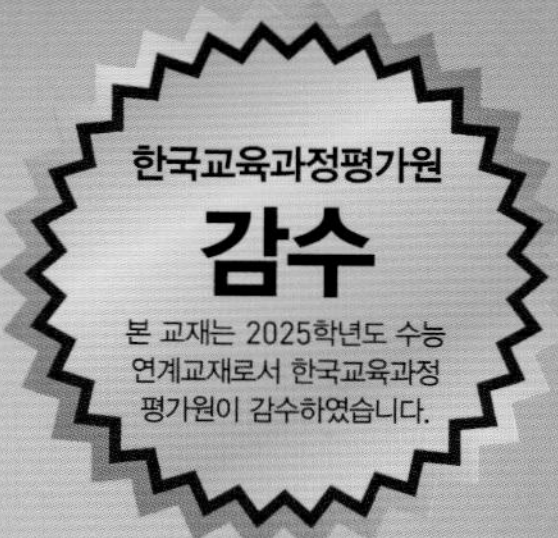

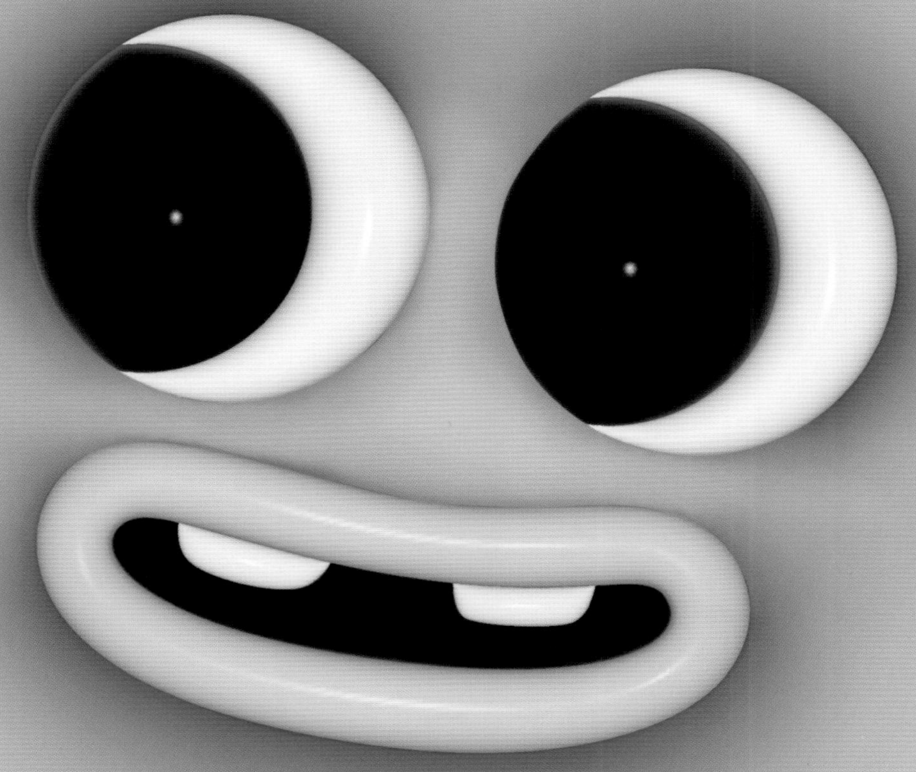

정답과 해설

수능특강

사회탐구영역
사회·문화

2025학년도 수능 연계교재

본 교재는 대학수학능력시험을 준비하는 데 도움을 드리고자 사회과 교육과정을 토대로 제작된 교재입니다.
학교에서 선생님과 함께 교과서의 기본 개념을 충분히 익힌 후 활용하시면 더 큰 학습 효과를 얻을 수 있습니다.

한눈에 보는 정답

01 사회·문화 현상의 이해

본문 12~17쪽

수능 기본 문제	01 ⑤	02 ③	03 ①	04 ②
	05 ⑤	06 ④	07 ③	08 ②
수능 실전 문제	1 ①	2 ④	3 ⑤	4 ②
	5 ③	6 ⑤	7 ③	8 ③

02 사회·문화 현상의 연구 방법

본문 22~27쪽

수능 기본 문제	01 ②	02 ①	03 ⑤	04 ①
	05 ①	06 ③	07 ①	08 ②
수능 실전 문제	1 ⑤	2 ④	3 ④	4 ④
	5 ①	6 ④	7 ②	8 ③

03 자료 수집 방법

본문 32~37쪽

수능 기본 문제	01 ⑤	02 ③	03 ②	04 ①
	05 ⑤	06 ⑤	07 ②	08 ①
수능 실전 문제	1 ④	2 ②	3 ⑤	4 ①
	5 ①	6 ④	7 ④	8 ②

04 사회·문화 현상의 탐구 태도와 연구 윤리

본문 42~47쪽

수능 기본 문제	01 ④	02 ①	03 ①	04 ④
수능 실전 문제	1 ②	2 ⑤	3 ②	4 ①
	5 ②	6 ⑤		

I 단원 기출 플러스

01 ② 02 ⑤ 03 ③ 04 ⑤

05 사회적 존재로서의 인간

본문 52~57쪽

수능 기본 문제	01 ②	02 ④	03 ③	04 ⑤
	05 ④	06 ②	07 ②	08 ①
수능 실전 문제	1 ⑤	2 ⑤	3 ②	4 ②
	5 ②	6 ⑤	7 ⑤	8 ④

06 사회 집단과 사회 조직

본문 62~67쪽

수능 기본 문제	01 ②	02 ②	03 ④	04 ④
	05 ⑤	06 ③	07 ⑤	08 ②
수능 실전 문제	1 ⑤	2 ③	3 ④	4 ①
	5 ⑤	6 ⑤	7 ⑤	8 ②

07 사회 구조와 일탈 행동

본문 72~79쪽

수능 기본 문제	01 ③	02 ④	03 ③	04 ③
	05 ④	06 ⑤	07 ④	08 ④
수능 실전 문제	1 ④	2 ②	3 ④	4 ④
	5 ④	6 ①	7 ⑤	8 ②

II 단원 기출 플러스

01 ⑤ 02 ② 03 ④ 04 ①

08 문화의 이해

본문 84~89쪽

수능 기본 문제	01 ③	02 ①	03 ③	04 ③
	05 ②	06 ④	07 ①	08 ④
수능 실전 문제	1 ①	2 ③	3 ④	4 ④
	5 ②	6 ③	7 ③	8 ③

한눈에 보는 정답

www.ebsi.co.kr

09 현대 사회의 문화 양상

본문 94~97쪽

수능 기본 문제 01 ① 02 ④ 03 ③ 04 ②

수능 실전 문제 1 ⑤ 2 ② 3 ③ 4 ① 5 ④ 6 ④

10 문화 변동의 양상과 대응

본문 102~109쪽

수능 기본 문제 01 ③ 02 ② 03 ① 04 ③ 05 ④ 06 ④ 07 ① 08 ⑤

수능 실전 문제 1 ③ 2 ① 3 ③ 4 ② 5 ④ 6 ② 7 ⑤ 8 ④

III 단원 기출 플러스

01 ⑤ 02 ⑤ 03 ④ 04 ①

11 사회 불평등 현상의 이해

본문 114~117쪽

수능 기본 문제 01 ② 02 ① 03 ④ 04 ②

수능 실전 문제 1 ③ 2 ③ 3 ⑤ 4 ④ 5 ③ 6 ①

12 사회 이동과 사회 계층 구조

본문 122~127쪽

수능 기본 문제 01 ② 02 ④ 03 ④ 04 ③ 05 ④ 06 ⑤ 07 ⑤ 08 ②

수능 실전 문제 1 ③ 2 ④ 3 ① 4 ③ 5 ③ 6 ⑤ 7 ② 8 ⑤

13 다양한 사회 불평등 현상

본문 132~135쪽

수능 기본 문제 01 ⑤ 02 ④ 03 ④ 04 ③

수능 실전 문제 1 ③ 2 ⑤ 3 ④ 4 ④ 5 ④ 6 ④

14 사회 복지와 복지 제도

본문 140~147쪽

수능 기본 문제 01 ③ 02 ④ 03 ② 04 ① 05 ② 06 ② 07 ③ 08 ⑤

수능 실전 문제 1 ④ 2 ③ 3 ⑤ 4 ④ 5 ⑤ 6 ⑤ 7 ⑤ 8 ④

IV 단원 기출 플러스

01 ⑤ 02 ② 03 ③ 04 ②

15 사회 변동과 사회 운동

본문 152~157쪽

수능 기본 문제 01 ④ 02 ① 03 ② 04 ⑤ 05 ④ 06 ⑤ 07 ① 08 ②

수능 실전 문제 1 ③ 2 ① 3 ② 4 ④ 5 ② 6 ④ 7 ② 8 ⑤

16 현대 사회의 변화와 전 지구적 수준의 문제

본문 162~167쪽

수능 기본 문제 01 ③ 02 ④ 03 ① 04 ②

수능 실전 문제 1 ④ 2 ⑤ 3 ④ 4 ① 5 ④ 6 ③

V 단원 기출 플러스

01 ① 02 ① 03 ① 04 ④

01 사회·문화 현상의 이해

수능 기본 문제

본문 12~13쪽

01 ⑤	02 ③	03 ①	04 ②
05 ⑤	06 ④	07 ③	08 ②

01 사회·문화 현상과 자연 현상의 이해

문제 분석 ㉠, ㉡과 같은 현상은 자연 현상, ㉢, ㉣과 같은 현상은 사회·문화 현상이다.

정답 찾기 ⑤ 사회·문화 현상은 그 원인과 결과가 확률적으로 관련을 맺고 있는 개연성을 띤다.

오답 피하기 ① 자연 현상은 몰가치적이다.
② 자연 현상은 확실성의 원리를 따른다.
③ 사회·문화 현상은 자연 현상과 달리 당위 규범이 반영되어 나타난다.
④ 자연 현상은 사회·문화 현상과 달리 인과 관계가 명확하다.

02 사회·문화 현상과 자연 현상의 이해

문제 분석 ㉠과 같은 현상은 자연 현상, ㉡과 같은 현상은 사회·문화 현상이다.

정답 찾기 ③ 사회·문화 현상은 자연 현상과 달리 보편성과 특수성이 공존한다.

오답 피하기 ① 사회·문화 현상은 자연 현상과 달리 당위 규범을 따른다.
② 사회·문화 현상은 자연 현상과 달리 확률의 원리가 적용된다.
④ 사회·문화 현상과 자연 현상은 모두 경험적 자료를 통해 연구가 가능하다.
⑤ 사회·문화 현상은 자연 현상과 달리 인간의 가치가 개입되어 나타난다.

03 사회·문화 현상과 자연 현상의 이해

문제 분석 (가)와 같은 현상은 자연 현상, (나)와 같은 현상은 사회·문화 현상이다.

정답 찾기 ① 자연 현상은 인간의 의지나 가치와 무관하게 발생하는 현상으로, 몰가치적이다.

오답 피하기 ② 확실성의 원리가 적용되는 현상은 자연 현상이다.
③ 사회·문화 현상은 자연 현상과 달리 특수성이 나타난다.
④ 사회·문화 현상과 자연 현상은 모두 경험적 자료를 통해 연구가 가능하다.
⑤ 자연 현상은 사회·문화 현상과 달리 존재 법칙의 지배를 받는다.

04 기능론과 갈등론의 이해

문제 분석 사회가 스스로 균형을 유지하려는 속성이 있다고 보는 관점인 A는 기능론이다. 따라서 B는 갈등론이다.

정답 찾기 ㄱ. 기능론은 갈등론과 달리 사회 각 요소 간의 기능적 의존성을 중시한다.
ㄷ. 기능론과 갈등론은 모두 거시적 관점에서 사회·문화 현상을 바라본다.

오답 피하기 ㄴ. 기능론은 갈등론과 달리 지배 집단의 이익을 대변하는 논리로 활용될 수 있다는 비판을 받는다.
ㄹ. 사회가 유기체와 유사하다고 보는 관점은 기능론이다.

05 기능론, 갈등론, 상징적 상호 작용론의 이해

문제 분석 사회 유기체설을 바탕으로 하는 관점인 B는 기능론, 사회 질서가 지배 집단의 필요에 의해 형성된다고 보는 C는 갈등론이다. 따라서 A는 상징적 상호 작용론이다.

정답 찾기 ㄷ. 갈등론은 사회 규범이 지배 집단만의 합의를 통해 만들어진다고 보는 반면, 기능론은 사회 규범이 사회 전체의 합의를 통해 구성된다고 본다.
ㄹ. 갈등론은 기능론과 달리 사회 제도를 지배 집단의 이익을 위한 계급 재생산의 수단으로 본다.

오답 피하기 ㄱ. 상징적 상호 작용론은 미시적 관점에서 사회·문화 현상을 바라본다.
ㄴ. 기능론은 거시적 관점으로서 사회·문화 현상에 대한 개인의 능동성을 강조한다고 보기 어렵다.

06 기능론의 이해

문제 분석 사회를 이루는 구성 요소들은 각각의 기능을 담당하고 그러한 기능을 수행함으로써 사회의 안정과 질서가 유지된다고 보는 관점 A는 기능론이다.

정답 찾기 ㄴ. 기능론은 사회 구조적 관점에서 사회·문화 현상을 분석하는 거시적 관점이다.
ㄹ. 기능론은 현 사회 구조의 유지와 존속을 강조하기 때문에 기득권층의 이익을 대변하는 논리로 이용된다는 비판을 받기도 한다.

오답 피하기 ㄱ. 기능론은 거시적 관점으로서 개인이 능동성을 지닌 자율적인 존재임을 강조한다고 보기 어렵다.
ㄷ. 사회 구조 속에 존재하는 지배와 피지배 관계에 따른 갈등을 이해하는 데 유용한 관점은 갈등론이다.

07 기능론과 갈등론의 이해

문제 분석 지배 집단의 강제에 의해 사회 질서가 유지된다고 보는 관점 A는 갈등론, 사회 구성 요소의 기능과 역할이 사회적으로 합의된 것이라고 보는 관점 B는 기능론이다.

정답 찾기 ③ 갈등론은 기능론과 달리 사회 각 부분 간의 갈등에만 초점을 맞추어 사회 통합을 경시한다는 비판을 받는다.

오답 피하기 ① 상황에 대한 개인의 주관적 의미 부여를 강조하는 관점은 상징적 상호 작용론이다.
② 행위자의 주체적 능동성을 중시하는 관점은 상징적 상호 작용론이다.
④ 집단 간 갈등이 사회 발전의 원동력이라고 보는 관점은 갈등론이다.
⑤ 상징을 매개로 한 개인 간의 상호 작용에 초점을 맞추는 관점은 상징적 상호 작용론이다.

08 기능론의 이해

문제 분석 학교, 교육과 관련한 사회 각 부분들의 기능적 역할을 강조하는 필자의 관점은 기능론이다.

정답 찾기 ㄱ. 기능론은 사회가 유기체와 유사하여 다양한 부분들이 상호 의존적인 관계를 이룬다고 본다.
ㄷ. 기능론은 사회 각 요소 간의 기능적 의존 관계를 중시한다.

오답 피하기 ㄴ. 기능론은 사회 변동보다 사회 안정을 중시한다.
ㄹ. 개인의 행위에 미치는 사회의 영향력을 간과한다는 비판을 받는 관점은 상징적 상호 작용론이다.

수능 실전 문제

본문 14~17쪽

1 ①	2 ④	3 ⑤	4 ②
5 ③	6 ⑤	7 ③	8 ③

1 사회 · 문화 현상과 자연 현상의 이해

문제 분석 ㉠, ㉢, ㉣과 같은 현상은 자연 현상, ㉡과 같은 현상은 사회 · 문화 현상이다.

정답 찾기 ① 자연 현상은 몰가치적이고, 사회 · 문화 현상은 가치 함축적이다.

오답 피하기 ② 자연 현상과 사회 · 문화 현상은 모두 보편성이 나타난다.
③ 사회 · 문화 현상은 자연 현상과 달리 확률의 원리를 따른다.
④ 자연 현상은 사회 · 문화 현상에 비해 인과 관계가 분명하다.
⑤ 사회 · 문화 현상은 자연 현상과 달리 사회의 규범적 요구가 반영된다.

2 사회 · 문화 현상과 자연 현상의 이해

문제 분석 ㉠, ㉢과 같은 현상은 자연 현상, ㉡, ㉣과 같은 현상은 사회 · 문화 현상이다.

정답 찾기 ㄴ. 사회 · 문화 현상은 확률의 원리, 자연 현상은 확실성의 원리를 따른다.
ㄹ. 자연 현상은 존재 법칙의 지배를 받고, 사회 · 문화 현상은 당위 규범의 영향을 받는다.

오답 피하기 ㄱ. 자연 현상은 몰가치적이다.
ㄷ. 사회 · 문화 현상과 자연 현상은 모두 경험적 자료를 통해 연구가 가능하다.

3 사회 · 문화 현상과 자연 현상의 이해

문제 분석 ㉠, ㉢과 같은 현상은 사회 · 문화 현상, ㉡과 같은 현상은 자연 현상이다.

정답 찾기 ㄴ. 자연 현상은 존재 법칙의 지배를 받고, 사회 · 문화 현상은 당위적인 규범이 반영된다.
ㄷ. 자연 현상과 사회 · 문화 현상은 모두 보편성을 가지고 있으며, 확실성의 원리를 따르는 현상은 자연 현상이다.
ㄹ. 사회의 규범적 요구가 반영되는 현상은 사회 · 문화 현상이다.

오답 피하기 ㄱ. 자연 현상은 몰가치적이고, 사회 · 문화 현상은 가치 함축적이다.

4 사회 · 문화 현상과 자연 현상의 이해

문제 분석 (가), (나)와 같은 현상은 자연 현상, (다), (라)와 같은 현상은 사회 · 문화 현상이다.

정답 찾기 ㄱ. 자연 현상은 존재 법칙의 지배를 받고, 사회·문화 현상은 당위 규범의 영향을 받는다.
ㄹ. 자연 현상과 사회·문화 현상은 모두 경험적 자료를 통해 연구할 수 있다.
오답 피하기 ㄴ. 사회·문화 현상은 자연 현상과 달리 보편성과 특수성이 모두 나타난다.
ㄷ. 사회·문화 현상은 자연 현상과 달리 개연성과 확률의 원리를 따른다.

5 사회·문화 현상과 자연 현상의 이해

문제 분석 A는 자연 현상, B는 사회·문화 현상이다. 벼가 여름을 거치면서 자라 가을에 익는 것은 인간의 인식 여부와 상관없이 이루어지는 일이므로 자연 현상이고, 벼를 심고 기르며 수확하는 것은 인간의 의지가 반영되어 나타나는 것이므로 사회·문화 현상이다. 개연성의 원리로 설명되는 것은 사회·문화 현상, 경험적 자료로 연구가 가능한 것은 사회·문화 현상과 자연 현상, 존재 법칙의 지배를 받는 것은 자연 현상, 가치 함축적인 것은 사회·문화 현상이다.
정답 찾기 ③ A를 자연 현상, B를 사회·문화 현상으로 보고 각 질문에 모두 옳게 응답한 학생은 병이다.

6 기능론, 갈등론, 상징적 상호 작용론의 이해

문제 분석 갑은 갈등론, 을은 기능론, 병은 상징적 상호 작용론의 관점에서 우리나라의 제사를 바라보고 있다.
정답 찾기 ⑤ 기능론과 갈등론은 거시적 측면에서, 상징적 상호 작용론은 미시적 측면에서 사회·문화 현상을 바라본다.
오답 피하기 ① 인간의 자율적 행위의 측면을 강조하는 관점은 상징적 상호 작용론이다.
② 개인의 행위에 미치는 사회 구조의 영향력을 간과하는 관점은 상징적 상호 작용론이다.
③ 기능론은 갈등론과 달리 사회 각 부분 간의 균형과 조화를 강조한다.
④ 상징적 상호 작용론은 인간이 상징을 활용한 상호 작용을 통해 사회·문화 현상을 구성한다고 본다.

7 기능론과 갈등론의 이해

문제 분석 병이 옳게 설명한 것이라면, A는 갈등론, B는 기능론이다. 갑과 을이 옳게 설명한 것이라면, A는 기능론, B는 갈등론이다.
정답 찾기 ㄴ. (가)가 '병'이라면, B는 기능론이다. 기능론은 기득권층의 이익을 대변하는 논리로 이용된다는 비판을 받는다.
ㄷ. (가)가 '갑과 을'이라면, A는 기능론, B는 갈등론이다. 기능론은 갈등론과 달리 사회 각 부분 간의 상호 의존성을 강조한다.
오답 피하기 ㄱ. (가)가 '병'이라면, A는 갈등론이다. 사회가 유기체와 같은 특성을 가진다고 보는 관점은 기능론이다.
ㄹ. (가)가 '갑과 을'이라면, A는 기능론, B는 갈등론이다. 기능론은 갈등론과 달리 사회 규범이 사회 구성원 전체의 합의에 의해 성립된다고 본다.

8 기능론, 갈등론, 상징적 상호 작용론의 이해

문제 분석 개인의 행위에 미치는 사회 구조의 영향력을 중시하는 관점은 기능론과 갈등론이므로 C는 상징적 상호 작용론이다.
정답 찾기 ㄴ. 사회·문화 현상을 미시적 관점에서 바라보는 관점은 상징적 상호 작용론이다. 따라서 (가)에는 '사회·문화 현상을 미시적 관점에서 바라보는가?'가 들어갈 수 없다.
ㄷ. A가 갈등론이라면, B는 기능론이다. 사회가 유기체와 유사한 특성을 가지고 있다고 보는 관점은 기능론이다. 따라서 A가 갈등론이라면, (가)에는 '사회가 유기체와 유사한 특성을 가지고 있다고 보는가?'가 들어갈 수 있다.
오답 피하기 ㄱ. 사회가 사회적 희소가치를 둘러싼 구성원 간의 대립의 장이라고 보는 관점은 갈등론이다.
ㄹ. (가)가 '기득권층의 이익을 대변하는 논리로 이용될 우려가 있다는 비판을 받는가?'라면, A는 갈등론, B는 기능론이다. 갈등론은 집단 간의 갈등을 사회 발전의 원동력으로 본다.

02 사회·문화 현상의 연구 방법

수능 기본 문제

본문 22~23쪽

01 ②	02 ①	03 ⑤	04 ①
05 ①	06 ③	07 ①	08 ②

01 질적 연구의 이해

문제 분석 방법론적 이원론을 전제로 하는 사회·문화 현상의 연구 방법 A는 질적 연구이다.

정답 찾기 ㄱ. 질적 연구는 연구자의 감정 이입에 의한 현상의 심층적 이해를 중시한다.
ㄷ. 질적 연구는 관찰이나 면접 등을 통해 연구 대상자가 만들어 내는 생활 세계에 대해 연구한다.

오답 피하기 ㄴ. 계량화된 자료에 대한 통계적 분석을 중시하는 연구 방법은 양적 연구이다.
ㄹ. 객관적인 관찰이 가능한 사실에 초점을 두고 정확한 측정을 중시하는 연구 방법은 양적 연구이다.

02 양적 연구와 질적 연구의 이해

문제 분석 자연 현상의 연구 방법을 사회·문화 현상에도 동일하게 적용할 수 있다고 보는 A는 양적 연구, 사회·문화 현상이 자연 현상과 본질적으로 다르므로 자연 과학의 연구 방법과는 다른 방법으로 연구해야 한다고 보는 B는 질적 연구이다.

정답 찾기 ㄱ. 양적 연구는 사회·문화 현상과 자연 현상의 연구 방법이 동일하다는 방법론적 일원론을 전제로 한다.
ㄴ. 질적 연구는 연구자의 감정 이입을 통한 심층적 이해를 중시한다.

오답 피하기 ㄷ. 양적 연구와 질적 연구는 모두 경험적 자료를 수집하여 사회·문화 현상을 탐구한다.
ㄹ. 양적 연구는 질적 연구와 달리 계량화된 통계적 분석을 중시한다.

03 양적 연구와 질적 연구의 이해

문제 분석 연구자 갑이 질문지법을 기반으로 하여 그 설문 결과를 분석하는 것은 양적 연구에 따른 연구 과정 사례이고, 연구자 을이 참여 관찰법 등을 기반으로 하여 농촌 노인들의 생활 세계에 참여하며 그들을 관찰하고 대화를 나누는 것은 질적 연구에 따른 연구 과정 사례이다. 따라서 A는 양적 연구, B는 질적 연구이다.

정답 찾기 ㄴ. 질적 연구는 연구자의 연구 대상에 대한 의미 해석을 중시하므로 연구 과정에서 연구자의 주관적 가치가 개입될 우려가 있다.
ㄷ. 양적 연구는 변인 간의 관계를 파악하여 일반화나 법칙을 발견하고자 하는 연구 방법으로, 질적 연구에 비해 법칙 발견에 유리하다.
ㄹ. 질적 연구는 양적 연구와 달리 연구 대상자가 가지는 주관적 의미 해석을 중시한다.

오답 피하기 ㄱ. 양적 연구는 방법론적 일원론에 기초한다.

04 양적 연구와 질적 연구의 이해

문제 분석 방법론적 일원론을 기초로 하는 A는 양적 연구, 그렇지 않은 B는 질적 연구이다.

정답 찾기 ① 양적 연구는 자료의 계량화, 통계적 분석 등을 중시한다.

오답 피하기 ② 변인 간의 관계를 파악하고자 하는 연구는 양적 연구이다.
③ 질적 연구는 양적 연구와 달리 사회·문화 현상이 자연 현상과 다른 특성을 지니고 있다고 본다.
④ 양적 연구와 질적 연구는 모두 경험적 자료를 토대로 연구를 수행한다.
⑤ 양적 연구와 질적 연구는 모두 인간의 주관적 인식에 대한 연구를 수행할 수 있다고 본다.

05 양적 연구의 이해

문제 분석 갑은 구조화된 질문지를 이용하여 자료를 수집하고 수집한 결과를 통계 처리하는 등 양적 연구를 수행하였다.

정답 찾기 ㄱ. 갑은 외국인 이주 노동자에 대한 한국 적응 프로그램이 한국에서의 삶의 만족도에 미치는 영향을 측정하는 등 변인 간의 관계를 파악하고자 하였다.
ㄴ. 갑은 질문지를 통해 수집한 자료를 통계 처리하는 등 연구 과정에서 자료의 계량화를 수행하였다.

오답 피하기 ㄷ. 갑은 방법론적 일원론을 전제로 한 연구를 수행하였다.
ㄹ. 연구 대상자가 가지는 주관적 의미를 해석하는 데 중점을 두는 연구 방법은 질적 연구이다.

06 양적 연구와 질적 연구의 이해

문제 분석 A는 질적 연구, B는 양적 연구이다.

정답 찾기 ㄴ. 양적 연구는 변인 간의 관계 파악을 통해 사회·문화 현상에 내재된 법칙을 발견하고자 한다.
ㄷ. 질적 연구는 양적 연구에 비해 연구 대상자의 주관적 가치를 파악하는 데 유리하다.

오답 피하기 ㄱ. 질적 연구는 방법론적 이원론에 기초하여 사회·문화 현상을 탐구한다.
ㄹ. 질적 연구는 비공식적 자료를 연구 자료로 활용한다.

07 양적 연구 과정의 이해

문제 분석 양적 연구에서는 문제 인식에 따른 연구 주제가 결정되면 그에 대한 가설을 설정한다. 즉, 양적 연구에서는 연구 주제에 대한 잠정적인 결론을 제시하는 가설 설정 단계가 있다.
정답 찾기 ① 가설에서 다른 변인에 영향을 주는 변인은 독립 변인이고, 다른 변인의 영향을 받아 변하는 변인은 종속 변인이다.

08 양적 연구 과정과 질적 연구 과정의 이해

문제 분석 A는 양적 연구, B는 질적 연구이다.
정답 찾기 ㄱ. 양적 연구의 연구 설계 단계에서는 연구에 이용되는 자료 수집 방법이나 자료 분석 방법 등에 대한 선택이 이루어진다.
ㄷ. 질적 연구는 양적 연구에 비해 연구 대상자의 주관적 세계를 심층적으로 이해하는 데 적합하다.
오답 피하기 ㄴ. 질적 연구는 양적 연구에 비해 연구 과정에서 연구자의 주관적 가치가 개입될 가능성이 높다.
ㄹ. 질적 연구는 자료 수집 과정에서 비공식적 자료의 수집도 중시한다.

수능 실전 문제

본문 24~27쪽

1 ⑤	2 ④	3 ④	4 ④
5 ①	6 ④	7 ②	8 ③

1 양적 연구와 질적 연구의 이해

문제 분석 고등학생의 학업 성취도 수준과 삶의 만족도 간의 관계에 관한 연구는 양적 연구에 적절한 연구 사례이고, 다른 고등학교로 전학을 간 학생의 학교생활 적응과 교우 관계 형성 과정에 관한 심층 연구는 질적 연구에 적절한 연구 사례이다. 따라서 A는 양적 연구, B는 질적 연구이다.
정답 찾기 ⑤ 질적 연구는 양적 연구와 달리 사회·문화 현상을 자연 현상과 다른 연구 방법으로 연구해야 한다고 본다. 따라서 (나)에는 '사회·문화 현상을 자연 현상과 다른 연구 방법으로 연구해야 한다고 보는가?'가 들어갈 수 있다.
오답 피하기 ① 질적 연구는 양적 연구에 비해 연구 대상자의 행위 동기를 심층적으로 이해하는 데 유리하다.
② 양적 연구는 질적 연구에 비해 사회·문화 현상에 대한 피상적인 연구에 그칠 우려가 크다.
③ 양적 연구는 질적 연구와 달리 계량화된 자료 분석을 통해 결론을 도출하는 연구 방법이다.
④ 질적 연구는 양적 연구와 달리 상황 맥락 속에서 규정되는 사회·문화 현상의 주관적 의미의 발견을 중시한다. 따라서 (가)에는 '상황 맥락 속에서 규정되는 사회·문화 현상의 주관적 의미의 발견을 중시하는가?'가 들어갈 수 없다.

2 양적 연구와 질적 연구의 이해

문제 분석 자연 과학의 연구 방법을 사회·문화 현상에도 동일하게 적용할 수 있다고 보는 것은 질적 연구와 구분되는 양적 연구의 특징이다. 따라서 A는 질적 연구, B는 양적 연구이다.
정답 찾기 ㄴ. 양적 연구는 사회·문화 현상이 발생하는 원인과 결과의 관계 파악을 중시한다.
ㄹ. 양적 연구는 질적 연구와 달리 개념의 조작적 정의를 통한 계량화된 자료의 분석을 중시한다. 따라서 (나)에는 '개념의 조작적 정의를 통한 계량화된 자료의 분석을 중시한다.'가 들어갈 수 없다.
오답 피하기 ㄱ. 사회·문화 현상을 일반화하여 현상을 예측하는 데 유용한 연구 방법은 양적 연구이다.
ㄷ. 양적 연구와 질적 연구는 모두 연구 대상자가 가지는 주관적 인식을 파악할 수 있다고 본다. 따라서 (가)에는 '연구 대상자가 가지는 주관적 인식의 파악이 어렵다고 본다.'가 들어갈 수 없다.

3 양적 연구 과정의 이해

문제 분석 갑이 사용한 연구 방법은 양적 연구이다. 양적 연구는 자연 과학의 연구 방법을 사회·문화 현상에도 동일하게 적용할 수 있다고 본다.

정답 찾기 ㄴ. 연구자 갑은 프로그램 A가 학급 응집력에 미치는 영향을 알아보고자 하므로 이때 '프로그램 A'는 독립 변인, '학급 응집력'은 종속 변인이다.

ㄹ. 학급 분위기, 상호 신뢰 등을 지수화하는 것은 학급 응집력을 수치화하여 측정하기 위한 내용이므로 계량화를 위한 개념의 조작적 정의에 해당한다.

오답 피하기 ㄱ. 연구자의 직관적 통찰을 중시하는 연구 방법은 질적 연구이다.

ㄷ. 갑의 연구에서 모집단은 우리나라 고등학생이다.

4 양적 연구와 질적 연구의 이해

문제 분석 갑은 양적 연구를 통해, 을은 질적 연구를 통해 우리나라에 거주하고 있는 외국인들에 대해 연구하고 있다.

정답 찾기 ㄴ. 양적 연구는 질적 연구와 달리 자연 과학적 연구 방법을 사회·문화 현상에도 동일하게 적용할 수 있다는 방법론적 일원론을 전제로 한다.

ㄹ. 질적 연구는 양적 연구와 달리 사회·문화 현상에 대해 연구 대상자가 가진 주관적 인식의 해석이나 심층적 이해 등을 중시한다.

오답 피하기 ㄱ. 질적 연구는 양적 연구에 비해 조사 대상자와의 정서적 유대 관계가 중시된다.

ㄷ. 양적 연구는 질적 연구에 비해 연구 결과의 일반화가 용이하다.

5 양적 연구와 질적 연구의 이해

문제 분석 사회·문화 현상의 이면에 담긴 인간 행위의 동기 파악을 중시하는 A는 질적 연구, 그렇지 않은 B는 양적 연구이다.

정답 찾기 ㄱ. 질적 연구는 자연 과학의 연구 방법과 사회·문화 현상의 연구 방법은 다르다는 방법론적 이원론을 전제로 하는 연구 방법이다.

ㄴ. 연구 대상자의 감정 이입적 이해를 중시하는 질적 연구와는 달리 양적 연구는 통계적 분석을 중시한다. 따라서 해당 질문은 (가)에 들어갈 수 있다.

오답 피하기 ㄷ. 질적 연구는 양적 연구와 달리 연구자와 연구 대상자 간 정서적 교감을 중시한다. 따라서 해당 질문은 (나)에 들어갈 수 없다.

ㄹ. 양적 연구와 질적 연구는 모두 경험적 자료를 통하여 사회·문화 현상을 연구한다. 따라서 ㉠, ㉡은 모두 '예'이다.

6 양적 연구와 질적 연구의 이해

문제 분석 갑이 수행 평가를 통해 2점을 득점한 것은 갑의 수행 평가 답안 내용이 모두 맞다는 것을 의미한다. 연구 결과를 통해 법칙을 발견하려고 하는 연구 방법은 양적 연구이다. 따라서 A는 양적 연구, B는 질적 연구이다.

정답 찾기 ④ (나)에는 질적 연구와 구분되거나 질적 연구보다 강한 양적 연구의 특징에 해당하는 답안 내용이 들어가야 한다. 따라서 (나)에는 '연구 결과를 일반화하여 현상을 예측하는 데 유용하다.'가 들어갈 수 있다.

오답 피하기 ① 질적 연구는 양적 연구와 달리 인간 행위의 의미를 심층적으로 탐구하는 데 적합하다.

② 양적 연구는 질적 연구와 달리 개념의 조작적 정의를 통한 계량화된 자료의 분석을 중시한다.

③ 양적 연구와 질적 연구는 모두 경험적 자료의 수집을 통해 사회·문화 현상을 연구한다. 따라서 (가)에는 '경험적 자료의 수집을 통해 사회·문화 현상을 연구한다.'가 들어갈 수 없다.

⑤ (다)에는 질적 연구와 구분되거나 질적 연구보다 강한 양적 연구의 특징에 해당하는 답안 내용이 들어가야 한다. 따라서 (다)에는 '자료의 수집과 해석이 동시에 이루어지기도 한다.'가 들어갈 수 없다.

7 양적 연구와 질적 연구의 이해

문제 분석 양적 연구는 방법론적 일원론을, 질적 연구는 방법론적 이원론을 전제로 한다는 점을 통해 두 연구 방법의 차이점을 추론할 수 있다.

정답 찾기 ㄱ. 양적 연구와 질적 연구 모두 경험적 자료를 통해 사회·문화 현상을 연구한다. 따라서 (나)에는 '경험적 자료를 통해 사회·문화 현상을 연구한다.'가 들어갈 수 있다.

ㄷ. (다)에 '사회·문화 현상은 자연 현상과 본질적으로 다른 특성을 지닌다고 본다.'가 들어간다면, A는 양적 연구, B는 질적 연구이다. 양적 연구는 질적 연구와 달리 연구자 스스로 연구 대상자와 엄격하게 분리되어야 한다는 점을 강조한다. 따라서 (다)에 '사회·문화 현상은 자연 현상과 본질적으로 다른 특성을 지닌다고 본다.'가 들어간다면, (가)에는 '연구자 스스로 연구 대상자와 엄격하게 분리되어야 한다는 점을 강조한다.'가 들어갈 수 있다.

오답 피하기 ㄴ. (가)에 '사회·문화 현상에 내재된 법칙의 발견을 목적으로 한다.'가 들어간다면, A는 양적 연구, B는 질적 연구이다. 따라서 (가)에 '사회·문화 현상에 내재된 법칙의 발견을 목적으로 한다.'가 들어간다면, (다)에는 '계량화하여 분석하기 어려운 사회·문화 현상의 연구가 어렵다고 본다.'가 들어갈 수 없다.

ㄹ. 양적 연구와 질적 연구는 모두 연구자가 연구 대상의 주관적 인식을 파악하는 것이 가능하다고 본다. 따라서 (다)에는 '연구자

가 연구 대상의 주관적 인식을 파악하는 것이 가능하다고 본다.' 가 들어갈 수 없다.

8 양적 연구 과정의 이해

문제 분석 갑은 질문지법을 활용하여 양적 연구를 수행하고 있다.

정답 찾기 ㄴ. 갑의 연구에서는 전체 근무 시간 중 재택근무 시간의 비중이 직장인의 직장 만족 정도에 미치는 영향을 알아보고자 하는데, 이때 '전체 근무 시간 중 재택근무 시간의 비중'은 독립 변인, '직장인의 직장 만족 정도'는 종속 변인이다.

ㄷ. 업무 처리 과정의 만족도, 직장 동료와의 친밀도 등은 직장인의 직장 만족 정도를 측정하기 위한 내용이므로 이를 통해 개념의 조작적 정의가 이루어졌음을 알 수 있다.

오답 피하기 ㄱ. 갑은 방법론적 일원론에 기초한 연구를 진행하였다.

ㄹ. 갑의 연구에서 재택근무 시간의 비중이 높을수록 직장 동료와의 친밀도는 하락한다는 통계적으로 유의미한 결과를 얻었으므로 직장 동료와의 친밀도를 높이기 위해 전체 근무 중 재택근무 시간의 비중을 높여야 한다고 볼 수 없다.

03 자료 수집 방법

수능 기본 문제

본문 32~33쪽

01 ⑤	02 ③	03 ②	04 ①
05 ⑤	06 ⑤	07 ②	08 ①

01 문헌 연구법의 이해

문제 분석 갑은 연구를 위해 통계청 누리집에서 스마트폰 과의존 실태 조사 결과를 활용하였다. 이는 문헌 연구법에 해당한다.

정답 찾기 ⑤ 문헌 연구법은 연구 대상자와의 언어적 상호 작용이 필수적이지 않다. 연구 대상자와의 언어적 상호 작용이 필수적인 자료 수집 방법은 질문지법과 면접법이다.

오답 피하기 ① 문헌 연구법은 주로 2차 자료를 수집하는 데 활용된다.

② 문헌 연구법은 최근 연구 동향이나 현재까지의 연구 성과를 살펴본다는 점에서 모든 연구의 기초가 되기도 하므로 양적 연구와 질적 연구 모두에 활용된다.

③ 문헌 연구법은 이미 존재하는 다른 연구의 결과물을 수집하는 것이므로 기존의 연구 동향을 파악하는 데 유용하다.

④ 문헌 연구법은 이미 존재하는 자료를 활용하므로 시간과 장소의 제약으로부터 비교적 자유롭다.

02 참여 관찰법의 이해

문제 분석 제시문에서 연구자는 ○○ 유치원에서 자유 선택 활동 시간, 정리정돈 시간을 함께 보내면서 교사와 유아의 말과 행동을 관찰하여 자료를 수집하였다. 따라서 연구에서 활용한 자료 수집 방법은 참여 관찰법이다.

정답 찾기 ㄴ. 참여 관찰법은 연구자가 연구 대상자와 함께 생활하면서 관찰하여 자료를 수집하므로 실제성이 높은 생생한 자료를 수집하기가 용이하다.

ㄷ. 참여 관찰법은 자료를 수집하거나 해석하는 과정에서 연구자의 주관이 개입될 우려가 있다.

오답 피하기 ㄱ. 참여 관찰법은 주로 질적 자료를 수집하기 위한 자료 수집 방법이므로 수집된 자료를 통계적으로 처리하기가 용이하다고 보기 어렵다.

ㄹ. 참여 관찰법은 다른 사회의 사람이나 유아처럼 언어적 의사소통이 곤란한 대상으로부터 자료를 수집할 수 있다.

03 질문지법과 면접법의 이해

문제 분석 갑은 연구 대상자에게 구조화된 설문 문항에 응답하게 하였으므로 질문지법을 활용하였고, 을은 연구 대상자와 깊이 있는 대화를 나누고 그 내용을 기록하였으므로 면접법을 활용하였다.

정답 찾기 ② 면접법은 연구 대상자와의 정서적 교감을 중시한다.

오답 피하기 ① 인위적으로 통제된 상황에서 변인의 효과를 관찰하기에 용이한 자료 수집 방법은 실험법이다.
③ 질문지법과 면접법은 모두 연구 대상자의 주관적 인식을 파악할 수 있다.
④ 면접법은 질문지법과 달리 질적 자료 수집에 적합하다.
⑤ 면접법은 대화를 통해 자료를 수집하므로 문맹자를 대상으로 사용할 수 있다.

04 면접법, 질문지법, 참여 관찰법의 이해

문제 분석 (가)에는 면접법과 질문지법은 '예'로, 참여 관찰법은 '아니요'로 대답할 수 있는 질문이 들어가야 한다. (나)에는 면접법과 참여 관찰법은 '예'로, 질문지법은 '아니요'로 대답할 수 있는 질문이 들어가야 한다.

정답 찾기 ① 면접법과 질문지법은 모두 연구 대상자와의 언어적 상호 작용이 필수적이지만, 참여 관찰법은 그렇지 않다. 따라서 해당 질문은 (가)에 들어갈 수 있다.

오답 피하기 ② 면접법과 참여 관찰법은 모두 방법론적 이원론에 기초한 연구에 주로 활용되지만, 질문지법은 그렇지 않다. 따라서 해당 질문은 (가)에 들어갈 수 없다.
③ 면접법, 질문지법, 참여 관찰법은 모두 연구 대상자의 주관적 인식을 파악할 수 있다. 따라서 해당 질문은 (나)에 들어갈 수 없다.
④ 질문지법은 변인 간의 관계를 파악하는 데 주로 활용되지만, 면접법과 참여 관찰법은 그렇지 않다. 따라서 해당 질문은 (나)에 들어갈 수 없다.
⑤ 질문지법은 다수를 대상으로 구조화된 자료를 수집하는 데 적합하지만, 면접법과 참여 관찰법은 그렇지 않다. 따라서 해당 질문은 (나)에 들어갈 수 없다.

05 질문지법과 면접법의 이해

문제 분석 질적 연구에서 주로 활용된다는 것은 질문지법과 구분되는 면접법의 특징이므로 갑은 옳은 대답을 하였고, 다수를 대상으로 대량의 자료를 수집하기에 용이한 것은 면접법과 구분되는 질문지법의 특징이므로 을은 옳지 않은 대답을 하였다. 옳게 대답한 학생은 두 명이므로 (가)에는 질문지법과 구분되는 면접법의 특징이 들어가야 한다.

정답 찾기 ⑤ 면접법은 질문지법과 달리 연구자와 연구 대상자 간의 정서적 교감이 중시된다. 따라서 해당 내용은 (가)에 들어갈 수 있다.

오답 피하기 ① 질문지법과 면접법은 모두 1차 자료 수집에 적합하다. 따라서 해당 내용은 (가)에 들어갈 수 없다.
② 표준화·구조화된 도구의 사용이 필수적인 것은 면접법과 구분되는 질문지법의 특징이다. 따라서 해당 내용은 (가)에 들어갈 수 없다.
③ 수집한 자료를 통계적으로 처리하기에 용이한 것은 면접법과 구분되는 질문지법의 특징이다. 따라서 해당 내용은 (가)에 들어갈 수 없다.
④ 질문지법과 면접법은 모두 연구 대상자와의 언어적 상호 작용이 필수적이다. 따라서 해당 내용은 (가)에 들어갈 수 없다.

06 실험법의 이해

문제 분석 제시문에서 연구자 갑은 실험법을 활용하여 양적 연구를 수행하였다.

정답 찾기 ㄷ. 실험 처치 이후에 두 집단을 대상으로 학습 효능감 검사를 실시한 것은 독립 변인이 종속 변인에 미치는 영향을 확인하기 위한 사후 검사이다.
ㄹ. 학습 기술 향상 프로그램 실시라는 실험 처치를 한 A 집단은 실험 집단, 실험 처치를 하지 않은 B 집단은 통제 집단이다.

오답 피하기 ㄱ. ○○광역시 소재 △△ 고등학교 1학년 학생 50명은 표본이다.
ㄴ. 학습 기술 향상 프로그램은 학습 효능감에 영향을 주는 독립 변인이고, 학습 효능감은 독립 변인인 학습 기술 향상 프로그램의 영향을 받는 종속 변인이다. A 집단에게 학습 기술 향상 프로그램을 실시한 것은 독립 변인의 효과를 측정하기 위한 실험 처치이다.

07 면접법, 실험법, 질문지법의 이해

문제 분석 면접법, 실험법, 질문지법 중 주로 질적 연구에서 활용되는 자료 수집 방법은 면접법이고, 질문에 대한 응답 중 ㉠이 2개, ㉡이 1개이므로 ㉡은 '예'이고, C는 면접법이다. 인위적 처치를 가하고 그로 인해 나타나는 변화를 파악하는 자료 수집 방법은 실험법이므로 A는 실험법이다. 따라서 B는 질문지법이다.

정답 찾기 ㄱ. ㉠은 '아니요', ㉡은 '예'이다.
ㄷ. 질문지법은 면접법에 비해 시간과 비용 측면에서 효율적이다.

오답 피하기 ㄴ. 질문지법과 실험법은 모두 변인 간의 관계를 파악하는 데 주로 활용된다.
ㄹ. 면접법은 실험법에 비해 자료 수집 과정에서 연구자의 주관적 가치가 개입될 가능성이 높다.

08 면접법과 참여 관찰법의 이해

문제 분석 연구자가 연구 대상자와 대화를 통해 깊이 있는 자료를 수집하는 방법인 A는 면접법, 연구자가 연구 대상자와 함께 생활하면서 관찰하여 자료를 수집하는 방법인 B는 참여 관찰법이다.

정답 찾기 ㄱ. 면접법은 조사 대상자, 진행 상황, 응답 내용 등에 따라 질문의 내용이나 형식 등을 유연하게 제시하여 대처할 수 있다.
ㄴ. 참여 관찰법은 다른 사회의 사람이나 유아처럼 언어적 의사소통이 곤란한 대상으로부터 자료를 수집할 수 있다.
오답 피하기 ㄷ. 면접법과 참여 관찰법은 모두 질적 자료를 수집하는 데 활용된다.
ㄹ. 면접법과 참여 관찰법은 모두 자료 수집 과정에서 연구자의 주관적 가치가 개입될 우려가 있다.

수능 실전 문제

본문 34~37쪽

1 ④	2 ②	3 ⑤	4 ①
5 ①	6 ④	7 ④	8 ②

1 질문지 작성 시 유의점 이해

문제 분석 질문지 작성 시 유의점은 다음과 같다. 첫째, 질문의 의미가 명확해야 한다. 둘째, 한 질문에는 한 가지 정보만을 물어야 한다. 셋째, 특정 응답을 유도하는 질문을 해서는 안 된다. 넷째, 응답 선택지에 중복된 내용이 없어야 한다. 다섯째, 응답 가능한 모든 선택지를 제시해야 한다.

정답 찾기 ④ 1에서 제시된 선택지 외에도 '등하교'와 같이 응답 가능한 다른 목적이 존재할 수 있으므로 선택지가 포괄적이지 않다. 2에서 버스 이용 횟수를 판단하는 기준이 제시되어 있지 않으므로 질문의 의미가 명확하지 않다. 3에서 질문은 두 가지 내용을 묻고 있다. 4에서 질문은 저상 버스의 긍정적 기능을 언급하고 있으므로 질문이 특정 응답을 유도하고 있다. 1에서 '② 쇼핑'과 '④ 여가 생활', '③ 여행'과 '④ 여가 생활', '③ 여행'과 '⑤ 친교 활동' 등은 중복된 내용이 있다. 2에서 '0~5회'는 ①, ②, ③ 모두에 응답이 가능하고, '6~10회'는 ②, ③ 모두에 응답이 가능하다. 따라서 1, 2 모두에서 선택지에 중복된 내용이 있다.

2 실험법과 질문지법의 이해

문제 분석 실험법과 질문지법은 모두 양적 자료 수집에 적합한 자료 수집 방법이므로 답란의 첫 번째 서술은 틀린 내용이다. 실험법은 질문지법과 달리 인위적인 처치를 가하고 그로 인해 나타나는 변화를 파악하는 자료 수집 방법인데, 채점 결과가 '2점'이므로 답란의 두 번째 서술은 옳은 내용이다. 따라서 A는 질문지법, B는 실험법이며, (가)에는 질문지법과 구분되는 실험법의 일반적인 특징이 들어가야 한다.

정답 찾기 ② 실험법은 독립 변인을 인위적으로 처치하고 그로 인해 나타나는 종속 변인의 변화를 파악하기 위해 활용되는 자료 수집 방법이다.

오답 피하기 ① 질문지법은 구조화·표준화된 자료 수집 방법이다.
③ 질문지법과 실험법은 모두 1차 자료 수집에 활용된다.
④ 질문지법과 실험법은 모두 방법론적 일원론에 기초한 연구에 주로 활용된다.
⑤ 질문지법은 연구 대상자와의 언어적 상호 작용이 필수적이다. 따라서 해당 내용은 (가)에 들어갈 수 없다.

3 문헌 연구법, 실험법, 질문지법의 이해

문제 분석 구조화된 문항을 통해 자료를 수집하였으므로 A는 질문지법, 이미 존재하는 자료를 활용하여 자료를 수집하였으므로 B는 문헌 연구법, 서술형 수학 쓰기 수업을 한 학급에는 적용하고 다른 학급에는 적용하지 않으면서 사전 및 사후 검사를 실시하여 자료를 수집하였으므로 C는 실험법이다.

정답 찾기 ⑤ 문헌 연구법은 질문지법, 실험법과 달리 주로 2차 자료를 수집하는 데 활용된다.

오답 피하기 ① 질문지법은 연구 대상자의 주관적 인식을 파악할 수 있다.
② 문헌 연구법은 자료 수집 과정에서 시 · 공간적 제약이 작다.
③ 실제성이 높은 생생한 자료를 수집하기 용이한 자료 수집 방법은 참여 관찰법이다.
④ 질문지법과 실험법 모두 변인 간의 관계를 파악하고자 하는 연구에 적합하다.

4 면접법, 실험법, 질문지법의 이해

문제 분석 '연구자와 연구 대상자 간 언어적 상호 작용이 필수적인가?'라는 질문으로 구분할 수 없는 자료 수집 방법은 면접법과 질문지법이므로 A는 실험법이다. '방법론적 일원론에 기초한 연구에서 주로 활용되는가?'라는 질문으로 구분할 수 있는 자료 수집 방법은 실험법과 면접법이므로 B는 면접법이다. 따라서 C는 질문지법이다.

정답 찾기 ① 실험법은 면접법에 비해 자료 수집 상황에 대한 통제 수준이 높다.

오답 피하기 ② 질문지법은 면접법에 비해 대량의 구조화된 자료를 수집하는 데 용이하다.
③ 실험법과 질문지법은 모두 양적 자료를 수집하는 데 활용된다.
④ '인과 관계의 파악을 통해 법칙을 발견하는 데 유리한가?'라는 질문에 대한 옳은 응답은 실험법(A)이 '예', 면접법(B)이 '아니요'이다. 따라서 해당 질문은 (가)에 들어갈 수 없다.
⑤ '연구자가 인위적으로 통제한 상황에서 독립 변인의 효과를 측정하는가?'라는 질문에 대한 옳은 응답은 면접법(B)과 질문지법(C)이 모두 '아니요'이다. 따라서 해당 질문은 (나)에 들어갈 수 없다.

5 질문지법의 이해

문제 분석 갑은 ○○ 고등학교 3학년 학생 전체를 대상으로 학교 급식의 채식 식단 비율 확대에 대한 설문 조사를 실시하였다.

정답 찾기 ㄱ. 학교 급식의 채식 식단 비율 확대에 대한 '② 반대'와 '③ 현행대로'는 중복된 선택지이다.
ㄴ. 제시된 자료의 질문에는 '과도한 육식은 비만을 촉진하고 암을 유발할 수 있습니다.'와 같은 조사자의 가치가 반영된 내용이 포함되어 있어 특정 응답을 유도하고 있다.

오답 피하기 ㄷ. 모집단은 ○○ 고등학교 전교생, 표본은 ○○ 고등학교 3학년 학생 전체로, 표본이 모집단에 대한 대표성을 갖추었다고 보기 어렵다.
ㄹ. 연구 대상자와의 정서적 교감을 중시하는 자료 수집 방법은 질문지법이 아닌 면접법이다.

6 문헌 연구법, 질문지법, 참여 관찰법의 이해

문제 분석 각 진술에 해당하는 자료 수집 방법에 대해 옳은 답은 1점, 틀린 답은 0점이라는 것을 통해 A~C에 해당하는 자료 수집 방법과 ㉠ 및 (가)에 들어갈 내용을 판단해야 한다. '연구 대상자와의 언어적 상호 작용이 필수적이다.'라는 진술에 대한 점수가 1점이므로 A는 질문지법이다. '2차 자료를 수집하는 데 활용되는 경우가 많다.'라는 진술에 대한 점수가 0점이므로 B는 참여 관찰법, C는 문헌 연구법이다.

정답 찾기 ㄱ. 문헌 연구법은 선행 연구를 검토할 때 사용되는 경우가 많다.
ㄴ. 질문지법은 참여 관찰법과 달리 대량의 구조화된 자료를 수집하는 데 용이하다.
ㄹ. 참여 관찰법은 실제성이 높은 생생한 자료를 수집하기에 용이하다. 그런데 'B'라는 답에 대한 채점 결과가 1점이므로 해당 내용은 (가)에 들어갈 수 있다.

오답 피하기 ㄷ. 문헌 연구법은 양적 자료와 질적 자료 수집에 모두 활용되므로 ㉠은 0점이다.

7 실험법의 이해

문제 분석 갑은 실험법을 활용하여 양적 연구를 수행하였다.

정답 찾기 ㄱ. 원예 활동 프로그램(㉡)은 사회성(㉠)에 영향을 주는 독립 변인이고, 사회성(㉠)은 독립 변인인 원예 활동 프로그램(㉡)의 영향을 받는 종속 변인이다.
ㄴ. 갑은 방법론적 일원론을 전제로 한 양적 연구를 수행하였다.
ㄹ. 실험 집단(A 집단)과 통제 집단(B 집단)의 사전 검사 결과는 유의미한 차이를 보이지 않았지만, 통제 집단(B 집단)과 달리 실험 집단(A 집단)의 사후 검사 결과가 사전 검사 결과에 비해 유의미하게 향상되었다면, 연구 가설은 수용된다.

오답 피하기 ㄷ. 모집단은 중학생, 표본은 ○○ 중학교 1학년 학생 중 원예 활동 프로그램에 참여한 경험이 없는 학생 100명이다. 연구 대상 100명 중 원예 활동 프로그램을 적용한 A 집단은 실험 집단이다.

8 면접법, 질문지법, 참여 관찰법의 이해

문제 분석 '주로 계량화된 자료를 수집하는 데 활용되는가?'라는 질문에 대해 '아니요'라고 대답할 수 있는 자료 수집 방법은 면접법과 참여 관찰법이므로 C는 질문지법이다. '연구자와 연구 대상자 간 언어적 상호 작용이 필수적으로 요구되는가?'라는 질문에 대해 '예'라고 대답할 수 있는 자료 수집 방법은 면접법과 질문지법이므로 A는 참여 관찰법, B는 면접법이다.

정답 찾기 ㄱ. 참여 관찰법은 면접법에 비해 실제성이 높은 생생한 자료를 수집하기에 용이하다.
ㄷ. 질문지법은 면접법에 비해 수집된 자료를 통계적으로 처리하기에 용이하다.

오답 피하기 ㄴ. 면접법은 질문지법에 비해 자료 수집 과정에서 연구자의 주관이 개입될 가능성이 높다.
ㄹ. 면접법, 질문지법, 참여 관찰법은 모두 연구 대상자의 주관적 인식을 파악할 수 있다.

04 사회·문화 현상의 탐구 태도와 연구 윤리

수능 기본 문제

본문 42쪽

01 ④ 02 ① 03 ① 04 ④

01 개방적 태도의 이해

문제 분석 제시문에서는 연구자에게 자신의 연구 결과가 절대적인 진리가 아닐 수 있다는 것을 전제로 새로운 이론에 의해 비판받을 수 있음을 인정하는 개방적 태도가 필요함을 강조하고 있다.

정답 찾기 ④ 제시문에서는 연구자에게 어떤 주장이라도 경험적 증거에 의해 검증될 때까지는 하나의 가설로 받아들이는 개방적 태도가 필요함을 강조하고 있다.

오답 피하기 ① 연구자는 사회·문화 현상이 발생한 맥락과 배경을 고려하는 상대주의적 태도를 가져야 하지만 제시문에서는 파악하기 어렵다.
② 연구자는 자신과 연구 대상을 철저히 분리해서 연구하는 객관적 태도를 가져야 하지만 제시문에서는 파악하기 어렵다.
③ 연구자는 주관적 가치나 선입견을 배제한 제3자의 관점으로 연구하는 객관적 태도를 가져야 하지만 제시문에서는 파악하기 어렵다.
⑤ 연구자는 사회·문화 현상을 보이는 대로만 받아들이기보다 현상의 이면에 담긴 의미를 이해하는 성찰적 태도를 가져야 하지만 제시문에서는 파악하기 어렵다.

02 객관적 태도의 이해

문제 분석 제시문에서는 탐구 과정에서 연구자가 자신의 주관적 가치나 편견, 이해관계 등을 배제하고 사회·문화 현상이 가진 사실로서의 특성만을 파악하는 객관적 태도를 공통적으로 강조하고 있다.

정답 찾기 ① 제시문에서는 연구자가 현상을 사실 그대로 관찰하는 객관적 태도를 가져야 함을 강조하고 있다.

오답 피하기 ② 연구자는 타인의 비판을 편견 없이 받아들이는 개방적 태도를 가져야 하지만 제시문에서는 파악하기 어렵다.
③ 연구자는 동일한 현상이라도 개별 사회의 특수성을 고려하는 상대주의적 태도를 가져야 하지만 제시문에서는 파악하기 어렵다.
④ 연구자는 특정 주장이나 이론을 무조건 추종하거나 배격하지 않는 개방적 태도를 가져야 하지만 제시문에서는 파악하기 어렵다.
⑤ 연구자는 사회·문화 현상의 이면에 담긴 원인이나 결과를 능동적으로 살펴보는 성찰적 태도를 가져야 하지만 제시문에서는 파악하기 어렵다.

03 연구 윤리의 이해

문제 분석 연구자는 정직한 방법으로 자료를 수집해야 하며, 자료 분석 과정에서 의도한 결론을 이끌어 내기 위해 자료를 조작(위조, 변조)해서는 안 된다. 연구자는 다른 연구자의 연구물을 활용하는 경우 그 출처를 정확하게 밝혀야 한다.

정답 찾기 ① '다른 사람의 아이디어나 연구의 일부 또는 전부를 부당하게 사용하지 않았는가?'라는 질문은 '자료의 표절 여부'를 점검하기 위한 것이다. '연구 과정에서 자료를 임의로 변경, 누락하거나 수집하지 않은 자료를 허위로 만들어 내지 않았는가?'라는 질문은 '자료의 위조·변조 여부'를 점검하기 위한 것이다. 따라서 (가)에는 '자료의 표절 여부'가, (나)에는 '자료의 위조·변조 여부'가 각각 들어간다.

04 연구 과정에서의 가치 중립과 가치 개입의 이해

문제 분석 양적 연구의 과정 중 연구 주제의 선정, 가설 설정, 연구 설계, 연구 결과의 활용 단계에서는 연구자의 가치 개입이 이루어질 수밖에 없다. 한편 자료 수집 및 분석, 가설 검증 및 결론 도출 단계에서는 연구자의 엄격한 가치 중립이 요구된다.

정답 찾기 ㄴ. 가설 설정 단계에서 선행 연구를 검토할 때 2차 자료가 활용될 수 있다.

ㄹ. 자료 수집 및 분석 단계에서는 연구 설계, 연구 결과의 활용 단계와 달리 연구자의 엄격한 가치 중립이 요구된다.

오답 피하기 ㄱ. 연구 주제의 선정 단계에서는 연구자의 관심과 호기심이 반영되므로 가치 개입이 나타날 수밖에 없다.

ㄷ. 가설 검증 및 결론 단계에서는 연구자의 엄격한 가치 중립이 요구된다.

수능 실전 문제

본문 43~45쪽

1 ②	2 ⑤	3 ②	4 ①
5 ②	6 ⑤		

1 연구 과정의 이해

문제 분석 연구 과정 중 연구 주제의 선정, 가설 설정, 연구 설계, 연구 결과의 활용 단계에서는 연구자의 가치 개입이 이루어질 수밖에 없다. 한편 자료 수집 및 분석, 가설 검증 및 결론 도출 단계에서는 연구자에게 엄격한 가치 중립이 요구된다.

정답 찾기 ㄱ. '(가) 연구 주제의 선정-(나) 가설 설정-(마) 자료 수집-(라) 자료 분석, 가설 검증 및 결론 도출-(다) 연구 결과의 활용' 순으로 연구가 진행되었을 것이다.

ㄷ. 가설 검증 및 결론 도출 단계에서는 연구 주제의 선정, 가설 설정 단계와 달리 연구자에게 엄격한 가치 중립이 요구된다.

오답 피하기 ㄴ. 표본인 ○○광역시 고등학생 600명은 모집단인 청소년을 대표하기 어렵다.

ㄹ. 인위적으로 통제된 상황에서 변수의 효과를 관찰하는 자료 수집 방법은 실험법이다. 그런데 갑의 연구에서는 실험 상황을 만들어 독립 변인에 대한 처치가 이루어지지도 않았고 종속 변인에 대한 사전 및 사후 검사가 실시되지도 않았으므로 갑은 실험법을 사용하지 않았다. 갑은 구조화된 문항을 통해 인성과 관련된 여러 변인을 측정하였으므로 질문지법을 사용하였다.

2 연구 윤리의 이해

문제 분석 제시된 연구 사례에서 갑은 부모 이혼을 경험한 연구 대상자들로부터 면접법을 통해 수집한 자료 중 자신의 예상과 다른 답변들을 제외하고 자료를 분석하여 연구 보고서를 작성하였다.

정답 찾기 ⑤ 갑이 녹음한 대화 내용 중에서 자신의 예상과 다른 답변들을 제외하고 자료를 분석한 것은 의도한 결론을 얻기 위해 자료를 변조한 행위에 해당한다.

오답 피하기 ① 연구 보고서에 연구 대상자들의 이름을 가명으로 처리함으로써 익명성을 보장하였다.

② 갑은 연구 목적과 방법에 대해 설명을 듣고 연구에 참여하기로 동의한 연구 대상자들에게 면접법을 통해 자료를 수집하였으므로 연구 대상자의 자발적 참여를 보장하였다.

③ 제시된 연구 사례에서는 수집한 자료를 연구 외의 목적으로 사용하는 연구 윤리상의 문제점을 찾기 어렵다.

④ 제시된 연구 사례에서는 연구 목적 달성을 위해 존재하지 않는 자료를 위조하는 연구 윤리상의 문제점을 찾기 어렵다.

3 연구 윤리의 이해

문제 분석 연구자는 연구 대상자의 익명성을 보장해야 하며, 사생활 관련 정보 및 개인 정보를 연구 목적 이외의 용도로 활용해서는 안 된다. 그리고 연구자는 연구 대상자의 자발적 참여를 보장해야 하며, 연구 대상자에게 연구에 대한 충분한 정보를 제공해야 한다. 또한 연구자는 정직한 방법으로 자료를 수집해야 하며, 자료 분석 과정에서 의도한 결론을 이끌어 내기 위해 자료를 조작(위조, 변조)해서는 안 된다.

정답 찾기 ㄱ. 갑은 연구 결과를 정부 기관에 제출하면서 수집한 자료의 신뢰성을 높이기 위해 연구에 참여한 대학생들의 이름, 나이, 주소를 공개하였으므로 연구 대상자의 익명성을 보장하지 않았다.

ㄹ. 갑은 심층 면접 대상자들에게 연구에 대한 충분한 정보를 제공하지 않았다.

오답 피하기 ㄴ. 정부 기관의 의뢰로 연구를 시작하였고 이에 따라 연구 결과를 정부 기관에 제출하였으므로 연구 결과를 연구 외의 목적으로 사용하였다고 볼 수 없다.

ㄷ. 제시된 연구 사례에서는 자료 분석 과정에서 의도적으로 자료를 조작하는 연구 윤리상의 문제점을 찾기 어렵다.

4 사회 · 문화 현상의 탐구 태도 이해

문제 분석 (가)에서는 객관적 태도, (나)에서는 상대주의적 태도, (다)에서는 개방적 태도를 강조하고 있다.

정답 찾기 ㄱ. 객관적 태도가 지켜지지 않을 경우 연구 결과가 왜곡되어 사회 · 문화 현상을 정확하게 인식할 수 없게 된다.

ㄹ. 개방적 태도는 어떤 특정 이론을 무비판적으로 추종하거나 다른 사람의 주장을 무조건 배격하는 일을 피해야 함을 강조한다.

오답 피하기 ㄴ. 상대주의적 태도는 동일한 사회 · 문화 현상이라도 시대와 사회에 따라 다른 의미를 지닐 수 있다는 점을 강조한다.

ㄷ. 상대주의적 태도는 사회 · 문화 현상을 연구할 때 연구자 자신이 속한 사회의 문화적 맥락이나 배경을 떠나 사회 · 문화 현상이 발생한 맥락이나 배경을 고려하는 태도가 필요함을 강조한다.

5 성찰적 태도의 이해

문제 분석 제시문에서는 연구 주제를 선정할 때 연구자의 자율성이 보장된다고 할지라도 자신이 선정한 연구 주제가 반사회적이거나 사회적 문제를 유발할 가능성은 없는지 끊임없이 숙고하는 성찰적 태도를 강조하고 있다.

정답 찾기 ② 제시문에서는 연구자에게 연구 결과가 사회에 끼칠 영향을 적극적이고 능동적으로 살펴보려고 노력하는 성찰적 태도가 필요함을 강조하고 있다.

오답 피하기 ① 연구자는 자신의 연구 과정이나 결과에 대해 다른 연구자들의 비판을 허용하는 개방적 태도를 가져야 하지만 제시문에서는 파악하기 어렵다.

③ 연구자는 자신이 가지고 있는 주관적 가치가 연구에 개입되는 것을 방지하는 객관적 태도를 가져야 하지만 제시문에서는 파악하기 어렵다.

④ 연구자는 동일한 사회 · 문화 현상이라도 시대와 사회에 따라 다른 의미를 지닐 수 있음을 고려하는 상대주의적 태도를 가져야 하지만 제시문에서는 파악하기 어렵다.

⑤ 연구자는 다른 연구의 결론을 무조건 수용하는 것이 아니라 경험적 증거로 확인되기 전까지는 하나의 가설로 받아들이는 개방적 태도를 가져야 하지만 제시문에서는 파악하기 어렵다.

6 연구 윤리의 이해

문제 분석 갑은 평소 자신이 지지해 왔던 정당 후보자의 지지율을 끌어올리기 위해 〈자료 1〉과 같이 여론 조사 결과를 보여 주는 막대그래프의 눈금 기준을 달리 하여 특정 정당 후보자가 실제 지지율보다 높은 지지율을 얻은 것처럼 보이도록 했다는 논란에 휩싸였다. 실제 갑의 여론 조사 결과는 〈자료 2〉와 같이 나타낼 수 있었다.

정답 찾기 ⑤ 평소 A당 후보자를 지지해 왔던 갑이 A당 후보자의 지지율을 끌어올리기 위해 막대그래프의 눈금 기준을 달리 하여 지지하는 후보자의 지지율을 실제보다 높은 지지율을 얻은 것처럼 보이도록 한 것은 조사 결과를 활용하는 과정에서 주관적 가치를 개입시킨 것에 해당한다.

오답 피하기 ① 갑의 여론 조사에서는 조사 대상자의 개인 정보를 보호하지 않은 문제점을 찾기 어렵다.

② 갑의 여론 조사에서는 수집한 자료를 조사 외의 목적으로 사용한 문제점을 찾기 어렵다.

③ 갑의 여론 조사에서는 의도한 조사 결과에 부합하는 자료만 수집한 문제점을 찾기 어렵다.

④ 갑의 여론 조사에서는 수집하지 않은 자료를 근거로 결론을 도출한 문제점을 찾기 어렵다.

I단원 기출 플러스

본문 46~47쪽

01 ② 02 ⑤ 03 ③ 04 ⑤

01 자연 현상과 사회·문화 현상의 특징 이해

문제 분석 ㉠, ㉢과 같은 현상은 자연 현상, ㉡, ㉣과 같은 현상은 사회·문화 현상이다.

정답 찾기 ② 사회·문화 현상은 가치 함축적이고, 자연 현상은 몰가치적이다.

오답 피하기 ① 자연 현상과 사회·문화 현상은 모두 인과 관계가 나타난다.
③ 자연 현상은 확실성과 필연성의 원리가 적용되고, 사회·문화 현상은 확률과 개연성의 원리가 적용된다.
④ 자연 현상과 사회·문화 현상은 모두 보편성이 나타난다.
⑤ 존재 법칙의 지배를 받는 현상은 자연 현상인 ㉠, ㉢이다.

02 사회·문화 현상을 바라보는 관점의 이해

문제 분석 첫 번째 질문에 대한 옳은 답변이 '예'이면, 갑의 점수가 3점이므로 두 번째 질문과 (가), (나)에 대한 갑의 답변은 옳다. 이 경우 을의 점수는 0점이 되므로 첫 번째 질문에 대한 옳은 답변은 '아니요'이다. 그리고 병의 점수가 3점이므로 두 번째 질문과 (가), (나)에 대한 병의 답변은 모두 옳다. 두 번째 질문에 대한 옳은 답변은 '예'이고, 기능론, 갈등론은 상징적 상호 작용론과 달리 개인의 행위를 강제하는 사회 구조를 중시하므로 B는 상징적 상호 작용론이며, A, C는 각각 기능론, 갈등론 중 하나이다. 첫 번째 질문에 대한 옳은 답변은 '아니요'이고, 지배 집단과 피지배 집단 간 갈등이 사회 발전의 원동력이라고 보는 관점은 갈등론이므로 A는 갈등론이 아니다. 따라서 A는 기능론, C는 갈등론이다.

정답 찾기 ⑤ (나)에는 '예'가 옳은 답변인 질문이 들어가야 한다. 기능론은 갈등론과 달리 기득권층의 이익을 대변한다는 비판을 받으므로 해당 질문은 (나)에 들어갈 수 있다.

오답 피하기 ① 사회가 본질적으로 변동을 지향한다고 보는 관점은 갈등론이다.
② 다양한 사회 제도의 상호 의존 관계에 주목하는 관점은 기능론이다.
③ 인간이 상황 정의에 기초하여 행동한다고 보는 관점은 상징적 상호 작용론이다.
④ (가)에는 '아니요'가 옳은 답변인 질문이 들어가야 한다. 상징적 상호 작용론은 기능론과 달리 행위자의 능동성을 중시하므로 해당 질문은 (가)에 들어갈 수 없다.

03 자료 수집 방법의 이해

문제 분석 (가)에는 '예', '아니요'의 응답을 통해 A와 B를 구분할 수 있지만, B와 C를 구분할 수 없는 질문이 들어가야 한다.

정답 찾기 ③ 질문지법, 면접법은 참여 관찰법과 달리 자료 수집 과정에서 연구 대상자의 응답이 필수적이다. 따라서 C가 참여 관찰법이라면, 해당 질문은 (가)에 들어갈 수 없다.

오답 피하기 ① 면접법, 참여 관찰법은 질문지법과 달리 주로 질적 자료를 수집할 때 활용된다. 따라서 A가 질문지법이라면, 해당 질문은 (가)에 들어갈 수 있다.
② 참여 관찰법은 질문지법, 면접법과 달리 언어나 문자로 의사소통할 수 없는 대상으로부터 자료 수집이 가능하다. 따라서 A가 면접법이라면, 해당 질문은 (가)에 들어갈 수 없다.
④ 질문지법은 면접법, 참여 관찰법과 달리 자료 수집 과정에서 표준화·구조화된 도구의 사용이 필수적이다. 따라서 C가 질문지법이라면, 해당 질문은 (가)에 들어갈 수 없다.
⑤ 질문지법은 면접법, 참여 관찰법과 달리 문맹자에게 사용하기 어렵다. 따라서 (가)에 해당 질문이 들어가면 A는 질문지법이고, B, C는 각각 면접법, 참여 관찰법 중 하나이다. 면접법과 참여 관찰법은 모두 주로 방법론적 이원론을 전제로 한 연구에서 활용된다.

04 양적 연구의 이해

문제 분석 연구자 갑은 실험법을 사용하여 독립 변인과 종속 변인의 관계를 파악하기 위한 양적 연구를 수행하였다.

정답 찾기 ⑤ 2단계에서 도출한 분석 결과에 따르면 정부 정책에 대한 정보를 제공하지 않은 집단(첫째 집단)과 정보를 제공한 집단(둘째 집단, 셋째 집단) 간에 제안된 정책에 반대하는 비율이 유의미하게 차이가 났지만, 둘째 집단과 셋째 집단 간에는 제안된 정책에 반대하는 비율에 유의미한 차이가 없었다. 이는 정보 제공 여부가 응답자의 의사 결정에 영향을 미칠 수 있음을 지지하는 분석 결과이다.

오답 피하기 ① 2단계에서 유형 A를 배부하여 정부 정책 도입에 대한 찬반 여부를 측정한 것은 사전 검사에 해당한다.
② 유형 B에 응답한 사람들과 유형 C에 응답한 사람들은 모두 '정보 제공'이라는 독립 변인을 처치한 실험 집단이다.
③ ㉣은 ㉠에 대한 조작적 정의이다.
④ ㉡은 특정 응답을 유도하기 위한 것이 아니라 정부 정책에 대한 긍정적인 정보를 제시할 경우 정부 정책 도입에 대한 동의가 어떻게 나타나는지 알아보기 위한 것이다. 따라서 ㉡이 갑의 연구 결과를 일반화할 수 없다는 근거가 될 수 없다.

05 사회적 존재로서의 인간

수능 기본 문제 본문 52~53쪽

01 ②	02 ④	03 ③	04 ⑤
05 ④	06 ②	07 ②	08 ①

01 또래 집단의 이해

문제 분석 제시문의 '같은 지역이나 공동체 속에서 생활하는 비슷한 나이의 구성원들이 주로 놀이를 중심으로 형성', '개인들은 비슷한 취미를 가지고 자연스럽게 어울리며 필요한 정보를 교환하고, 서로 유사한 사고와 행동 양식을 습득'을 통해 A는 '또래 집단'임을 알 수 있다.

정답 찾기 ② 또래 집단의 형성 목적이 사회화에 있지 않지만 부수적으로 사회화의 기능을 수행하므로 또래 집단은 비공식적 사회화 기관에 해당한다.

오답 피하기 ① 또래 집단은 주로 기초적인 수준의 사회화를 담당하므로 1차적 사회화 기관에 해당한다.
③ 또래 집단은 주로 기초적인 수준의 사회화를 담당하므로 재사회화나 예기 사회화와는 거리가 멀다.
④ 전문적이고 심화된 수준의 사회화를 담당하는 사회화 기관은 2차적 사회화 기관이다.
⑤ 또래 집단은 유아기부터 청소년기까지의 사회화에 많은 영향을 준다. 그러나 사회화를 체계적으로 담당하는 사회화 기관은 아니다.

02 예기 사회화의 이해

문제 분석 은행에 근무 중인 갑이 고궁 문화 해설사가 되기 위해 현재 ○○시에서 운영하는 고궁 문화 해설사 양성 프로그램을 수강하고 있는 것을 통해 예기 사회화를 도출할 수 있다.

정답 찾기 ④ 예기 사회화는 미래에 속하게 되거나 속하기를 기대하는 집단에서 요구되는 행동 양식을 미리 학습하는 과정이므로 미래에 갖게 될 직업이나 지위가 있는 경우에 나타난다.

오답 피하기 ① 예기 사회화가 주로 유소년기에 이루어진다고 단정할 수 없다.
② '군인으로 입대하여 경험한 사회화'는 재사회화에 해당한다.
③ 예기 사회화가 일반적으로 비공식적 사회화 기관을 통해 이루어진다고 단정할 수 없다.
⑤ 개인이 처한 환경 변화에 대응하기 위해 새로운 지식, 기능 등을 습득하는 과정은 재사회화이다.

03 사회화 기능의 이해

문제 분석 ㉠은 한 사회의 구성원 모두를 대상으로 하는 사회화이고, ㉡은 각 개인에게 필요한 내용의 사회화이다.

정답 찾기 ③ '사회의 가치와 신념, 집합 의식을 새로운 세대에 내면화시키는 사회화'를 통해 ㉠은 사회화를 통해 개인으로 하여금 사회의 유지와 통합에 필요한 내용을 습득하게 함을 알 수 있다.

04 예기 사회화와 재사회화의 이해

문제 분석 갑이 합격한 대학교에서 주최한 입학 전 신입생 오리엔테이션에 참여한 것을 통해 (가)는 예기 사회화임을 알 수 있다. (나)는 노인들이 변화된 사회 환경에 적응하기 위해 새로운 지식이나 기능을 학습하는 것이므로 재사회화에 해당한다.

정답 찾기 ⑤ 예기 사회화는 사회화의 대상이 앞으로 겪을 환경 변화에 적응할 수 있도록 돕고, 재사회화는 이미 변화된 환경에 적응할 수 있도록 돕는다.

오답 피하기 ① 예기 사회화는 주로 성인기에 이루어진다고 볼 수 있지만, 그렇다고 해서 성인기에만 이루어진다고 단정할 수 없다. ② 재사회화는 주로 성인기에 이루어진다.
③ 예기 사회화와 재사회화는 모두 2차적 사회화 기관에서 담당한다고 보는 것이 일반적이다.
④ 재사회화는 물론 예기 사회화도 공식적 사회화 기관을 통해 이루어질 수 있다.

05 사회화 기관의 이해

문제 분석 (가)는 1차적 사회화 기관이면서 공식적 사회화 기관, (나)는 2차적 사회화 기관이면서 공식적 사회화 기관, (다)는 1차적 사회화 기관이면서 비공식적 사회화 기관, (라)는 2차적 사회화 기관이면서 비공식적 사회화 기관이다.

정답 찾기 ㄱ. 학교는 공식적 사회화 기관이면서 2차적 사회화 기관이다.
ㄴ. 직업 훈련소는 2차적 사회화 기관이면서 설립 목적이 사회화에 있으므로 공식적 사회화 기관이다. 대중 매체는 2차적 사회화 기관이면서 비공식적 사회화 기관이다.
ㄷ. 유아기보다 성인기에는 2차적 사회화 기관이면서 비공식적 사회화 기관에 의해 사회화가 주로 이루어진다.

오답 피하기 ㄹ. 개인의 인성 형성 과정에 영향을 미치는 비중이 가장 높은 사회화 기관은 1차적 사회화 기관이면서 비공식적 사회화 기관인 (다)이다.

06 지위, 역할 관련 개념의 이해

문제 분석 성취 지위는 개인의 노력이나 의지, 업적 등을 통해 후천적으로 얻게 되는 지위이다.

정답 찾기 ㄴ. '사원', '아내'는 성취 지위에 해당한다.

ㄷ. '맡은 업무에서 높은 성과를 거둬'를 통해 직장인으로서의 역할 행동을 도출할 수 있다.

오답 피하기 ㄱ. 귀속 지위는 나타나 있지 않다. '아내'는 결혼을 통해 획득할 수 있는 지위이므로 성취 지위에 해당한다.

ㄹ. 역할 갈등은 한 개인의 역할들 간 충돌이 발생하여 나타나는 갈등이다. 창업을 고민한 것은 역할들 간의 충돌로 인한 갈등이 아니므로 제시된 사례에는 역할 갈등이 나타나 있지 않다.

07 역할 갈등의 해결 방안 이해

문제 분석 육아 휴직 기간을 12개월에서 18개월로 늘리고, 사업장 내 공동 육아 시설의 설치를 확대·강화하는 정책은 자녀를 둔 직장인들의 육아 부담을 줄이는 효과를 가져올 수 있다.

정답 찾기 ② 제시된 글의 '자녀를 둔 직장인들의 과반수가 자녀 양육과 직장 생활의 양립이 어려워 극심한 스트레스를 겪고 있으며, 심지어 직장 생활을 포기하려 한 경험'을 통해 밑줄 친 정책은 자녀를 둔 직장인이 겪는 직장인으로서의 역할과 부모로서의 역할 간 갈등 완화를 목적으로 한다는 것을 알 수 있다.

08 사회화 기관의 이해

문제 분석 (가)에 나타난 사회화 기관은 ○○ 회사, 대학원, 환경 보호 시민 단체이고, (나)에 나타난 사회화 기관은 대학교, 가족, □□ 축산 회사이다.

정답 찾기 ① 2차적 사회화 기관이 (가)에는 3개(○○ 회사, 대학원, 환경 보호 시민 단체)가 나타나 있고, (나)에는 2개(대학교, □□ 축산 회사)가 나타나 있으므로 (나)보다 (가)에 더 많은 2차적 사회화 기관이 나타나 있다.

오답 피하기 ② (나)에는 장남이라는 귀속 지위와 사장이라는 성취 지위가 모두 나타나 있는 반면, (가)에는 과장이라는 성취 지위는 나타나 있지만 귀속 지위는 나타나 있지 않다.

③ 대학원과 대학교는 모두 공식적 사회화 기관이므로 (가), (나) 모두에 공식적 사회화 기관이 나타나 있다.

④ 비공식적 사회화 기관은 (가)에 2개(○○ 회사, 환경 보호 시민 단체), (나)에 2개(가족, □□ 축산 회사)가 나타나 있다.

⑤ (나)에는 가족이라는 1차적 사회화 기관이 나타나 있지만, (가)에는 나타나 있지 않다.

수능 실전 문제

본문 54~57쪽

1 ⑤	2 ⑤	3 ②	4 ②
5 ②	6 ⑤	7 ⑤	8 ④

1 1차적 사회화와 2차적 사회화의 이해

문제 분석 A는 1차적 사회화, B는 2차적 사회화에 해당한다.

정답 찾기 ⑤ 1차적 사회화는 가족, 또래 집단 등을 통해 이루어지므로 대면 접촉을 통한 언어적 상호 작용이 일반적으로 나타난다. 이에 비해 2차적 사회화는 대중 매체 등에 의해서도 이루어지므로 1차적 사회화보다 대면 접촉을 통한 언어적 상호 작용이 일반적으로 나타난다고 볼 수 없다.

오답 피하기 ① 또래 집단은 1차적 사회화 기관에 해당한다.

② 1차적 사회화보다 2차적 사회화를 통해 재사회화와 예기 사회화가 이루어지는 것이 일반적이다.

③ 1차적 사회화를 통해 의식주를 해결하는 기초적 욕구를 충족하게 된다.

④ 1차적 사회화는 가족, 또래 집단과 같은 비공식적 사회화 기관에 의해 주도되는 것이 일반적이다.

2 사회화 기관의 이해

문제 분석 첫 번째 질문인 '사회화를 목적으로 설립되었는가?'는 공식적 사회화 기관 여부를 판단하기 위한 것이고, 두 번째 질문인 '전문적인 지식과 기능의 사회화를 담당하는가?'는 2차적 사회화 기관 여부를 판단하기 위한 것이다. 회사, 가족, 대학교 중 공식적 사회화 기관은 대학교이고, 회사, 가족은 비공식적 사회화 기관이다. 첫 번째 질문에 대해 ㉠이 두 개, ㉡이 한 개이므로 ㉠은 '아니요', ㉡은 '예'이다. 따라서 B는 대학교에 해당한다. 회사, 가족, 대학교 중 2차적 사회화 기관은 회사와 대학교이고, 가족은 1차적 사회화 기관이다. 두 번째 질문에 대해 ㉠이 한 개, ㉡이 두 개인데, 대학교가 B이므로 C는 회사이다. 따라서 A는 가족이다.

정답 찾기 ⑤ 사회화 과정 및 내용의 체계성 정도가 강한 사회화 기관은 공식적 사회화 기관이다. 대학교는 공식적 사회화 기관에 해당한다.

오답 피하기 ① ㉠은 '아니요', ㉡은 '예'이다.

② 재사회화는 주로 회사에서 이루어지는 경우가 많다.

③ 가족과 회사는 모두 비공식적 사회화 기관에 해당한다.

④ 가족이 회사보다 개인의 인성 형성에 더 중요한 역할을 담당한다.

3 사회화 기관의 이해

문제 분석 가족, 직업 훈련소, 회사 중 전문적인 지식과 기능의 사회화를 담당하는 기관, 즉 2차적 사회화 기관은 직업 훈련소와 회사이므로 A, B는 각각 직업 훈련소와 회사 중 하나이다. 그리고 가족, 직업 훈련소, 회사 중 공식적이고 체계적으로 사회화가 이루어지는 기관, 즉 공식적 사회화 기관은 직업 훈련소이므로 A는 직업 훈련소, B는 회사, C는 가족이다.

정답 찾기 ㄱ. 직업 훈련소는 공식적 사회화 기관이고, 회사는 비공식적 사회화 기관이다. 따라서 '공식적 사회화 기관에 해당하는가?'는 ㉠에 해당한다.

ㄹ. 가족보다 직업 훈련소에서 재사회화 과정을 주로 담당한다.

오답 피하기 ㄴ. 직업 훈련소는 2차적 사회화 기관이고, 가족은 1차적 사회화 기관이다. 따라서 '2차적 사회화 기관에 해당하는가?'는 ㉡에 해당하지 않는다.

ㄷ. 가족이 회사보다 기본적 인성과 자아 정체성 형성에 더 큰 영향을 미친다.

4 역할 갈등의 이해

문제 분석 역할 갈등은 한 개인에게 상반된 역할이 동시에 요구될 때 발생한다.

정답 찾기 ㄱ. 우수 직원 표창을 받은 것은 갑의 역할 행동에 대한 평가를 바탕으로 한 사회적 보상이다.

ㄷ. 갑은 을과 달리 공식적 사회화 기관인 ○○ 대학교에 속해 있다. 을이 속한 회사는 비공식적 사회화 기관이다.

오답 피하기 ㄴ. 을은 회사원이라는 성취 지위와 남편이라는 성취 지위에 따른 역할들 사이에서 고민하고 있다. 즉, 을은 성취 지위에 따르는 역할들 사이에서 고민하고 있다.

ㄹ. 을은 역할 갈등을 경험하였지만, 갑은 역할 갈등을 경험하지 않았다.

5 사회화 관련 개념의 이해

문제 분석 예기 사회화는 장차 속하게 될 집단에서 요구되는 지식이나 가치 등을 미리 습득하는 과정이다.

정답 찾기 ㄴ. 앞으로 농부가 되기로 한 갑이 농사에 필요한 기술과 지식을 배우기 위해 □□군 귀농인 농업 교육 센터에서 교육을 받았으므로 갑은 □□군 귀농인 농업 교육 센터에서 예기 사회화를 경험하였다.

ㄷ. 기업은 설립 목적이 사회화에 있지 않으므로 비공식적 사회화 기관이다. 이에 비해 □□군 귀농인 농업 교육 센터는 농업 기술과 지식을 전수하기 위한 기관이므로 공식적 사회화 기관에 해당한다.

오답 피하기 ㄱ. 역할 갈등은 역할 간의 충돌 혹은 갈등 상황을 의미한다. 사례에서 아내와의 갈등은 역할 간의 충돌 상황이 아니므로 역할 갈등에 해당하지 않는다.

ㄹ. 운전기사, 아내는 성취 지위이고, 딸은 귀속 지위이다. 낙관주의자는 개인의 특성을 나타내는 것일 뿐 성취 지위에 해당하지 않는다.

6 사회화 기관의 이해

문제 분석 사회화를 목적으로 설립된 기관은 공식적 사회화 기관인데, 가족, 군대, 대학교 중 대학교만 이에 해당하므로 C는 대학교이다. 가족과 군대 중 2차적 사회화 기관은 군대이므로 A는 군대이다. 따라서 B는 가족이다.

정답 찾기 ⑤ (나)에는 가족이 '예'로 답할 수 있는 질문이, (다)에는 가족이 '아니요'라고 답할 수 있는 질문이 들어가야 한다. 가족은 비공식적 사회화 기관이자 1차적 사회화 기관이다.

오답 피하기 ① B는 '가족'이다.

② 군대와 대학교는 모두 전문적인 지식과 기능의 사회화를 담당하는 2차적 사회화 기관이다.

③ (가)에는 군대가 '예'로 답할 수 있는 질문이 들어가야 한다. 군대는 비공식적 사회화 기관이다.

④ (라)에는 대학교가 '아니요'라고 답할 수 있는 질문이 들어가야 한다. 대학교는 2차적 사회화 기관이며, 기초적인 수준의 사회화 과정을 담당하는 기관은 1차적 사회화 기관이다.

7 사회화 기관, 역할 관련 개념의 이해

문제 분석 사회적 보상과 처벌은 역할이 아니라 역할 행동에 대한 평가를 바탕으로 한다.

정답 찾기 ㄱ. ○○ 중공업 사장과 ○○ 중공업 해외 영업 팀장인 갑은 ○○ 중공업 소속이다. ○○ 중공업은 비공식적 사회화 기관이다.

ㄷ. 갑의 역할 행동인 'A국 정부를 대상으로 펼친 수주 노력'에 대한 평가를 바탕으로 갑은 포상금과 특별 승진이라는 보상을 받았다. ○○ 중공업 기술 연구소 연구원들 역시 기술 개발이라는 역할 행동으로 포상금이라는 보상을 받았다.

ㄹ. ○○ 중공업 기술 연구소는 □□ 대학교와 기술 협약을 통해 기술을 개발하였다. □□ 대학교는 공식적 사회화 기관이다.

오답 피하기 ㄴ. ○○ 중공업 기술 연구소장이 역할 갈등을 경험한 내용은 사례에서 도출할 수 없다. ○○ 중공업 기술 연구소장의 말 중 '많은 고민'은 역할 간의 충돌에 의한 것이 아니므로 역할 갈등에 해당하지 않는다.

8 사회화 기관, 지위, 역할 행동의 이해

문제 분석 공식적 사회화 기관과 비공식적 사회화 기관은 설립 목적을 기준으로 분류한 사회화 기관 유형이다.

정답 찾기 ㄱ. 동영상 플랫폼은 대중 매체이다. 대중 매체는 2차적 사회화 기관이면서 비공식적 사회화 기관이다.
ㄴ. 갑이 사람들에게 인기를 얻게 된 것은 헤어 디자이너라는 지위에 따른 역할 행동에 대한 사회적 보상이다.
ㄷ. 대학교와 미용 학원은 모두 사회화를 목적으로 설립된 기관, 즉 공식적 사회화 기관이다.
오답 피하기 ㄹ. 헤어 디자이너와 어머니는 모두 성취 지위에 해당한다.

06 사회 집단과 사회 조직

수능 기본 문제

본문 62~63쪽

01 ②	02 ②	03 ④	04 ④
05 ⑤	06 ③	07 ⑤	08 ②

01 1차 집단의 이해

문제 분석 ‘친밀한 관계’, ‘집단의 목적이 구성원 간의 인간관계 자체’, ‘관계 지향적’ 등을 통해 제시된 글은 1차 집단을 설명하고 있음을 알 수 있다.
정답 찾기 ② 1차 집단은 관습이나 도덕과 같은 비공식적 규범을 통한 통제가 일반적이다.
오답 피하기 ① 정당과 시민 단체는 2차 집단에 해당한다.
③ 개인이 자신의 판단과 행동의 기준으로 삼는 집단은 준거 집단이다.
④ 자신이 소속되어 있으면서 강한 일체감을 갖는 집단은 내집단이다.
⑤ 구성원들의 선택 의지에 의해 인위적으로 형성된 집단은 이익 사회이다.

02 자발적 결사체와 비공식 조직의 이해

문제 분석 A는 비공식 조직, B는 자발적 결사체이다. 모든 비공식 조직은 자발적 결사체에 해당한다.
정답 찾기 ② 비공식 조직은 구성원의 만족감과 사기 증진 및 공식 조직 내에서의 긴장감과 소외감을 해소하여 공식 조직의 효율성을 높이는 데 기여할 수 있다.
오답 피하기 ① 비공식 조직은 공식 조직을 배경으로 존재한다. 따라서 가족은 비공식 조직에 해당하지 않는다.
③ 회사는 가입이 자유롭지 않으므로 자발적 결사체에 해당하지 않는다.
④ 비공식 조직은 구성원 간의 친밀한 인간관계를 지향하므로 공식적 통제 수단에 의해 운영된다고 볼 수 없다.
⑤ 자발적 결사체는 집단의 목표에 대한 구성원의 신념이 뚜렷하다. 비공식 조직은 모두 자발적 결사체에 속하므로 비공식 조직 역시 집단의 목표에 대한 구성원의 신념이 뚜렷하다.

03 사회 조직의 이해

문제 분석 노동조합은 자발적 결사체이면서 공식 조직이고, ○○ 기업 탁구 동호회는 자발적 결사체이면서 비공식 조직이다. ○○ 기업은 공식 조직이다.

정답 찾기 ㄱ. ○○ 기업 탁구 동호회는 ○○ 기업이라는 공식 조직 내에 존재하는 자발적 결사체이며 비공식 조직에 해당한다.
ㄷ. 노동조합, ○○ 기업 탁구 동호회, ○○ 기업은 모두 구성원들의 선택 의지에 의해 인위적으로 형성된 이익 사회이다.
ㄹ. ㉠~㉢ 중 자발적 결사체는 노동조합과 ○○ 기업 탁구 동호회 2개이다.
오답 피하기 ㄴ. 노동조합, ○○ 기업은 모두 공식 조직이다.

04 비공식 조직의 이해

문제 분석 ○○ 회사에 근무하는 직원을 자격 조건으로 하고, 회원 상호 간의 친목 도모 등을 목적으로 하고 있다는 것을 통해 A는 ○○ 회사 내에 존재하는 비공식 조직임을 알 수 있다.
정답 찾기 ④ 비공식 조직은 공식 조직이 주는 긴장감과 소외감을 완화하여 공식 조직의 효율성을 높이는 데 기여할 수 있다.
오답 피하기 ① 비공식 조직은 설립 목적이 사회화에 있지 않으므로 공식적 사회화 기관에 해당하지 않는다.
② 본질 의지로 결합된 집단은 공동 사회이다. 비공식 조직은 이익 사회이다.
③ 공식적인 규범을 통해 구성원을 통제하는 것은 공식 조직이다.
⑤ 비공식 조직은 친목 집단의 성격을 가지므로 구성원 간에 형식적·수단적 인간관계가 지배적이라고 볼 수 없다.

05 사회 집단과 사회 조직의 이해

문제 분석 공식 조직, 비공식 조직, 자발적 결사체는 모두 이익 사회에 해당하므로 D는 이익 사회이다. 모든 A는 C에 속하고, B의 구성원만이 A의 구성원이 될 수 있다는 내용을 통해 A는 비공식 조직, B는 공식 조직, C는 자발적 결사체임을 알 수 있다.
정답 찾기 ⑤ 시민 단체는 자발적 결사체이면서 공식 조직이지만 비공식 조직은 아니다.
오답 피하기 ① 이익 사회는 유형이 다양하므로 1차 집단의 성격이 강하다고 규정할 수 없다.
② 공식적 규범에 대한 의존도가 높은 것은 공식 조직이다. 비공식 조직은 비공식적 규범에 의해 운영되는 것이 일반적이다.
③ 가입과 탈퇴가 자유로운 것은 자발적 결사체이다. 비공식 조직도 자발적 결사체이므로 가입과 탈퇴가 자유롭다.
④ 동네 조기 축구회는 자발적 결사체이지만, 공식 조직을 배경으로 하지 않으므로 비공식 조직에 해당하지 않는다.

06 관료제와 탈관료제의 공통점과 차이점 이해

문제 분석 근속 연수를 기준으로 평가와 보상이 이루어지는 것은 관료제이므로 A는 관료제, B는 탈관료제이다. 따라서 (가)에는 관료제만의 특징, (나)에는 관료제와 탈관료제의 공통점, (다)에는 탈관료제만의 특징이 들어가야 한다.
정답 찾기 ③ (나)에는 관료제와 탈관료제의 공통점이 들어가야 한다. 관료제와 탈관료제는 모두 업무 수행의 효율성을 중시한다.
오답 피하기 ① 관료제는 하향식 의사 결정 방식이 지배적이다.
② 외부 환경 변화에 신속하게 대처할 수 있는 탈관료제가 관료제보다 정보 사회에 더 적합하다고 볼 수 있다.
④ 관료제는 탈관료제보다 업무의 전문화와 세분화를 중시한다.
⑤ 관료제, 탈관료제는 모두 공식 조직이므로 공식적 수단에 의해 조직이 통제된다.

07 관료제의 특징과 역기능 이해

문제 분석 (가)에는 관료제의 역기능 중 목적 전치 현상을 초래할 수 있는 관료제의 특징이 들어가야 하고, (나)에는 관료제의 역기능 중 무사안일주의를 초래할 수 있는 관료제의 특징이 들어가야 한다.
정답 찾기 ⑤ 관료제의 특징인 규약과 절차에 따른 업무 수행이 강조될 경우 수단과 목적이 뒤바뀌는 목적 전치 현상이 나타날 수 있다. 그리고 관료제의 특징인 신분 보장과 연공서열에 따른 보상으로 인해 무사안일주의가 팽배할 수 있다.

08 사회 집단과 사회 조직의 이해

문제 분석 가족은 공동 사회, 고등학교 총동문회는 자발적 결사체이자 공식 조직, 아파트 조기 축구회는 자발적 결사체, 회사는 공식 조직이다.
정답 찾기 ② 고등학교 총동문회, 회사는 가족, 아파트 조기 축구회와 달리 공식 조직이다.
오답 피하기 ① 아파트 조기 축구회는 인위적으로 형성된 집단이므로 이익 사회이다. 따라서 '이익 사회인가?'는 (가)에 들어갈 수 없다.
③ 아파트 조기 축구회는 2차 집단으로 단정할 수 없고, 회사는 2차 집단에 해당한다. 따라서 '2차 집단인가?'는 (나)에 들어갈 수 없다.
④ 가족, 고등학교 총동문회, 아파트 조기 축구회, 회사는 모두 비공식 조직이 아니다. 따라서 '비공식 조직인가?'는 (나)에 들어갈 수 없다.
⑤ 고등학교 총동문회, 아파트 조기 축구회는 가족, 회사와 달리 자발적 결사체이다. 따라서 '자발적 결사체인가?'는 (나)에 들어갈 수 있다.

수능 실전 문제 본문 64~67쪽

1 ⑤	2 ③	3 ④	4 ①
5 ⑤	6 ⑤	7 ⑤	8 ②

1 준거 집단의 이해

문제 분석 제시된 글에서 A는 준거 집단이다.

정답 찾기 ㄷ. 준거 집단은 개인이 행동할 때 비교나 판단의 기준이 되는 집단이다.

ㄹ. 준거 집단이 소속 집단과 일치하지 않을 경우 상대적 박탈감이 나타날 수 있으며, 이 과정에서 일탈 행동을 하거나 소속 집단에서 이탈하고자 하는 욕구를 가질 수 있다.

오답 피하기 ㄱ. A는 준거 집단이다.

ㄴ. 가족과 같은 1차 집단이 준거 집단이 될 수도 있고, 학교나 직장 같은 2차 집단이 준거 집단이 될 수도 있다.

2 사회 집단의 이해

문제 분석 1차 집단은 친밀한 대면 접촉과 전인격적 관계가 형성되는 집단이고, 2차 집단은 수단적 만남과 간접적 접촉이 이루어지는 집단이다.

정답 찾기 ③ 갑은 금요일에 ○○ 고등학교와 □□ 시민 단체에서 활동하고 있는데, 두 집단 모두 이익 사회에 해당한다. 따라서 공동 사회에서 활동하고 있지 않다.

오답 피하기 ① 갑이 속한 집단 중 공식 조직은 ○○ 고등학교, □□ 시민 단체 2개이다.

② ○○ 고등학교 내 △△ 볼링 동호회는 비공식 조직이다.

④ □□ 시민 단체와 동네 조기 축구회는 모두 자발적 결사체에 해당한다.

⑤ 가족은 1차 집단, 학교는 2차 집단에 해당한다.

3 사회 조직의 이해

문제 분석 사례 (가), (다)는 공통적으로 B에 해당한다. 공식 조직에도 해당하고 비공식 조직에도 해당하는 사례는 존재할 수 없으므로 B는 자발적 결사체이다. 그리고 비공식 조직은 모두 자발적 결사체이므로 자발적 결사체에는 해당하지 않고 비공식 조직에만 해당하는 사례는 없다. 따라서 C는 비공식 조직이다.

정답 찾기 ㄴ. 비공식 조직은 모두 자발적 결사체이다.

ㄹ. ○○ 은행 내 축구 동호회는 비공식 조직이자 자발적 결사체이므로 (다)에 해당한다.

오답 피하기 ㄱ. A는 공식 조직이다.

ㄷ. △△ 시민 단체는 공식 조직이자 자발적 결사체이므로 (나)에 해당하지 않는다.

4 사회 집단과 사회 조직의 이해

문제 분석 가입과 탈퇴가 자유로운 집단은 자발적 결사체이다. 따라서 A~C는 자발적 결사체이므로 A~C는 각각 시민 단체, ○○ 기업 축구 동호회, ◇◇ 마을 배드민턴 동호회 중 하나에 해당하고, D는 군대이다. 구성원의 지위와 책임이 명확하게 규정되어 있는 집단은 공식 조직인데, 자발적 결사체 중 공식 조직은 시민 단체이므로 A, C 중 하나는 시민 단체이다. 한편, 형식적·수단적 인간관계가 지배적으로 나타나는 집단은 2차 집단인데, 군대인 D는 2차 집단이므로 C는 2차 집단이 아니다. 따라서 A는 시민 단체이다. 이를 정리하면 A는 시민 단체, D는 군대, B와 C는 각각 ○○ 기업 축구 동호회와 ◇◇ 마을 배드민턴 동호회 중 하나이다.

정답 찾기 ㄱ. 시민 단체, 군대는 모두 공식적인 목표와 과업을 효율적으로 달성하기 위해 형성된 공식 조직이다.

ㄴ. B와 C는 각각 ○○ 기업 축구 동호회와 ◇◇ 마을 배드민턴 동호회 중 하나이므로 B가 '○○ 기업 축구 동호회'라면, C는 '◇◇ 마을 배드민턴 동호회'이다.

오답 피하기 ㄷ. ○○ 기업 축구 동호회는 ◇◇ 마을 배드민턴 동호회와 달리 비공식 조직이므로 '비공식 조직에 해당하는가?'라는 질문을 통해 B와 C를 구분할 수 있다.

ㄹ. 구성원의 선택 의지에 따라 형성된 집단은 이익 사회이다. 군대, 시민 단체, ○○ 기업 축구 동호회, ◇◇ 마을 배드민턴 동호회는 모두 이익 사회이다.

5 사회 집단과 사회 조직의 이해

문제 분석 ○○ 기업은 공식 조직이고, ○○ 기업 노동조합은 자발적 결사체이면서 공식 조직이다. ○○ 기업 등산 동호회는 자발적 결사체이면서 비공식 조직이다.

정답 찾기 ⑤ ㉢이 '예'이고 (가)가 '자발적 결사체에 해당하는가?'라면, C는 ○○ 기업 노동조합이고, A는 ○○ 기업 등산 동호회이다. ○○ 기업 등산 동호회는 비공식 조직이다.

오답 피하기 ① ○○ 기업, ○○ 기업 노동조합, ○○ 기업 등산 동호회는 모두 이익 사회이므로 해당 질문은 (가)에 들어갈 수 없다.

② ㉠이 '예'라면, B, C 중 하나는 ○○ 기업 등산 동호회인데, ○○ 기업 등산 동호회는 2차 집단으로 볼 수 없다.

③ ㉡이 '예'라면, A, C 중 하나는 ○○ 기업 등산 동호회이고, 나머지는 ○○ 기업일 수도 있고 ○○ 기업 노동조합일 수도 있다. 따라서 A, C가 모두 자발적 결사체라고 단정할 수 없다.

④ 공식적 규범에 의해 조직이 통제되는 것은 공식 조직이다. ㉢이 '예'라면 A, B 중 하나는 ○○ 기업 등산 동호회이고, 나머지는 ○○ 기업일 수도 있고 ○○ 기업 노동조합일 수도 있다. 따라서 A, B 중 하나만 공식적 규범에 의해 조직이 통제된다.

6 관료제와 탈관료제의 특징 이해

문제 분석 탈관료제가 관료제보다 외부 환경 변화에 신속하게 대응할 수 있고, 관료제가 탈관료제보다 업무의 전문화와 세분화 정도가 높다. A가 관료제, B가 탈관료제라면, 틀린 사람은 최소 갑과 병 두 사람이므로 A는 탈관료제, B는 관료제이다. 따라서 (가), (나) 중 하나에는 틀린 진술이 들어가야 하고, ㉠은 을과 정 중 하나이다.

정답 찾기 ⑤ 관료제와 탈관료제는 모두 조직 운영의 효율성을 중시하므로 (가)는 틀린 진술이다. 따라서 (나)에는 옳은 진술이 들어가야 한다. 탈관료제는 관료제보다 업무 담당자의 재량권이 많으므로 해당 진술은 (나)에 들어갈 수 있다.

오답 피하기 ① 중간 관리층의 비중은 관료제가 탈관료제에 비해 높다.

② 관료제와 탈관료제는 모두 공식 조직이므로 공식적 규약과 절차에 의해 구성원을 통제한다.

③ 탈관료제는 관료제에 비해 조직 운영의 유연성을 발휘하기 용이하다.

④ (가), (나) 중 하나에는 틀린 진술이 들어가야 한다. 탈관료제가 관료제에 비해 경력보다 업적에 따른 보상을 중시하므로 (가)의 진술은 옳다. 따라서 틀린 진술을 한 사람은 '정'이다.

7 관료제와 탈관료제의 비교

문제 분석 관료제와 탈관료제는 모두 효율적인 조직 운영을 목표로 하여 등장하였으므로 을은 두 번째 진술에 해당하는 사회 조직 운영 원리를 틀리게 적었다. 을이 획득한 점수가 2점이므로 을은 첫 번째 진술과 (가)에 해당하는 사회 조직 운영 원리에 대해 옳게 적었다. 경력에 따른 보상과 신분 보장을 중시하는 것은 관료제이다. 따라서 A는 관료제, B는 탈관료제이다.

정답 찾기 ㄷ. 탈관료제가 관료제에 비해 수평적 의사 결정 비중이 높다.

ㄹ. (가)의 진술에 대해 갑과 을은 옳게, 병은 틀리게 적었다. 외부 환경 변화에 유연하게 대처하기 용이한 것은 탈관료제이므로 ㉢과 달리 ㉠, ㉡은 모두 B이다.

오답 피하기 ㄱ. 관료제는 탈관료제에 비해 중간 관리층의 비중이 높다.

ㄴ. 관료제는 탈관료제에 비해 조직 구성원의 재량권 및 자율성이 낮다.

8 사회 집단과 사회 조직의 이해

문제 분석 갑은 ○○ 회사, ○○ 회사 내 봉사 동아리에 속해 있고, 을은 ○○ 회사, ○○ 회사 내 봉사 동아리, □□ 시민 단체, △△ 대학교 총동문회에 속해 있다. 병은 □□ 시민 단체, △△ 대학교 총동문회, ◇◇ 마을 봉사 동호회에 속해 있다. ○○ 회사는 공식 조직, ○○ 회사 내 봉사 동아리는 자발적 결사체이면서 비공식 조직, □□ 시민 단체는 자발적 결사체이면서 공식 조직, △△ 대학교 총동문회는 자발적 결사체이면서 공식 조직, ◇◇ 마을 봉사 동호회는 자발적 결사체에 해당한다.

정답 찾기 ② 을이 속한 공식 조직의 수는 3개이고, 병이 속한 공식 조직의 수는 2개이다.

오답 피하기 ① ○○ 회사는 2차 집단이므로 갑, 을은 모두 2차 집단에 속해 있다.

③ 을과 병이 같이 속한 □□ 시민 단체와 △△ 대학교 총동문회는 모두 이익 사회에 해당한다.

④ 을과 병은 모두 3개의 자발적 결사체에 속해 있다.

⑤ 병은 갑, 을과 달리 비공식 조직에 속해 있지 않다.

07 사회 구조와 일탈 행동

수능 기본 문제 본문 72~73쪽

01 ③	02 ④	03 ③	04 ③
05 ④	06 ⑤	07 ④	08 ④

01 사회 실재론과 사회 명목론의 이해

문제 분석 A는 사회 명목론, B는 사회 실재론이다. (가)에는 사회 실재론을 비판하는 내용이 들어가야 한다.

정답 찾기 ③ 사회 실재론은 개인의 의식과 행동은 사회에 의해 구속된다고 본다.

오답 피하기 ① 사회 실재론은 사회가 개인에 대하여 외재성을 갖는다고 본다.

② 사회 명목론은 사회의 특성은 개인의 특성으로 환원된다고 본다.

④ 사회 실재론은 사회의 이익은 개인별 이익의 총합 이상이라고 본다.

⑤ 사회 실재론은 인간의 주체적이고 능동적인 행위를 설명하기 곤란하다는 비판을 받으므로 해당 내용은 (가)에 들어갈 수 있다.

02 사회 실재론의 이해

문제 분석 제시문은 개인과 사회의 관계를 바라보는 관점 중 사회 실재론의 관점에 바탕을 두고 있다.

정답 찾기 ㄴ. 사회 실재론은 사회가 개인보다 우월한 가치를 지닌다고 본다.

ㄹ. 사회 실재론은 사회 문제를 해결하기 위해서는 개인의 의식 개선보다 사회 제도의 개선을 강조한다.

오답 피하기 ㄱ. 사회는 개인의 합에 불과하다고 보는 것은 사회 명목론이다.

ㄷ. 사회 현상을 개인의 속성으로 환원하여 설명할 수 있다고 보는 것은 사회 명목론이다.

03 개인과 사회의 관계를 바라보는 관점 이해

문제 분석 개인이 사회에 대하여 자율성을 갖는다고 보는 것은 사회 명목론의 입장이며, 개인의 속성이 모여 사회의 속성을 결정한다고 보는 것 역시 사회 명목론의 입장이다. 그리고 사회가 개인의 외부에서 독자적으로 작동한다고 보는 것은 사회 실재론의 입장이며, 개인이 사회 속에서만 존재 의미를 가질 수 있다고 보는 것 역시 사회 실재론의 입장이다.

정답 찾기 ③ 병은 사회 명목론의 입장에서 일관되게 응답하였다.

04 구조화된 행동의 이해

문제 분석 제시문을 통해 개인은 사회 구조가 제시하는 행동 방식을 따르고 있음을 알 수 있다.

정답 찾기 ③ 사회 구조는 사회 구성원들로 하여금 사회 구조의 특성을 내면화하여 사회가 요구하는 행동 방식을 따르도록 한다. 즉, 사회 구조는 구성원들에게 구조화된 행동을 하게 한다.

오답 피하기 ① 지속성은 사회 구조의 특성이나 제시문과는 관련 없다.

② 변동 가능성은 사회 구조의 특성이나 제시문과는 관련 없다.

④ 사회 구조의 형성 과정에 대한 설명으로, 제시문과는 관련 없다.

⑤ 제시문은 오히려 사회 구조에 대한 이해가 있어야 개인의 행동을 이해할 수 있다고 보고 있다.

05 일탈 행동의 순기능 이해

문제 분석 제시문은 일탈 행동의 긍정적 측면에 대해 말하고 있다.

정답 찾기 ④ 어떤 사회 규범을 위배했을 경우 이를 일탈 행동으로 규정하면, 사회 구성원들에게 현재 사회 규범이 무엇인지를 알게 하고 사회 규범을 준수해야 한다는 각인 효과를 준다는 내용을 통해, 제시문의 결론은 일탈 행동의 규정을 통해 기존 사회 규범을 더욱 확고히 할 수 있다는 것임을 알 수 있다.

오답 피하기 ① 일탈 행동의 상대성은 제시문의 주제와 관련없다.

② 일탈 행동에 대응하는 과정을 통해 사회는 변동할 수 있지만, 제시문의 주제와 관련없다.

③ 일탈 행동이 사회 안정과 통합을 위해 억제되어야 한다는 내용은 제시문의 주제와 관련없다.

⑤ 일탈 행동을 규정하는 기준이 사회 지배 계층에 의해 결정된다는 내용은 제시문의 주제와 관련없다.

06 일탈 이론의 이해

문제 분석 '지향하는 사회적 가치를 획득할 수 있는 접근 통로가 점점 더 좁아지고'를 통해 제시문에 나타난 일탈 이론은 머튼의 아노미 이론임을 알 수 있다.

정답 찾기 ⑤ 머튼의 아노미 이론은 문화적 목표와 제도적 수단 간의 괴리를 일탈 행동의 원인으로 보기 때문에 문화적 목표 달성을 위한 제도적 수단의 제공을 일탈 행동에 대한 대책으로 제시한다.

오답 피하기 ① 부정적 낙인의 최소화를 일탈 대책으로 제시하는 이론은 낙인 이론이다.

② 새로운 사회 규범의 정립을 일탈 대책으로 제시하는 이론은 뒤르켐의 아노미 이론이다.

③ 일탈 집단과의 접촉 최소화를 일탈 대책으로 제시하는 이론은 차별 교제 이론이다.

④ 머튼의 아노미 이론과 관계없는 일탈 대책이다.

07 사회 명목론과 사회 실재론의 이해

문제 분석 사회의 특성이 개인의 특성으로 환원될 수 있다고 보는 것은 사회 명목론이므로 A는 사회 명목론, B는 사회 실재론이다.

정답 찾기 ④ (가)에는 사회 실재론에는 해당하지만 사회 명목론에는 해당하지 않는 내용이 들어가야 한다. 개인은 사회에 의해 구조화된 행동을 한다고 보는 것은 사회 실재론이므로 해당 질문은 (가)에 들어갈 수 있다.

오답 피하기 ① 사회 전체의 이익은 개인의 이익을 초월한 가치를 지닌다고 보는 것은 사회 실재론이다.
② 사회 문제의 해결을 위해 사회 제도의 개선보다 개인의 의식 개선을 강조하는 것은 사회 명목론이다.
③ 구성원의 특성이 모여 그 사회의 특성을 결정한다고 보는 것은 사회 명목론이다.
⑤ 개인의 자율적인 의지에 의해 사회가 형성된다고 보는 것은 사회 명목론이므로 해당 질문은 (가)에 들어갈 수 없다.

08 일탈 이론의 이해

문제 분석 1차적 일탈보다 2차적 일탈을 설명하기에 적합한 것은 낙인 이론이므로 A는 낙인 이론이다. 그리고 일탈 행동이 발생하는 과정에서 나타나는 상호 작용에 주목하는 것은 낙인 이론과 차별 교제 이론이므로 C는 차별 교제 이론이다. 따라서 B는 머튼의 아노미 이론이다.

정답 찾기 ④ 낙인 이론은 머튼의 아노미 이론, 차별 교제 이론과 달리 어떤 행동이 일탈 행동인지보다 어떤 과정에 의해 일탈 행동이 반복되는지에 초점을 맞추는 이론이다.

오답 피하기 ① 차별적 제재를 일탈 행동의 원인으로 보는 것은 낙인 이론이다.
② 사회적 목표 달성에 대한 열망이 일탈 행동을 유발한다고 보는 것은 머튼의 아노미 이론이다.
③ 일탈 행동이 학습되는 과정에 주목하는 것은 차별 교제 이론이다.
⑤ 정상적인 집단과의 교류 확대를 일탈 행동의 대책으로 보는 것은 차별 교제 이론이다.

수능 실전 문제

본문 74~77쪽

1 ④	2 ②	3 ④	4 ④
5 ④	6 ①	7 ⑤	8 ②

1 사회 실재론과 사회 명목론의 이해

문제 분석 (가)는 사회 명목론, (나)는 사회 실재론에 해당한다.

정답 찾기 ④ 사회 실재론은 개인이 사회에 의해 구조화된 행동을 한다고 본다.

오답 피하기 ① 사회의 속성이 개인의 속성을 결정한다고 보는 것은 사회 실재론이다.
② 개인의 능동성보다 사회 규범의 구속성을 중시하는 것은 사회 실재론이다.
③ 사회가 개인의 단순한 합에 불과하다고 보는 것은 사회 명목론이다.
⑤ 사회 문제 해결을 위해 개인의 의식 개선보다 사회의 제도 개혁을 강조하는 것은 사회 실재론이다.

2 사회 실재론과 사회 명목론의 이해

문제 분석 제시문에는 사회 실재론의 관점이 나타나 있다.

정답 찾기 ㄱ. 사회 실재론은 개인의 의식과 행위는 사회에 의해 규정된다고 본다.
ㄹ. 사회 실재론은 사회가 개인의 외부에서 독자적으로 존재하는 실체라고 본다.

오답 피하기 ㄴ. 구성원의 특성이 모여 그 사회의 특성을 결정한다고 보는 것은 사회 명목론이다.
ㄷ. 사회의 특성은 개인의 행동이 그대로 반영된 결과라고 보는 것은 사회 명목론이다.

3 사회 구조의 특징 이해

문제 분석 A는 사회 구조이다.

정답 찾기 ㄱ. 사회 구조는 사회 구성원이 바뀌어도 비교적 오랜 기간 유지되는 지속성을 갖는다.
ㄴ. 사회 구조는 구성원들로 하여금 구조화된 행동을 하게 하여 구성원 간 예측 가능성을 높여 안정적인 사회적 관계가 형성될 수 있도록 한다.
ㄹ. 사회 구조는 개인으로 하여금 구조화된 행동을 하게 한다. 즉, 개인의 행동을 규제하고 구속한다.

오답 피하기 ㄷ. 사회 구조는 장기적으로 구성원들의 가치관 변화나 외부 사회와의 접촉 등으로 인해 변동될 수 있다.

4 일탈 이론의 이해

문제 분석 낙인 이론은 일탈 행동을 규정하는 객관적 기준이 존재하지 않는다고 보므로 C는 낙인 이론이고, A와 B는 각각 뒤르켐의 아노미 이론, 차별 교제 이론 중 하나이다.

정답 찾기 ㄴ. 낙인 이론은 일탈자가 되어 가는 내면적 과정에 초점을 둔다.

ㄹ. 일탈 행동의 학습성을 강조하는 것은 차별 교제 이론이므로 B는 차별 교제 이론이고, A는 뒤르켐의 아노미 이론이다. 뒤르켐의 아노미 이론은 낙인 이론, 차별 교제 이론과 달리 사회 규범의 통제력 회복을 일탈 대책으로 제시하므로 해당 질문은 (나)에 들어갈 수 있다.

오답 피하기 ㄱ. 뒤르켐의 아노미 이론, 차별 교제 이론은 모두 일탈 행동을 규정하는 객관적 기준이 존재한다고 보므로 ㉠, ㉡은 모두 '예'이다.

ㄷ. 일탈 행동의 원인으로 타인과의 상호 작용을 중시하는 것은 낙인 이론과 차별 교제 이론이다.

5 낙인 이론, 머튼의 아노미 이론, 차별 교제 이론의 이해

문제 분석 (가)에는 A는 '예', B, C는 '아니요'로 답할 수 있는 질문이, (나)에는 A는 '아니요', B, C는 '예'로 답할 수 있는 질문이 들어가야 한다.

정답 찾기 ㄴ. 목표와 수단 간 괴리가 일탈 행동의 원인이라고 보는 이론은 머튼의 아노미 이론이므로 A는 머튼의 아노미 이론이다. 따라서 B, C는 각각 낙인 이론과 차별 교제 이론 중 하나이다. 낙인 이론과 차별 교제 이론은 모두 일탈 행동이 발생하는 과정에서 나타나는 상호 작용에 주목하므로 해당 질문은 (나)에 들어갈 수 있다.

ㄹ. 일탈을 규정하는 객관적 기준이 존재한다고 보는 이론은 머튼의 아노미 이론과 차별 교제 이론이므로 A는 낙인 이론이다. 정상 집단과의 교류 촉진을 일탈 대책으로 보는 것은 차별 교제 이론에만 해당하므로 해당 질문은 (가)에 들어갈 수 없다.

오답 피하기 ㄱ. 최초의 일탈보다는 일탈 행동을 반복하는 현상에 주목하는 것은 낙인 이론에만 해당하므로 해당 질문은 (나)에 들어갈 수 없다.

ㄷ. 차별적 제재를 일탈의 원인으로 보는 이론은 낙인 이론이므로 B는 낙인 이론이다. 따라서 A, C는 각각 머튼의 아노미 이론과 차별 교제 이론 중 하나이다. 부정적 낙인의 최소화를 일탈 대책으로 제시하는 것은 낙인 이론에만 해당하므로 해당 질문은 (나)에 들어갈 수 없다.

6 낙인 이론의 이해

문제 분석 A는 낙인 이론이다.

정답 찾기 ① 낙인 이론은 일탈 행동에 대한 사회적 반응을 중시한다.

오답 피하기 ② 사회가 급격하게 변동할 때 일탈 행동이 증가한다고 보는 것은 뒤르켐의 아노미 이론이다.

③ 비행 집단과의 접촉을 통해 일탈 행동이 학습된다고 보는 것은 차별 교제 이론이다.

④ 문화적 목표와 제도적 수단 간의 괴리를 일탈 행동의 원인으로 보는 것은 머튼의 아노미 이론이다.

⑤ 일탈에 대한 우호적 가치를 내면화하여 일탈 행동이 발생한다고 보는 것은 차별 교제 이론이다.

7 낙인 이론, 뒤르켐의 아노미 이론, 차별 교제 이론의 이해

문제 분석 (가)는 낙인 이론, (나)는 뒤르켐의 아노미 이론, (다)는 차별 교제 이론에 해당한다.

정답 찾기 ⑤ 낙인 이론은 뒤르켐의 아노미 이론, 차별 교제 이론과 달리 행동의 속성이 아니라 그 행동에 대한 사회적 반응에 의해 일탈이 규정된다고 본다.

오답 피하기 ① 낙인 이론은 사람들의 부정적 평판이 개인에게 미치는 영향을 중시한다.

② 뒤르켐의 아노미 이론은 일탈 행동의 발생에 영향을 미치는 사회적 요인을 중시하는 거시적 관점에 바탕을 둔 이론이다.

③ 2차적 일탈의 원인을 규명하는 데 초점을 둔 이론은 낙인 이론이다.

④ 낙인 이론과 차별 교제 이론은 모두 타인과의 상호 작용이 일탈 행동에 미치는 영향을 강조한다.

8 일탈 이론의 이해

문제 분석 일탈을 사회 구조적 측면에서 설명하는 것은 머튼의 아노미 이론이고, 일탈 행동의 원인을 부정적 자아 정체성 형성에서 찾는 것은 낙인 이론이므로 C는 차별 교제 이론이다. 정상 집단과의 교류 촉진을 일탈 대책으로 제시하는 것은 차별 교제 이론이므로 정의 발표 내용은 틀렸다. 따라서 무의 발표 내용은 옳은데, 일탈을 규정하는 객관적 기준이 없다고 보는 것은 낙인 이론이므로 B는 낙인 이론이다. 따라서 A는 머튼의 아노미 이론이다.

정답 찾기 ② (가)에는 차별 교제 이론의 특징이 들어가야 한다. 차별 교제 이론은 타인과의 상호 작용을 통해 일탈이 학습됨을 강조하므로 해당 내용은 (가)에 들어갈 수 있다.

오답 피하기 ① ㉠은 '무'이다.

③ 머튼의 아노미 이론은 일탈 행동이 문화적 목표와 제도적 수단 간의 괴리로 발생한다고 보므로 저소득 계층보다 제도적 수단을 많이 가진 고소득 계층의 범죄를 설명하기에 용이하다고 볼 수 없다.

④ 낙인 이론은 1차적 일탈의 원인 규명보다 2차적 일탈의 발생 과정에 주목한다.

⑤ 일탈자에 대한 사회적 대응이 오히려 일탈 행동을 유발한다고 보는 것은 낙인 이론이다.

Ⅱ단원 기출 플러스

본문 78~79쪽

01 ⑤ 02 ② 03 ④ 04 ①

01 사회학적 개념의 이해

문제 분석 제시문을 통해 사회화 기관, 성취 지위, 역할 행동, 사회 집단 및 사회 조직 등을 구분할 수 있다.

정답 찾기 ⑤ ○○대학교는 사회화를 목적으로 설립된 공식적 사회화 기관이고, △△조선은 사회화를 목적으로 설립되지는 않았으나 사회화의 역할도 수행하는 비공식적 사회화 기관이다.

오답 피하기 ① 대학교의 학과는 2차 집단이자 공식 조직이다.
② 갑의 자진 퇴사는 갑의 역할 행동에 대한 제재에 해당하지 않는다.
③ ㉦은 2차적 사회화 기관인 항공사를 통해 이루어진 사회화이다.
④ 항공기 정비사는 성취 지위에 해당하지만, 청소년은 개인의 노력이나 의지, 업적 등을 통해 획득된 지위가 아니므로 성취 지위에 해당하지 않는다.

02 사회 집단, 사회 조직 및 사회화 기관 이해

문제 분석 갑은 A 대학교, 교내 독서 모임, 대안 학교에 속해 있고, 을은 A 대학교, 교내 독서 모임, □□ 시민 단체에 속해 있으며, 병은 A 대학교, □□ 시민 단체, 대안 학교에 속해 있다.

정답 찾기 ② 을이 작성한 내용에 나타난 자발적 결사체(□□ 시민 단체, 방송인 협회)와 을이 속해 있는 자발적 결사체(교내 독서 모임, □□ 시민 단체)의 개수는 각각 2개로 같다.

오답 피하기 ① 갑이 작성한 내용에 나타난 공식 조직(취업 상담 센터, 총동창회, ○○ 기업, □□ 시민 단체)과 을이 작성한 내용에 나타난 2차적 사회화 기관(□□ 시민 단체, △△ 방송사, 방송인 협회, 취업 상담 센터)의 개수는 각각 4개로 같다.
③ 병이 속해 있는 공식적 사회화 기관(A 대학교, 대안 학교)과 갑이 속해 있는 공식적 사회화 기관(A 대학교, 대안 학교)의 개수는 각각 2개로 같다.
④ 갑과 병이 함께 속해 있는 2차 집단(A 대학교, 대안 학교)의 개수는 2개로, 병이 속해 있는 비공식적 사회화 기관(□□ 시민 단체)의 개수인 1개보다 많다.
⑤ 교내 독서 모임은 갑과 을이 함께 속해 있는 비공식 조직에 해당하고, A 대학교와 □□ 시민 단체는 을과 병이 함께 속해 있는 이익 사회에 해당한다.

03 일탈 이론 이해

문제 분석 갑의 일탈을 머튼의 아노미 이론으로 설명하는 것은 타당하지 않고, 을의 일탈을 차별 교제 이론으로 설명하는 것은 타당하지 않으며, 병의 일탈을 낙인 이론으로 설명하는 것은 타당하지 않다. 따라서 A는 차별 교제 이론, B는 낙인 이론, C는 머튼의 아노미 이론이다.

정답 찾기 ④ 낙인 이론은 차별 교제 이론, 머튼의 아노미 이론과 달리 일탈을 규정하는 객관적인 기준이 없다고 본다.

오답 피하기 ① 일탈에 대한 대책으로 제도화된 기회의 확대를 중시하는 것은 머튼의 아노미 이론이다.
② 타인과의 상호 작용을 통한 일탈의 학습 과정에 주목하는 것은 차별 교제 이론이다.
③ 정상 집단과의 교류를 일탈의 해결 방안으로 제시하는 것은 차별 교제 이론이다.
⑤ 일탈에 대한 대책으로 사회 규범의 통제력 강화를 강조하는 것은 뒤르켐의 아노미 이론이다.

04 관료제와 탈관료제의 특징 이해

문제 분석 '명확한 위계 구조', '책임을 세분화', '표준화'를 통해 A는 관료제임을 알 수 있고, '수평적인 의사 결정 구조'를 통해 B는 탈관료제임을 알 수 있다.

정답 찾기 ① 관료제는 탈관료제에 비해 규약과 절차를 중시하므로 업무 수행 과정의 예측 가능성이 높다.

오답 피하기 ② 탈관료제는 관료제보다 외부 환경 변화에 대한 유연한 대처가 용이하다.
③ 관료제는 탈관료제에 비해 목적보다 수단을 중시하는 목적 전치 현상이 나타날 가능성이 높다.
④ 관료제와 탈관료제는 모두 효율적인 목표 달성을 추구한다는 공통점을 가진다.
⑤ 능력에 따른 보상을 중시하는 것은 탈관료제이고, 경력에 따른 보상을 중시하는 것은 관료제이다.

08 문화의 이해

수능 기본 문제 본문 84~85쪽

01 ③	02 ①	03 ③	04 ③
05 ②	06 ④	07 ①	08 ④

01 문화의 의미 이해

문제 분석 ‘건축 문화’에서의 ‘문화’는 넓은 의미로 사용되었고, ‘문화생활’에서의 ‘문화’는 좁은 의미로 사용되었다.

정답 찾기 ㄴ. 좁은 의미의 문화는 고상하거나 세련된 것 등의 의미를 지닌 사회적 생활 양식을 가리키므로 ‘문화생활’에서의 ‘문화’는 좁은 의미로 사용되었다.

ㄷ. ‘건축 문화’에서의 ‘문화’는 생활 양식의 총체를 가리키는 넓은 의미로 사용되었다.

오답 피하기 ㄱ. 문화가 평가적 의미를 내포하고 있다고 보는 것은 좁은 의미의 문화이며 ‘문화생활’의 ‘문화’가 해당된다.

ㄹ. ‘건축 문화’에서의 ‘문화’는 넓은 의미로, ‘문화생활’에서의 ‘문화’는 좁은 의미로 사용되었다.

02 문화의 의미 이해

문제 분석 제시문에서의 문화는 일상생활 모든 측면에서 나타나는 넓은 의미의 문화에 해당한다.

정답 찾기 ㄱ. 수저 사용법, 식사 예절 등을 익히며 식사 문화가 만들어질 때의 문화는 넓은 의미의 문화로 이해할 수 있다.

ㄴ. 넓은 의미에서 문화는 한 사회나 집단이 공유하는 총체적인 생활 양식을 나타낸다.

오답 피하기 ㄷ. 문화를 특별한 의미를 가진 것만으로 이해하는 것은 좁은 의미의 문화이다.

ㄹ. 인간의 본능적인 행동은 문화에 포함되지 않는다.

03 문화의 속성 이해

문제 분석 제시된 사례를 통해 문화는 한 사회의 구성원 다수가 공통적으로 가지고 있는 생활 양식임을 알 수 있다. 즉, 문화의 공유성이 부각되어 있다.

정답 찾기 ③ 문화의 공유성은 구성원들의 행동을 예측하고 이해할 수 있게 해 줌으로써 구성원 간 원활한 상호 작용의 토대가 된다.

오답 피하기 ① 문화의 변동성에 대한 설명이다.

② 문화의 축적성에 대한 설명이다.

④ 문화의 전체성(총체성)에 대한 설명이다.

⑤ 문화의 전체성(총체성)에 대한 설명이다.

04 문화의 속성 이해

문제 분석 ㉠에서 자신의 성격 유형 검사 결과를 공유하는 것을 자연스럽게 여긴다는 점을 통해 문화의 공유성이, ㉡에서 개인의 가치관이나 인터넷 매체의 발달이 이와 같은 문화를 만들었다는 것을 통해 문화의 전체성(총체성)이 부각되어 있다는 것을 알 수 있다.

정답 찾기 ㄴ. 문화의 공유성을 통해 문화가 사고와 행동의 동질성 형성에 영향을 준다는 것을 설명할 수 있다.

ㄷ. 문화의 전체성(총체성)을 통해 문화의 각 요소가 상호 유기적으로 결합되어 있다는 것을 설명할 수 있다.

오답 피하기 ㄱ. 문화가 세대 간 전승을 통해 점차 복잡하고 풍부해지는 것을 의미하는 문화의 속성은 축적성이다.

ㄹ. 문화가 특정 상황에서 상대방의 행동 방식을 예측 가능하게 해 주는 문화의 속성은 공유성이다.

05 비교론적 관점의 이해

문제 분석 서로 다른 문화를 비교하면서 문화의 공통점과 차이점을 파악하는 관점은 비교론적 관점이다.

정답 찾기 ㄱ. 비교론적 관점은 문화 간 비교를 통해 자기 문화를 객관적으로 이해하는 데 유용하다.

ㄷ. 비교론적 관점은 한 사회의 문화를 다른 사회의 문화와 비교하여 이해하며 보편성과 특수성을 파악하고자 하는 관점이다.

오답 피하기 ㄴ. 문화 요소를 다른 요소나 전체와의 관련 속에서 이해하고자 하는 것은 총체론적 관점이다.

ㄹ. 역사적 · 사회적 맥락 속에서 각 사회의 문화가 가지는 의미와 가치를 강조하는 것은 상대론적 관점이다.

06 상대론적 관점의 이해

문제 분석 동남아시아 수상 가옥 주거 문화를 연구할 때, 그들의 역사와 환경적 맥락에 주목하는 것은 상대론적 관점에 입각한 것이다.

정답 찾기 ㄴ. 상대론적 관점은 문화가 그것이 발생한 역사적, 문화적, 사회적 맥락 속에서 의미를 지닌다고 생각하므로 모든 문화가 고유한 가치를 지닌다고 전제한다.

ㄹ. 상대론적 관점은 문화가 평가가 아닌 이해의 대상이라는 점에 주목한다.

오답 피하기 ㄱ. ㉠은 상대론적 관점이다.

ㄷ. 타 문화와의 비교를 통해 자문화를 객관적으로 파악하는 데 기여할 수 있는 것은 비교론적 관점이다.

07 문화 이해 태도의 이해

문제 분석 갑은 자신의 결혼 문화만 우수하고 A국의 결혼 문화는 미개하다고 평가하므로 자문화 중심주의의 태도를 보이고, 을은 A국의 결혼 문화에 대해 그들의 문화로서 존중받아야 한다고 여기므로 문화 상대주의의 태도를 보인다.

정답 찾기 ① 자문화 중심주의는 문화 절대주의의 태도로서 자신의 문화만 우수하다고 여기며 문화 간에 우열이 존재한다고 본다.

오답 피하기 ② 문화를 평가가 아닌 이해의 대상으로 보는 태도는 문화 상대주의이다.

③ 외부 문화의 수용에 적극적인 태도는 문화 사대주의이다.

④ 자기 문화의 정체성을 약화시키는 태도는 문화 사대주의이다.

⑤ 문화의 다양성 보존에 기여하는 태도는 문화 상대주의이다.

08 문화 이해 태도의 이해

문제 분석 문화를 평가의 대상으로 보지 않는 태도는 문화 상대주의이므로 A는 문화 상대주의이다. 타 문화를 일방적으로 추종하는 태도는 문화 사대주의이므로 C는 문화 사대주의이다. 따라서 B는 자문화 중심주의이다.

정답 찾기 ④ 문화 상대주의는 문화를 평가가 아닌 이해의 대상으로 여기며 각 사회의 문화가 나름대로의 가치를 지닌다고 본다.

오답 피하기 ① 국수주의로 변질될 수 있다는 비판을 받는 태도는 자문화 중심주의이다.

② 자기 문화의 가치를 폄하하는 태도는 문화 사대주의이다.

③ 문화 제국주의로 변질될 수 있다는 비판을 받는 태도는 자문화 중심주의이다.

⑤ 문화의 다양성 보존에 기여하는 태도는 문화 상대주의이다.

수능 실전 문제

본문 86~89쪽

1 ①	2 ③	3 ④	4 ④
5 ②	6 ③	7 ③	8 ③

1 문화의 의미 이해

문제 분석 '전통문화'와 '김치 문화'에서의 '문화'는 인간의 사회적 생활 양식을 나타내는 넓은 의미의 문화, '문화 상품'에서의 '문화'는 특별한 의미를 지닌 좁은 의미의 문화로 사용되었다.

정답 찾기 ㄱ. '전통문화'에서의 '문화'는 '문화 상품'에서의 '문화'와 달리 한 사회 구성원들이 공유하는 행동 양식이나 생활 양식의 총체를 가리키는 넓은 의미로 사용되었다.

ㄴ. '청소년 문화'에서의 '문화'는 넓은 의미로 사용되었다.

오답 피하기 ㄷ. '문화 상품'에서의 '문화'는 세련되거나 고상한 것 등의 특별한 의미를 지닌 좁은 의미의 문화이다.

ㄹ. 문화가 평가적 의미를 내포하고 있다고 보는 것은 좁은 의미의 문화이다.

2 문화의 의미 및 속성 이해

문제 분석 ㉢에서 짧게 줄인 표현을 젊은 세대는 쉽게 이해한다는 것을 통해 문화의 공유성이 부각되어 있음을 알 수 있고, ㉣에서 언어 문화가 만들어지는 데 가치관과 인터넷 매체가 영향을 준다는 것을 통해 문화의 전체성(총체성)이 부각되어 있음을 알 수 있다.

정답 찾기 ㄴ. 언어는 비물질문화에 해당한다.

ㄷ. 구성원의 사고와 행동의 동질성을 형성하여 구성원 간 원활한 상호 작용을 가능하게 하는 문화의 속성은 공유성이다.

오답 피하기 ㄱ. '언어 문화'에서의 '문화'는 넓은 의미의 문화로, 평가의 의미를 내포하고 있지 않다.

ㄹ. 문화가 고정되어 있지 않고 지속적으로 변화한다는 문화의 속성은 변동성이다.

3 문화의 의미 및 속성 이해

문제 분석 ㉢에서 건강 염려증이 심한 일부 현대인 사이에서 신체적·심리적 안정에 도움이 될 수 있는 것이라면 무엇이든 하는 것이 당연시되고 있다는 것을 통해 문화의 공유성이 부각되어 있음을 알 수 있고, ㉣에서 건강 염려증 현상으로 인해 관련 산업과 식이 요법 등이 발전하는 것을 통해 문화의 전체성(총체성)이 부각되어 있음을 알 수 있다.

정답 찾기 ㄴ. TV는 물질문화에 해당한다.

ㄹ. 한 문화 요소의 변동이 다른 부분에 연쇄적인 변동을 초래하는 것은 문화의 전체성(총체성)으로 설명할 수 있다.

오답 피하기 ㄱ. '여가 문화'에서의 '문화'는 넓은 의미의 문화로 사용되었다.
ㄷ. ㉢에는 문화의 공유성이 부각되어 있다. 문화의 축적성은 문화가 세대 간 전승되면서 새로운 요소가 추가되어 점점 더 풍부해지는 것을 의미한다.

4 문화의 속성 이해

문제 분석 첫 번째 사례에서 중세 시대에 기사가 손을 내밀어 악수하는 것을 자연스럽게 여긴 것은 문화의 공유성으로 설명할 수 있고, 두 번째 사례에서 예전 패션이 사라지고 새로운 패션이 유행한 것은 문화의 변동성으로 설명할 수 있다. 따라서 A는 공유성, B는 변동성, C는 전체성이다.
정답 찾기 ㄱ. 문화의 공유성은 한 사회 구성원 다수가 공통적으로 가지고 있는 생활 양식을 통해 원활한 상호 작용의 토대가 됨을 보여 준다.
ㄷ. '우리나라 사람들이 생일에 미역국을 먹는 것을 당연시하는 문화'는 문화의 공유성으로 설명할 수 있다.
ㄹ. (가)에는 문화의 전체성에 해당하는 사례가 들어가야 한다. '세탁기의 발명은 가사 노동 방식, 여성의 사회 진출, 가옥 구조 등의 연쇄적 변동을 가져옴.'은 문화의 전체성으로 설명할 수 있다.
오답 피하기 ㄴ. 문화가 세대 간 전승을 통해 새로운 요소가 추가되면서 더욱 풍부해짐을 보여 주는 문화의 속성은 축적성이다.

5 문화를 바라보는 관점의 이해

문제 분석 A는 비교론적 관점, B는 총체론적 관점, C는 상대론적 관점이다.
정답 찾기 ㄱ. 비교론적 관점은 각 사회의 문화가 지닌 공통점과 차이점을 비교하면서 자문화를 객관적으로 이해하는 데 기여할 수 있다.
ㄷ. 상대론적 관점은 문화를 평가의 대상이 아닌 이해의 대상으로 본다는 점에 주목한다.
오답 피하기 ㄴ. 문화가 지닌 보편성과 특수성을 파악하고자 하는 것은 비교론적 관점이다.
ㄹ. 해당 문화를 향유하는 사회 구성원의 입장에서 문화의 의미를 파악하는 데 초점을 두는 것은 상대론적 관점이다.

6 문화 이해 태도의 이해

문제 분석 '문화를 이해가 아닌 평가의 대상으로 바라보는가?'라는 질문으로 A와 C를 구분할 수 없으므로 B는 문화 상대주의이고, A, C는 각각 자문화 중심주의와 문화 사대주의 중 하나이다. '국수주의로 흐를 가능성이 높은가?'라는 질문으로 B와 C를 구분할 수 있으므로 C는 자문화 중심주의이다. 따라서 A는 문화 사대주의이다.
정답 찾기 ③ 자문화 중심주의는 자기 문화만을 우수하다고 여기므로 문화 제국주의로 변질될 수 있다는 비판을 받는다.
오답 피하기 ① 각 사회의 문화가 나름의 가치를 지닌다고 보는 태도는 문화 상대주의이다.
② 타 문화의 수용에 적극적인 태도는 문화 사대주의이다.
④ 문화의 다양성 확보에 유리한 태도는 문화 상대주의이다.
⑤ (가)에는 문화 상대주의를 자문화 중심주의, 문화 사대주의와 구분할 수 있는 질문이 들어가야 한다. 모든 문화가 동등한 가치를 지닌다고 보는 태도는 문화 상대주의이므로 해당 질문은 (가)에 들어갈 수 있다.

7 문화 이해 태도의 이해

문제 분석 갑국의 ○○ 종교인들이 현대적인 세속주의를 배척하는 모습을 그들의 오랜 전통에 따라 나름대로의 의미를 지닌 문화로 이해해 주어야 한다고 보는 필자의 태도는 문화 상대주의를 바탕으로 한다.
정답 찾기 ③ 문화 상대주의는 문화를 평가가 아닌 이해의 대상으로 본다.
오답 피하기 ① 문화 상대주의는 문화적 다양성을 보존하는 데 기여할 수 있다.
② 다른 사회와 마찰을 초래할 가능성이 큰 태도는 자문화 중심주의이다.
④ 국수주의로 인해 국제적 고립을 초래할 수 있는 태도는 자문화 중심주의이다.
⑤ 문화적 주체성을 상실할 가능성이 높다는 비판을 받는 태도는 문화 사대주의이다.

8 문화 이해 태도의 이해

문제 분석 첫 번째 문항에서 'A에 해당하는 사례'로 '중국의 중화사상'이 옳은 답안이므로 A는 자문화 중심주의이다. 두 번째 문항에서 'A, C의 공통적인 특징'으로 '문화를 이해가 아닌 평가의 대상으로 본다.'가 틀린 답안이므로 B는 문화 사대주의, C는 문화 상대주의이다.
정답 찾기 ③ 문화 사대주의는 다른 문화의 우수성을 내세워 자기 문화의 가치를 낮게 평가하는 태도이다.
오답 피하기 ① 세 번째 문항에는 문화 사대주의의 순기능을 써야 한다. 자기 문화에 대한 자부심과 집단 내의 일체감을 강화시키는 것은 자문화 중심주의에 해당하는 내용이므로 채점 결과는 '0점'이다.
② 자문화 중심주의는 다른 사회와 마찰을 초래할 가능성이 높다.

④ 문화 상대주의는 문화의 다양성 보존에 기여한다.
⑤ 문화 간에 우열이 존재하지 않는다고 보는 태도는 문화 상대주의이다.

09 현대 사회의 문화 양상

수능 기본 문제

본문 94쪽

01 ① 02 ④ 03 ③ 04 ②

01 하위문화의 이해

문제 분석 전체 사회의 지배적인 문화 유형과는 다른 독특한 문화인 A는 '하위문화'이다. 하위문화는 사회나 시대에 따라 달라질 수 있는 상대적 개념이다.

정답 찾기 ㄱ. A는 한 사회 내에서 특정 집단의 구성원들이 공유하는 문화인 하위문화이다.
ㄴ. 모든 반문화는 하위문화에 해당한다.

오답 피하기 ㄷ. 주류 문화를 모든 하위문화의 합으로 설명할 수 없다.
ㄹ. 하위문화는 전체 사회의 문화 다양성을 높이는 데 기여한다.

02 세대 문화의 이해

문제 분석 5060세대를 중심으로 형성된 시니어 문화는 하위문화의 한 유형인 세대 문화에 해당한다.

정답 찾기 ㄴ. 세대 문화는 하위문화로서 해당 향유자의 문화적 욕구를 해결해 주는 문화이다.
ㄹ. 세대 문화는 일정 범위의 연령층이 공유하는 하위문화로서 같은 세대에 속하는 사람들의 일체감 형성에 기여하는 역할을 한다.

오답 피하기 ㄱ. 한 사회의 지배적인 문화에 저항하며 형성되는 것은 반문화이다.
ㄷ. 세대 문화는 문화의 다양성을 제공하는 데 기여한다.

03 하위문화, 반문화의 이해

문제 분석 모든 A는 B에 해당하지만, 모든 B가 A에 해당하지는 않는다는 점에서 A는 반문화, B는 하위문화임을 알 수 있다.

정답 찾기 ③ 하위문화는 상대적인 개념이며, 시대나 사회의 변화에 따라 주류 문화가 되기도 한다.

오답 피하기 ① A는 반문화, B는 하위문화이다.
② 특정 지역의 사투리 문화는 하위문화의 사례이다.
④ 반문화는 하위문화의 한 유형이며, 하위문화는 해당 문화를 향유하는 사람들의 정체성 형성에 기여한다.
⑤ 반문화는 모두 하위문화에 해당하며, 하위문화는 한 사회의 다양성 보존에 기여하므로 (가)에는 '한 사회의 문화 다양성에 기여하는가?'가 들어갈 수 있다.

04 대중 매체의 이해

문제 분석 다양한 매체를 통한 정보의 홍수 속에서 필요에 맞게 정보를 정확하게 분석하고 평가할 수 있어야 한다는 점을 통해 대중 매체에 대한 비판적 수용 능력을 길러야 한다고 강조하고 있음을 알 수 있다.

정답 찾기 ② 대중 매체를 통한 정보 수용 과정에 있어 비판적 수용 능력을 길러야 한다.

오답 피하기 ① 대중 매체가 전달하는 모든 정보를 수용하는 것은 대중 매체를 수용하는 바람직한 태도가 아니다.

③ 대중 매체가 전달하는 정보 중 자신의 이익에 부합하는 내용만을 이용하는 것은 대중 매체를 수용하는 바람직한 태도가 아니다.

④ 대중 매체가 전달하는 정보를 수용할 때 소비자보다 생산자로서의 역할을 더 중시해야 한다고 단정 지을 수 없다.

⑤ 대중 매체가 제공하는 내용 중 대중의 관심과 요구를 반영한 내용만을 선별적으로 수용하는 것은 대중 매체를 수용하는 바람직한 태도가 아니다.

수능 실전 문제

본문 95~97쪽

1 ⑤	2 ②	3 ③	4 ①
5 ④	6 ④		

1 주류 문화, 하위문화, 반문화의 이해

문제 분석 갑국 대부분의 사람이 ○○인의 언어를 사용하므로 A는 주류 문화이고, 갑국의 원주민 집단은 이를 거부하고 정부의 정책에 저항하며 그들의 고유한 언어를 사용하므로 B는 반문화이다.

정답 찾기 ㄷ. 주류 문화는 시대나 사회 변화에 따라 일부 구성원들만 공유하는 반문화가 될 수 있다.

ㄹ. 주류 문화, 반문화는 모두 해당 문화를 누리는 구성원의 정체성 형성에 기여한다.

오답 피하기 ㄱ. 주류 문화는 모든 하위문화의 총합으로 설명할 수 없다.

ㄴ. 반문화는 하위문화의 한 유형으로서 해당 문화를 공유하는 구성원들의 소속감을 강화시킨다.

2 주류 문화, 하위문화의 이해

문제 분석 T 시기의 경우 b가 A 지역과 B 지역이 모두 공유하는 주류 문화 요소이며, T+1 시기의 경우 c가 A 지역과 B 지역이 모두 공유하는 주류 문화 요소이다.

정답 찾기 ㄴ. T 시기에 b는 A 지역과 B 지역이 모두 공유하므로 갑국의 주류 문화 요소이다.

ㄷ. c는 T 시기에 갑국에서 B 지역 사람들만 공유하는 하위문화 요소이지만, T+1 시기에는 A 지역과 B 지역이 모두 공유하는 주류 문화 요소이다.

오답 피하기 ㄱ. T 시기에 a를 향유하는 사람은 갑국의 주류 문화 요소인 b도 공유한다.

ㄹ. a~e는 A, B 각 지역에서 모든 사람이 향유하는 음식 문화 요소 중 일부만을 나타낸 것이므로 A 지역에서 음식 문화 요소의 다양성이 낮아졌다고 단정할 수 없다.

3 주류 문화, 하위문화, 반문화의 이해

문제 분석 갑의 답변인 지배적인 문화에 저항하는 문화는 반문화이고, 을의 답변인 다수의 사회 구성원들이 공유하는 문화는 주류 문화이다.

정답 찾기 ㄴ. '우리나라에서 수저를 사용하는 문화'는 주류 문화이므로 반문화에 대한 진술을 한 갑을 제외하고, 을과 병이 옳은 내용을 말한 두 명의 학생에 해당한다.

ㄷ. '하위문화의 한 유형에 해당합니다.'는 반문화에 대한 내용이므로 옳은 내용을 말한 두 명의 학생은 갑과 병이 된다.

오답 피하기 ㄱ. A의 사례가 '1960년대 미국의 히피 문화'라면 A는 반문화이므로 B는 주류 문화이다. 갑은 반문화에 대한 진술을 했으므로 옳은 내용을 말한 두 명의 학생에 포함되지 않는다.

ㄹ. 을이 옳은 내용을 말한 두 명의 학생에 포함되면 (가)에는 주류 문화에 해당하는 내용이 들어가야 한다. '한 사회 내의 특정 집단만의 독특한 정체성 형성에 기여합니다.'는 하위문화에 대한 내용이므로 (가)에 들어갈 수 없다.

4 문화의 의미, 문화의 속성, 대중 매체, 하위문화의 이해

문제 분석 SNS는 대중 매체의 유형 중 뉴 미디어에 해당한다. 특정 집단이 공유하는 문화는 하위문화이다.

정답 찾기 ㄱ. ○○ 소비 문화는 갑국에서 일부 젊은 여성층을 중심으로 만들어진 문화이므로 갑국의 하위문화에 해당한다.

ㄴ. SNS는 뉴 미디어로서 쌍방향 정보 전달이 용이하다.

오답 피하기 ㄷ. '기성세대 문화'에서 문화는 넓은 의미로 사용되었다.

ㄹ. 관련 기업의 마케팅 전략에 영향을 준다는 것은 문화의 전체성과 변동성으로 설명할 수 있다.

5 대중 매체, 대중문화의 이해

문제 분석 뉴 미디어를 사용한 해시태그 운동이 하나의 하위문화 유형임이 나타나 있으며, 갑은 뉴 미디어의 영향력에 대해 긍정적 입장을, 을은 부정적 입장을 보이고 있다.

정답 찾기 ㄴ. 갑은 젊은 연령층이 뉴 미디어인 SNS로 해시태그 운동을 벌이는 것을 통해 하위문화가 형성되었음을 언급하고 있다.

ㄹ. 을은 갑과 달리 뉴 미디어가 모방 범죄 발생 등 일탈 행동을 조장하는 요인이 될 수 있음을 강조하고 있다.

오답 피하기 ㄱ. 갑은 대중 매체의 긍정적 영향을 강조하고 있다.

ㄷ. 을의 주장에서 뉴 미디어의 발달이 문화의 상업화 현상을 가져온다는 것은 알 수 없다.

6 대중문화의 역기능

문제 분석 제시문에서 우리가 즐겨 보는 대중문화 속에서 현존하는 지배 세력을 정당화하는 내용이 수용자에게 전달될 수 있음을 강조하고 있다.

정답 찾기 ④ 제시문에서는 대중문화는 특정 강대국이나 선진국을 영웅 국가로 묘사하며 지배 세력의 특정 가치관을 강조한다고 주장하고 있다.

오답 피하기 ① 대중문화가 문화의 상품화를 초래한다는 것은 제시문을 통해 알 수 없다.

② 대중문화가 사회적 불평등을 완화시킨다는 것은 제시문을 통해 알 수 없다.

③ 대중문화가 긍정적인 문화를 만들어 낸다는 것은 제시문을 통해 알 수 없다.

⑤ 대중문화가 우리 사회의 평균적인 문화 수준을 높이는 데 기여한다는 것은 제시문을 통해 알 수 없다.

10 문화 변동의 양상과 대응

수능 기본 문제 본문 102~103쪽

01 ③	02 ②	03 ①	04 ③
05 ④	06 ④	07 ①	08 ⑤

01 문화 변동 요인의 이해

문제 분석 첫 번째 사례에서 A국은 직접 전파를 통한 문화 변동을 경험하였고, 두 번째 사례에서 B국은 발명을 통한 문화 변동을 경험하였다.

정답 찾기 ㄴ. B국에서는 발명을 통한 문화 변동, 즉 내재적 요인에 의한 문화 변동이 나타났다.

ㄷ. A국에서는 무역을 하는 과정에서 문화 변동을 경험했으므로 직접 전파를 통한 문화 변동이 나타났다.

오답 피하기 ㄱ. A국에서는 외재적 요인인 직접 전파를 통한 문화 변동이 나타났다.

ㄹ. A국의 기술, B국의 약은 물질문화에 해당하므로 A국, B국 모두에서 물질문화의 변동이 나타났다.

02 문화 변동 요인의 이해

문제 분석 (가)에는 전쟁을 통한 직접 전파가, (나)에는 다른 사회의 문화 요소로부터 아이디어를 얻어 새로운 문화 요소를 만들어 낸 자극 전파가 문화 변동 요인으로 제시되어 있다.

정답 찾기 ㄱ. (가)에는 전쟁을 통한 직접적인 접촉 과정에서 문화 요소가 전파된 직접 전파가 나타나 있다.

ㄹ. 직접 전파와 자극 전파는 모두 외재적 요인에 의한 문화 변동이다.

오답 피하기 ㄴ. 백인들이 사용하던 알파벳에서 아이디어를 얻어 체로키족 원주민이 체로키 문자를 만들어 낸 것은 자극 전파의 사례이다.

ㄷ. 건축 기술이 전파된 것은 물질문화와 관련된 문화 변동 사례이다.

03 문화 변동 요인 및 결과의 이해

문제 분석 첫 번째 사례에서 갑국이 A국의 식민 지배를 겪으며 국교가 대체된 것은 직접 전파를 통한 문화 동화에 해당한다. 두 번째 사례에서 을국이 B국과 무역을 하며 을국의 전통차에 B국의 향신료를 접목한 새로운 음료를 만들어 낸 것은 직접 전파를 통한 문화 융합에 해당한다.

정답 찾기 ㄱ. 식민 지배와 무역을 통한 문화 변동은 모두 직접 전파에 해당한다.

ㄴ. 문화 동화와 문화 융합은 외재적 변동(문화 접변)에 해당한다.

오답 피하기 ㄷ. 문화 융합은 두 번째 사례에만 해당한다.

ㄹ. 문화 지체는 두 사례에 모두 나타나 있지 않다.

04 문화 변동 요인의 이해

문제 분석 첫 번째 질문에서 외부 사회의 문화 요소에서 아이디어를 얻어 새로운 문화 요소가 만들어진 것은 자극 전파이므로 B는 자극 전파이다. 두 번째 질문에서 문화 변동의 내재적 요인에 해당하는 것은 발명이므로 A는 발명, B는 자극 전파, C는 직접 전파이다.

정답 찾기 ③ 직접 전파는 서로 다른 사회 구성원들 간의 직접적인 접촉 과정을 통해 나타난다.

오답 피하기 ① A는 발명, B는 자극 전파, C는 직접 전파이다.

② 인터넷을 통해 해외로 전파된 한류 문화는 간접 전파의 사례이다.

④ 발명, 자극 전파, 직접 전파는 물질문화와 비물질문화 모두에서 나타날 수 있다.

⑤ (가)에는 발명에는 해당하지 않고 자극 전파와 직접 전파에만 해당하는 질문이 들어가야 한다. 매개체에 의해 문화 요소가 전해지는 것은 간접 전파이므로 해당 질문은 (가)에 들어갈 수 없다.

05 문화 접변의 양상 이해

문제 분석 백인의 유럽 음악과 아프리카의 민속 음악이 결합하여 재즈 음악이 만들어진 것은 문화 융합의 사례이므로 A는 문화 병존, B는 문화 융합이다.

정답 찾기 ④ (가)에는 문화 병존과 문화 융합의 공통점이 들어가야 한다. '새로운 문화 요소가 만들어진다.'는 문화 융합에만 해당하므로 (가)에 들어갈 수 없다.

오답 피하기 ① 문화 병존이 주로 강제적 문화 접변에 의해 나타난다고 단정 지을 수 없다.

② 문화 병존과 문화 융합은 모두 문화 변동 후 기존 문화의 정체성이 유지된다.

③ 문화 병존과 문화 융합은 모두 외재적 요인에 의한 문화 변동의 결과에 해당한다.

⑤ '아프리카 원주민의 문화가 유럽인들과 접촉하며 사라짐.'은 문화 동화의 사례이다.

06 문화 지체의 이해

문제 분석 물질문화의 변동 속도를 비물질문화의 변동 속도가 뒤따르지 못하여 나타나는 문화 요소 간의 부조화 현상을 문화 지체라고 한다.

정답 찾기 ㄱ. 기술은 물질문화에 해당한다.
ㄴ. 제도는 비물질문화에 해당한다.
ㄷ. 문화 지체는 물질문화의 변동 속도를 비물질문화의 변동 속도가 뒤따르지 못하여 나타나는 문화 요소 간의 부조화 현상을 말한다.
오답 피하기 ㄹ. '조선 시대 유교적 가치관으로 인해 천주교가 배척된 것'은 문화 지체의 사례라고 볼 수 없다.

07 문화 변동의 요인과 문화 접변의 양상 이해

문제 분석 A국이 B국에 의해 정복되며 A국 사람들이 먹던 기존의 빵에 B국의 전통 양념을 활용한 고기, 채소 등이 접목된 새로운 빵이 만들어진 것은 문화 융합의 사례이다.
정답 찾기 ① A국은 B국에 의해 정복되면서 문화 변동을 경험했으므로 A국은 직접 전파에 의한 문화 변동을 경험하였다.
오답 피하기 ② A국에서는 문화 융합이 나타났으므로 문화 변동 후 기존 문화의 정체성은 유지되었다.
③ B국에서는 문화 동화가 나타나지 않았다.
④ B국은 A국에 전통 양념을 활용한 고기, 채소 등을 전파시켰으므로 물질문화 요소를 전파한 것이다.
⑤ A국 사람들은 무발효빵을 최초로 만들어 먹었으므로 내재적 요인(발명)에 의한 문화 변동을 경험하였다.

08 문화 접변의 양상 이해

문제 분석 문화 변동의 결과로 새로운 문화 요소가 만들어지는 것은 문화 융합이므로 A는 문화 융합, B는 문화 동화이다.
정답 찾기 ㄷ. (가)에는 문화 동화와 문화 융합 모두에 해당하는 특징이 들어가야 한다. 문화 동화와 문화 융합은 모두 외재적 요인에 의한 문화 변동 결과이므로 해당 내용은 (가)에 들어갈 수 있다.
ㄹ. (나)에는 문화 동화에만 해당하는 특징이 들어가야 한다. 기존 문화의 정체성이 유지되는 것은 문화 융합이므로 해당 내용은 (나)에 들어갈 수 없다.
오답 피하기 ㄱ. A는 문화 융합이다.
ㄴ. 문화 동화가 주로 자발적 문화 접변 과정에서 나타난다고 단정 지을 수 없다.

수능 실전 문제

본문 104~107쪽

1 ③	2 ①	3 ③	4 ②
5 ④	6 ②	7 ⑤	8 ④

1 문화 변동의 요인 이해

문제 분석 새로운 문화 요소를 창조하는 요인에 해당하는 것은 발명과 자극 전파이므로 B, C는 각각 발명과 자극 전파 중 하나이고, A, D는 각각 발견과 직접 전파 중 하나이다. 문화 변동의 외재적 요인에 해당하는 것은 직접 전파와 자극 전파이므로 A는 직접 전파, B는 발명, C는 자극 전파, D는 발견이다.
정답 찾기 ③ 영국에서 최초로 만들어진 증기 기관이 영국의 산업 혁명을 이끌어 낸 것은 문화 변동의 내재적 요인인 발명에 의한 것이다.
오답 피하기 ① ㉠은 '예', ㉡은 '아니요'이다.
② 비타민을 최초로 찾아낸 것은 발견의 사례에 해당한다.
④ 서로 다른 두 사회의 문화 요소가 결합하여 제3의 문화 요소가 만들어진 것은 문화 융합에 해당한다.
⑤ 발견은 문화 변동의 내재적 요인이다.

2 문화 변동 요인과 결과의 이해

문제 분석 햄버거의 기원에 대해 갑은 A국에 B국 사람들이 유입되며 기존 샌드위치 빵에 B국의 양념된 다진 쇠고기를 넣어 탄생시킨 것으로서 직접 전파를 통한 문화 융합이 나타났음을 강조하고 있다. 반면, 을은 햄버거가 B국에서 발명을 통해 만들어졌음을 강조하고 있다.
정답 찾기 ㄱ. 갑의 주장에 따르면 A국에서 기존의 샌드위치 빵에 B국의 양념된 다진 쇠고기를 넣어 새로운 형태의 음식인 햄버거가 만들어졌으므로 이는 문화 융합의 사례라고 볼 수 있다.
오답 피하기 ㄴ. 갑의 주장에 따르면 A국은 직접 전파, 즉 외재적 요인에 의한 문화 변동을 경험하였다.
ㄷ. 을의 주장에 따르면 B국은 발명을 경험하였다.

3 문화 변동 요인과 결과의 이해

문제 분석 〈자료 1〉과 〈자료 2〉를 통해 갑국은 직접 전파를 통한 문화 병존, 을국은 직접 전파를 통한 문화 동화, 병국은 간접 전파를 통한 문화 융합을 경험했음을 알 수 있다.
정답 찾기 ㄴ. 을국은 이웃 국가의 식민지 지배를 통해 기존의 의복 문화가 없어지고 이웃 국가의 의복 문화만 남았으므로 강제적 문화 접변에 의한 문화 변동을 경험하였다.
ㄷ. 갑국은 외국인 선교사를 통해, 을국은 식민지 지배를 통해 문화 변동을 경험했으므로 갑국, 을국은 모두 직접 전파에 의한 문

화 변동을 경험하였다.

오답 피하기 ㄱ. 갑국은 문화 병존, 을국은 문화 동화, 병국은 문화 융합을 경험하였다. 문화 병존과 문화 융합의 경우 문화 변동 후 자기 문화의 정체성이 유지되고, 문화 변동 후 새로운 문화 요소가 만들어지는 것은 문화 융합에만 해당하므로 ㉠은 '예', ㉡은 '아니요'이다.

ㄹ. 매개체에 의한 문화 변동은 간접 전파를 의미하므로 병국이 갑국, 을국과 달리 매개체에 의한 문화 변동을 경험하였다.

4 문화 변동 요인과 결과의 이해

문제 분석 첫 번째 사례에서 갑국의 과학자들이 A국을 방문하여 거리와 무게 측정 도구를 전파했고, 그 결과 A국의 기존 측정 도구가 사라진 것은 직접 전파를 통한 문화 동화에 해당한다. 두 번째 사례에서 B국의 젊은 세대들이 인터넷을 통해 을국의 음악을 접하고 B국의 전통 음악과 을국의 음악이 결합된 새로운 장르가 만들어진 것은 간접 전파를 통한 문화 융합에 해당한다.

정답 찾기 ㄱ. A국은 갑국의 과학자들을 통해 문화 요소를 전파받았으므로 이는 직접 전파에 해당한다.

ㄹ. B국은 A국과 달리 문화 융합을 경험하였으므로 문화 변동 후 기존 문화 요소의 정체성이 유지되었다.

오답 피하기 ㄴ. B국이 문화 지체를 경험했다는 것은 제시문을 통해 알 수 없다.

ㄷ. A국이 조상 대대로 이어져 온 거리, 무게 측정 도구를 사용하고 있는 것은 A국에서 물질문화 요소가 발명된 것이다.

5 문화 변동 요인과 결과의 이해

문제 분석 〈자료 1〉의 문화 변동 요인에서 문화 요소의 전달이 매개체에 의해 이루어진 A는 간접 전파이므로 B는 직접 전파이다. 〈자료 2〉에서 갑국은 T 시기에 직접 전파를 통해 의복 분야에 문화 병존이 나타났고, T+1 시기에 의복 분야에는 문화 동화가 이루어졌고, 간접 전파를 통해 주거 분야에는 문화 병존이 나타났으며, T+2 시기에 간접 전파를 통해 음식 분야에 문화 융합이 나타났음을 알 수 있다.

정답 찾기 ④ 갑국은 T+2 시기에 음식 분야에서 간접 전파를 통한 문화 융합을 경험하였다.

오답 피하기 ① 갑국은 T 시기에 문화 병존을 경험하였다.

② 갑국은 T 시기에 직접 전파를 통한 문화 변동을 경험하였다.

③ 갑국은 T+1 시기에 의복 분야에는 문화 동화가 이루어졌으며, 주거 분야에는 간접 전파를 통한 문화 병존을 경험하였다.

⑤ T 시기에서 T+2 시기에 이르기까지 갑국의 주거 문화 요소의 정체성은 지속적으로 유지되었다.

6 문화의 속성, 문화 변동 요인과 결과의 이해

문제 분석 제시된 사례에서 문화 관련 개념인 문화의 속성, 문화 변동 요인, 문화 변동의 결과를 구별할 수 있어야 한다.

정답 찾기 ㄱ. 최초의 타자기가 ○○국에서 만들어져 사용된 것은 내재적 요인(발명)에 의한 문화 변동에 해당한다.

ㄷ. 타자기의 발명이 새로운 직업의 창출과 여성의 사회적 지위 향상에 연쇄적으로 영향을 준 것은 문화의 전체성이 부각되어 있는 사례이다.

오답 피하기 ㄴ. 타자기가 개발된 것은 발견이 아닌 발명의 사례에 해당한다.

ㄹ. ○○국의 타자기에서 사용된 쿼티(QWERTY) 자판 기술이 △△국에서 개발한 핸드폰에 접목되어 현재 우리가 사용하는 형태의 스마트폰으로 탄생한 것은 문화 융합의 사례에 해당한다.

7 문화 변동으로 인한 문제의 이해

문제 분석 청소년들이 과거와 달리 뉴 미디어 등을 통해 다양한 외국의 대중음악을 접할 수 있게 되는 문화 변동을 경험하지만, 정작 우리나라의 전통 음악을 잘 알지 못한다는 점에서 자기 문화의 정체성을 유지하려는 노력이 필요하다는 것을 보여 준다.

정답 찾기 ⑤ 외국의 대중음악을 수용할 때 우리 문화에 필요하다고 판단되는 발전적인 요소는 주체적으로 수용하면서도 자기 문화의 정체성을 유지하려는 노력이 필요함을 파악할 수 있다.

오답 피하기 ① 인류의 보편적 가치를 강화해야 한다는 것은 제시문을 통해 파악할 수 없다.

② 물질문화를 적극적으로 도입해야 한다는 것은 제시문을 통해 파악할 수 없다.

③ 자문화 중심주의 사상을 강화해야 한다는 것은 제시문을 통해 파악할 수 없다.

④ 기존의 전통적인 규범의 통제력을 강화해야 한다는 것은 제시문을 통해 파악할 수 없다.

8 문화 변동으로 인한 문제의 이해

문제 분석 정보 통신 기술의 발달로 온라인 수업 등이 빠르게 확산되는 것에 비해 새로운 교육 환경에 부합하는 의식이나 제도 등이 뒷받침되지 못하여 문제가 발생하는 것은 문화 지체에 해당한다.

정답 찾기 ④ 문화 지체는 물질문화의 변동 속도를 비물질문화가 따라가지 못하기 때문에 나타나는 문화 요소 간의 부조화 현상이다.

오답 피하기 ① 문화 지체는 새로운 문화를 무비판적으로 수용하여 발생하는 현상이라고 볼 수 없다.

② 문화 지체는 새롭게 등장한 문화가 우리의 주체성을 상실시켜 발생하는 현상이라고 볼 수 없다.

③ 문화 지체는 젊은 세대의 가치관을 기성세대가 따라잡지 못하여 발생하는 현상이라고 볼 수 없다.
⑤ 문화 지체는 외부 사회로부터 유입된 문화 요소가 우리 사회에 부정적인 영향을 끼친다고 판단되어 발생하는 현상이라고 볼 수 없다.

III 단원 기출 플러스

본문 108~109쪽

01 ⑤ 02 ⑤ 03 ④ 04 ①

01 문화의 속성 이해

문제 분석 교사가 옳은 사례라고 언급한 갑이 제시한 사례에는 학습성이, 을이 제시한 사례에는 공유성이 부각되어 있다. 따라서 교사의 발언에 병은 ㉠, 즉 학습성이, 무는 ㉡, 즉 공유성이 부각된 사례를 제시했음을 알 수 있다. 그리고 정 역시 옳은 사례를 제시했으므로 (나)에는 축적성이 부각된 사례가 들어가야 한다.

정답 찾기 ⑤ (다)에는 공유성이 부각된 사례가 들어가야 한다. '팬클럽마다 좋아하는 연예인을 상징하는 색깔을 정하고 그 색깔을 응원에 활용한다.'는 공유성이 부각된 사례이므로 (다)에 들어갈 수 있다.

오답 피하기 ① 문화가 세대 간 전승을 통해 더욱 복잡하고 풍부해지는 것은 문화의 축적성이다.
② 문화가 여러 요소들이 상호 유기적으로 연관되어 나타나는 것은 문화의 전체성이다.
③ (가)에는 학습성이 부각된 사례가 들어가야 한다. '내비게이션 등장 이후 운전할 때 종이 지도로 길을 찾는 사람들은 거의 사라졌다.'는 문화의 변동성이 부각된 사례이므로 (가)에 들어갈 수 없다.
④ (나)에는 축적성이 부각된 사례가 들어가야 한다. '예전에는 혈액형으로 성향을 파악했지만, 요즘은 성격 검사 결과를 통해 성향을 파악하는 것을 즐긴다.'는 문화의 변동성이 부각된 사례이므로 (나)에 들어갈 수 없다.

02 주류 문화, 하위문화, 반문화의 이해

문제 분석 갑국의 □□교는 오랜 기간 국교(國教)로 유지되어 왔으므로 주류 문화이고, ○○교는 처음에 일부 집단만이 공유했으므로 하위문화이면서 □□교가 숭배하는 유일신을 부정하면서 반문화의 성격을 가지게 되었다. 따라서 A는 하위문화, B는 주류 문화, C는 반문화이다.

정답 찾기 ⑤ 반문화는 하위문화의 한 유형이다. 하지만 하위문화가 주류 문화에 해당하는 것은 아니다.

오답 피하기 ① 하위문화, 주류 문화는 모두 시대에 따라 상대적으로 규정된다.
② 반문화는 하위문화의 한 유형으로, 문화 다양성 증가에 기여한다.
③ 반문화는 하위문화, 주류 문화와 함께 한 사회에서 공존할 수 있다.
④ 하위문화, 주류 문화, 반문화는 모두 해당 문화를 향유하는 구성원의 정체성 강화에 기여한다.

03 문화 변동 요인과 결과의 이해

문제 분석 (가)에서는 직접 전파를 통한 문화 융합이 나타났음을, (나)에서는 직접 전파를 통한 문화 동화가 나타났음을 알 수 있다. 한편 교사가 세 사람 중 두 사람만 옳게 발표했다고 했는데, 문화 융합과 문화 동화는 모두 외재적 요인에 의한 문화 변동 사례이므로 갑의 진술은 옳으며, 기존의 문화와 외래문화가 결합하여 새로운 문화가 나타난 것은 문화 융합을 나타내는 (가) 사례이므로 을의 진술은 옳지 않다. 따라서 병은 옳은 진술을 했으므로 ㉠에는 옳은 내용이 들어가야 한다.

정답 찾기 ④ (나)에서 □□족은 B국의 지배를 받게 되면서 강제적으로 B국의 언어와 복식을 따르며 문화 변동을 경험하였다. 반면 (가)에서는 이민자에 의해 들어 온 다양한 음악을 자발적으로 받아들이며 문화 변동이 나타났다. 따라서 (나)에서만 강제적 문화 접변이 나타났다.

오답 피하기 ① (가)의 문화 변동 요인은 직접 전파이다.
② (가)에서는 문화 융합, (나)에서는 문화 동화가 나타났으므로 자문화의 정체성은 (나)에서 상실되었다.
③ (가)에서는 문화 융합, (나)에서는 문화 동화가 나타났으므로 (나)에서 문화 다양성이 증대되었다고 할 수 없다.
⑤ ㉠에는 옳은 진술이 들어가야 한다. (나)에서 문화 변동 요인은 직접 전파이므로 해당 내용은 ㉠에 들어갈 수 없다.

04 문화 변동 요인과 결과 이해

문제 분석 1모둠 자료에는 직접 전파를 통한 문화 공존이 나타나 있으며, 2모둠 자료에는 자극 전파를 통한 문화 공존이 나타나 있다. 3모둠 자료에는 문화 융합이 나타나 있으며, 4모둠 자료에는 간접 전파를 통한 문화 공존이 나타나 있다.

정답 찾기 ① 1모둠 자료에 갑국의 전통 음식 A가 ○○국 젊은 세대 사이에서 인기인 것과 2모둠 자료에 ○○국에서 새로 개발한 무열량 음료가 ○○국에서 전통 음료와 B의 판매량을 추월했다는 내용을 통해 모두 문화 공존이 나타났음을 알 수 있다.

오답 피하기 ② 문화 융합은 3모둠이 작성한 내용에만 나타나 있다. ○○국 제과 회사가 만든 과자 C는 병국의 과자에 ○○국의 식재료를 넣어 만든 새로운 과자로서 문화 융합 사례에 해당한다.
③ 1모둠이 작성한 내용에 발명이 나타나 있지 않고, 2모둠이 작성한 내용에는 직접 전파가 아닌 자극 전파가 나타나 있다.
④ 3모둠이 작성한 내용에는 문화 동화가 아닌 문화 융합이 나타나 있고, 4모둠이 작성한 내용에는 간접 전파가 나타나 있다.
⑤ 1모둠과 2모둠이 작성한 내용 중 자극 전파가 나타나 있는 모둠은 2모둠에만 해당하며, 3모둠과 4모둠에는 모두 자발적 문화 접변이 나타나 있다.

11 사회 불평등 현상의 이해

수능 기본 문제 본문 114쪽

01 ② 02 ① 03 ④ 04 ②

01 다양한 사회적 불평등 양상의 이해

문제 분석 제시문에 따르면 저소득층의 문화 예술 행사 관람률이 고소득층에 비해 많이 낮고, 전년 대비 관람률의 상승폭도 고소득층에 비해 크게 낮다.

정답 찾기 ② 소득 계층별로 문화 예술 행사 관람률에 차이가 큰 것으로 보아, 경제적 불평등이 문화적 불평등에 영향을 줄 수 있음을 알 수 있다.

오답 피하기 ① 경제적 불평등이 문화적 불평등에 영향을 주는 것으로 보아, 사회 불평등을 초래하는 요인들은 상호 배타적이지 않다.
③ 권력의 소유 정도에 대해서는 언급하고 있지 않다.
④ 사회 불평등은 어느 사회에서나 나타나는 보편적인 현상이나, 제시문에서는 여러 사회에서 나타나는 불평등에 대해 언급하고 있지 않다.
⑤ 제시문은 경제적 불평등이 사회 구성원 간 생활 양식의 차이에 영향을 줄 수 있음을 보여 준다.

02 사회 계층화 현상의 이해

문제 분석 갑국은 신분 제도를 갖고 있는데, 이는 신분에 의해 사회 계층이 결정되고 신분이 세습되고 있음을 의미한다.

정답 찾기 ㄱ. '신분에 의해 사회 계층이 결정되며'에서 귀속 지위 중심의 사회 계층이 형성됨을 알 수 있다.
ㄴ. '신분에 의해 사회 계층이 결정되며', '부모의 신분에 따라 자녀의 신분이 결정되고'에서 계층 이동이 어려운 폐쇄적 계층 구조가 나타남을 알 수 있다.

오답 피하기 ㄷ. 갑국 사람들 대부분이 신분 제도를 받아들이면서 살아가므로 사회 구조의 변혁을 둘러싼 집단 간 갈등이 심하지 않다.
ㄹ. 사회적 희소가치가 개인의 업적과 같은 후천적 요인에 의해 배분된다는 것은 성취 지위가 중시된다는 것을 의미한다. 갑국은 귀속 지위 중심의 사회 계층이 형성된다.

03 계급론과 계층론의 비교

문제 분석 계층을 연속적인 위계 관계로 파악하는 것은 계층론이다. 따라서 A는 계층론, B는 계급론이다.

정답 찾기 ④ 계급론은 생산 수단의 소유 여부에 따라 유산 계급과 무산 계급의 존재만을 인정하고 중간 계급의 존재를 인정하지 않으므로 해당 질문은 (가)에 들어갈 수 있다.

오답 피하기 ① 일원론적 관점에서 사회 계층화 현상을 파악하는 것은 계급론이다.

② 계급론은 정치적 불평등이 경제적 불평등에 종속된다고 본다.

③ 계급론과 계층론 모두 사회 불평등의 원인을 희소가치의 차등 분배에서 찾는다.

⑤ 계급론과 계층론 모두 사회 불평등 현상의 원인으로 경제적 요인을 고려하므로 해당 질문은 (가)에 들어갈 수 없다.

04 사회 불평등 현상을 바라보는 기능론과 갈등론의 비교

문제 분석 사회 불평등을 불가피한 현상으로 보는 것은 기능론이므로 A는 갈등론, B는 기능론이다.

정답 찾기 ② 갈등론은 기능론과 달리 사회적 희소가치의 배분 기준이 지배 계급인 특정 집단만의 합의에 의해 결정된다고 본다.

오답 피하기 ① 기능론과 갈등론 모두 사회 불평등 현상이 보편적으로 나타난다고 본다.

③ 갈등론이 기능론에 비해 개인의 귀속적 요인이 사회 불평등에 미치는 영향을 중시한다.

④ 균등 분배는 인재의 적재적소 배치에 어려움을 야기한다고 보는 것은 기능론이므로 해당 진술은 (가)에 들어갈 수 없다.

⑤ 직업 간 사회적 중요도의 우위를 객관적으로 평가할 수 있다고 보는 것은 기능론이므로 해당 진술은 (나)에 들어갈 수 없다.

수능 실전 문제

본문 115~117쪽

1 ③	2 ③	3 ⑤	4 ④
5 ③	6 ①		

1 사회 계층화 현상의 이해

문제 분석 갑국에서는 신분이 관직은 물론, 혼인, 가옥의 규모, 의복의 색깔에 이르기까지 사회생활 전반에 걸쳐 영향을 주고 있다. 이와 달리 을국에서는 원칙적으로 사회적 희소가치가 개인의 노력과 능력에 따라 차등 분배되고 있다.

정답 찾기 ㄴ. 을국에서는 성취 지위 중심의 사회 계층화 현상이 나타나고 있지만, 최근 부모의 계층이 자녀의 학업 성취에 미치는 영향이 약간 커지자 이를 시정하기 위한 제도적 장치를 마련해 실시하고 있다. 이를 통해 을국은 귀속적 요인이 사회적 희소가치의 획득에 미치는 영향을 줄이기 위한 노력을 하고 있음을 알 수 있다.

ㄷ. 갑국에서는 신분이 사회생활 전반에 걸쳐 영향을 주고 있으므로 귀속 지위 중심의 사회 계층화 현상이 나타나고 있다. 이와 달리 을국에서는 사회적 희소가치를 배분함에 있어 개인의 노력과 능력이 중시되고 있는데, 이는 성취 지위 중심의 사회 계층화 현상이 나타나고 있음을 의미한다.

오답 피하기 ㄱ. 갑국에서는 하위 세 신분 간에 관직을 얻는 상한선이 지켜지지 않는 경우가 있으나, 신분 간 자유로운 이동이 나타나고 있는 것은 아니다.

ㄹ. 갑국에서는 신분이 사회 계층을 결정하는 데 영향을 주고 있다는 점에서 을국과 달리 폐쇄적 계층 구조가 나타나고 있다.

2 계급론과 계층론의 비교

문제 분석 경제적 불평등이 사회적·정치적 불평등을 결정한다고 보는 것은 계급론이므로 A는 계층론, B는 계급론이다.

정답 찾기 ③ (가)에는 계층론이 '예', 계급론이 '아니요'라고 답변할 수 있는 질문이 들어가야 한다. 계층론은 계급론과 달리 정치적, 경제적, 사회적 측면 등 다차원적 요인으로 사회 불평등 현상을 설명하며, 이에 따라 개인의 지위가 여러 차원에서 서로 같지 않은 지위 불일치 상황을 설명하기에 적합하다. 따라서 해당 질문은 (가)에 들어갈 수 있다.

오답 피하기 ① 사회 불평등 현상을 이분법적으로 파악하여 중간 계급의 존재를 부정하는 것은 계급론이다.

② 계층론은 정치적 권력이 사회 계층화를 초래하는 여러 요인 중 하나라고 본다.

④ 계급론과 계층론 모두 사회 불평등 현상의 발생 원인으로 경제적 요인을 고려하므로 해당 질문은 (나)에 들어갈 수 없다.

⑤ 동일한 위계에 속한 구성원 간의 강한 귀속 의식은 계급 의식이다. 계급 의식을 강조하는 것은 계급론이므로 해당 질문은 (다)에 들어갈 수 없다.

3 사회 계층과 문화 자본의 관계에 대한 이해

문제 분석 A 학자의 주장에 따르면, 사람들의 사고 체계, 문화적 취향, 습성 등도 경제적 계급에 따라 구별되며, 학교 교육은 지배 계급의 문화적 가치를 전수함으로써 기존의 계급 질서를 재생산한다.

정답 찾기 ㄷ. A 학자의 주장에 따르면, 학교 교육 내용은 지배 계급의 문화적 가치로 구성되어 있다. 즉, 학교 교육 과정은 특정 집단에 유리한 내용으로 구성되어 있다.
ㄹ. A 학자는 문화적 취향도 개인이 해당하는 경제적 계급과 사회 구조에 의해 산출되고 내면화되므로 개인의 문화적 취향을 보면 개인이 속한 계급을 추론할 수 있다고 본다.

오답 피하기 ㄱ. A 학자는 문화적 취향을 개인의 선택 문제로 인식하고 있지 않으며, 경제적 계급과 사회 구조의 산물로 보고 있다.
ㄴ. A 학자는 학교가 지배 계급의 문화적 가치를 사회 구성원에게 전수한다고 보고 있다는 점에서 학교가 사회 구성원을 사회화하는 데 실패했다고 보고 있지 않다.

4 계급론과 계층론의 비교

문제 분석 경제적 지위에 따른 집단 귀속 의식을 중시하고, 사회 불평등 현상을 불연속적으로 구분된 상태로 보는 것은 계급론이다. 따라서 A는 계층론, B는 계급론이다. 〈서술형 1〉 문항의 점수가 2점이므로 (가)에는 계층론과 구분되는 계급론의 입장이 들어가서는 안 된다. 〈서술형 2〉 문항의 점수는 1점이므로 (나)에는 계급론과 구분되는 계층론의 입장이 들어가야 한다.

정답 찾기 ④ 위계를 구분하는 기준이 다차원적이라고 보는 것은 계급론과 구분되는 계층론의 입장이므로 해당 내용은 (나)에 들어갈 수 있다.

오답 피하기 ① 사회적 불평등이 경제적 불평등에 종속된다고 보는 것은 계급론이다.
② 현대 사회의 다양한 계층 분화를 설명하기에 용이한 것은 계층론이다.
③ 일원론적 관점에서 사회 계층화 현상을 파악하는 것은 계층론과 구분되는 계급론의 입장이므로 해당 내용은 (가)에 들어갈 수 없다.
⑤ 계급론과 계층론 모두 사회적 희소가치가 불평등하게 분배된다고 보므로 해당 내용은 (가)에는 들어갈 수 있으나 (나)에는 들어갈 수 없다.

5 사회 불평등 현상을 바라보는 기능론과 갈등론의 비교

문제 분석 표의 두 번째 진술과 (가)의 진술에서 갑과 을의 구분이 모두 다르므로 두 번째 진술과 (가)의 진술에 대한 구분에서 갑과 을은 각각 1개가 옳다. 갑과 을 중 어느 한 명이 2개의 진술 모두를 옳게 구분했다면 다른 한 명은 모두 옳지 않게 구분한 것이 되어, 두 학생은 각각 3개 중 2개의 진술에 대해서만 옳은 답을 썼다는 조건에 위배되기 때문이다. 그런데 갑과 을은 모두 첫 번째 진술에 해당하는 관점으로 B를 제시하였으므로 첫 번째 진술에 대해 B로 구분한 것은 옳다. 기능론이 차등 분배가 갖는 사회적 순기능을 강조하므로 B는 기능론이다. 따라서 A는 갈등론이다. 그리고 갈등론이 직업 간에 사회적 기여도의 차이가 없다고 보므로 두 번째 진술에 대한 갑의 구분은 옳고 을의 구분은 옳지 않다. 마지막으로 (가)의 진술에 대한 갑의 구분은 옳지 않고 을의 구분은 옳아야 하므로 (가)에는 갈등론에만 해당하는 진술이 들어가야 한다.

정답 찾기 ③ 기능론은 사회적 희소가치의 배분 기준은 사회적으로 합의된 것이라고 보지만, 갈등론은 사회적 희소가치의 배분 기준이 특정 집단만의 합의에 근거한 것이라고 본다.

오답 피하기 ① 개인의 능력과 업적 등에 따라 사회적 희소가치가 분배된다고 보는 것은 기능론이다.
② 기능론은 사회 불평등 현상이 어느 사회에서나 보편적으로 나타난다고 본다.
④ 기능론과 갈등론 모두 사회적 희소가치는 불균등하게 분배된다고 보므로 해당 진술은 (가)에 들어갈 수 없다.
⑤ 갈등론은 기능론과 달리 사회 불평등 현상을 제거해야 할 대상으로 보므로 해당 진술은 (가)에 들어갈 수 있다.

6 사회 불평등 현상을 바라보는 관점의 비교

문제 분석 (가)는 차등적 보상이 갖는 문제점을 강조하고 있는 것으로 보아 갈등론, (나)는 차등적 보상이 갖는 순기능을 강조하고 있는 것으로 보아 기능론이다.

정답 찾기 ① 갈등론은 사회 불평등이 갖는 문제점에 주목하면서 사회 불평등을 극복해야 할 대상으로 본다.

오답 피하기 ② 사회 불평등이 재생산되는 과정에 초점을 맞추는 것은 갈등론이다.
③ 사회 불평등이 개인의 성취동기를 자극한다고 보는 것은 기능론이다.
④ 기능론과 갈등론 모두 사회 불평등을 시대와 사회를 초월하여 나타나는 보편적인 현상으로 본다.
⑤ 기능론은 갈등론과 달리 사회 불평등 현상이 인재를 적재적소에 배치하는 데 기여한다고 본다.

12 사회 이동과 사회 계층 구조

수능 기본 문제 본문 122~123쪽

01 ②	02 ④	03 ④	04 ③
05 ④	06 ⑤	07 ⑤	08 ②

01 사회 이동에 대한 사례 분석

문제 분석 개인적 이동이란 기존 계층 구조 내에서 노력이나 업적 등 개인적 요인으로 인해 나타나는 사회 이동을 말하며, 구조적 이동이란 기존 계층 구조에 변화를 초래하는 사회 구조적 요인에 의해 개인이나 집단의 계층 위치가 상승 또는 하강하는 사회 이동을 말한다.

정답 찾기 ㄱ. 갑이 사업을 하여 많은 돈을 벌었고 현재 중견 기업을 경영하고 있다는 사실에서 개인적 이동이 나타났음을 알 수 있다.

ㄷ. 갑의 부모는 가게도 없이 작은 트럭에서 과일 장사를 하였지만 갑은 중견 기업을 경영하는 위치에 있으므로 세대 간 상승 이동이 나타났음을 알 수 있다.

오답 피하기 ㄴ. 이웃나라에 전쟁이 일어났지만, 이것이 이웃나라나 갑이 거주하는 나라의 계층 구조를 변화시켰는지는 제시문을 통해 파악할 수 없다. 따라서 전쟁이 일어났다는 사실만으로 구조적 이동이 나타났다고 단정할 수 없다.

ㄹ. 갑이 경비원 생활을 하다가 중견 기업을 경영하게 되었다는 점에서 세대 내 상승 이동이 나타나 있다.

02 다양한 사회 이동의 유형에 대한 이해

문제 분석 세대 내 이동은 부모 등 이전 세대와 별개로 개인의 독립적인 생애 내에서 나타나는 사회 이동이며, 세대 간 이동은 부모 등 이전 세대와 비교했을 때 다음 세대의 계층 위치가 변화함으로써 나타나는 사회 이동을 말한다.

정답 찾기 ㄴ. 신분 제도의 철폐는 기존의 계층 구조에 변화를 초래하며, 세대 내 상승 이동을 초래할 수 있다.

ㄹ. 시민 혁명으로 인한 귀족 계급의 몰락은 구조적 이동이자 세대 내 하강 이동이다.

오답 피하기 ㄱ. 회사의 영업부장이 자재부장으로 옮긴 것은 세대 내 이동이자 수평 이동이다.

ㄷ. 개방적 계층 구조 아래에서는 일반적으로 개인적 요인으로 인한 세대 내 상승 이동과 세대 내 하강 이동 모두 일어날 수 있으며, 세대 내 하강 이동이 세대 내 상승 이동보다 많이 나타난다고 단정할 수 없다.

03 계층 간 구성 비율의 분석

문제 분석 A는 세대 간 상승 이동을 통해 자녀 세대에서는 나타날 수 없는 계층이므로 A는 하층이고, B는 세대 간 하강 이동을 통해 자녀 세대에서는 나타날 수 없는 계층이므로 B는 상층이다. 따라서 C는 중층이다. 주어진 자료를 종합하여 갑국, 을국의 계층별 비율을 구하면 다음과 같다.

(단위: %)

구분	갑국	을국
상층	15	10
중층	35	60
하층	50	30

정답 찾기 ④ 상층 인구에 대한 중층 인구의 비는 갑국이 7/3, 을국이 6이다. 을국이 갑국보다 크다.

오답 피하기 ① 갑국의 경우 상층 비율은 15%, 하층 비율은 50%이다. 상층 인구가 하층 인구보다 적다.

② 을국의 경우 중층 비율은 60%, 하층 비율은 30%이다. 중층 인구가 하층 인구보다 많다.

③ 중층의 비율은 갑국이 35%, 을국이 60%이므로 갑국이 을국보다 낮다.

⑤ 계층 구조는 갑국이 피라미드형, 을국이 다이아몬드형이다. 다이아몬드형 계층 구조를 갖는 사회가 피라미드형 계층 구조를 갖는 사회보다 안정적이다.

04 사회 계층 구조에 대한 분석

문제 분석 갑국에서 A/(A+B)가 6/7이므로 A가 6이라면 B는 1이다. B/(B+C)가 1/4이므로 B가 1이라면 C는 3이다. 따라서 갑국의 계층별 인구의 비는 'A : B : C'='6 : 1 : 3'이다. 갑국의 계층 구조가 피라미드형이므로 A는 하층, B는 상층, C는 중층이다. 그림을 토대로 갑국~병국의 계층 비율을 구하면 다음과 같다.

(단위: %)

구분	갑국	을국	병국
상층	10	20	30
중층	30	50	15
하층	60	30	55

정답 찾기 ③ 상층 인구에 대한 하층 인구의 비는 갑국이 6이고 을국이 3/2이므로 갑국이 을국의 4배이다.

오답 피하기 ① 을국의 계층 구조는 다이아몬드형이다.

② 병국의 계층 구조는 모래시계형으로, 모래시계형 계층 구조는 사회 통합에 유리하지 않다.

④ 갑국의 중층 비율과 을국의 하층 비율의 합은 60%로, 병국의 하층 비율 55%보다 크다.

⑤ 세대 간 상승 이동과 세대 간 하강 이동이 모두 일어날 수 있는

계층은 중층이다. 중층 비율은 갑국이 30%, 병국이 15%이므로 갑국이 병국의 2배이다.

05 세대별 계층 구조의 변화에 대한 분석

문제 분석 B에 속한 부모는 조부모보다 계층이 높을 수 없으므로 B는 하층이고, C에 속한 자녀는 부모보다 계층이 낮을 수 없으므로 C는 상층이다. 따라서 A는 중층이다. ○○국의 세대별 계층 비율을 재구성하여 표로 나타내면 다음과 같다.

(단위: %)

구분	조부모 세대	부모 세대	자녀 세대
상층	30	10	10
중층	20	30	70
하층	50	60	20

정답 찾기 ④ 중층 비율에 대한 하층 비율의 비는 조부모 세대가 5/2이고 부모 세대가 2이므로 조부모 세대가 부모 세대보다 크다.

오답 피하기 ① 하층의 비율은 부모 세대가 60%로 가장 높다.

② 상층의 비율은 부모 세대와 자녀 세대가 10%로 같다.

③ 부모 세대와 자녀 세대의 계층 구조의 폐쇄성 여부는 알 수 없다.

⑤ 중층 비율은 부모 세대가 30%, 자녀 세대가 70%이다. 따라서 중층 비율의 증가율은 100%를 넘는다.

06 부모와 본인 계층의 비교

문제 분석 A는 세대 간 상승 이동과 세대 간 하강 이동이 모두 일어날 수 있는 계층이므로 중층이고, 병은 세대 간 상승 이동을 하였으므로 C는 상층이다. 따라서 B는 하층이다. 부모 계층과 본인 계층은 다음과 같다.

구분	갑	을	병	정
부모 계층	하	상	중	중
본인 계층	중	중	상	하

정답 찾기 ⑤ 갑은 부모 하층에서 본인 중층으로 세대 간 상승 이동을 하였다. 정은 부모 중층에서 본인 하층으로 세대 간 하강 이동을 하였다.

오답 피하기 ① 본인의 계층이 중층인 사람은 갑과 을이다.

② 본인의 계층이 가장 낮은 사람은 정이다.

③ 부모의 계층이 가장 높은 사람은 을이다.

④ 을의 부모는 상층, 병의 부모는 중층이다.

07 계층별 인구에 대한 분석

문제 분석 주어진 자료를 토대로 시기에 따른 계층별 인구 비율을 구하면 다음과 같다.

(단위: %)

구분	1980년	2000년	2020년
상층	10	10	25
중층	30	60	60
하층	60	30	15

정답 찾기 ⑤ 하층 인구는 변함이 없는 것으로 보아, 1980년 대비 2000년의 총인구는 2배가 되고 2000년 대비 2020년의 총인구도 2배가 된다. 그리고 1980년과 2000년의 상층 비율은 10%로 같으므로 상층 인구의 증가율은 100%이며, 2000년과 2020년의 중층 비율은 60%로 같으므로 중층 인구의 증가율도 100%이다.

오답 피하기 ① 상층의 비율은 1980년과 2000년이 10%로 같다.

② 중층 인구는 2020년이 1980년의 8배이다.

③ 총인구는 2020년이 2000년의 2배이다.

④ 1980년의 계층 구조는 피라미드형, 2020년의 계층 구조는 다이아몬드형이다. 다이아몬드형 계층 구조가 피라미드형 계층 구조에 비해 사회 통합에 유리하다.

08 부모와 자녀의 계층 비교

문제 분석 피라미드형 계층 구조는 하층의 비율이 가장 높고 상위 계층으로 올라갈수록 비율이 낮아지는 계층 구조이다. 다이아몬드형 계층 구조는 상층 비율, 하층 비율에 비해 중층의 비율이 높은 계층 구조이다.

정답 찾기 ② 부모 세대 계층 대비 계층 세습의 비율은 상층이 {(5/10) × 100}%, 중층이 {(17/30) × 100}%, 하층이 {(18/60) × 100}%이다. 따라서 부모 세대 계층 대비 계층 세습 비율은 중층이 가장 높다.

오답 피하기 ① 계층을 대물림한 자녀의 비율은 전체의 40%(=5+17+18)이다.

③ 세대 간 상승 이동한 자녀는 전체의 45%, 세대 간 하강 이동한 자녀는 전체의 15%이다.

④ 부모 세대의 계층 구조는 피라미드형, 자녀 세대의 계층 구조는 다이아몬드형이다. 다이아몬드형 계층 구조가 피라미드형 계층 구조에 비해 사회 통합에 유리하다.

⑤ 자녀 세대 중층 중 세대 간 하강 이동한 자녀는 전체의 3%, 세대 간 상승 이동한 자녀는 전체의 30%이다. 자녀 세대 중층 중 세대 간 상승 이동한 자녀가 세대 간 하강 이동한 자녀보다 많다.

수능 실전 문제 본문 124~127쪽

1 ③	2 ④	3 ①	4 ③
5 ③	6 ⑤	7 ②	8 ⑤

1 사회 이동에 대한 분석

문제 분석 가난한 농민의 자녀였던 갑은 쌀을 배달하는 종업원으로 사회에 첫발을 내디뎠으나 현재는 큰 기업체를 경영하고 있다. 이를 통해 갑은 세대 간 상승 이동과 세대 내 상승 이동을 경험하였음을 알 수 있다. 귀족의 자녀였던 을은 고위 관리로 사회생활을 시작했지만, 신분 제도가 폐지되면서 고위 관리직을 그만두고 조그만 사업을 하다가 실패하여 현재는 일용직으로 생활하고 있다. 이를 통해 을은 세대 간 하강 이동과 세대 내 하강 이동을 경험하였음을 알 수 있다.

정답 찾기 ③ 을은 혁명으로 인한 신분 제도의 폐지로 고위 관리직을 그만둘 수밖에 없었으므로 구조적 이동을 경험하였다. 갑은 구조적 이동을 경험하지 않았다.

오답 피하기 ① 갑의 세대 간 이동과 세대 내 이동은 개인적 이동에 해당하며, 을의 세대 내 이동은 개인적 이동으로 인한 것도 있고 구조적 이동으로 인한 것도 있다. 즉, 갑과 을은 모두 개인적 이동을 경험하였다.
② 갑은 개방적 계층 구조를 갖는 사회에서 태어났지만, 을은 신분 제도가 있는 폐쇄적 계층 구조를 갖는 사회에서 태어났다.
④ 갑과 을은 모두 세대 간 이동을 경험하였다.
⑤ 갑의 세대 내 상승 이동, 을의 세대 내 하강 이동은 모두 세대 내 수직 이동에 해당한다.

2 여러 가지 계층 구조의 이해

문제 분석 t년 갑국의 계층 구조가 피라미드형이므로 A는 하층, B는 중층, C는 상층이다. 따라서 t+50년 갑국의 계층 구조는 다이아몬드형, t년 을국의 계층 구조는 다이아몬드형, t+50년 을국의 계층 구조는 모래시계형이다.

정답 찾기 ㄴ. 갑국의 경우 t년에는 신분 제도가 있었고 수직 이동이 나타날 가능성이 매우 낮았지만 t+50년에는 신분 제도가 폐지되었고 수직 이동이 나타날 가능성이 매우 높다. 이를 통해 t년 대비 t+50년에 갑국 계층 구조의 개방성이 높아졌음을 알 수 있다.
ㄹ. t+50년의 갑국과 t년의 을국 모두 상층과 하층에 비해 중층의 비율이 높은 다이아몬드형 계층 구조가 나타난다.

오답 피하기 ㄱ. t+50년 갑국에서는 중층 비율이 가장 높지만, 을국에서는 중층 비율이 가장 낮다. 갑국과 을국 모두에서 크기가 가장 큰 계층의 비율은 모두 50%를 넘으므로 갑국의 중층 비율은 50%보다 크고, 을국의 중층 비율은 50%보다 작다.
ㄷ. 을국에서는 t년과 t+50년 모두에서 신분 제도가 존재하지 않았고, t년에 비해 t+50년에 수직 이동이 나타날 가능성이 낮아졌다는 점에서, t년과 t+50년 사이에 을국에서 구조적 이동이 나타났다고 볼 수 없다.

3 세대 간 계층 이동 현황에 대한 분석

문제 분석 부모 계층 A의 자녀는 부모보다 계층이 높을 수도, 낮을 수도, 일치할 수도 있으므로 A는 중층이다. 부모 계층 B의 자녀는 부모보다 계층이 낮거나 일치하므로 B는 상층이다. 부모 계층 C의 자녀는 부모보다 계층이 높거나 일치하므로 C는 하층이다. 그리고 제시된 자료를 토대로 부모와 자녀의 세대 간 계층 이동 현황을 표로 나타내면 다음과 같다.

(단위: %)

구분		부모 세대 계층			계
		상	중	하	
자녀 세대 계층	상	10	10	5	25
	중	5	20	10	35
	하	0	5	35	40
계		15	35	50	100

정답 찾기 ① 중층의 비율은 부모 세대와 자녀 세대가 각각 전체의 35%로 같다.

오답 피하기 ② 계층 세습 비율은 전체의 65%, 세대 간 이동 비율은 전체의 35%이다.
③ 세대 간 상승 이동한 자녀의 비율은 전체의 25%, 세대 간 하강 이동한 자녀의 비율은 전체의 10%이다. 세대 간 상승 이동한 자녀가 세대 간 하강 이동한 자녀보다 많다.
④ 자녀 중층 중 세대 간 상승 이동한 자녀는 전체의 10%, 세대 간 하강 이동한 자녀는 전체의 5%이다. 자녀 중층 중 세대 간 상승 이동한 자녀가 세대 간 하강 이동한 자녀보다 많다.
⑤ 부모 세대와 자녀 세대의 계층 구조는 모두 피라미드형이다.

4 두 국가의 세대 간 이동 현황에 대한 비교 분석

문제 분석 A는 B보다 높은 계층이고 C는 자녀 세대에서 세대 간 하강 이동을 통해 나타날 수 없는 계층이므로 A는 중층, B는 하층, C는 상층이다. 이를 토대로 두 국가의 세대 간 계층 이동 현황을 표로 나타내면 다음과 같다.

〈갑국〉

(단위: %)

구분		부모 세대 계층			계
		상	중	하	
자녀 세대 계층	상	5	3	12	20
	중	3	17	30	50
	하	2	10	18	30
계		10	30	60	100

〈을국〉

(단위: %)

구분		부모 세대 계층			계
		상	중	하	
자녀 세대 계층	상	10	15	5	30
	중	4	10	6	20
	하	6	25	19	50
계		20	50	30	100

정답 찾기 ③ 계층을 대물림한 자녀의 비율은 갑국이 전체의 40%이고, 을국이 전체의 39%이므로 갑국이 을국보다 높다.

오답 피하기 ① 갑국에서 상층 비율은 부모 세대가 10%이고, 자녀 세대가 20%이므로 자녀 세대가 부모 세대보다 높다.

② 을국에서 부모 세대는 상층 비율이 20%, 하층 비율이 30%이지만, 자녀 세대는 상층 비율이 30%, 하층 비율이 50%이다. 자녀 세대에서 계층의 양극화가 나타난다.

④ 세대 간 상승 이동한 자녀의 비율은 갑국이 전체의 45%이고, 을국이 전체의 26%이므로 갑국이 을국보다 높다.

⑤ 자녀 세대의 계층 구조는 갑국은 다이아몬드형, 을국은 모래시계형이다.

5 세대 간 계층 이동 현황에 대한 분석

문제 분석 자녀 계층 C에는 부모보다 계층이 높은 자녀와 낮은 자녀가 존재하므로 C는 중층이고, A와 B는 각각 상층과 하층 중 하나이다. 자녀 계층 A에는 부모보다 계층이 높은 자녀가 존재하므로 A는 상층이고, 자녀 계층 B에는 부모보다 계층이 낮은 자녀가 존재하므로 B는 하층이다. 이것과 제시된 자료를 종합하여 계층 간 이동 현황을 표로 나타내면 다음과 같다.

(단위: %)

구분		부모 세대 계층			계
		상	중	하	
자녀 세대 계층	상	12	5	3	20
	중	15	20	15	50
	하	3	15	12	30
계		30	40	30	100

정답 찾기 ③ 상층 부모를 둔 자녀 중 상층 자녀는 전체의 12%이고 하층 자녀는 전체의 3%이므로 상층 자녀가 하층 자녀의 4배이다.

오답 피하기 ① 부모 세대의 계층 구조는 다이아몬드형이다.

② 일반적으로 고도 산업 사회에서는 중층의 비율이 가장 높다.

④ 부모의 계층을 세습한 자녀의 비율은 전체 자녀의 44%이다.

⑤ 상층 부모를 둔 중층 자녀와 중층 부모를 둔 하층 자녀의 비율은 각각 전체의 15%로 같다.

6 두 국가의 세대 간 계층 이동 현황에 대한 비교 분석

문제 분석 자료에 따르면 자녀 계층 B는 갑국에서는 세대 간 상승 이동하여 나타나기도 하고 을국에서는 세대 간 하강 이동하여 나타나기도 한다. 따라서 B는 중층이고, A와 C는 각각 상층과 하층 중 하나이다. 그리고 자녀 계층 A는 세대 간 하강 이동하여 나타날 수 있으므로 A는 하층이고, 자녀 계층 C는 세대 간 상승 이동하여 나타날 수 있으므로 C는 상층이다. 따라서 갑국의 '상층 비율 : 중층 비율 : 하층 비율'은 부모 세대 '1 : 3 : 6', 자녀 세대 '2 : 3 : 5'이고, 을국의 '상층 비율 : 중층 비율 : 하층 비율'은 부모 세대 '3 : 5 : 2', 자녀 세대 '2 : 5 : 3'이다. 이것과 제시된 자료를 종합하여 갑국과 을국의 세대 간 이동 현황을 표로 나타내면 다음과 같다.

〈갑국〉

(단위: %)

구분		부모 세대 계층			계
		상	중	하	
자녀 세대 계층	상	10	0	10	20
	중	0	10	20	30
	하	0	20	30	50
계		10	30	60	100

〈을국〉

(단위: %)

구분		부모 세대 계층			계
		상	중	하	
자녀 세대 계층	상	10	0	10	20
	중	20	30	0	50
	하	0	20	10	30
계		30	50	20	100

정답 찾기 ⑤ 갑국과 을국 모두 중층 부모를 둔 상층 자녀의 비율은 0%로, 갑국과 을국 모두 중층 부모를 둔 상층 자녀는 없다.

오답 피하기 ① 갑국 부모 세대의 계층 구조는 피라미드형이다.

② 갑국에서는 세대 간 계층 유지 비율과 이동 비율이 각각 전체의 50%로 같다.

③ 을국에서는 세대 간 상승 이동 비율이 10%이고, 세대 간 하강 이동 비율이 40%이므로 세대 간 하강 이동이 세대 간 상승 이동보다 많다.

④ 을국에서 부모 세대 계층 대비 계층 세습 비율은 상층이 {(1/3) × 100}%, 중층이 {(3/5) × 100}%, 하층이 {(1/2) × 100}%로, 중층이 가장 높다.

7 계층별 인구의 비에 대한 분석

문제 분석 t년의 계층 구성의 비율, 즉 A 비율+B 비율=4x, B 비율+C 비율=7x, A 비율+C 비율=9x라고 하면, 2(A 비율+B 비율+C 비율)=20x이다. (A 비율+B 비율+C 비율)이 100이므로, x는 10이다. 따라서 A의 비율은 30%, B의 비율은 10%, C의 비율은 60%이다. 즉, t년 계층 비율의 비 'A : B : C=3 : 1 : 6'이다. 이와 같은 방식으로 t+30년, t+60년, t+90년의 계층 비율의 비, 즉 'A : B : C'를 구하면 각각 '3 : 2 : 5', '5 : 2 : 3', '2 : 3 : 5'이다. 그리고 t+30년의 계층 구조는 피라미드형이므로 A는 중층, B는 상층, C는 하층이다. 이를 종합하여 연도별 계층 비율을 나타내면 다음과 같다.

(단위: %)

구분		t년	t+30년	t+60년	t+90년
계층	상	10	20	20	30
	중	30	30	50	20
	하	60	50	30	50

정답 찾기 ② 조건에 따르면 30년 전과 비교하여 시기별 상층 인구는 모두 2배가 되었다. t년의 총인구와 t+30년의 총인구는 같고, t+60년의 총인구는 t년의 2배이다. 그런데 하층 인구의 비율은 t+60년이 t년의 1/2이므로 하층 인구는 t년과 t+60년이 같다.

오답 피하기 ① 중층 인구의 비율이 가장 높은 연도는 t+60년이다.
③ 중층 인구에 대한 상층 인구의 비는 t+30년이 2/3, t+90년이 3/2이므로 t+30년이 t+90년보다 작다.
④ 30년 전과 비교하여 시기별 상층 인구는 모두 2배가 되었다. 그런데 상층 비율은 t년이 10%, t+30년이 20%, t+60년이 20%이므로 총인구는 t년과 t+30년이 같으며, t+60년이 t년의 2배이다. 총인구가 t+60년이 t년의 2배이고, 상층 비율은 t+60년이 20%로 t년 10%의 2배이므로 상층 인구의 증가율은 300%이다. 그러나 중층 비율은 t+60년이 50%로 t년 30%의 2배가 되지 않으므로 중층 인구의 증가율은 300%가 되지 않는다. 따라서 t년 대비 t+60년에 상층 인구의 증가율이 중층 인구의 증가율보다 크다.
⑤ t+60년의 계층 구조는 다이아몬드형, t+90년의 계층 구조는 모래시계형이다. t+60년의 계층 구조가 t+90년의 계층 구조보다 사회 통합의 실현에 유리하다.

8 두 국가의 세대 간 계층 이동 현황에 대한 비교 분석

문제 분석 'A+C : A+B : B+C' 비율의 비는 갑국 부모 세대가 '8 : 9 : 3', 갑국 자녀 세대가 '5 : 8 : 7', 을국 부모 세대가 '7 : 8 : 5', 을국 자녀 세대가 '9 : 7 : 4'이다. 이를 토대로 'A : B : C' 비율의 비를 구하면, 갑국 부모 세대가 '7 : 2 : 1', 갑국 자녀 세대가 '3 : 5 : 2', 을국 부모 세대가 '5 : 3 : 2', 을국 자녀 세대가 '6 : 1 : 3'이다. 그리고 계층 A의 경우, 자녀 세대 계층 대비 자녀 계층이 부모 계층보다 높은 비율이 0%이므로 A는 하층이다. 계층 B의 경우, 자녀 세대 계층 대비 자녀 계층이 부모 계층보다 높은 비율과 자녀 세대 계층 대비 부모와 자녀의 계층 불일치 비율이 같지 않다. 즉, 자녀 세대 계층 대비 자녀 계층이 부모 계층보다 낮은 경우가 존재하므로 B는 중층이다. 따라서 C는 상층이다. 이것과 〈자료 2〉를 종합하여 갑국과 을국의 세대 간 계층 이동 현황을 표로 나타내면 다음과 같다.

〈갑국〉

(단위: %)

구분		부모 세대 계층			계
		상	중	하	
자녀 세대 계층	상	5	10	5	20
	중	4	5	41	50
	하	1	5	24	30
계		10	20	70	100

〈을국〉

(단위: %)

구분		부모 세대 계층			계
		상	중	하	
자녀 세대 계층	상	15	5	10	30
	중	5	1	4	10
	하	0	24	36	60
계		20	30	50	100

정답 찾기 ⑤ 갑국에서 상층 부모를 둔 중층 자녀의 비율은 전체의 4%, 을국에서 중층 부모를 둔 하층 자녀의 비율은 전체의 24%이다. 을국에서 중층 부모를 둔 하층 자녀의 비율은 갑국에서 상층 부모를 둔 중층 자녀의 비율의 6배이다.

오답 피하기 ① 갑국에서 세대 간 상승 이동을 한 자녀 수는 전체의 56%이다.
② 을국에서 세대 간 이동을 한 자녀 수는 전체의 48%, 계층을 대물림한 자녀 수는 전체의 52%이다.
③ 세대 간 하강 이동의 비율은 갑국이 전체의 10%, 을국이 전체의 29%이다. 세대 간 하강 이동의 비율은 을국이 갑국의 3배가 되지 않는다.
④ 자녀 세대의 계층 구조는 갑국은 다이아몬드형, 을국은 모래시계형이다.

13 다양한 사회 불평등 현상

수능 기본 문제

본문 132쪽

01 ⑤ 02 ④ 03 ④ 04 ③

01 사회적 소수자의 특성 이해

문제 분석 사회적 소수자는 주류 집단과 다르다는 이유로 차별 대상이 되고 부당한 대우를 받는 사람들로, 수적으로 소수라고 해서 사회적 소수자라고 단정할 수 없다.

정답 찾기 ㄴ. 사회적 소수자는 주류 집단에 비해 사회적 자원(학력, 권력, 재산 등)의 획득에서 불리한 위치에 있다.

ㄷ. 사회적 소수자는 소수자 집단의 구성원이라는 이유만으로 사회적 차별의 대상이 된다.

ㄹ. 사회적 소수자는 자신들이 주류 집단으로부터 차별받는 집단의 구성원이라는 것을 인식하고 있다.

오답 피하기 ㄱ. 사회적 소수자가 반드시 수적으로 소수를 의미하는 것은 아니다. 한 사회에서 수적으로 다수이지만 사회적 소수자인 경우도 존재할 수 있다.

02 빈곤의 유형 이해

문제 분석 제시된 표에 따르면, 모든 연도에서 상대적 빈곤율이 절대적 빈곤율보다 높다. 이는 상대적 빈곤선인 중위 소득 50% 금액이 절대적 빈곤선인 최저 생계비보다 크다는 것을 의미한다. 그리고 이때 절대적 빈곤율은 두 빈곤 모두에 해당하는 가구의 비율로 이해할 수 있다.

정답 찾기 ㄱ. t년에 절대적 빈곤율이 8%, 상대적 빈곤율이 9%이다. 이는 '중위 소득 50% 금액>최저 생계비'를 의미한다. 따라서 t년에 중위 소득은 최저 생계비의 2배보다 크다.

ㄷ. 전체 가구 수는 변동이 없으므로 절대적 빈곤과 상대적 빈곤 모두에 해당하는 가구 수는 t+2년에 가장 많다. 전체 가구 수가 100가구라면 t+2년에 두 빈곤 모두에 해당하는 가구 수는 13가구이다.

ㄹ. 두 빈곤율의 차이가 가장 큰 것은 t+3년의 11%p(=23%−12%)이다. 즉, 전체 가구 수가 100가구라면 11가구는 상대적 빈곤에만 해당한다.

오답 피하기 ㄴ. 상대적 빈곤율이 절대적 빈곤율의 2배라고 해서 상대적 빈곤선이 절대적 빈곤선의 2배라고 단정할 수 없다.

03 빈곤율과 빈곤선의 이해

문제 분석 갑국과 을국 모두 절대적 빈곤선은 최저 생계비이고, 상대적 빈곤선은 중위 소득의 50% 금액이다. 그리고 절대적 빈곤선(최저 생계비)은 상대적 빈곤선(중위 소득의 50% 금액)의 60%이며, 이를 이용해서 상대적 빈곤선(중위 소득의 50% 금액)을 다음과 같이 구할 수 있다.

(단위: 달러/월)

구분	갑국	을국
절대적 빈곤선(최저 생계비)	450	300
상대적 빈곤선(중위 소득의 50% 금액)	750	500
중위 소득	1,500	1,000

정답 찾기 ④ 을국의 중위 소득(1,000달러)은 갑국의 상대적 빈곤선(750달러)보다 크다.

오답 피하기 ① 절대적 빈곤은 개인의 주관적 판단이 아니라 객관화된 기준에 따라 파악된다.

② 경제 성장을 이룬 선진국에서도 성장의 혜택이 고루 분배되지 않을 경우 상대적 빈곤이 나타날 수 있다.

③ 갑국의 상대적 빈곤선(750달러)은 을국의 상대적 빈곤선(500달러)의 1.5배이다.

⑤ 갑국의 최저 생계비 대비 을국의 최저 생계비의 비(2/3)는 갑국의 중위 소득 대비 을국의 중위 소득의 비(2/3)와 같다.

04 성 불평등 문제의 이해

문제 분석 성별 근로자 평균 임금 격차 지수 공식을 이용하면, ㉠은 3,000이고, ㉡은 1,600임을 알 수 있다.

정답 찾기 ③ 모든 연도에서 갑국의 전체 근로자 수가 동일하고, '여성 근로자 수에 대한 남성 근로자 수'의 비는 t년에 4/5, t+5년에 1, t+10년에 3/4이다. 따라서 남성 근로자 수는 t+5년에 가장 많다.

오답 피하기 ① ㉠은 3,000이고, ㉡은 1,600이다.

② t년에 여성 근로자 수는 남성 근로자 수의 1.25배이다. t년 남성 근로자 수를 a명, 여성 근로자 수를 b명이라고 하면, 3,000a+1,200b=2,000(a+b)가 성립한다. 이를 간단히 하면, b=(5/4)a이다.

④ 남녀 근로자 간 평균 임금액의 격차는 t+5년에 1,600달러이고, t년에 1,800달러이다. 따라서 남녀 근로자 간 평균 임금액의 격차는 t+5년이 t년보다 작다.

⑤ t년 대비 t+10년의 여성 근로자 평균 임금 증가율은 75%[={(2,100−1,200)/1,200}×100]이고, t년 대비 t+10년의 전체 근로자 평균 임금 증가율은 35%[={(2,700−2,000)/2,000}×100]이다. 따라서 t년 대비 t+10년의 여성 근로자 평균 임금 증가율은 전체 근로자 평균 임금 증가율보다 높다.

수능 실전 문제 본문 133~135쪽

1 ③ 2 ⑤ 3 ④ 4 ④
5 ④ 6 ④

1 성평등의 실현 방안

문제 분석 성별 영향 평가법의 '성별 영향 평가'와 국가 재정법의 '성 인지 예산서의 작성'은 법이라는 제도를 통해 양성평등을 실현하기 위한 것이다.

정답 찾기 ㄷ. ㉠, ㉡은 모두 성 불평등 해소를 위해 법을 근거로 시행되는 제도이다.

오답 피하기 ㄱ. ㉠은 정책 시행 후가 아니라 정책을 수립하거나 시행하는 과정에서 실시한다.
ㄴ. ㉡은 예산이 여성과 남성에게 미칠 영향을 미리 분석하는 보고서를 작성하는 것이지 현재 차별받고 있는 특정 성을 위한 적극적 우대 조치는 아니다.

2 성 불평등 문제의 이해

문제 분석 여성 근로자 임금 비는 남성 근로자 월평균 임금을 100으로 볼 때 여성 근로자 월평균 임금을 나타낸다. 표의 ㉠은 216이고, ㉡은 400이다.

정답 찾기 ㄴ. ㉠이 216이므로 여성 근로자 월평균 임금은 t년 이후 지속적으로 증가하였다.
ㄷ. t+2년에 남성 근로자와 여성 근로자 간 월평균 임금액의 차이(360−216=144)가 가장 크다.
ㄹ. t년 대비 t+3년의 여성 근로자 월평균 임금의 증가율은 약 44.4%[={(260−180)/180}×100]이고, 남성 근로자 월평균 임금의 증가율은 약 33.3%[={(400−300)/300}×100]이다.
다른 방식으로 〈보기〉 ㄹ의 진위를 가릴 수 있다. t년 대비 t+3년에 여성 근로자와 남성 근로자의 월평균 임금은 증가하였다. 만일 여성 근로자 임금과 남성 근로자 임금이 서로 같은 비율로 증가하였다면 t+3년에도 '여성 근로자 임금 비'는 60이어야 하는데, 65이다. 이는 여성 근로자 월평균 임금의 증가율이 남성 근로자 월평균 임금의 증가율보다 높다는 것을 의미한다.

오답 피하기 ㄱ. ㉠은 216(=360×0.6)이고, ㉡은 400(=260/0.65)이다. 따라서 ㉡은 ㉠의 2배를 넘지 못한다.

3 성 불평등 문제의 이해

문제 분석 t년과 t+3년의 A, B 지역 남성 근로자와 여성 근로자의 평균 임금은 다음과 같다.

(단위: 만 원)

구분	A 지역		B 지역	
	남성 근로자 평균 임금	여성 근로자 평균 임금	남성 근로자 평균 임금	여성 근로자 평균 임금
t년	125	75	120	80
t+3년	150	100	150	90

정답 찾기 ④ t+3년에 A 지역 여성 근로자 평균 임금은 100만 원이고, B 지역 여성 근로자 평균 임금은 90만 원이다.

오답 피하기 ① t년에 A, B 지역 모두 전체 근로자의 평균 임금은 100만 원으로 같다.
② t년에 A 지역 남성 근로자 평균 임금(125만 원)은 여성 근로자 평균 임금(75만 원)의 2배가 되지 못한다.
③ t년에 B 지역 여성 근로자 평균 임금(80만 원)은 A 지역 여성 근로자 평균 임금(75만 원)보다 높다.
⑤ t년 대비 t+3년에 여성 근로자 평균 임금의 상승 폭은 A 지역이 25만 원, B 지역이 10만 원이다.

4 사회적 소수자의 의미 및 특성 이해

문제 분석 제시문은 사회적 소수자의 의미와 특성을 담고 있다.

정답 찾기 ㄱ. 사회적 소수자는 다양한 기준에 의해 규정된다.
ㄷ. 사회적 소수자는 자신들이 주류 집단으로부터 차별받는 집단의 구성원이라는 인식을 하고 있다.
ㄹ. 장소에 따라 사회적 소수자가 달리 규정될 수 있다.

오답 피하기 ㄴ. 사회적 소수자가 반드시 수적으로 소수를 의미하는 것은 아니며, 수적으로 우세하더라도 사회적 소수자인 경우도 있다.

5 성 불평등 문제의 이해

문제 분석 표를 보면, 세 가구 유형 모두에서 아내의 가사 노동 시간은 남편보다 많고, t년 대비 t+5년에도 아내의 가사 노동 시간은 크게 줄지 않았음을 알 수 있다.

정답 찾기 ④ 맞벌이 가구 남편의 1일 평균 가사 노동 시간의 증가율은 40%[={(56−40)/40}×100], 외벌이(남편) 가구 남편의 1일 평균 가사 노동 시간의 증가율은 12.5%[={(54−48)/48}×100], 외벌이(아내) 가구 남편의 1일 평균 가사 노동 시간의 증가율은 19%[={(119−100)/100}×100]이다.

오답 피하기 ① t년의 경우, 부부의 1일 평균 가사 노동 시간은 맞벌이 가구(233분)가 가장 적다.
② t+5년의 경우, 남편과 아내 간의 1일 평균 가사 노동 시간의 격차는 외벌이(남편) 가구(287분)가 가장 크다.
③ 세 가구 유형 모두에서 t년 대비 t+5년의 남편의 1일 평균 가사 노동 시간은 증가하였다.

⑤ t년 대비 t+5년의 아내의 1일 평균 가사 노동 시간은 세 가구 유형 모두에서 10% 미만 감소하였다.

6 빈곤의 유형 이해

문제 분석 제시된 자료는 갑국의 두 빈곤율, 최저 생계비, 중위 소득을 보여 준다. 2010년 상대적 빈곤선은 1,500달러이고, 2020년 상대적 빈곤선은 1,400달러이다.

정답 찾기 ④ 2010년에 1,000달러는 절대적 빈곤선이고, 1,500달러는 상대적 빈곤선이다. 따라서 2010년에 가구 소득이 1,000달러 이상 1,500달러 미만인 가구는 상대적 빈곤 가구이지만 절대적 빈곤 가구는 아닌 가구에 해당하며, 전체 가구에서 차지하는 비율은 상대적 빈곤율 20%에서 절대적 빈곤율 15%를 뺀 5%이다.

오답 피하기 ① 2010년에 상대적 빈곤선이 절대적 빈곤선보다 높으므로 2010년에 빈곤율이 높은 A는 상대적 빈곤율이고, 빈곤율이 낮은 B는 절대적 빈곤율이다.
② A, B는 모두 객관화된 기준에 따라 분류한다.
③ 2010년에 상대적 빈곤선과 2020년에 절대적 빈곤선은 각각 1,500달러로 같다.
⑤ 전체 가구 수가 100가구라면, 두 빈곤율 모두에 속하는 가구 수는 2010년에 15가구, 2020년에 17가구로, 2010년이 2020년보다 적다.

14 사회 복지와 복지 제도

수능 기본 문제

본문 140~141쪽

01 ③	02 ④	03 ②	04 ①
05 ②	06 ②	07 ③	08 ⑤

01 사회 보험과 공공 부조의 이해

문제 분석 A는 사회 보험이고, B는 공공 부조이다.

정답 찾기 ③ 사후 처방적 성격이 강한 공공 부조와 달리 사회 보험은 사전 예방적 성격이 강하다.

오답 피하기 ① 비용 전액을 국가가 부담하는 것은 공공 부조이다.
② 상호 부조의 원리를 기반으로 하는 것은 사회 보험이다.
④ 사회 보험, 공공 부조는 모두 금전적 지원을 원칙으로 한다.
⑤ 강제 가입을 원칙으로 하는 것은 사회 보험이다.

02 사회 복지의 변천 이해

문제 분석 빈곤의 원인으로 ㉠ 시기에는 개인적 요인을, ㉡ 시기에는 사회적 요인을 강조하였다.

정답 찾기 ㄱ. 초기 자본주의 사회에서는 자선 활동 중심으로 빈곤 구제 활동이 이루어졌다.
ㄴ. 현대 복지 사회에서는 사회 복지를 국민의 권리로 인식한다.
ㄹ. 다양한 측면에서의 삶의 질 개선은 현대 복지 사회에서 사회 복지의 목적과 관련된다.

오답 피하기 ㄷ. 현대 복지 사회에서는 사회 복지에 대한 적극적인 국가 개입을 강조한다.

03 사회 보장 제도의 이해

문제 분석 (가)는 공공 부조로 분류되는 기초 연금이고, (나)는 사회 보험 중 하나인 고용 보험이다.

정답 찾기 ② 공공 부조로 분류되는 기초 연금은 제도의 운영에 선별적 복지 이념이 반영되었다.

오답 피하기 ① 기초 연금은 수익자의 부담이 없는 공공 부조에 해당한다.
③ 사회 보험인 고용 보험은 금전적 지원을 원칙으로 한다.
④ 수혜 정도에 따라 비용을 부담하는 것은 민간 보험이다.
⑤ (가)는 공공 부조, (나)는 사회 보험에 해당한다.

04 공공 부조, 사회 보험, 사회 서비스의 이해

문제 분석 금전적 지원을 원칙으로 하지 않는 것은 사회 서비스이므로 A는 사회 서비스이다. 따라서 B, C는 각각 사회 보험과 공공 부조 중 하나이다.

정답 찾기 ① 사회 서비스는 공공 부문과 민간 부문이 모두 복지 제공에 참여할 수 있다.

오답 피하기 ② B와 C 중 하나는 사회 보험이다. 사회 보험은 보편적 복지 이념을 바탕으로 한다.

③ 사회 보험, 공공 부조는 모두 소득 재분배 효과가 있다. 따라서 (가)에는 '소득 재분배 효과가 있는가?'가 들어갈 수 없다.

④ 강제 가입의 원칙이 적용되는 것은 사회 보험이다. 따라서 C가 사회 보험이라면, (가)에는 '강제 가입의 원칙이 적용되는가?'가 들어갈 수 있다.

⑤ 수혜 정도에 따라 비용을 부담하는 것은 민간 보험의 특징이다. 따라서 (가)에는 '수혜 정도에 따라 비용을 부담하는가?'가 들어갈 수 없다.

05 사회 보장 제도의 이해

문제 분석 (가)는 공공 부조, (나)는 사회 서비스, (다)는 사회 보험이다.

정답 찾기 ㄱ. 사회 보험은 보편적 복지 이념을, 공공 부조는 선별적 복지 이념을 바탕으로 한다.

ㄷ. 사회 보험은 강제 가입을 원칙으로 한다.

오답 피하기 ㄴ. 공공 부조가 사회 보험에 비해 소득 재분배 효과가 크다.

ㄹ. 공공 부조는 사회 서비스와 달리 금전적 지원을 원칙으로 한다.

06 복지병과 생산적 복지의 이해

문제 분석 지나친 사회 보장이 복지병을 초래하였고, 이런 복지 제도의 한계를 극복하기 위해서 대두된 것이 생산적 복지 이념이다.

정답 찾기 ㄱ. 지나친 사회 보장으로 인해 복지병이 나타나자 그 해결책으로 복지 제도를 축소하자는 주장이 있었고, 실제로 실행되기도 하였다.

ㄹ. 자활 근로 사업은 생산적 복지 이념이 반영된 것으로 볼 수 있다. 따라서 복지의 형평성과 경제적 효율성을 추구한다고 볼 수 있다.

오답 피하기 ㄴ. ㉡은 지나친 사회 보장이 초래한 복지 제도의 한계이다. 따라서 사회 복지의 확대는 ㉡을 극복하기 위한 대책으로 적절하지 않다.

ㄷ. 생산적 복지 이념은 고용 보험과 같은 사회 보험에도 반영될 수 있다.

07 사회 보험, 공공 부조, 사회 서비스의 이해

문제 분석 기초 연금이 대표적 사례인 A는 공공 부조이고, 비금전적 지원 제공을 원칙으로 하는 C는 사회 서비스이다. 따라서 B는 사회 보험이다.

정답 찾기 ③ 사회 서비스는 국가와 지방 자치 단체 및 민간 부문의 도움이 필요한 모든 국민을 대상으로 한다.

오답 피하기 ① 공공 부조는 선별적 복지 이념을 바탕으로 한다.

② 사회 보험은 가입자, 사용자, 국가 등이 복지 비용을 분담한다.

④ 노인 돌봄 서비스는 사회 서비스에 해당한다.

⑤ 산업 재해 보상 보험 제도는 사회 보험에 해당한다.

08 사회 보험, 공공 부조의 이해

문제 분석 A의 비용을 근로자와 사용자가 반씩 부담하는 것으로 보아 A는 사회 보험인 국민 건강 보험이다. 따라서 B는 공공 부조로 분류되는 의료 급여 제도이다.

정답 찾기 ⑤ 사회 보험인 국민 건강 보험과 공공 부조인 의료 급여 제도는 모두 소득 재분배 효과가 있다.

오답 피하기 ① 국민 건강 보험은 사회 보험이므로 사전 예방적 성격이 강하다.

② 공공 부조인 의료 급여 제도는 선별적 복지 이념을 바탕으로 한다.

③ 국민 건강 보험은 가입자의 부담 능력에 따라 비용을 부담한다.

④ 상호 부조의 원리를 기반으로 하는 것은 사회 보험에 해당하는 국민 건강 보험 제도이다.

수능 실전 문제 본문 142~145쪽

1 ④	2 ③	3 ⑤	4 ④
5 ⑤	6 ⑤	7 ⑤	8 ④

1 생산적 복지 이념과 근로 장려금 제도에 대한 이해

문제 분석 근로 장려금 제도는 저소득층을 대상으로 근로 소득에 대해 장려금을 지급함으로써 근로를 장려하고 실질 소득을 지원하는 근로 연계형 소득 지원 제도이다.

정답 찾기 ㄱ. 근로 장려금 제도는 저소득 가구의 근로 의욕을 고취시켜 자활을 돕고자 하는 제도이므로 생산적 복지 성격을 갖는다.

ㄷ. Ⅱ 구간에서는 가구의 근로 소득이 증가해도 근로 장려금은 일정하다. 따라서 Ⅱ 구간에서는 가구의 근로 소득 대비 근로 장려금의 비는 작아진다.

ㄹ. 가구의 근로 소득이 5천 달러인 가구와 가구의 근로 소득이 3만 달러인 가구의 근로 장려금은 5천 달러로 동일하다.

오답 피하기 ㄴ. 가구의 근로 소득과 근로 장려금은 Ⅰ 구간에서만 양(+)의 관계이다.

2 사회 보험, 공공 부조, 사회 서비스에 대한 이해

문제 분석 '금전적 지원을 원칙으로 하는가?'라는 질문으로 A와 B가 구분되지 않으므로 A, B는 각각 사회 보험과 공공 부조 중 하나이고, C는 사회 서비스이다. 그리고 '강제 가입을 원칙으로 하는가?'라는 질문으로 B와 C가 구분되지 않으므로 A는 사회 보험이고, B는 공공 부조이다.

정답 찾기 ③ 사회 서비스는 국가와 지방 자치 단체 및 민간 부문의 도움이 필요한 모든 국민을 대상으로 상담, 재활, 돌봄 등의 서비스를 제공한다.

오답 피하기 ① 사회 보험은 보편적 복지 이념을 바탕으로 한다.

② 상호 부조의 원리를 기반으로 하는 것은 사회 보험이다.

④ 소득 재분배 효과는 공공 부조가 사회 보험보다 크다.

⑤ 사회 서비스는 민간 부문도 복지 제공에 참여할 수 있다.

3 국민 기초 생활 보장 제도의 이해

문제 분석 국민 기초 생활 보장 제도로 주어지는 급여에는 교육 급여, 주거 급여, 의료 급여, 생계 급여가 있으며, 선정 기준인 소득 인정액에 따라 수급권자가 받을 수 있는 급여의 종류가 달라진다.

정답 찾기 ㄴ. 소득 인정액이 중위 소득 30% 초과 40% 이하인 의료 급여 수급자는 교육 급여와 주거 급여도 받을 수 있다. 또한 소득 인정액이 중위 소득 30% 이하인 의료 급여 수급자는 교육 급여, 주거 급여, 생계 급여도 받을 수 있다.

ㄷ. 소득 인정액에 따라 수급권자가 받을 수 있는 급여의 종류가 달라지는데, 이는 소득 수준에 따른 수급권자별 필요를 고려한 것으로 볼 수 있다.

ㄹ. 소득 인정액이 중위 소득의 48%인 경우, 수급권자는 교육 급여만 받을 수 있다.

오답 피하기 ㄱ. 선정 기준으로 보아 사회적 지원이 꼭 필요한 대상만을 지원하고자 하는 선별적 복지를 지향하는 제도이다.

4 사회 보험과 공공 부조에 대한 이해

문제 분석 '상호 부조의 원리를 기반으로 하는가?'라는 질문에 A가 '예'이므로 A는 사회 보험이고, B는 공공 부조이다.

정답 찾기 ④ 공공 부조는 사회 보험과 달리 대상자 선정 과정에서 부정적 낙인이 발생할 수 있다.

오답 피하기 ① 사회 보험도 소득 재분배 효과가 있으므로 ㉠도 '예'이어야 한다.

② 사회 보험의 경우, 가입자의 부담 능력에 따라 보험료가 산출된다. 따라서 ㉢은 '아니요'이어야 한다.

③ 사회 보험과 공공 부조 모두 금전적 지원을 원칙으로 하므로 해당 질문은 (가)에 들어갈 수 있다.

⑤ 사회 보험은 사전 예방적 성격이 강하다. 따라서 '사후 처방적 성격이 강한가?'라는 질문은 (나)에 들어갈 수 없다. 사후 처방적 성격이 강한 것은 공공 부조이다.

5 사회 보험에 대한 이해

문제 분석 자료에 제시된 사회 보장 제도는 사회 보험으로 분류되는 노인 장기 요양 보험이다.

정답 찾기 ⑤ 적용 대상을 보면 의료 급여 수급권자도 이 제도의 적용 대상이 될 수 있다. 의료 급여는 공공 부조로 분류된다.

오답 피하기 ① 사회 보험인 노인 장기 요양 보험은 강제 가입을 원칙으로 한다.

② 사회 보험은 금전적 지원을 원칙으로 한다.

③ 주요 특징을 보면 국고 지원이 이루어진다고 나타나 있으므로 가입자가 납부한 비용으로만 운용되는 것은 아니다.

④ 사회 보험은 사후 처방적 성격보다 사전 예방적 성격이 강하다.

6 사회 보장 제도에 대한 자료 분석

문제 분석 (가)는 공공 부조인 국민 기초 생활 보장 제도, (나)는 사회 보험인 국민연금, (다)는 사회 서비스인 가사·간병 방문 지원 사업이다. 그리고 (가) 제도의 수급자 비율을 이용하면 B 지역의 인구가 A 지역 인구의 2배임을 알 수 있다. A 지역 인구를 a, B 지역의 인구를 b라고 하면, $0.05a+0.02b=0.03(a+b)$가 성립한다. 이를 간단히 하면 $b=2a$이다. 즉, A 지역 인구를 1,000명이라고 하면 B 지역 인구는 2,000명이다. 이렇게 가정하여 수급자 수를 구하면 다음과 같다.

지역 \ 제도	(가)		(나)		(다)	
	수급자 수	수급자 비율	수급자 수	수급자 비율	수급자 수	수급자 비율
A 지역 (1,000명)	50명	5%	70명	7%	60명	6%
B 지역 (2,000명)	40명	2%	200명	㉠	60명	3%
전체 (3,000명)	90명	3%	270명	9%	120명	㉡

따라서 ㉠은 10, ㉡은 4이다.

정답 찾기 ⑤ (가)~(다) 중에서 강제 가입의 원칙이 적용되는 제도는 (나)이다. 갑국 전체에서 (나)의 수급자 수는 270명이며, (가)와 (다)의 수급자 수의 합은 최대 210명이다.

오답 피하기 ① ㉠은 10, ㉡은 4이다.

② (가)~(다) 중에서 소득 재분배 효과가 가장 강한 제도는 공공 부조인 (가)이다. (가)의 수급자 수는 A 지역이 50명, B 지역이 40명이다.

③ (가)~(다) 중에서 비금전적 지원을 원칙으로 하는 제도는 사회 서비스인 (다)이다. (다)의 수급자 수는 A 지역이 60명, B 지역이 60명이다. 따라서 (다)의 수급자 수는 A 지역이 B 지역의 2배가 아니다.

④ (가)~(다) 중에서 상호 부조의 원리가 적용되는 제도는 사회 보험인 (나)이다. (나)의 수급자 수는 B 지역이 200명, A 지역이 70명이다. 따라서 (나)의 수급자 수는 B 지역이 A 지역의 3배를 넘지 못한다.

7 사회 보험과 공공 부조의 이해

문제 분석 A가 공공 부조, B가 사회 보험이라면, 갑과 을의 점수는 다음과 같다.

질문 번호	갑	을
1	0점	1점
2	1점	0점
3	0점	?
4	?	?
점수	최대 2점	최소 1점, 최대 3점

즉, A가 공공 부조, B가 사회 보험이라면, 갑은 3점을 획득할 수 없다. 따라서 A는 사회 보험, B는 공공 부조이다. A가 사회 보험, B가 공공 부조인 경우, 갑과 을의 점수는 다음과 같다.

질문 번호	갑	을
1	1점	0점
2	0점	1점
3	1점	1점
4	1점	0점
점수	3점	2점

정답 찾기 ⑤ (가)에 'A, B는 모두 금전적 지원을 원칙으로 하는가?'가 들어가면, 4번에서 갑은 1점, 을은 0점이다. 따라서 해당 질문은 (가)에 들어갈 수 있다.

오답 피하기 ① 4번 질문에 대하여 갑은 1점을 획득한다. 그래야 3점이 될 수 있기 때문이다. 그런데 을의 답변은 갑과 다르므로 을은 4번 질문에서 점수를 얻지 못한다. 따라서 을이 2점이 되려면 3번에서 1점을 획득해야 하므로 ㉠은 '예'이다.

② 공공 부조가 사회 보험에 비해 소득 재분배 효과가 강하다.

③ 강제 가입을 원칙으로 하는 것은 사회 보험이다.

④ 원칙적으로 가입자의 능력에 따라 비용을 부담하는 것은 사회 보험이다.

8 사회 보장 제도에 대한 자료 분석

문제 분석 제시된 자료는 우리나라 A 지역 65세 이상 노인 인구의 국민연금과 기초 연금 수급률 추이를 나타낸다. 국민연금은 사회 보험이고, 기초 연금은 공공 부조이다.

정답 찾기 ㄱ. t년 남성 노인 인구를 a, 여성 노인 인구를 b라고 하면, $0.58a+0.73b=0.65(a+b)$가 성립한다. 이를 간단히 하면, $a=(8/7)b$이다. 즉, 여성 노인 인구가 70명이면 남성 노인 인구는 80명이다.

ㄴ. t+1년에 전년 대비 노인 인구 증가율은 약 7%[$=\{(92-86)/86\}\times100$]이고, t+3년에 전년 대비 노인 인구 증가율은 약 6.1%[$=\{(104-98)/98\}\times100$]이다.

ㄹ. 수혜자가 비용 부담을 하지 않는 제도는 공공 부조인 기초 연금이며, 기초 연금의 수급률은 모든 연도에서 전체 노인 인구의 50%를 넘는다.

오답 피하기 ㄷ. 각 연도에서 국민연금 수급률과 기초 연금 수급률의 합이 100%를 넘는다. 따라서 중복 수혜자가 존재한다.

Ⅳ단원 기출 플러스

본문 146~147쪽

01 ⑤ 02 ② 03 ③ 04 ②

01 세대 간 계층 이동 현황에 대한 분석

문제 분석 C에서 A로의 이동은 하강 이동이고, C에서 B로의 이동은 상승 이동이므로 A는 하층, B는 상층, C는 중층이다. ●를 1명이라고 가정할 때, 갑국과 을국의 세대 간 계층 이동 현황을 수치로 나타내면 다음과 같다.

〈갑국〉

(단위: 명)

구분		부모 세대 계층			계
		상	중	하	
자녀 세대 계층	상	2	0	4	6
	중	1	2	3	6
	하	1	3	2	6
계		4	5	9	18

〈을국〉

(단위: 명)

구분		부모 세대 계층			계
		상	중	하	
자녀 세대 계층	상	2	3	1	6
	중	1	1	2	4
	하	1	6	3	10
계		4	10	6	20

정답 찾기 ⑤ 갑국 부모 세대의 '상층 사람의 수 : 중층 사람의 수 : 하층 사람의 수'는 '4 : 5 : 9'이고, 을국 자녀 세대의 '상층 사람의 수 : 중층 사람의 수 : 하층 사람의 수'는 '6 : 4 : 10'이다. 따라서 갑국 부모 세대의 계층 구조는 피라미드형이고, 을국 자녀 세대의 계층 구조는 모래시계형이다.

오답 피하기 ① 갑국 자녀 세대의 '상층 사람의 수 : 중층 사람의 수 : 하층 사람의 수'는 '6 : 6 : 6'이다. 완전 평등한 계층 구조는 모든 사회 구성원의 계층이 동일해야 하는데, 갑국 자녀 세대 계층 구조는 이에 해당하지 않는다.

② 을국의 자녀 세대에서 중층인 사람의 수와 갑국의 부모 세대에서 상층인 사람의 수는 각각 4명으로 같다.

③ 갑국에서 중층 부모를 둔 하층 자녀가 3명으로, 부모 세대 중층에서 세대 간 하강 이동이 발생하였다.

④ 갑국과 을국 모두 세대 간 이동이 나타났으므로 갑국과 을국은 모두 개방적 계층 구조를 갖고 있다고 볼 수 있다.

02 상대적 빈곤의 이해

문제 분석 자료의 '사회의 전반적 소득 수준과 비교하여 소득 수준이 낮은 상태'는 상대적 빈곤이다. 따라서 A는 상대적 빈곤이다.

정답 찾기 ㄷ. 개인이 주관적으로 빈곤하다고 인식하는 상태를 의미하는 것은 주관적 빈곤으로, 상대적 빈곤은 이에 해당하지 않는다. (나)에는 틀린 내용이 들어가야 하므로 해당 내용은 (나)에 들어갈 수 있다.

오답 피하기 ㄱ. 우리나라에서 상대적 빈곤은 객관화된 기준인 중위 소득 50%를 적용하여 파악하므로 ㉠은 '○'이고, 상대적 빈곤은 소득 수준이 높은 국가에서도 나타날 수 있으므로 ㉡은 '×'이다.

ㄴ. 우리나라에서 최저 생계비를 기준으로 빈곤선이 결정되는 것은 절대적 빈곤이다. (가)에는 옳은 내용이 들어가야 하므로 해당 내용은 (가)에 들어갈 수 없다.

03 사회적 소수자의 이해

문제 분석 갑국 사례에는 외국인 근로자와 여성이라는 두 사회적 소수자 집단에 중첩되어 속한 사람들이 더 심한 차별을 받고 있음이 나타나 있다. 을국 사례에는 B 민족과 국교가 아닌 타 종교를 믿는 집단이라는 두 사회적 소수자 집단에 중첩되어 속한 사람들이 더 심한 차별을 받고 있음이 나타나 있다.

정답 찾기 ③ 갑국과 을국 사례 모두 한 개인이 여러 사회적 소수자 집단에 중첩되어 속할 수 있음을 보여 준다.

오답 피하기 ① 을국 사례는 수적으로 우세인 집단도 사회적 소수자 집단이 될 수 있음을 보여 준다.

② 갑국과 을국 사례 모두 사회적 소수자에 대한 우대 정책이 역차별을 낳을 수 있다는 내용이 나타나 있지 않다.

④ 갑국과 을국 사례 모두 사회적 소수자를 규정하는 기준이 가변적이지 않고 고정적이라는 내용이 나타나 있지 않다.

⑤ 갑국의 여성과 을국의 B 민족은 모두 선천적 요인에 의해 사회적 소수자로 결정된 집단이다.

04 사회 보장 제도의 수급자 분석

문제 분석 A는 사회 보험, B는 공공 부조이고, 제시된 자료를 통해 표와 같은 결과를 얻을 수 있다.

〈t년과 t+30년의 수급자 비율〉

(단위: %)

구분		t년	t+30년
A 수급자	A에만 해당하는 수급자	32	34
	A와 B의 중복 수급자	8	16
	계	40	50
B 수급자	B에만 해당하는 수급자	7	4
	A와 B의 중복 수급자	8	16
	계	15	20

정답 찾기 ② 수혜자 비용 부담 원칙이 적용되는 제도는 사회 보험인 A이다. t+30년에 사회 보험 수급자 비율은 50%이고, t년에 A와 B 어느 것도 받지 않는 비수급자 비율은 53%[=100−(40+15−8)]이다. 그런데 전체 인구는 t+30년이 t년의 1.5배이므로 t+30년에 사회 보험 수급자 수는 t년에 A와 B 어느 것도 받지 않는 비수급자 수보다 많다.

오답 피하기 ① 부정적 낙인이 발생할 수 있는 제도는 공공 부조인 B이다. t년에 B에만 해당하는 수급자 비율은 7%로, A와 B의 중복 수급자 비율인 8%보다 작다.

③ 강제 가입의 원칙이 적용되는 제도는 사회 보험인 A이다. t+30년에 A에만 해당하는 수급자 수(전체 인구의 34%)는 A와 B의 중복 수급자 수(전체 인구의 16%)보다 많다.
④ 사전 예방적 성격이 강한 제도는 사회 보험인 A, 사후 처방적 성격이 강한 제도는 공공 부조인 B이다. t년에 A의 수급자 비율은 40%로, t+30년에 B의 수급자 비율인 20%의 2배이다. 하지만 전체 인구는 t+30년이 t년의 1.5배이므로 t년에 A의 수급자 수는 t+30년에 B의 수급자 수의 2배 미만이다.
⑤ t년 전체 인구를 100명이라고 가정하면 t+30년 전체 인구는 150명이다. 따라서 t년 대비 t+30년에 A 수급자 수는 40명에서 75명으로 87.5% 증가하고, B 수급자 수는 15명에서 30명으로 100% 증가하였다.

15 사회 변동과 사회 운동

수능 기본 문제

본문 152～153쪽

01 ④	02 ①	03 ②	04 ⑤
05 ④	06 ⑤	07 ①	08 ②

01 사회 변동의 요인 이해

문제 분석 (가)에는 인공 위성 기술을 활용한 GIS의 등장으로 인해 생활 전반에 걸쳐 변화가 있었음이 나타나 있다. (나)에는 고령화 사회가 급속도로 진행되면서 고령자를 대상으로 하는 실버 산업이 사회 전반에 걸쳐 확산되고 있음이 나타나 있다.

정답 찾기 ④ (가)에는 과학과 기술의 발달에 따른 사회 변동이 부각되어 있다. (나)에는 고령화 사회로의 진행, 즉 인구 구조의 변화에 따른 사회 변동이 부각되어 있다.

02 진화론의 이해

문제 분석 진화의 자연법칙이 인간 사회에 그대로 적용된다고 보며 서구 제국주의를 정당화하는 근거로 악용되었다는 비판을 받는 사회 변동 이론은 진화론이다.

정답 찾기 ㄱ. 진화론은 서구 사회가 진보된 사회임을 전제하므로 서구 제국주의를 정당화한다는 비판을 받는다.
ㄴ. 진화론은 사회 변동이 진보와 발전을 의미한다고 보므로 모든 사회가 일정한 방향으로 발전한다고 본다.

오답 피하기 ㄷ. 사회가 생성, 성장, 쇠퇴, 소멸의 과정을 반복한다고 보는 것은 순환론이다.
ㄹ. 진화론은 사회 변동을 단선적인 진보의 과정으로 보므로 사회 변동은 항상 진보와 발전을 의미한다고 본다.

03 진화론과 순환론의 이해

문제 분석 (가)는 문명이 모두 생애 주기를 반복한다고 보므로 순환론이고, (나)는 모든 사회가 생물 유기체와 같이 일정한 단계를 거쳐 발전한다고 보므로 진화론이다.

정답 찾기 ㄱ. 순환론은 사회나 문명이 숙명과 같이 생애 주기를 거친다고 보므로 운명론적 관점에서 사회 변동을 설명한다는 비판을 받는다.
ㄷ. 사회 변동은 곧 진보를 의미한다고 보는 것은 진화론이다. 이와 달리 순환론은 사회는 유기체와 마찬가지로 생성, 성장, 쇠퇴, 소멸의 과정을 반복한다고 본다.

오답 피하기 ㄴ. 사회가 단순한 형태에서 복잡한 형태로 발전한다고 보는 것은 사회 변동이 진보와 발전을 의미한다고 보는 진화론이다.

ㄹ. 사회 변동에 대응하는 인간의 역동성과 자율성을 과소평가한다는 비판을 받는 것은 순환론이다.

04 진화론과 순환론의 이해

문제 분석 사회가 이전보다 복잡하고 분화된 모습으로 변동한다고 보는 B는 진화론이다. 따라서 A는 순환론이다.

정답 찾기 ⑤ 사회 변동을 운명론적 관점에서 설명하므로 미래의 사회 변동에 대한 역동적 대응이 곤란하다는 비판을 받는 것은 순환론이다. 따라서 ㉠이 '예', ㉡이 '아니요'라면, 해당 질문은 (가)에 들어갈 수 있다.

오답 피하기 ① 사회 변동을 사회 발전과 동일시하는 것은 진화론이다.

② 사회 변동이 진보와 발전을 의미하므로 사회 변동에 일정한 방향이 있다고 보는 것은 진화론이다.

③ 사회가 주기적으로 생성, 성장, 쇠퇴, 소멸의 동일한 과정을 반복하며 변동한다고 보는 것은 순환론이다.

④ 서구 중심의 사고라는 비판을 받는 것은 진화론이므로 ㉠은 '아니요', ㉡은 '예'가 적절하다.

05 진화론과 순환론의 이해

문제 분석 사회가 유기체와 마찬가지로 생성, 성장, 쇠퇴, 소멸의 과정을 반복하며 변동한다고 보는 것은 순환론, 사회 변동이 항상 발전을 의미하는 것은 아니라고 보는 것은 순환론, 서구 사회가 진보된 사회임을 전제로 사회 변동을 설명하는 것은 진화론이다. 따라서 A는 순환론, B는 진화론이다.

정답 찾기 ㄴ. 순환론은 모든 사회가 진보의 과정을 거친 후에 필연적으로 소멸의 과정으로 나아가는 일종의 순환적인 변동을 반복한다고 보므로 운명론적 관점에서 사회 변동을 설명한다.

ㄹ. 서구 사회를 진보된 사회로 전제하여 서구의 제국주의 역사를 정당화하는 수단으로 악용될 우려가 있다는 비판을 받는 것은 진화론이다.

오답 피하기 ㄱ. 갑과 을은 순환론에 대해 설명하고 있으므로 옳지 않은 설명을 한 사람은 병이다.

ㄷ. 개발 도상국이 근대화 과정을 거쳐 선진국으로 발전한 사례를 설명하기에 적합한 것은 진화론이다.

06 기능론과 갈등론의 이해

문제 분석 사회 변동을 설명하는 이론 중 점진적인 사회 변동을 설명하는 데 유용한 A는 기능론이다. 따라서 B는 갈등론이다.

정답 찾기 ㄷ. 갈등론은 지배 계급과 피지배 계급 간 갈등으로 인해 사회 변동이 발생한다고 본다.

ㄹ. 사회 변동을 갈등과 대립의 측면에서만 파악한다는 비판을 받는 것은 갈등론이므로 해당 내용은 (가)에 들어갈 수 없다.

오답 피하기 ㄱ. 사회 변동이 새로운 사회를 원하는 피지배 집단이 지배 집단에 저항하는 과정에서 발생한다고 보는 것은 갈등론이다.

ㄴ. 사회 변동을 사회의 부분이나 전체가 일시적 불균형을 극복하고 새로운 균형 상태를 찾아가는 과정으로 보는 것은 기능론이다.

07 기능론과 갈등론의 이해

문제 분석 사회 변동을 사회 구조적 측면에서 설명하는 이론 중 사회가 다양한 부분들이 각각의 기능을 원활하게 수행할 때 균형을 이루고 안정을 유지한다고 보는 B는 기능론이므로 A는 갈등론이다. 따라서 (가)에는 기능론은 '예', 갈등론은 '아니요'라고 응답할 수 있는 질문이 들어가야 한다.

정답 찾기 ㄱ. 갈등론은 집단 간 갈등, 즉 지배 집단과 피지배 집단 간의 대립과 갈등 측면에서 사회 변동을 설명한다.

ㄴ. 갈등론은 급진적인 사회 변동을 설명하기에 용이하다는 평가를 받는 반면, 질서와 안정을 바탕으로 점진적인 변동을 설명하는 데 용이한 기능론은 급진적인 사회 변동을 설명하기 어렵다는 비판을 받는다.

오답 피하기 ㄷ. 사회 구조적 모순과 갈등으로 인해 사회 변동이 필연적으로 발생한다고 보는 것은 갈등론이다.

ㄹ. 기능론은 질서와 안정성을 바탕으로 한 점진적인 사회 변동을 설명하므로 사회 변동과 관련하여 보수적이라는 평가를 받는다. 따라서 해당 질문은 (가)에 들어갈 수 있다.

08 사회 운동의 이해

문제 분석 A국에서는 흑인들에 대한 차별 대신 공존을 선택한 이후 일부 백인들이 한적한 시골에 그들만의 거주지를 형성하고 흑인과의 공존을 거부하는 운동을 장기간에 걸쳐 진행하였는데, 이는 과거의 사회 체제로 돌아가고자 하는 복고적 사회 운동에 해당한다. B국에서는 음주 운전 관련 법률 개정을 위한 운동이 진행되었는데, 이는 음주 운전에 대한 경각심을 높여 교통 문화를 개선하고자 하는 사회 운동에 해당한다.

정답 찾기 ② 흑인에 대한 차별을 철폐한 이후 순수한 백인만의 사회를 유지하기 위해 흑인과의 공존을 거부하는 운동은 차별 철폐 이전, 즉 과거의 사회로 돌아가고자 하는 복고적 사회 운동에 해당한다.

오답 피하기 ① 제시된 두 운동은 모두 단체를 구성하여 각각 백인만의 순수 사회를 유지하려는 목표와 음주 운전 관련 법률을 개정하여 음주 운전을 막으려는 목표, 즉 특정 목표를 달성하기 위한 사회 운동이다.

③ ㉡을 진행하는 시민 단체는 교통 문화 개선을 목표로 설립되어 음주 운전 관련 법률 개정 운동을 지속적으로 진행하고 있으므로 ㉡은 일시적인 행동이라고 볼 수 없다.
④ 제시된 두 운동 모두 뚜렷한 목표를 가지고 지속적으로 이루어진 다수의 행동이다.
⑤ ㉠은 일부 백인들이 사회 변화를 거부하며 과거의 사회로 회귀하기 위해 그들만의 주거지를 형성하여 살고자 하는 복고적 사회 운동에 해당한다. 그리고 ㉡은 교통 문화 개선을 목표로 진행된 사회 운동으로 사회 구조 전체를 근본적으로 변혁하고자 한 운동에 해당하지 않는다.

수능 실전 문제

본문 154~157쪽

1 ③	**2** ①	**3** ②	**4** ④
5 ②	**6** ④	**7** ②	**8** ⑤

1 진화론과 순환론의 이해

문제 분석 문명이 출생, 성장, 쇠퇴를 거쳐 사망에 이르는 과정을 반복적으로 거치게 된다고 보는 (가)는 순환론, 사회가 단순 사회에서 복합 사회로 나아가는 과정을 거친다고 보는 (나)는 진화론이다.

정답 찾기 ③ 진화론은 순환론과 달리 사회가 진보와 발전을 향해 일정한 방향성을 가지고 변동한다고 본다.

오답 피하기 ① 진화론은 서구 사회가 진보된 사회임을 전제하므로 서구 중심적 사고라는 비판을 받는다.
② 진화론은 모든 사회가 단순 사회에서 복합 사회로 진화한다고 본다. 즉, 사회 변동을 진보와 발전의 과정으로 이해한다.
④ 미래 사회의 변동을 예측하여 대응하는 데 적합하지 않다는 비판을 받는 것은 순환론이다.
⑤ 순환론은 사회 변동을 흥망성쇠의 과정 속에서 파악하므로 장기적 사회 변동을 설명하는 데 유용하지만, 단기적 사회 변동을 설명하기 어렵다.

2 진화론과 순환론의 이해

문제 분석 사회 변동을 운명론적 관점에서 설명하는 이론은 순환론, 서구 제국주의의 역사를 정당화한다는 비판을 받는 이론은 진화론, 사회가 단순한 형태에서 복잡한 형태로 발전한다고 보는 이론은 진화론이다.

정답 찾기 ㄱ. 〈문항 2〉에 대해 옳은 응답을 한 학생은 병, 〈문항 4〉에 대해 옳은 응답을 한 학생은 을이다. 따라서 〈문항 2〉와 〈문항 4〉에 대한 점수의 합은 을이 1점, 병이 1점이다.
ㄴ. 〈문항 1〉에 대한 병의 응답이 진화론이므로 (가)에 진화론에 해당하는 내용이 들어갈 때 병의 점수가 높다. 사회는 생성, 성장, 쇠퇴, 소멸을 반복한다고 보는 이론은 순환론, 사회 변동을 진보와 발전으로 이해하는 이론은 진화론이다.

오답 피하기 ㄷ. ㉠이 순환론일 경우 〈문항 2〉, 〈문항 3〉에 대한 갑의 점수는 0점, 병의 점수는 2점이다.
ㄹ. 〈문항 3〉에 대한 옳은 응답은 진화론이다. 따라서 ㉠이 진화론, ㉡이 순환론일 경우 〈문항 2〉~〈문항 4〉에 대한 점수는 갑이 1점, 을이 1점, 병이 2점이므로 갑~병이 받은 점수의 총합은 4점이다.

3 진화론과 순환론의 이해

문제 분석 한 문명이 다른 문명으로 대체되면서 소멸한다고 보는 A는 순환론, 사회 변동이 곧 진보를 의미한다고 보는 B는 진화론이다. 갑과 을의 설명이 옳으므로 (가)에는 진화론과 구분되는 순환론에만 해당하는 내용, (나)에는 순환론과 구분되는 진화론에만 해당하는 내용이 들어가야 한다. 한편, 병의 설명은 옳지 않으므로 (다)에는 순환론과 구분되는 진화론에만 해당하는 내용이 들어갈 수 없다.

정답 찾기 ㄱ. (가)에는 진화론과 구분되는 순환론에만 해당하는 내용이 들어가야 하는데, 운명론적 관점이라는 비판을 받는 것은 순환론이므로 해당 내용은 (가)에 들어갈 수 있다.

ㄹ. (다)에는 순환론과 구분되는 진화론에만 해당하는 내용이 들어갈 수 없는데, 제국주의를 정당화하는 수단으로 악용될 우려가 있다는 비판을 받는 것은 진화론이므로 해당 내용은 (다)에 들어갈 수 없다.

오답 피하기 ㄴ. (나)에는 순환론과 구분되는 진화론에만 해당하는 내용이 들어가야 하는데, 사회는 주기적으로 동일한 과정을 반복하며 변동한다고 보는 것은 순환론이므로 해당 내용은 (나)에 들어갈 수 없다.

ㄷ. (다)에는 순환론과 구분되는 진화론에만 해당하는 내용이 들어갈 수 없는데, 사회 변동을 단선적인 진보의 과정이라고 보는 것은 진화론이므로 해당 내용은 (다)에 들어갈 수 없다.

4 진화론과 순환론의 이해

문제 분석 (가), (나)에 들어갈 내용을 진화론과 순환론으로 구분할 수 있어야 한다.

정답 찾기 ④ 개발 도상국이 근대화 과정을 거쳐 선진국으로 발전한 사례를 설명하기에 적합한 것은 진화론이다. 따라서 해당 질문이 (가)에 들어가면 B는 진화론이다. 진화론은 서구 사회가 진보된 사회임을 전제한다.

오답 피하기 ① 사회 변동은 진보와 발전을 의미한다고 보는 것은 진화론이다. 사회는 유기체와 마찬가지로 생성, 성장, 쇠퇴, 소멸의 과정을 반복한다고 보는 것은 순환론이므로 해당 질문은 (가)에 들어갈 수 있다.

② 사회 변동에 작용하는 인간 행위의 역동성과 자율성을 과소평가한다는 비판을 받는 것은 순환론이다. 사회 변동은 일정한 방향을 가지고 있다고 보는 것은 진화론이므로 해당 질문은 (나)에 들어갈 수 있다.

③ 사회의 퇴보나 멸망을 설명하기 어렵다는 비판을 받는 것은 사회의 변동이 진보와 발전을 의미한다고 보는 진화론이다. 운명론적 관점에서 사회 변동을 설명하는 것은 순환론이므로 해당 질문은 (가)에 들어갈 수 있다.

⑤ 서구의 제국주의 역사를 정당화하는 수단으로 악용될 수 있다는 비판을 받는 것은 진화론이므로 A는 진화론, B는 순환론이다. 순환론은 단기적인 사회 변동 과정을 설명하기 어렵다는 평가를 받는다.

5 기능론과 갈등론의 이해

문제 분석 혁명과 같은 급진적인 사회 변동을 설명하기에 용이한 것은 갈등론이므로 A는 갈등론, B는 기능론이다.

정답 찾기 ㄱ. 사회 변동을 갈등과 대립 측면에서 이해하는 것은 갈등론이다.

ㄷ. 사회 변동이 사회가 불균형 상태에서 새로운 안정 상태로 이행하는 과정이라고 보는 것은 기능론이다. 따라서 해당 질문은 (가)에 들어갈 수 있다.

오답 피하기 ㄴ. 사회 변동을 불평등하고 모순적인 사회 구조를 변화시키는 과정에서 나타나는 필연적인 현상이라고 보는 것은 갈등론이다.

ㄹ. 피지배 집단이 지배 집단에 저항하는 과정에서 사회가 변동한다고 보는 것은 갈등론이다. 따라서 해당 질문에 대해 ㉠은 '예', ㉡은 '아니요'가 적절하다.

6 기능론과 갈등론의 이해

문제 분석 기능론과 갈등론을 활용한 게임이다. 제시어에 부합하는 카드를 옳게 제출한 경우 앞으로 한 칸 이동할 수 있다. 카드 1과 카드 3은 기능론, 카드 2와 카드 4는 갈등론에 부합한다. 제시된 조건을 통해 갑과 을이 선택하여 이동할 수 있는 경우를 정리하면 다음과 같다.

구분	갑	을
첫 번째 제출	• 현 지점: ⑥ • 결과: 카드 1 → 지점 ⑦	• 현 지점: ⑦ • 결과: 카드 2 → 지점 ⑧
두 번째 제출	• 현 지점: ⑦ • 결과 1) 카드 2 또는 카드 4 → 지점 ⑧ 2) 카드 3 → 이동 없음.	• 현 지점: ⑧ • 결과 1) 카드 1 또는 카드 3 → 지점 ⑨ 2) 카드 4 → 이동 없음.
세 번째 제출	두 번째로 제출한 카드에 따라 달라짐. 1) 카드 2일 경우 → 지점 ⑧로 이동 후 카드 3을 제출하면 지점 ⑨로 이동, 카드 4를 제출하면 이동 없음. 2) 카드 3일 경우 → 이동 없고 이후 카드 2 또는 카드 4를 제출하면 지점 ⑧로 이동 3) 카드 4일 경우 → 지점 ⑧로 이동하고 이후 카드 2를 제출하면 이동 없고, 카드 3을 제출하면 지점 ⑨로 이동	두 번째로 제출한 카드에 따라 달라짐. 1) 카드 1일 경우 → 지점 ⑨로 이동 후 카드 3을 제출하면 지점 ⑩으로 이동, 카드 4를 제출하면 이동 없음. 2) 카드 3일 경우 → 지점 ⑨로 이동 후 카드 1을 제출하면 지점 ⑩으로 이동, 카드 4를 제출하면 이동 없음. 3) 카드 4일 경우 → 이동 없고 이후 카드 1 또는 카드 3을 제출하면 지점 ⑨로 이동

정답 찾기 ㄴ. 두 번째 카드로 갑이 카드 2, 을이 카드 4를 제출하였다면 갑과 을의 말은 모두 지점 ⑧에 위치하게 된다.

ㄹ. 첫 번째 카드 선택 이후 갑이 카드 4, 카드 2 순으로 제출하면 갑의 최종 지점은 ⑧이고, 을이 카드 4, 카드 3 순으로 제출하면 을의 최종 지점은 ⑨이므로 을의 말이 갑의 말보다 앞에 있다.

오답 피하기 ㄱ. 첫 번째 카드 제출의 결과 갑과 을의 말은 모두 한 칸 앞으로 이동하였다.

ㄷ. 두 번째 카드로 갑이 카드 3을 제출하였다면 갑의 말은 이동이 없고, 을이 카드 1을 제출하였다면 을의 말은 한 칸 앞으로 이동하게 된다.

7 사회 운동의 이해

문제 분석 (가)에는 전쟁 등 위기 상황에 처한 피란민들에게 의료비를 지원하기 위한 사회 운동, (나)에는 기존 사회 질서를 지키기 위한 보수주의적인 사회 운동이 제시되어 있다.

정답 찾기 ② 조선 후기의 위정척사 운동은 개화의 물결 속에서 전통적인 사회 질서인 성리학적 질서를 지키고자 한 것으로 현재의 사회 질서를 유지하기 위해 변화에 저항하는 보수주의적인 사회 운동에 해당한다.

오답 피하기 ① 피란민들에게 의료비를 지원하기 위한 모금 운동을 새로운 체제로의 변화를 지향하고자 하는 사회 운동이라고 보기 어렵다.

③ (가)는 인권 보호, (나)는 성리학적 질서 유지라는 목표와 활동을 정당화하는 이념을 지니고 있다.

④ (가)는 피란민에 대한 의료비를 지원하기 위한 운동으로, 인권이라는 인류의 보편적 가치 증진과 관련 있다. 반면 (나)는 성리학적 질서를 지키고자 한 것으로, 인류의 보편적 가치 증진을 위한 사회 운동이라고 보기 어렵다.

⑤ (가), (나)는 모두 특정 집단의 목표를 달성하기 위한 집단적이고 지속적인 행동이므로 사회 운동에 해당한다.

8 사회 운동의 이해

문제 분석 (가)는 공화정을 수립하고자 진행된 사회 운동, (나)는 여성 인권 신장을 위해 진행된 사회 운동에 해당한다.

정답 찾기 ⑤ (가), (나)에는 기존의 사회 체제를 바꾸기 위한 과정에서 사회 운동 주도 세력이 탄압을 받는 등 사회적 갈등이 발생하였음을 파악할 수 있다.

오답 피하기 ① (가)에는 공화정을 수립하고자 하는 급진적인 혁명 운동이 나타난다.

② (가)에는 정치 체제의 전환(공화정 수립)을 목적으로 하므로 혁명적 사회 운동이 나타나고, (나)에는 여성의 인권 신장을 목적으로 하므로 개혁주의적 사회 운동이 나타난다.

③ (가)에는 공화정 수립, (나)에는 여성 인권 신장이라는 뚜렷한 사상 또는 신념을 실현하기 위한 사회 운동이 나타난다.

④ (가)에는 왕조 타도 운동, 즉 사회 구조적 모순을 해결하고자 한 사회 운동이 나타난다.

16 현대 사회의 변화와 전 지구적 수준의 문제

수능 기본 문제 본문 162쪽

01 ③ **02** ④ **03** ① **04** ②

01 정보 사회의 문제 해결 방안 이해

문제 분석 급성장하고 있는 온라인 동영상 서비스 분야에서 불법 스트리밍으로 인한 피해 발생이 국제적으로 이슈가 되고 있다.

정답 찾기 ③ 온라인 동영상 서비스 업체들이 만든 작품들이 불법으로 온라인을 통해 유통되는 문제는 사이버 범죄에 해당하며, 이러한 온라인을 통한 저작권 침해는 사이버 공간에서 국경을 초월하여 발생하므로 이를 해결하기 위해서는 국제적 공조 강화가 필요하다.

오답 피하기 ①, ②, ④, ⑤ 정보 사회에서 일어날 수 있는 사회 문제의 해결 방안에 해당하지만 제시된 내용과 같은 문제의 경우 국제적 공조 강화를 통한 해결 노력이 우선적으로 필요하다.

02 산업 사회와 정보 사회의 이해

문제 분석 소품종 대량 생산 방식의 비중은 산업 사회(A)가 정보 사회(B)보다 높다. 따라서 (가)에는 정보 사회보다 산업 사회에서 비중이나 정도가 높거나 큰 기준, (나)에는 산업 사회보다 정보 사회에서 비중이나 정도가 높거나 큰 기준이 들어가야 한다.

정답 찾기 ④ 정보 사회는 산업 사회보다 쌍방향 매체의 발달에 따라 정보 생산자와 정보 소비자 간의 경계가 불명확하다. 따라서 해당 내용은 (나)에 들어갈 수 있다.

오답 피하기 ① 사회의 다원화 정도는 정보 사회가 산업 사회보다 높다.

② 정보 통신 기술의 발달에 따라 사이버 공간을 통한 비대면 접촉이 증가하였다. 따라서 비대면 접촉 정도는 정보 사회가 산업 사회보다 높다.

③ 산업 사회는 정보 사회에 비해 종이 신문, 라디오 등과 같은 일방향 매체의 정보 전달 비중이 높다.

⑤ 전자 상거래의 비중은 정보 사회가 산업 사회에 비해 높으므로 해당 내용은 (가)가 아닌 (나)에 들어갈 수 있다.

03 인구 구조의 분석

문제 분석 을국 인구를 100명이라고 가정할 경우 갑국 인구는 200명이고, 전체 인구 중 0~14세 인구의 비율, 노령화 지수 등 제시된 조건을 통해 갑국과 을국의 연령대별 인구의 비율 등을 정리하면 다음과 같다.

〈갑국과 을국의 인구 구조〉

구분	갑국	을국
0~14세 인구	30%(60명)	10%(10명)
15~64세 인구	40%(80명)	70%(70명)
65세 이상 인구	30%(60명)	20%(20명)
전체 인구	100%(200명)	100%(100명)
노령화 지수	100	200
총부양비	150	약 43

정답 찾기 ① 갑국의 경우 부양 인구(15~64세 인구) 비율은 40%, 피부양 인구(0~14세 인구+65세 이상 인구) 비율은 60%이므로 총부양비는 150[=(6/4)×100]이다. 을국의 경우 부양 인구 비율은 70%, 피부양 인구 비율은 30%이므로 총부양비는 약 43[=(3/7)×100]이다. 따라서 총부양비는 갑국이 을국보다 높다.

오답 피하기 ② 0~14세 인구 비율은 갑국(30%)이 을국(10%)보다 3배 많지만 갑국 인구가 을국 인구의 2배이므로 0~14세 인구는 갑국(60명)이 을국(10명)의 6배이다.

③ 15~64세 인구 비율은 을국(70%)이 갑국(40%)보다 높지만 갑국 인구가 을국 인구의 2배이므로 15~64세 인구는 갑국(80명)이 을국(70명)보다 많다.

④ 65세 이상 인구는 갑국(60명)이 을국(20명)의 3배이다.

⑤ 갑국의 65세 이상 인구 비율은 30%, 을국의 65세 이상 인구 비율은 20%이므로 갑국과 을국 모두 초고령 사회이다.

04 인구 구조의 분석

문제 분석 갑국의 총인구가 해당 기간 동안 2배 증가하였으므로 t년의 인구를 100명이라고 가정하고, 제시된 t년의 전체 인구 대비 15~64세 인구의 비율, 노년 부양비를 통해 갑국의 연령대별 인구의 비율 등을 정리하면 다음과 같다.

〈갑국의 인구 구조〉

구분	t년	t+50년
0~14세 인구	25%(25명)	10%(20명)
15~64세 인구	50%(50명)	30%(60명)
65세 이상 인구	25%(25명)	60%(120명)
전체 인구	100%(100명)	100%(200명)

정답 찾기 ② t+50년에 전체 인구 중 0~14세 인구가 차지하는 비율(10%)은 15~64세가 차지하는 비율(30%)의 1/3이다.

오답 피하기 ① t년에 65세 이상 인구(25명)는 15~64세 인구(50명)의 1/2이다.

③ t년에 비해 t+50년에 15~64세 인구의 비율은 감소(50% → 30%)하였으나 인구는 증가(50명 → 60명)하였다.

④ t년 대비 t+50년에 전체 인구 증가율(100%)보다 65세 이상 인구의 증가율[380%=(95/25)×100]이 높다.

⑤ 갑국 정부가 해당 기간 동안 출산 장려금을 지급하는 정책만을 시행하였다. 해당 정책을 시행하였음에도 불구하고 합계 출산율이 급격히 감소한 것을 볼 때, 출산 장려 정책이 출산율을 제고하였다는 평가를 받을 것이라고 단정할 수 없다.

수능 실전 문제 본문 163~165쪽

1 ④ 2 ⑤ 3 ④ 4 ①
5 ④ 6 ③

1 산업 사회와 정보 사회의 이해

문제 분석 교사는 'A는 B에 비해 사회 변동의 속도가 느리다.'라고 제시하였다. 따라서 A는 산업 사회, B는 정보 사회이다.

정답 찾기 ④ 문항 2에 대한 을의 진술은 옳다. 사회의 다원화 정도는 산업 사회가 정보 사회에 비해 낮다. 따라서 (가)가 '사회의 다원화 정도'라면, 을의 진술로 'A는 B에 비해 낮다.'는 적절하다.

오답 피하기 ① 산업 사회는 정보 사회에 비해 의사 결정의 분권화 정도가 낮다.

② 정보 사회는 산업 사회에 비해 관료제 조직의 비중이 낮다.

③ 직업의 동질성 정도는 산업 사회가 정보 사회에 비해 높으므로 병이 'A는 B에 비해 높다.'라고 진술하였다면 병은 옳은 진술을 한 것이므로 병이 얻은 점수는 '1점'이다. 따라서 문항 1에 대한 병의 진술로 'A는 B에 비해 높다.'는 적절하지 않다.

⑤ 정보 사회는 산업 사회에 비해 구성원 간의 익명성 정도가 높으므로 해당 기준에 대한 갑과 병의 진술은 옳지 않고, 을의 진술은 옳다. 따라서 갑과 병은 점수를 얻을 수 없어 각각 1점이고, 을만 점수를 얻어 3점이다.

2 산업 사회와 정보 사회의 이해

문제 분석 소품종 대량 생산 방식 비중은 산업 사회가 정보 사회에 비해 높고, 전자 상거래의 비중은 산업 사회가 정보 사회에 비해 낮다. 따라서 A가 산업 사회, B가 정보 사회일 경우 갑과 을이 설명한 내용은 모두 옳지 않다. 교사가 두 명이 설명한 내용이 모두 옳다고 하였으므로 A가 정보 사회, B가 산업 사회일 경우 갑과 을이 설명한 내용은 모두 옳다. 따라서 설명한 내용이 모두 옳은 두 명은 갑과 을이고, 설명한 내용이 모두 옳지 않은 한 명은 병이다.

정답 찾기 ㄷ. 산업 사회(B)는 정보 사회(A)에 비해 정보 생산자와 정보 소비자 간의 구분이 명확하다. 따라서 해당 내용은 (나)에 들어갈 수 없다.

ㄹ. 병이 설명한 내용이 모두 옳지 않으므로 (다)에는 산업 사회(B)가 정보 사회(A)에 비해 비중이나 정도가 높은 비교 기준이 들어가야 한다. 가정과 일터의 결합 정도는 산업 사회가 정보 사회에 비해 낮다. 따라서 해당 내용은 (다)에 들어갈 수 없다.

오답 피하기 ㄱ. 교사가 제시한 소품종 대량 생산 방식 비중, 전자 상거래의 비중을 기준으로 산업 사회(B)와 정보 사회(A)를 올바르게 비교하여 설명한 두 학생은 갑, 을이다.

ㄴ. 구성원 간 익명성 정도는 정보 사회(A)가 산업 사회(B)에 비해 높다. 따라서 해당 내용은 (가)에 들어갈 수 없다.

3 정보 사회의 문제점 이해

문제 분석 제시된 자료에는 온라인을 통한 소비의 증가 현상과 더불어 결제 과정 중 피싱과 해킹에 의한 개인 정보가 유출되고 이로 인한 피해가 심각함이 나타나 있다.

정답 찾기 ④ 온라인을 통한 결제가 증가함에 따라 결제 과정에서 개인 정보가 유출되고 이를 악용하여 금전적 이득을 취하는 사기는 사이버 범죄에 해당한다. 제시된 자료에는 정보 통신 기술이 발달함에 따라 사이버 범죄가 증가하고 있음이 부각되어 있다.

오답 피하기 ① 제시된 자료에 정보 격차로 인해 경제적 불평등이 심화된다는 내용은 나타나 있지 않다.

② 제시된 자료에 거짓 정보의 확산으로 인한 범죄가 증가하고 있다는 내용은 나타나 있지 않다.

③ 제시된 자료에 정보 사회에서 익명성을 바탕으로 한 인권 침해가 증가하고 있다는 내용은 나타나 있지 않다.

⑤ 제시된 자료에 정보 기기에 대한 과도한 의존으로 인해 인간 소외 현상이 심화되고 있다는 내용은 나타나 있지 않다.

4 인구 구조의 분석

문제 분석 갑국의 전체 인구는 t년 대비 t+50년에 1.5배 증가하였으므로 t년 인구를 1,000명이라고 가정할 경우 t+50년의 인구는 1,500명이다. 이를 바탕으로 하여 〈자료 1〉을 통해 A 지역, B 지역의 인구비에 따라 인구를 구할 수 있다. 그리고 〈자료 2〉를 통해 각 연령대별 인구비, 〈자료 1〉을 통해 두 지역의 연령대별 인구를 파악한 후 총부양비, 노령화 지수, 노년 부양비 등을 계산하여 정리하면 다음과 같다.

〈갑국의 인구 구조〉

구분	t년			t+50년		
	A 지역	B 지역	전체	A 지역	B 지역	전체
유소년 인구(명)	140	160	300	150	100	250
부양 인구(명)	200	300	500	450	300	750
노년 인구(명)	60	140	200	300	200	500
전체 인구(명)	400	600	1,000	900	600	1,500
노령화 지수	(60/140) ×100	(140/160) ×100	(200/300) ×100	(300/150) ×100	(200/100) ×100	(500/250) ×100
노년 부양비	(60/200) ×100	(140/300) ×100	(200/500) ×100	(300/450) ×100	(200/300) ×100	(500/750) ×100
총부양비	100	100	100	100	100	100

정답 찾기 ㄱ. t년 대비 t+50년에 A 지역과 B 지역은 모두 노령화 지수의 분모에 해당하는 유소년 인구의 증가율보다 노령화 지수의 분자에 해당하는 노년 인구의 증가율이 높았다. 따라서 t년 대비 t+50년에 노령화 지수는 A 지역과 B 지역에서 모두 커졌다.

ㄴ. t년 대비 t+50년에 갑국의 전체 인구 증가율은 50%[=(500/1,000)×100]이고, 부양 인구 증가율도 50%[=(250/500)×100]이다.

오답 피하기 ㄷ. t년 대비 t+50년에 A 지역과 B 지역은 모두 노년 부양비의 분모에 해당하는 부양 인구의 증가율보다 노년 부양비의 분자에 해당하는 노년 인구의 증가율이 높았다. 따라서 t년 대비 t+50년에 노년 부양비는 A 지역과 B 지역에서 모두 증가하였다.

ㄹ. t년에 전체 인구에서 유소년 인구가 차지하는 비율[=(300/1,000)×100]보다 t+50년에 전체 인구에서 유소년 인구가 차지하는 비율[=(250/1,500)×100]이 더 낮다. 즉, t년 대비 t+50년에 전체 인구에서 유소년 인구가 차지하는 비율은 감소하였다.

5 인구 구조의 분석

문제 분석 t년에 갑국의 인구는 을국의 2배이므로 을국의 인구를 100명이라고 가정하면 갑국의 인구는 200명이다. 제시된 정보를 통해 각 연령대별 인구비를 구한 후 표로 정리하면 다음과 같다.

〈갑국과 을국의 인구 구조〉

구분	갑국		을국	
	t년	t+30년	t년	t+30년
0~14세 인구	25%(50명)	22.5%(90명)	20%(20명)	16%(32명)
15~64세 인구	50%(100명)	55%(220명)	40%(40명)	60%(120명)
65세 이상 인구	25%(50명)	22.5%(90명)	40%(40명)	24%(48명)
전체 인구	100%(200명)	100%(400명)	100%(100명)	100%(200명)
노년 부양비	50	약 41	100	40
총부양비	100	약 82	150	약 67

정답 찾기 ④ t+30년에 15~64세 인구는 갑국(220명)이 을국(120명)의 1.5배인 180명보다 많다.

오답 피하기 ① ㉠은 약 82이고, ㉡은 약 67이다.

② t년에 65세 이상 인구는 을국(40명)이 갑국(50명)보다 적다.

③ t년에 을국의 0~14세 인구(20명)는 65세 이상 인구(40명)의 1/2이다.

⑤ t년 대비 t+30년에 갑국의 노년 부양비는 감소(50 → 약 41)하였고, 을국의 노년 부양비도 감소(100 → 40)하였다.

6 전 지구적 수준의 문제 이해

문제 분석 첫 번째 사례에서는 전쟁으로 인해 빈곤 국가들이 처한 식량 위기를 극복하고자 많은 국제 인권 단체들이 노력하고 있음을 파악할 수 있고, 두 번째 사례에서는 을국의 사막화를 해결하기 위해 인접 국가는 물론이고 국제적으로 지원이 이루어지고 있음을 파악할 수 있다.

정답 찾기 ③ 전쟁으로 인한 곡물 가격 상승과 식량난, 사막화와 같은 환경 문제는 한 국가만의 노력으로 해결할 수 없는 전 지구적 수준의 문제이므로 이를 해결하기 위해 국제적 공조를 강화해야 함을 파악할 수 있다.

오답 피하기 ① 기술 발전을 통해 지속 가능한 사회를 실현하고자 노력해야 한다는 내용은 제시문에서 공통적으로 파악할 수 없다.

② 빈곤 문제의 해결을 위한 노력의 필요성은 첫 번째 사례를 통해 파악할 수 있으나 두 번째 사례를 통해서는 파악할 수 없다.

④ 사막화가 무분별한 자원 소비와 관련은 있지만 제시문에서 공통적으로 파악할 수 없다.

⑤ 분쟁 당사국 간의 문제 해결보다는 국제기구를 통해 평화적 해결을 모색해야 한다는 내용은 제시문에서 공통적으로 파악할 수 없다.

V단원 기출 플러스

본문 166~167쪽

01 ① 02 ① 03 ① 04 ④

01 순환론과 진화론의 이해

문제 분석 (가)는 순환론, (나)는 진화론이다.

정답 찾기 ① 순환론은 미래의 사회 변동에 대한 역동적 대응이 곤란하다는 비판을 받는다.

오답 피하기 ② 진화론은 사회 변동이 항상 발전을 의미한다고 본다.
③ 서구 사회가 가장 진보한 사회임을 전제하는 이론은 진화론이다.
④ 사회가 주기적으로 동일한 과정을 반복하며 변동한다고 보는 이론은 순환론이다.
⑤ 순환론은 단기적인 사회 변동을 설명하기에 적합하지 않다.

02 사회 운동의 이해

문제 분석 사회 운동은 다수의 사람들이 특정 가치나 신념을 실현하기 위해 자발적으로 집단적이고 지속적인 행동을 하는 것이다.

정답 찾기 ㄱ. (가)에 나타난 □□ 환경 단체의 활동은 뚜렷한 목표와 방법을 제시하고 지속적으로 이루어진 활동이라는 점에서 사회 운동에 해당한다.
ㄴ. (나)에 나타난 추모를 위해 사고 현장에 모인 사람들은 일시적으로 모인 조직적이지 않은 군중이라는 점에서 이들의 활동은 사회 운동에 해당하지 않는다.

오답 피하기 ㄷ. (다)에 나타난 대통령 후보가 선거 공약을 내세우는 것은 사회 운동에 해당하지 않는다.
ㄹ. 특정 집단의 이익만을 추구하는 이익 집단의 활동도 사회 운동이 될 수 있다.

03 산업 사회와 정보 사회의 특징 비교

문제 분석 사회 변동의 속도는 정보 사회가 산업 사회에 비해 빠르다. 따라서 A는 산업 사회, B는 정보 사회이다.

정답 찾기 ① 산업 사회는 정보 사회에 비해 전자 상거래의 비중이 작다.

오답 피하기 ② 정보 사회는 산업 사회에 비해 의사 결정의 분권화 정도가 높다.
③ 산업 사회는 정보 사회와 달리 소품종 대량 생산이 지배적이다.
④ 산업 사회는 자본과 노동이, 정보 사회는 지식과 정보가 부가가치의 주요 원천이다.
⑤ 산업 사회는 정보 사회에 비해 정보의 생산자와 소비자 간 구분의 명확성 정도가 높다. 따라서 해당 내용은 (가)에 들어갈 수 있다.

04 인구 구조의 분석

문제 분석 t년에 갑국과 을국의 전체 인구는 동일하므로 각각 100명이라고 가정하자. t년 대비 t+50년에 갑국의 전체 인구는 10% 감소하였으므로 90명이고, 을국의 전체 인구는 20% 감소하였으므로 80명이다. t년에 갑국의 전체 인구 대비 15~64세 인구 비율이 50%이므로 유소년 인구와 노년 인구 비율의 합은 50%이며 노령화 지수가 25이므로 '유소년 인구 : 노년 인구=4 : 1'이다. 따라서 유소년 인구 비율은 40%이고 노년 인구 비율은 10%이다. 제시된 자료를 통해 갑국과 을국의 t년과 t+50년의 인구 구성을 계산하면 다음과 같다.

(단위: %)

구분	갑국		을국	
	t년	t+50년	t년	t+50년
유소년 인구(0~14세 인구)	40	20(18명)	20	15(12명)
15~64세 인구	50	60(54명)	50	55(44명)
노년 인구(65세 이상 인구)	10	20(18명)	30	30(24명)
계	100	100(90명)	100	100(80명)

정답 찾기 ④ 갑국과 을국의 t년 전체 인구를 100명이라고 가정하면 t+50년 전체 인구는 갑국이 90명, 을국이 80명이다. 따라서 t년에 을국의 유소년 인구는 20명으로, t+50년에 갑국의 유소년 인구인 18명보다 많다.

오답 피하기 ① t년과 t+50년 모두 합계 출산율은 을국이 갑국보다 낮다. 따라서 t년과 t+50년 모두 을국이 갑국에 비해 저출산 현상이 강하게 나타난다.
② 갑국은 t년에 65세 이상 인구의 비율이 10%이므로 초고령 사회가 아니다.
③ t년 대비 t+50년의 노령화 지수 증가율은 갑국이 300%[=(75/25) × 100], 을국이 약 33.3%[=(50/150) × 100]로, 갑국이 을국보다 크다.
⑤ 갑국과 을국의 t년 전체 인구를 100명이라고 가정하면 t년에 노년 인구는 을국(30명)이 갑국(10명)의 3배이고, t+50년에 노년 인구는 을국(24명)이 갑국(18명)의 1.5배 미만이다.

고1~2 내신 중점 로드맵

과목	고교 입문		기초	기본	특화	+ 단기
국어	고등 예비 과정	내 등급은?	윤혜정의 개념의 나비효과 입문편/워크북 어휘가 독해다!	기본서 올림포스 올림포스 전국연합 학력평가 기출문제집	국어 특화: 국어 독해의 원리 / 국어 문법의 원리	단기 특강
영어	고등 예비 과정	내 등급은?	정승익의 수능 개념 잡는 대박구문 주혜연의 해석공식 논리 구조편	기본서 올림포스 올림포스 전국연합 학력평가 기출문제집	영어 특화: Grammar POWER / Reading POWER / Listening POWER / Voca POWER	단기 특강
수학	고등 예비 과정	내 등급은?	기초 50일 수학 매쓰 디렉터의 고1 수학 개념 끝장내기	유형서 올림포스 유형편	고급 올림포스 고난도	단기 특강
수학				수학 특화 수학의 왕도	수학 특화 수학의 왕도	
한국사 사회	고등 예비 과정	인공지능: 수학과 함께하는 고교 AI 입문 / 수학과 함께하는 AI 기초		기본서 개념완성 개념완성 문항편	고등학생을 위한 多담은 한국사 연표	
과학	고등 예비 과정	인공지능: 수학과 함께하는 고교 AI 입문 / 수학과 함께하는 AI 기초		기본서 개념완성 개념완성 문항편		

과목	시리즈명	특징	수준	권장 학년
전과목	고등예비과정	예비 고등학생을 위한 과목별 단기 완성	●	예비 고1
국/수/영	내 등급은?	고1 첫 학력평가+반 배치고사 대비 모의고사	●	예비 고1
	올림포스	내신과 수능 대비 EBS 대표 국어·수학·영어 기본서	●	고1~2
	올림포스 전국연합학력평가 기출문제집	전국연합학력평가 문제 + 개념 기본서	●	고1~2
	단기 특강	단기간에 끝내는 유형별 문항 연습	●	고1~2
한/사/과	개념완성 & 개념완성 문항편	개념 한 권+문항 한 권으로 끝내는 한국사·탐구 기본서	●	고1~2
국어	윤혜정의 개념의 나비효과 입문편/워크북	윤혜정 선생님과 함께 시작하는 국어 공부의 첫걸음	●	예비 고1~고2
	어휘가 독해다!	학평·모평·수능 출제 필수 어휘 학습	●	예비 고1~고2
	국어 독해의 원리	내신과 수능 대비 문학·독서(비문학) 특화서	●	고1~2
	국어 문법의 원리	필수 개념과 필수 문항의 언어(문법) 특화서	●	고1~2
영어	정승익의 수능 개념 잡는 대박구문	정승익 선생님과 CODE로 이해하는 영어 구문	●	예비 고1~고2
	주혜연의 해석공식 논리 구조편	주혜연 선생님과 함께하는 유형별 지문 독해	●	예비 고1~고2
	Grammar POWER	구문 분석 트리로 이해하는 영어 문법 특화서	●	고1~2
	Reading POWER	수준과 학습 목적에 따라 선택하는 영어 독해 특화서	●	고1~2
	Listening POWER	수준별 수능형 영어듣기 모의고사	●	고1~2
	Voca POWER	영어 교육과정 필수 어휘와 어원별 어휘 학습	●	고1~2
수학	50일 수학	50일 만에 완성하는 중학~고교 수학의 맥	●	예비 고1~고2
	매쓰 디렉터의 고1 수학 개념 끝장내기	스타강사 강의, 손글씨 풀이와 함께 고1 수학 개념 정복	●	예비 고1~고1
	올림포스 유형편	유형별 반복 학습을 통해 실력 잡는 수학 유형서	●	고1~2
	올림포스 고난도	1등급을 위한 고난도 유형 집중 연습	●	고1~2
	수학의 왕도	직관적 개념 설명과 세분화된 문항 수록 수학 특화서	●	고1~2
한국사	고등학생을 위한 多담은 한국사 연표	연표로 흐름을 잡는 한국사 학습	●	예비 고1~고2
기타	수학과 함께하는 고교 AI 입문/AI 기초	파이선 프로그래밍, AI 알고리즘에 필요한 수학 개념 학습	●	예비 고1~고2

고2~N수 수능 집중 로드맵

수능 입문 → 기출 / 연습 → 연계+연계 보완 → 심화 / 발전 → 모의고사

수능 입문
- 윤혜정의 개념/패턴의 나비효과
- 하루 6개 1등급 영어독해
- 수능 감(感)잡기
- 수능특강 Light
- 강의노트 수능개념

기출 / 연습
- 윤혜정의 기출의 나비효과
- 수능 기출의 미래
- 수능 기출의 미래 미니모의고사
- 수능특강Q 미니모의고사

연계+연계 보완
- 수능연계교재의 VOCA 1800
- 수능연계 기출 Vaccine VOCA 2200
- 연계: 수능특강
- 연계: 수능완성
- 수능특강 사용설명서
- 수능특강 연계 기출
- 수능 영어 간접연계 서치라이트
- 수능완성 사용설명서

심화 / 발전
- 수능연계완성 3주 특강
- 박봄의 사회 · 문화 표 분석의 패턴

모의고사
- FINAL 실전모의고사
- 만점마무리 봉투모의고사
- 만점마무리 봉투모의고사 시즌2

구분	시리즈명	특징	수준	영역
수능 입문	윤혜정의 개념/패턴의 나비효과	윤혜정 선생님과 함께하는 수능 국어 개념/패턴 학습		국어
	하루 6개 1등급 영어독해	매일 꾸준한 기출문제 학습으로 완성하는 1등급 영어 독해		영어
	수능 감(感) 잡기	동일 소재 · 유형의 내신과 수능 문항 비교로 수능 입문		국/수/영
	수능특강 Light	수능 연계교재 학습 전 연계교재 입문서		영어
	수능개념	EBSi 대표 강사들과 함께하는 수능 개념 다지기		전 영역
기출/연습	윤혜정의 기출의 나비효과	윤혜정 선생님과 함께하는 까다로운 국어 기출 완전 정복		국어
	수능 기출의 미래	올해 수능에 딱 필요한 문제만 선별한 기출문제집		전 영역
	수능 기출의 미래 미니모의고사	부담없는 실전 훈련, 고품질 기출 미니모의고사		국/수/영
	수능특강Q 미니모의고사	매일 15분으로 연습하는 고품격 미니모의고사		전 영역
연계 + 연계 보완	수능특강	최신 수능 경향과 기출 유형을 분석한 종합 개념서		전 영역
	수능특강 사용설명서	수능 연계교재 수능특강의 지문 · 자료 · 문항 분석		국/영
	수능특강 연계 기출	수능특강 수록 작품 · 지문과 연결된 기출문제 학습		국어
	수능완성	유형 분석과 실전모의고사로 단련하는 문항 연습		전 영역
	수능완성 사용설명서	수능 연계교재 수능완성의 국어 · 영어 지문 분석		국/영
	수능 영어 간접연계 서치라이트	출제 가능성이 높은 핵심만 모아 구성한 간접연계 대비 교재		영어
	수능연계교재의 VOCA 1800	수능특강과 수능완성의 필수 중요 어휘 1800개 수록		영어
	수능연계 기출 Vaccine VOCA 2200	수능-EBS 연계 및 평가원 최다 빈출 어휘 선별 수록		영어
심화/발전	수능연계완성 3주 특강	단기간에 끝내는 수능 1등급 변별 문항 대비서		국/수/영
	박봄의 사회 · 문화 표 분석의 패턴	박봄 선생님과 사회 · 문화 표 분석 문항의 패턴 연습		사회탐구
모의고사	FINAL 실전모의고사	EBS 모의고사 중 최다 분량, 최다 과목 모의고사		전 영역
	만점마무리 봉투모의고사	실제 시험지 형태와 OMR 카드로 실전 훈련 모의고사		전 영역
	만점마무리 봉투모의고사 시즌2	수능 완벽대비 최종 봉투모의고사		국/수/영

memo
www.ebsi.co.kr